GRUNDLAGEN DER GERMANISTIK

Herausgegeben von Werner Besch und Hartmut Steinecke

42

»Eine Lektüre, die uns klar macht, dass jeder
ein Täter sein kann.«

ERFAHRUNGEN

Christine Birkhoff
**Ein falscher Traum
von Liebe**
Der lange Weg
aus der Hölle
meiner Kindheit

Christine Birkhoff
EIN FALSCHER TRAUM
VON LIEBE
Der lange Weg aus der
Hölle meiner Kindheit
448 Seiten
ISBN 978-3-404-61609-1

Vom Vater fast totgeschlagen, von der Mutter verachtet und see-
lisch gequält: Die kleine Christine ist froh, als ihr neuer Stiefvater
Jürgen sich als Erster und Einziger auf ihre Seite stellt. Vielleicht
gibt es das doch noch: Familienglück.
Doch Jürgens Liebe ist nicht das, was sie zu sein scheint. Immer
öfter will er mit Christine allein sein, und immer mehr isoliert er sie
von ihren Freunden. Als er in seinem neuen Haus ein »Liebesnest«
für sie einrichtet, beginnt eine Tortur für das Mädchen, aus deren
Klauen sie sich erst zwanzig Jahre später befreien kann.

Bastei Lübbe Taschenbuch

*»Wie ,Schmetterling und Taucherglocke' –
aber mit Happy End.«*

Martin Pistorius
ALS ICH UNSICHTBAR
WAR
Die Welt aus der Sicht
eines Jungen, der 11
Jahre als hirntot galt
Aus dem Englischen
von Axel Plantiko
344 Seiten
mit zahlreichen
Abbildungen
ISBN 978-3-404-60356-5

Martin ist zwölf, als ihn eine rätselhafte Krankheit befällt: Er verliert seine Sprache, die Kontrolle über seinen Körper, ist nach wenigen Monaten völlig hilflos. Die Ärzte sagen seinen Eltern, er werde für immer schwerstbehindert bleiben. Was niemand ahnte: Im Kokon seines Körpers verbirgt sich ein schrittweise erwachender Geist und eine zutiefst lebendige Seele.
Martin Pistorius erzählt bewegend und absolut authentisch, was ihn in den elf Jahren der Hilflosigkeit am Leben gehalten hat.

Bastei Lübbe Taschenbuch

Literaturdidaktik Deutsch

Eine Einführung

von
Ulf Abraham und Matthis Kepser

ERICH SCHMIDT VERLAG

Bibliografische Information der Deutschen Bibliothek

Die Deutsche Bibliothek verzeichnet diese Publikation in der Deutschen Nationalbibliografie; detaillierte bibliografische Daten sind im Internet über dnb.ddb.de abrufbar.

Weitere Informationen zu diesem Titel finden Sie im Internet unter

ESV.info/3 503 07944 0

ISBN 3 503 07944 0

Dieses Papier erfüllt die Frankfurter Forderungen
der Deutschen Bibliothek und der Gesellschaft für das Buch
bezüglich der Alterungsbeständigkeit und entspricht sowohl den
strengen Bestimmungen der US Norm Ansi/Niso Z 39.48-1992
als auch der ISO-Norm 9706.

Druck und Bindung: Danuvia Druckhaus, Neuburg

Inhaltsverzeichnis

Inhaltsverzeichnis

Einleitung

Die vorliegende Einführung ist wie alle Unternehmungen dieser Art Ergebnis eines Kompromisses. Sie hat einerseits in die bestehende Praxis des Literaturunterrichts einzuführen, andererseits aber, weil die Literaturdidaktik wie die Deutschdidaktik im Ganzen eine deskriptive *und* normative Disziplin ist, diese Praxis auch zu übersteigen: Nur Bestehendes in Vergangenheit und Gegenwart zusammenfassend darzustellen, ist nicht genug; es geht um die Zukunft der schulischen, aber auch außerschulischen Vermittlung von Literatur, ja: um ihren gesellschaftlichen Stellenwert als kulturelle Praxis. *Literaturdidaktik beschäftigt sich folglich mit der wissenschaftlichen Erschließung des kulturellen Handlungsfeldes „Literatur" in Bezug auf vergangene, gegenwärtige und zukünftige Lehr-/Lernkontexte.*

Dabei bedeutet „*wissenschaftlich*" ein planvolles, reflektiertes und dem Prinzip der Intersubjektivität verpflichtetes Handeln, das die Anerkennung der „Scientific Community", der Gemeinschaft der Forschenden, besitzt oder zumindest sucht. Eine Festlegung auf ein bestimmtes Wissenschaftsparadigma, z.B. das der Empirie oder der pädagogischen Hermeneutik, ist weder notwendig noch sinnvoll, da die Literaturdidaktik interdisziplinär arbeiten muss.

„*Erschließung*" verweist darauf, dass es nicht nur um die Erkundung des Status quo, sondern ebenso um die Mitarbeit an der Revision desselben geht. Es gibt eine historisch orientierte Forschung, die z.b. untersucht, wie Deutschunterricht in der *Vergangenheit* – etwa im 19. Jahrhundert – ausgesehen hat oder Lehrpläne der 1970er Jahre formuliert worden sind. Die Erschließung der *Gegenwart* meint nicht nur die (empirische) Erhebung von Erleben und Verhalten, das mit Literatur zu tun hat. Von der Literaturdidaktik wird z.B. mit Recht erwartet, dass sie sich aktiv an der Aus- und Weiterbildung von Lehrkräften beteiligt, was sie zu einer eingreifenden Wissenschaft macht. Im Hinblick auf die sich wandelnde Lebenswelt der Lernenden und Lehrenden muss sie die *Zukunft* voraus denken und darf nicht einfach das, was bisher zur Vermittlung literarischer Bildung getaugt hat, konservieren. Daran gekoppelt ist das begründete Infragestellen tradierter und das Eintreten für neue Umgangsweisen sowie damit verbundener Gegenstände. Beispielsweise gab es seit den 1960er Jahren ein vehementes und letztendlich erfolgreiches Drängen darauf, dass Kinder- und Jugendliteratur Eingang in den Deutschunterricht finden soll.

Mit „*Handlungsfeld*" wird ein Bekenntnis zu einer Beobachtungsperspektive abgelegt, die weniger gegenstandsorientiert ist als vielmehr alle Tätigkeiten im weitesten Sinne umfasst, die mit Literatur verbunden sind oder verbunden sein können.

Und schließlich wird die Formulierung „*Lehr-/Lernkontexte*" gewählt, weil es der Literaturdidaktik zwar um Vermittlungsprozesse und Veränderungen auf der Seite der Lernenden geht, solche aber nicht nur an der Schule stattfinden, sondern ebenso im Elternhaus oder beispielsweise an der Universität.

Die Didaktik der Literatur, im Spannungsfeld von Fachwissenschaft, Schule und Bildungs- sowie Lerntheorien (vgl. Bogdal 2002), steht in produktiver Wechselwirkung zu einer Reihe von Nachbar- und Bezugsdisziplinen – weit über die Germanistik hinaus. Freilich versteht sie sich schon lange nicht mehr als deren ‚Umsetzungswissenschaft', sondern als eigenständige Disziplin. Sie muss sich – in einer Einführung wie dieser auch aus darstellungsökonomischen Gründen – abgrenzen, vor allem gegen eine allgemeine Textkompetenzlehre, wie sie im Anschluss an die „PISA"-Debatte jetzt zunehmend gefordert wird (vgl. aber dazu den Einführungsband *Sprachdidaktik Deutsch* (Steinig/Huneke 2003).

Weitere Abgrenzungen sind vorzunehmen

- von einer Geschichte des Literaturunterrichts, wie sie Paefgen (1999, 1–43) erst skizziert und wie sie noch zu schreiben wäre;
- von einer systematischen Darstellung mit dem Charakter eines Handbuchs, die einen Überblick auf alle Forschungsarbeiten in sämtlichen Teilbereichen zu liefern hätte (vgl. am ehesten Bogdal/Korte 2002).

Die Fachgeschichte berücksichtigen wir, insoweit Entwicklungslinien sichtbar zu machen sind, die bis in die Gegenwart und vermutlich in die Zukunft führen. Statt eines vollständigen Überblicks über alle Fachliteratur bieten wir in selbst verantworteter Auswahl exemplarische Aussagen, Namen und Titel, die jeweils für eine Reihe ungenannter stehen (müssen).

Wir wollen aber nicht nur bestehende Tendenzen und Konzepte referieren, sondern diese aufeinander beziehen und vor dem Hintergrund einer erkenntnisleitenden These darstellen: Es geht um die (schul-)kritisch-konstruktive Frage, wie sich *Literatur als kulturelle Praxis* in Vergangenheit, Gegenwart und Zukunft zum Literaturunterricht verhält, was dieser von ihr lernen und wie er eine *Teilhabe* an ihr für möglichst viele Heranwachsende ermöglichen und erleichtern kann. Von dieser Frage aus soll und kann nach unserer Überzeugung die Literaturdidaktik als *ein* Fach (wieder) erkennbar werden. Ihr Charakter als *Integrationswissenschaft* war uns wichtig. Obwohl in vielen Bereichen empirische Aussagen noch nicht in wünschenswerter Menge und Klarheit vorliegen, integriert das Fach heute deskriptive und normative Überlegungen zu einer Lehre der Literatur ebenso wie philologische und pädagogische Ansätze im Umgang mit Literatur und literarisch-ästhetischer Kommunikation.

Bedanken möchten wir uns bei Frau Wiebke Johanning und Frau Sonja Kettler, M.A. für die kritische Durchsicht des Manuskripts.

Würzburg und Bremen, im Dezember 2004 Ulf Abraham und Matthis Kepser

1. Literaturdidaktisches Fundament

1.1 Handlungsfeld Literatur: individuelle, soziale und kulturelle Bedeutsamkeit

Literaturdidaktik beschäftigt sich mit der „Theorie des Lehrens und Lernens von Literatur in Lernkontexten" – so heißt es in einem viel gelesenen Einführungsband (Paefgen 1999b, 7). Dabei erscheint Literatur als Gegenstand, den wir alle gut zu kennen glauben: eine mehr oder minder große Anzahl bedruckter Blätter, zusammengehalten von zwei Buchdeckeln. Spitzfindige könnten allerdings schnell einwenden, dass Literatur heute auch auf elektronischen Datenträgern (CD-ROM, DVD, Internet) zu haben ist, viele Zeitgenossen Romane am liebsten in Form von Hörbüchern rezipieren und Theater überhaupt erst Theater wird, wenn der Text das Buch verlassen hat. Nicht nur Wissenschaftler geraten im Übrigen schnell darüber in Streit, was denn da auf den Trägermedien gespeichert sein muss, damit man überhaupt von Literatur sprechen kann: Gehören beispielsweise auch Biografien, populäre Unterhaltungsliteratur, Buchstabenbilder und Spielfilme dazu (vgl. Kap. 1.3, 1.4 u. 5)?

Für die Literaturdidaktik ist eine solche Gegenstandsperspektive prinzipiell unbefriedigend. Ihr kann es nicht in erster Linie darum gehen, wie Literatur beschaffen ist. Sie muss sich vor allem dafür interessieren, was Menschen damit machen und warum. Ihr Augenmerk hat sie deshalb auf das gesamte Handlungsfeld „Literatur" zu richten, das zwar den Gegenstand (das Medienangebot) einschließt, aber nicht bei ihm stehen bleibt. Damit bewegen wir uns einerseits im Umfeld moderner Literatur-Theoriebildung wie Diskursanalyse und Systemtheorie (vgl. Geisenhanslücke 2003, 121–141), an der wir uns undogmatisch orientiert haben. Andererseits entspricht unser Modell auch medienpsychologischen Überlegungen, die Mediensysteme auf der Mikroebene (Individuum), Mesoebene (Kleingruppe) und Makroebene (Sozialschicht, Nation, Kultur) betrachten (vgl. Winterhoff-Spurk 2004, 21). In unserer Einführung gehen wir analog davon aus, dass Literatur in drei verschiedenen, sich aber überlappenden Bereichen bedeutsam ist:

1.1.1 Individuelle Bedeutsamkeit

Der erste Bereich betrifft die *individuelle Bedeutsamkeit*: Jemand liest in der Straßenbahn, am Swimmingpool, unter der Bettdecke etwas, von dem der Text selbst (z. B. „Roman") und/oder der Rezipient behauptet, dass es Literatur sei.

Auf der deskriptiven Ebene können wir danach fragen: Wer liest wo was – und die Antwort darauf suchen u. a. Forscherinnen und Forscher, die sich mit *literarischer Sozialisation* beschäftigen. Sie kommen aus der Literaturdidaktik sowie aus angrenzenden Wissenschaften, vor allem aus der Soziologie. Ihre Untersuchungen haben beispielsweise bestätigt, was auch die Alltagsbeobachtung nahe legt: Romane werden vor allem von Frauen gelesen, während der Sachbuchbereich eine Domäne der Männer ist (Eggert/Garbe 1995, 79f.; Graf 2002, 50; Rosebrock 2003, 154; vgl. Kap. 2.1).

Darüber hinaus ist interessant zu erfahren, warum Menschen zu einem bestimmten Medienangebot greifen. Mit der Frage nach der *Lesemotivation und Lesemotiven* kommt die Medienpsychologie ins Boot der Literaturdidaktik. Sie spricht von „*Gratifikationen*", die Medienrezipienten durch ihr Handeln erhalten (vgl. z. B. Merten 1994, 317 f.). So gehört das Lesen von Literatur für viele Menschen überwiegend zur Gestaltung arbeitsfreier Zeit. Dazu zählt nicht nur der freie Nachmittag, der Feierabend oder die Ferien. Man kann mit Lesen auch sehr angenehm Zwischenzeiten überbrücken, in denen die Aktivitätsmöglichkeiten eng begrenzt sind, z. B. während einer Zugfahrt. Lesen bringt kognitive, soziale und emotionale Entlastung, indem man für eine begrenzte Zeit dem Alltag entflieht (Eskapismus), in eine scheinbar grenzenlose Welt abtaucht (Floating-Erlebnis), Probleme und Wünsche auf mediale Figuren projiziert (vgl. Schön 1990), in ein schon überwundenes Stadium der Entwicklung zurückfallen darf (Regression) oder durch die Anteilnahme am Schicksal anderer (Empathie) Entlastung von den eigenen schwierigen Lebensumständen erfährt (Katharsis). Für Kinder und Jugendliche ist hervorgehoben worden, dass die Begegnung mit Literatur die Ich-Entwicklung fördern kann (vgl. Kreft 1977, 84 f.; Abraham 1998, 90–102; Müller-Michaels 1999; Spinner 1999; Kap. 2.1). Junge Leser, die auf der Suche nach einer eigenen Ich-Identität sind, werden in der Literatur mit zahlreichen Lebensentwürfen konfrontiert. Sie können sie mit ihrer eigenen Situation vergleichen und sich ihnen anzunähern versuchen oder aber ihnen gegenüber eine abweisende Haltung aufbauen. Wer einen Schritt über das identifikatorische Lesen hinauskommt, dem erlaubt die Begegnung mit literarischen Figuren u.U. auch Fremdverstehen (vgl. Spinner 1989a). In fiktionalen Welten können verschiedene Problemlösungsstrategien gefahrlos durchgespielt werden, ein Probehandeln in sensu. So wird das Lesen zur geistigen Lockerungsübung, über die man zu einer multiperspektivischen Betrachtung seiner Umwelt gelangt. Aber nicht nur solch prozedurales Handlungswissen gehört zu den möglichen Gratifikationen, sondern auch deklaratives Faktenwissen. Man denke an Gedichte, Erzählungen oder Romane, die den Leserinnen und Lesern ganz nebenbei naturkundliche, geografische, historische, politische, ökologische, psychologische oder philosophische Kenntnisse vermitteln (vgl. Abraham/Launer 2002, bes. 13 f.). Nicht zuletzt verspricht die Begegnung mit dem literarischen Text individuellen ästhetischen Genuss (vgl. z. B. Nickel-Bacon 2003).

Das Erreichen dieser möglichen Gratifikationen ist an bestimmte *Voraussetzungen* geknüpft. So muss das Medienangebot zur Rezeptionsfähigkeit des potentiellen Medienabnehmers passen. Auf den ersten Blick scheint die wichtigste

Voraussetzung zu sein, dass der oder die Betreffende lesen können muss (Lesekompetenz). Aber das ist eine vorschnelle Prämisse, denn wenn Literatur vorgelesen wird, sei es „live" oder via Tonträger, dann sind viele der erwähnten Gratifikationen ebenfalls erreichbar. Bis weit in das Grundschulalter hinein begegnen Kinder literarischen Texten überwiegend in dieser Form. Historisch betrachtet ist Literatur erst relativ spät an den Modus der Schriftlichkeit gebunden worden: Von der „Odyssee" bis zum „Parzival" wurde sie überwiegend mündlich tradiert, rezitiert und rezipiert (vgl. Ong 1987). Auch muss „Lesekompetenz" dahin gehend unterschieden werden, ob damit Lesefähigkeit im Sinne von „Lesetechnik", „Leseverstehen" (*reading literacy*) oder „literarischer Rezeptionskompetenz" gemeint ist (vgl. Rosebrock 2003 u. Kap. 2). Wenn der Inhalt des Medienangebots nicht der Lebenserfahrung und den momentanen Bedürfnissen des potentiellen Rezipienten entspricht, dann wird der Dialog mit dem Text abgebrochen oder gar nicht erst aufgenommen. Und schließlich muss Literatur überhaupt erreichbar sein, im Haushalt, in Bibliotheken, in Buchhandlungen, damit es zu einer Begegnung kommen kann.

1.1.2 Soziale Bedeutsamkeit

Der zweite Bereich zielt auf die *soziale Bedeutsamkeit*. Literarische Texte können im Zentrum eines Dialogs stehen zwischen Familienmitgliedern, Freunden, gelegentlich auch Theater- bzw. Kinobesuchern, Literaturwissenschaftlern sowie natürlich unter Lernenden bzw. Lehrenden. Als Medien kommen dafür nicht nur mündliche und schriftliche Sprache in Frage, sondern ebenso Bilder oder Musik. Die Aufrechterhaltung des Dialogs erfordert keineswegs unbedingt, dass alle daran Beteiligten mit demselben Medienangebot in Kontakt gekommen sind. Man denke hier etwa an eine Buchempfehlung oder ein Literaturseminar, bei dem die meisten Teilnehmer den Untersuchungsgegenstand nur „vom Kindler" her kennen. Der Zeitpunkt der Rezeption kann unter den Dialogteilnehmern stark divergieren: Jemand hat das Buch gestern gelesen, ein anderer vor vielen Jahren. Ein solches Gespräch wird einen anderen Verlauf nehmen als eines, bei dem die Partner sich auf ein Angebot beziehen, das sie alle zusammen vor kurzem rezipiert haben.

Für das *Gelingen* eines medienbezogenen Dialogs sind pragmatische Kompetenzen der daran Beteiligten ausschlaggebend. Dazu gehören basale Kommunikationsfähigkeiten wie sich affektiv und kognitiv mitzuteilen, andere Meinungen zu tolerieren, zuzuhören und andere in einen Dialog einzubeziehen. Das Stilregister muss richtig gewählt werden, denn ein Literaturgespräch unter Freunden ist ein anderes als eines, das auf einem Germanistenkongress geführt wird. Damit hängt auch die Kenntnis von literaturbezogenen Fachtermini und verschiedenen Umgangsweisen (Methoden) mit den Medienangeboten zusammen. Rhetorische Fähigkeiten sind entscheidend dafür, mit welcher kommunikativen Macht jemand an einem Dialog teilnehmen kann. Wer im persönlichen Gespräch keine Begeisterung zu wecken versteht, der kann kaum erwarten, dass seine Buchempfehlung angenommen wird. Ein schriftliches Deutungsangebot ist nur dann für den Dialogpartner überzeugend, wenn es argumentativ nachvollziehbar ist. Literarische Anschlusshandlungen wie das Weiterschreiben einer gelesenen Geschichte müssen ansprechend ausgeführt sein, damit sie vom Publikum mit Beifall bedacht werden (vgl. Kap. 6).

Als *Gratifikationen* warten auf die Teilnehmer eines solchen Austausches eine Erweiterung, Bestätigung und/oder Umstrukturierung des je individuellen Handlungsfelds Literatur. Aufgrund einer Empfehlung der Buchhändlerin liest ein Schüler einen Roman, der ihn mit der Welt der Inuit vertraut macht (Jean Craighead George: *Julie bei den Wölfen*). Im Cliquengespräch ist man sich einig, dass Terry Pratchetts Scheibenweltroman *Rollende Steine* das moderne Musikgeschäft zutreffend parodiert. Durch die Unterhaltung mit dem Großvater bekommt ein gerade gelesener Roman zur Judenverfolgung und -vernichtung im Dritten Reich (Uri Orlev: *Die Insel in der Vogelstraße*) eine ganz andere Dimension. Auf diese Weise werden politische, soziale, ökologische und moralisch-ethische Normen bzw. Werturteile aufgebaut oder einer kritischen Überprüfung unterzogen. In der medienbezogenen Alltagskommunikation ist eine solche Inhaltsperspektive auf literarische Texte dominierend. Aber natürlich geben sie auch Anlass, über ästhetische Fragen ins Gespräch zu kommen. Ein Teil der Kinder- und Jugendliteratur wurde und wird von ihren Autoren sogar bewusst dazu geschrieben, literarische Geschmacksbildung zu fördern (vgl. Jentgens/Barth 1998). In manchen Jugendkulturen ist das Gespräch über Literatur Bestandteil der Gruppenidentität. So musste man in den 70er Jahren natürlich John R.R. Tolkiens *Herr der Ringe* und Hermann Hesses *Steppenwolf* gelesen haben, wenn man sich der alternativen Szene zugehörig fühlen wollte. Lesen führte und führt also zur Anerkennung in der Gruppe. Literarische Texte, deren Entstehung weit zurück liegt, und solche, die mit ungewohnten sprachlichen Mitteln arbeiten, erschließen sich häufig erst im Dialog mit anderen, vor allem mit erfahrenen Leserinnen und Lesern. Das Miteinanderringen um Literatur kann die Distanz zwischen Text und Rezipient verringern. Nicht zuletzt liegt die soziale Bedeutsamkeit von Literatur im besonderen ästhetischen Genuss, der sich in kollektiven Rezeptionssituationen (Theater, Kino, Lesung etc.) einstellt. Historisch gesehen ist die gemeinschaftliche Begegnung mit Literatur weit über tausend Jahre die dominierende Art der Rezeption gewesen. Den Ich-bezogenen, einsamen Genuss eines Romans oder Gedichts, wie wir ihn heute weitgehend pflegen, gibt es als Phänomen dagegen erst seit dem 18. Jahrhundert (vgl. Schmidt 1989, 350). Erst an seinem Ende setzte sich das stille „Augenlesen" gegen die ältere soziale Praxis des lauten Lesens durch (vgl. Schön 1989).

1.1.3 Kulturelle Bedeutsamkeit

Die *kulturelle Bedeutsamkeit von Literatur* liegt in ihrem Beitrag zu einem komplexen Symbolsystem, mit dessen Hilfe große Gemeinschaften ihre Identität herstellen (vgl. Bourdieu 1994). Musik, Tanz, Sport, bildende Kunst, Architektur und eben Literatur sind Kommunikationsformen, mit deren Hilfe einerseits der Anschluss an die Vergangenheit gesucht wird (Tradition), andererseits gegenwärtige Bedürfnisse davon abgegrenzt (Innovation) und Zukunftsperspektiven entwickelt werden können (Utopie). Als Teil des *kulturellen Gedächtnisses* einer Großgruppe (vgl. Assmann/Assmann 1994, 120 u. Kap. 1.2) wird Literatur zu einem Handlungsfeld, in dem bestimmt wird, was erinnert werden soll. Die Thematisierung des Holocaust in zahlreichen Geschichten, Gedichten und Romanen ist beispielsweise ein solches Erinnerungsangebot. Aber auch die Institution „Ehe" oder die Produktionsverhältnisse im Kapitalismus oder der Prozess des Erwachsenwerdens oder die Literatur selbst können solche Angebote sein. Ihre Aktualisierung wird allerdings wesentlich durch bestimmte Instanzen wie beispielsweise die Massenmedien als „Beobachter zweiten Grades" (Luhmann 1996, 153) mitbestimmt. Der fast unendliche Fundus kulturrelevanter Produkte wird von ihnen ständig gefiltert, wodurch letztlich nur einige wenige ins öffentliche Bewusstsein gelangen. Dabei ist es bekanntlich unwesentlich, ob sich Kritiker positiv oder negativ über ein bestimmtes Werk äußern. Allein die Tatsache, dass sie es zur Diskussion stellen, bewirkt ein nachhaltiges Interesse potentieller Leserinnen und Leser, das an steigenden Verkaufszahlen abzulesen ist.

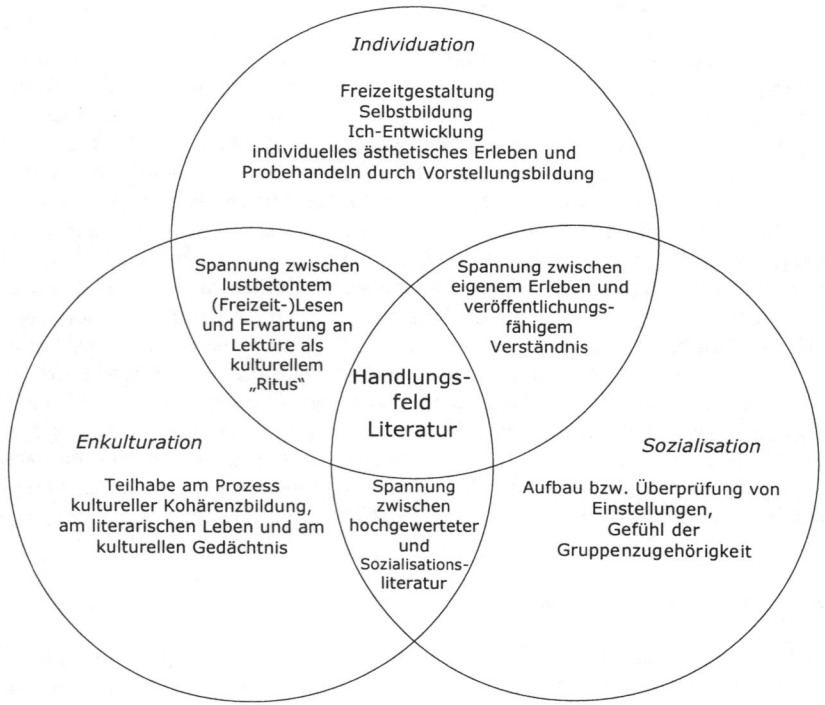

Stärker als die Geschichtsschreibung, die ebenfalls Teil des kulturellen Gedächtnisses ist, arbeitet Literatur an Einstellungen und Haltungen, die eine Gemeinschaft gegenüber ihrer Vergangenheit einnimmt. Das hat mit ihrem besonderen Beobachtungsmodus zu tun, den wir mit dem Begriff „Ästhetik" umschreiben. Zu ihm gehören tradierte sprachliche Mittel, angefangen bei einer besonderen Laut- und Wortwahl bis hin zu einer bestimmten Konstitution von Texten, die Autoren aufgreifen und von Rezipienten im Handlungsfeld Literatur erwartet werden. Sie signalisieren beispielsweise, dass hier etwas auf der Ebene der Fiktion verhandelt wird, von dem sich Leserinnen und Leser emotional berühren und anmuten lassen können.

Die *Teilhabe am gesellschaftlichen Selbstverständigungsprozess über und mit Hilfe von Literatur* erfordert vom Einzelnen die Fähigkeit, literarische Angebote nicht nur auf sich selbst oder den unmittelbaren Lebensraum beziehen zu können, sondern auch ihre kollektive Bedeutsamkeit zu begreifen. Dafür muss er Offenheit und Sensibilität gegenüber den in der Öffentlichkeit diskutierten Themen und Problemen entwickeln. Er benötigt Kenntnisse bezüglich der Stilregister und Rituale, die innerhalb des gesellschaftlichen Diskurses gebraucht werden, z. B. das Ritual der Literaturkritik und den Sprachstil der Feuilletons. Der Grad der Anteilnahme hängt im Besonderen davon ab, inwieweit das literarkulturelle Gedächtnis zu einem Teil des individuellen Gedächtnisses geworden ist. Dazu gehören prototypische Texte, auf die sich Autoren, aber auch Kritiker immer wieder beziehen (vgl. Kap. 2.3). Man sollte etwas wissen über Ordnungsprinzipien, mit deren Hilfe literarische Angebote synchron (Gattungen, Genres) und diachron (Epochen, Strömungen) strukturiert werden. Ebenso wird eine Kenntnis der Fachtermini benötigt, die aus dem Diskurs der Wissenschaften in den allgemeinen Diskurs um literarische Kultur eingebürgert worden sind (z. B. „auktorialer Erzähler").

Zu den *Gratifikationen*, die mit einer Teilhabe am kulturellen Handlungsfeld „Literatur" verbunden sind, gehört für viele Sicherheit und Geborgenheit: Sicherheit durch den Nachvollzug kultureller Rituale in Bezug auf literarische Texte und deren Autoren – Geborgenheit im Bewusstsein, dadurch einer größeren Konsensgemeinschaft anzugehören. Besonders gut kann man das im 17. und 18. Jahrhundert erkennen, als sich das deutsche Bürgertum im literarischen Handlungsfeld definierte und vom Adel abzugrenzen versuchte. Aber auch heute noch lässt sich beobachten, dass mit der Rezeption „angesagter" Bücher oder Filme ganz offenbar ein Bedürfnis nach Gemeinschaftszugehörigkeit befriedigt wird, man denke nur an „Harry Potter". Wie alle Bedürfnisse, so kann man auch dieses instrumentalisieren. Bekanntermaßen haben die Nationalsozialisten versucht, das literarische Handlungsfeld im Sinne ihrer chauvinistisch-völkischen Kulturpolitik zu vereinnahmen. Das spricht aber nicht gegen die prinzipielle Legitimität des Bedürfnisses. Sicherheit und Geborgenheit sind auch keineswegs nur über ein affirmatives Verhalten gegenüber Medienangeboten zu erhalten. So kann sich jemand in seiner Wahrnehmung bestätigt sehen, wenn er übereinstimmend mit vielen Kritikern zu dem Ergebnis kommt, dass dem Roman *Im Krebsgang* von Günter Grass ein lebensferner Kolportageplot zugrunde liegt. Literatur ermöglicht den Lesern und Autoren, sich im gesellschaftlichen Kontext ästhetisch, aber auch ethisch oder politisch zu positionieren. Seit der Antike gehört es zu den Aufgaben des Handlungsfelds Literatur, für die Gefährdungen der jeweiligen gesellschaftlichen Errungenschaften zu sensibilisieren bzw. notwendige Veränderungen einzuklagen (vgl. auch Spinner 1998). In Kapitel 2.1 werden wir diskutieren, welche Konsequenzen daraus für den Literaturunterricht zu ziehen sind. Dabei wird auch zu beachten sein, dass Individuation, Sozialisation und Enkulturation durchaus in einem Spannungsverhältnis stehen können: Bedürfnisse des Einzelnen passen nicht immer zu kulturellen Erwartungen. Vielfach wird Literatur als etwas so Privates erlebt, dass man noch nicht einmal darüber mit den Menschen kommunizieren mag, die im direkten Beziehungsumfeld stehen. Erwartungen und Normen der Bezugsgruppen wiederum sind nicht immer mit denen der Öffentlichkeit in Einklang zu bringen.

1.2 Literatur im Kontext von Anthropologie und Mediengeschichte

Vorm Zubettgehn gab es eine Schüssel Haferflocken mit Zucker und Rahm. Ja – und Bücher warteten auf einem Regal neben dem Bett; zwei, drei lagen immer obendrauf und die Reihe stand nicht mehr gerade, weil er sich nicht die Mühe gemacht hatte, sie wieder einzuordnen. Sie hatten Eselsohren und waren verkratzt. Da war das leuchtend bunte von Topsy und Mopsy, das er nie aufschlug, weil es von zwei Mädchen handelte. Dann das andere von dem Zauberer, das er nur mit unterdrücktem Grausen las, und Seite siebenundzwanzig überschlug man, da war die grässliche Spinne abgebildet; in einem andern war von Leuten die Rede, die Ausgrabungen gemacht hatten, in Ägypten und so; dann war da *Der kleine Eisenbahner, Der kleine Seemann*; er sah sie greifbar vor sich, hätte hinaufreichen und sie anfassen können, er spürte förmlich, wie das *Mammutbuch für Jungen* unter seinem Griff langsam herausrutschte und schwer in seinen Händen lag [...]. Alles hatte seine Ordnung; alles war ihm wohlgesinnt und vertraut. (Golding 1954/1974, 91 f.)

„Wer ist das?" fragte er seinen Speer. „Wer ist das mit den Ohren meiner Frau an den Seiten seines Kopfes?" „Du machst dich auch über mich lustig", sagte ich. „Aber warum ist es so ungewöhnlich, wissen zu wollen, was alle andern schon wissen? Warum soll mein eigenes Gesicht vor mir ein Geheimnis sein?"„Es gibt eine Möglichkeit, es zu sehen", sagte Vater freundlich und gab mir ein Zeichen, mich vor ihn hinzustellen. Er kniete sich nieder, damit wir beide gleich groß waren. „Schau in meine Augen", forderte er mich auf. „Was siehst du?" Ich beugte mich nach vorn, starrte in die dunkelbraunen Kreise, und es war wie ein Hinabtauchen in die tiefsten Teiche. Plötzlich sah ich zwei kleine Mädchen zurück blicken. Ihre Gesichter waren klar, ihre Augenbrauen gerade wie Kanus und ihr Kinn länglich, doch makellos, so wie Zitronen. Als ich sie betrachtete, wurden ihre Münder breit. Sie waren schön. „Wer sind sie?" Ich konnte meine Augen nicht von den fremden, neuen Gesichtern abwenden. „Wer sind diese schönen Mädchen, die in deinem Kopf leben?" „Sie sind die Antwort auf deine Frage", sagte Vater. „Und sie sind immer hier, wenn du wieder einmal nachschauen mußt." *(Dorris 1995, 47f.)*

„Es gibt einen Wissensfundus, der ausschließlich über literarische Texte zugänglich ist." (Paefgen 1999b, 158) Was ist das für ein Fundus? Wie ist er entstanden, wie nutzen wir ihn? Solche Fragen bedenkt man zwar für die Geschichte der Medienentwicklung (vgl. Schütz/Wegmann 1996), aber noch nicht sehr gründlich für Literaturwissenschaft und -didaktik.

Betrachten wir die beiden Zitate, die dieses Kapitel einleiten: Das erste stammt aus dem bekanntesten Roman des britischen Literatur-Nobelpreisträgers William Golding (1911–1993), *Lord of the Flies* (1954). Es enthält eine gedankliche ‚Rückblende' des jungen Ralph, der mit seinen Schulkameraden nach einer kriegsbedingten Evakuation aus England eine Bruchlandung auf einer unbewohnten Südseeinsel überlebt hat. Das zweite beschreibt den Bewusstseinszustand des jungen Helden in *Morgenlicht und Sternenwächter* (Orig. unter dem Titel *Morning Light* 1992, dt. 1995), eine Erzählung des Anthropologen Michael Dorris (*1945). Während Goldings Roman zum Schulkanon gehört und gerade auch im Deutschunterricht der Sek. I seit langem einen festen Ort hat, ist Dorris' Geschichte nicht sehr bekannt. Auch dieser Text wäre aber im Literaturunterricht mit Gewinn zu gebrauchen.. Beide Texte handeln auf ihre Art von dem, was man heute „kulturelles Gedächtnis" nennt, und beide Male personifiziert sich die literarische Fiktion eines solchen Gedächtnisses in einem Kind. Bei Golding geschieht das in dem fetten Piggy, der als einziger rechtzeitig bemerkt, dass die Jungen allmählich aus ihrer Zivilisation herausfallen und zunehmend atavistische Formen des Überlebens realisieren. Damit widerlegt der Autor das Vorurteil, der Mensch habe als Kulturwesen sogenannte primitive Entwicklungsstufen ein für alle Mal hinter sich gelassen. Piggy wird konsequenterweise zum ersten Todesopfer, den der Rückfall in das scheinbar kulturell Überwundene fordert. Seine verzweifelten Versuche, die anderen an einfache Regeln des Zusammenlebens zu erinnern und demokratische Rituale zu etablieren, scheitern zwar, machen ihn aber als Repräsentanten eines kulturellen Gedächtnisses erkennbar.

Auch bei Dorris geht es um die scheiternde Bewahrung einer erreichten Kulturstufe, nur ist es hier diejenige der „primären Oralität" (Ong 1987). „Schrift als Verewigungsmedium und Gedächtnisstütze" (Assmann 1999, 179) existiert nicht und auch die bildbasierten Medien sind unbekannt; der Mensch ist sich selbst das einzige Medium, wie die zitierte Stelle der Erzählung zeigt: Wer und was und wie ich bin, erkenne ich nur am andern, kein Foto vergegenständlicht es mir. Die Augen als Spiel sind dabei nur eine von zwei Metaphern, in die Dorris die Prämedialität fasst; die zweite ist das Aufgehobensein „im Kopf": Mich gibt es, so lange es andere gibt, die sich ein Bild von mir gemacht haben und es bewahren.

Diese Welt, in der mündliche Erzählung die einzige Literatur ist, steht kurz vor dem Untergang: Am Ende der Erzählung dringen nämlich weiße Europäer in die vorher geschilderte Lebenswelt ein: die Mannschaft des Christoph Kolumbus wohl auf seiner zweiten Expedition (25.9.1493 – 11.6.1496), bei der er unter anderem Jamaika entdeckte. Das ist der Anfang vom Ende dieser Welt des späten 15. Jahrhunderts, die vom Ende der Erzählung her als Welt der primären Mündlichkeit und damit als literarische Rekonstruktion zu erkennen ist. Im kulturellen Gedächtnis des Abendlandes kommen die Leute von *Morgenlicht und Sternen-*

wächter nur marginal vor, und zwar als die von den anlandenden Spaniern entdeckte und kolonisierte Urbevölkerung, die Kolumbus fälschlich für Inder hielt. Im Gedächtnis dieser ‚Indianer' oder ‚Insulaner' dagegen kann auch ein so unerhörtes Ereignis nur bleiben, so lange davon *erzählt* wird, denn Tradition ist eins mit (ästhetischer) Kommunikation. Die *oral history* wird weitergegeben in den Erzählungen der Stammesältesten an die Jungen, verarbeitet in Liedern und dargestellt in symbolischen Handlungen (Ritualen). Das einzige Medium, das es in einer solchen Welt gibt, ist der Mensch selbst: Indem er erzählt, singt, tanzt und andere rituelle Handlungen vollzieht, wird er auf sichtbare Weise zum Gedächtnisträger seiner Kultur.

Die Medienentwicklung seit der Erfindung der Schriftlichkeit – heute selbstverständliches Basismedium nicht nur der Literatur, sondern auch der digitalen Medien – hat das kulturelle Gedächtnis „verdauert" (Ehlich 1994, 19). Damit wurde es also unabhängig gemacht von oraler Kommunikation, die ihre eigene, von Walter Ong (1987) eingehend beschriebene Literaturform hervorgebracht hatte: Was mit den Epen Homers begann und in der höfischen Epik des Mittelalters allmählich starb, das war die erzählerische Redundanz und „topische" Geschmücktheit einer literarischen Rede, die sich nur durch Weitergabe aus dem Gedächtnis am Leben halten konnte. Reim, Rhythmus und Wiederholung versatzstückartig vorkommender Grundmotive waren dafür „mnemotechnisch" funktional (vgl. Ong 1987, 40). Der Übergang der Literatur in die Schriftlichkeit hat sie nicht nur medial, sondern auch ästhetisch und rhetorisch grundlegend verändert.

Erhalten geblieben ist aber eine anthropologische Funktion dieses Mediums: Literatur – hier zunächst noch im weitesten Sinn (vgl. Kap. 1.5 u. Kap. 4.4) – kann man von Homer bis heute sehen als ein enzyklopädisches Speicher- und Reflexionsmedium, in dem unser kulturelles Herkommen aufgehoben und bearbeitet ist. Was immer irgendwo in der Welt real war (auch die *Mammuts*, an die sich Ralph als Leseeindrücke erinnert), überlebt in ihr, und was immer gedacht und gefühlt worden ist, bleibt in ihr erhalten und ist durch Sinnzuschreibung beglaubigt: Naturbeobachtungen, Welterkenntnis jeder Art, ferner epochale Grundstimmungen und Weltbilder, individuelle oder soziale Konflikte usw. Joachim Fritzsche (1994, Bd. 3, 105) sieht die anthropologische Bedeutung der Literatur darin, dass sie einen Fundus der im Lauf unseres Herkommens erarbeiteten Gedanken enthalte, die „das Denken der heute lebenden Menschen in einer Art konventionellen ‚Gemein-Bewusstseins' mitbestimmen".

Literatur dient bereits seit der *oral literature*[1] der (Selbst-)Verständigung über Werte und Normen, Elementar- und Grenzerfahrungen des Menschen in seiner und anderen Kulturen, die sich im osmotischen Austausch befinden. „Weltliteratur" – ein von Goethe geprägter Begriff – ist damit weniger ein übernationa-

---

[1] Von Ong eingebrachter Terminus, dessen Paradox der Autor wohl sieht (ebd., 20). Er zieht ihn aber dennoch umständlicheren Bezeichnungen wie „verbale Kunstformen" (ebd., 21) vor.

ler und transkultureller Kanon als eine kulturelle Errungenschaft, die einen Transfer menschlicher Grunderfahrungen über Epochen und Kulturgrenzen hinweg sicherstellt. Literatur vermittelt Wissen auf eine ganz besonders gelungene Art (vgl. Greiner/Abraham 2002). Das gilt nicht nur und gar nicht so sehr für pädagogisch motivierte und didaktisch verfasste Zielgruppenliteratur, die beispielsweise der interkulturellen Erziehung dient (vgl. Rösch 2000). Literatur übernimmt diese Aufgabe ganz grundsätzlich und relativ unabhängig von derartigen Intentionen ihrer Autoren, Herausgeber oder Verbreiter.

Ebenso wie andere Künste ist Literatur Ausdrucksmedium und Katalysator für Kommunikation und Selbstinterpretation derer, die sie gebrauchen. Indem wir über das miteinander sprechen, was wir gelesen haben, versichern wir uns nämlich einer wichtigen Gemeinsamkeit von persönlicher Erfahrung und kulturellem Verständnis dessen, was uns umgibt. Literarische Kommunikation begründet, so gesehen, kollektive Identität. Weit über den Spezialfall des 19. Jahrhunderts hinaus bediente sie sich als erwachendes Nationalbewusstsein der zu eben diesem Zweck erst von der Literaturgeschichtsschreibung geschaffenen „Klassiker". (Die Autoren selbst, allen voran Goethe und Schiller, zielten allerdings darauf weniger als auf ein neues *bürgerliches* Bewusstsein.) Dies gilt mit Recht als eine überwundene Sichtweise auf Literatur; deren Gebrauch zum Zweck der Selbstverständigung und Identitätsgewinnung aber ist ein durch die Geschichte der Medienentwicklung hindurch laufender Zug. Texte stiften Gemeinsamkeit und helfen erkennen, was einer Kultur zu einem bestimmten Zeitpunkt wichtig ist, wessen sie sich wieder versichern muss. Man hat Schriftsteller als „subjektive Anthropologen" bezeichnet (vgl. Daniels 1989), besser: als Ethnologen ihrer eigenen Kultur. Es ist kein Zufall, dass die äußerst erfolgreichen Harry-Potter-Romane von Joanne K. Rowling sowohl die Medienentwicklung als auch das Zentralmotiv der beschädigten Familie nachweisbar enthalten. Literarische Texte als Katalysatoren der Kommunikation sind im Übrigen auf verschiedenen Diskursebenen anzutreffen: im Alltagsgespräch ebenso wie in wissenschaftlichen Diskursen. Der Pädagogikwissenschaftler Hartmut v. Hentig hat beispielsweise Goldings Roman gebraucht um zu klären, was „Verwahrlosung" ist und wie man ihr politisch entgegenzutreten habe (Hentig 1984). Literaturgeschichte wird zur „Poetik der Kultur" – so hat Moritz Baßler (1995) einen Sammelband zur Bedeutung des „New Historicism" für die Literaturtheorie betitelt.

Eines der wichtigsten Anliegen einer Didaktik der Literatur, hier im Kontext von Medienentwicklung und Anthropologie beleuchtet, ist nach unserer Überzeugung die Vermittlung der Fähigkeit und Bereitschaft, Literatur in dieser kulturellen „Katalysatorfunktion" zu nutzen. „Literarische Bildung" (vgl. Kap. 2) ist für uns nicht trennbar von der Fähigkeit Literatur als Ausdrucks- und Verständigungsmedium selbst zu *gebrauchen*. Literaturgebrauch ist demnach beschreibbar als Initiation in die Gemeinschaft derer, die am kollektiven Wissen einer Kultur teilhaben und an der Kommunikation darüber teilnehmen wollen (vgl. auch Kap. 1.1). Literatur übernimmt damit die Funktion, für uns kollektives Gedächtnis zu sein. In diesem Sinn haben jedenfalls Jan und Aleida Assmann (zuerst 1994) den Zusammenhang von „Medien und sozialem Gedächtnis" beschrieben: „Das Gedächtnis entsteht nicht nur *in*, sondern vor allem *zwischen* den Menschen [...]. Es entfaltet sich in Kommunikation und Gedächtnismedien." (Assmann/Assmann 1994, 114) War in der „primären Oralität", d.h. vor der Entdeckung der Schriftlichkeit, ein kollektives Gedächtnis nur durch direkte und persönliche, z.t. auch ritualisierte Kommunikation zu erreichen und zu erhalten, so bereichert die Schriftlichkeit, wie das Autorenpaar in Anlehnung an den Soziologen Maurice Halbwachs ausführt, dieses „Gedächtnis zwischen den Menschen" um verschiedene Möglichkeiten, es von direkter Kommunikation zu emanzipieren:

> Medien wie Schrift und Buchdruck sowie Institutionen der Kanonisierung und Interpretation von Texten haben in der Vergangenheit die Möglichkeiten des kollektiven oder sozialen Gedächtnisses fundamental erweitert. (Ebd.)

Phasen dieser Erweiterung – von der Oralität zur Literalität und weiter über den Buchdruck zur Elektronik – haben Assmann/Assmann so unterschieden:

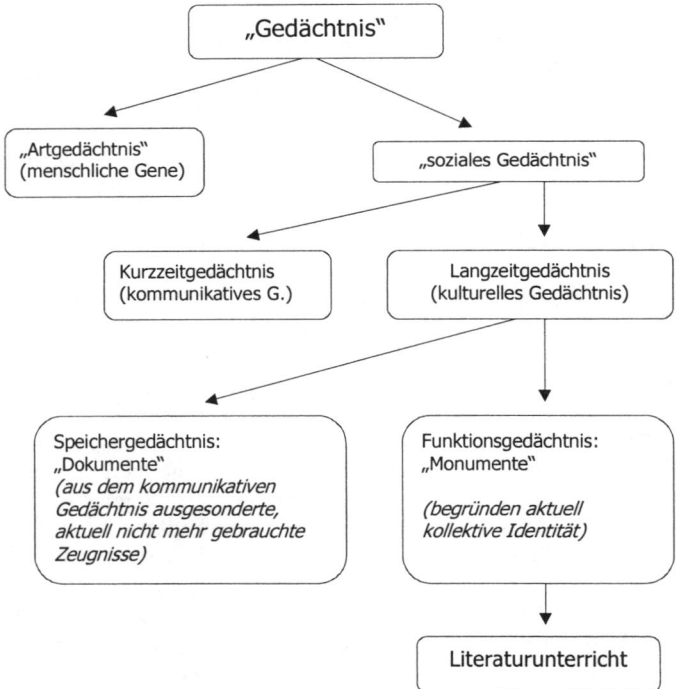

Schriftlichkeit als „kulturelles Gedächtnis"
(nach Assmann/Assmann 1994, 131)

Kultur ist hier beschrieben als „nichtvererbbares Gedächtnis" (ebd., 117), im Gegensatz zum „Artgedächtnis", das jenes für die Gattung und ihr Überleben grundlegende Wissen in den Genen vorrätig hält. Im kulturellen Gedächtnis ist die

Summe all dessen gespeichert, was Menschen über Jahrtausende hinweg erlernt und an folgende Generationen weitergegeben haben. Das beginnt mit den Mythen der antiken Welt, die Erklärungen für das Unerklärliche und die Sehnsucht der Menschen nach einer sinnhaften, von ‚den Göttern' beglaubigten Existenz in ästhetische Form brachten. Und noch lange danach – eigentlich bis zur Aufklärung – war narrative Überlieferung nicht systematisch unterschieden von objektiver oder gar wissenschaftlicher Dokumentation dessen, was ‚war'. Erst die mediale Ausdifferenzierung der „Aufschreibesysteme" (Kittler 1987) nach 1800 ließ dann z. B. Geschichtsschreibung und historischen Roman endgültig auseinander treten. Und die Auffaltung des literarischen Systems in „E-Literatur" und „U-Literatur" (vgl. Kittler 1987, 253 ff.) ist in enger Verflechtung mit der Durchsetzung der technischen Medien zu sehen: Literatur, die einen Bund mit ihnen eingeht, wird zur mindergewerteten U-Literatur; Literatur, die sich gegen die mediale Vereinnahmung und Transformation (z. B. durch das Kino) abgrenzt und wehrt, muss sich dazu als „autarke" E-Literatur begreifen. Das kollektive „Gedächtnis" einer Kultur ist ohne beide Spielarten von Literatur nicht zu denken. Und die Medien seit der Erfindung des ersten technischen Mediums, der Schrift, sind längst nicht mehr nur, was sie anfangs sein sollten: Konservierungsmedien, der „Verdauerung" (Ehlich 1987) oder gar „Verewigung" (Assmann 1999) dienend. Sie haben schnell, beginnend mit den von Mönchen illustrierten Handschriften des Mittelalters, selbst Ausdrucksformen und ästhetische Formate hervorgebracht, und sie „modulieren" unsere Imagination auf ihre je eigene Weise unterschiedlich (vgl. Nefzer 2000).

Im Grunde ist zwar nun, wie Assmann/Assmann (ebd., 117) einräumen, „Gedächtnis" zunächst nur ein anderes Wort für „Tradition". Dieses andere Wort hat aber den Vorteil, weniger normativ nach ‚Bestandssicherung' zu klingen und die Frage zu provozieren, *was* als „relevantes Wissen" *auf welche Weise* und *in welcher Absicht* dem kulturellen Gedächtnis eingeschrieben wird. Kulturelles Gedächtnis entsteht durch Gemeinschaft und lässt seinerseits Gemeinschaft entstehen; und „das individuelle Gedächtnis ist Kreuzungspunkt verschiedener Sozialgedächtnisse" (vgl. ebd., 118).

Das Autorenpaar geht von zwei *Gedächtnisrahmen* aus, dem „kommunikativen" und dem „kulturellen Gedächtnis" (vgl. ebd., 119). Der erste Gedächtnisrahmen ist nur subjektgebunden zu füllen, mit einem jeweils „parteiischen Gruppengedächtnis", weil jedes Individuum vorzugsweise diejenige Erinnerung bewahrt, die für seine soziale Gruppe bedeutsam ist. Anders ist es nun mit dem „kulturellen Gedächtnis". Es ist im Unterschied dazu so etwas wie die „objektive Historie", die es auch unabhängig davon ‚gibt', wer in einer Kultur in welchem Ausmaß darüber verfügt. Wenn niemandes „kommunikatives Gedächtnis" mehr darüber verfügt, ist das betreffende Wissen „totes Wissen". Deshalb ist es aber nicht völlig verschwunden, sondern lediglich – nach etwa 80 Jahren, also nach etwa drei Generationen – aus dem „kommunikativen" ins „kulturelle Gedächtnis" übergewechselt. Dies geschieht mit Hilfe der Medien (vgl. ebd., 120). Sie bewahren von der Schrift über den Buchdruck bis zur elektronischen Speicherung zwei Arten von Zeugnissen auf:

- „Dokumente" (z. B. Kirchen- und Gemeindebücher, Ergebnisse zurückliegender Volkszählungen, der Wortlaut von Kriegserklärungen und Friedensverträgen, usw.), und

- „Monumente", beruhend auf „Kodifikation und Speicherung *plus sozial bestimmtem und praktizierten* [sic] *Erinnerungswert*" (ebd., 121). Solche „Monumente" können dann etwa persönliche Tagebücher sein, Reiseberichte, aber natürlich auch Kunst- und Literaturwerke jeder Art und Qualität.

Nun spricht Aleida Assmann (1999, 408) von einer Krise des kulturellen Gedächtnisses, hervorgerufen durch die „Möglichkeit, mehr niederzuschreiben, als das menschliche Gedächtnis behalten kann". In schriftverwendenden Gesellschaften sei weniger die Bewahrung des Gedächtnisses das Problem als die „Auswahl und Pflege des Erinnernswerten" (ebd., 408 f.). Damit ist die ‚Kanonfrage' gestellt (vgl. auch Kap. 2.3). Harro Müller-Michaels hat sie im Sinn einer literarischen Anthropologie, wie sie in diesem Kapitel skizziert wird, durch den Verweis auf überzeitliche „Denkbilder" beantwortet (z. B. 1997 mit einem Rekurs auf Walter Benjamin). Diese werden in der Literatur tradiert und ausgebaut, *weil* wir sie offenbar zum Verständnis unserer Kultur und unserer Existenz darin benötigen: Ödipus und Laios, Tristan und Marke, Emilia Galotti und Hettore Gonzaga, Faust und Mephisto, Woyzeck und der Tambour-Major, Kafka und die Schlossbürokratie – das sind, in solcher Perspektive, nicht nur literarische Motive, sondern *Modelle* für „menschliche Elementarerfahrungen" (vgl. Dressel 1996, 77). Nicht die Elementarerfahrung selbst ist dabei allerdings eine anthropologische Konstante. So hat die Ethnologin Margaret Mead darauf hingewiesen, dass nicht einmal so grundlegende Erfahrungen wie Geburt, Kindheit, Jugend oder Sterben zu allen Zeiten und in allen Kulturen gleich erlebt werden (vgl. Dressel 1996, 75). Eine anthropologische Konstante ist vielmehr unser *Interesse daran;* dieses nämlich dürfte überzeitlich und relativ kulturunabhängig sein. Das erklärt z. B. den Dauererfolg des *Robinson*-Motivs (vgl. Reinhard 1994). Literatur zeigt, wie Wolfgang Iser (1994, 12) in seinen „Perspektiven literarischer Anthropologie" einleitend schreibt, „dass die Plastizität des Menschen nach Vergegenwärtigung drängt". Wenn damit ihr „anthropologischer Aufschlusswert" (ebd.) in der Tat beträchtlich ist, so heißt das freilich nicht, dass eine literarische Anthropologie die Möglichkeit oder gar die Aufgabe habe, so etwas wie überzeitliche Grundmuster des Menschseins zu entdecken.

Es heißt allerdings, dass der größte und vollständigste Wissensfundus in Bezug auf die Frage, wer und was der Mensch eigentlich ist, nicht eine philosophische, anthropologische oder historische Fachbibliothek ist, *sondern die Literatur.* Zwar haben keineswegs alle Kulturen Literatur im engeren Sinn hervorgebracht (vgl. Glinz 1983, 126) – von rund 3000 gesprochenen Sprachen besitzen nach Edmonson (1971, 322f.) nur rund 78 eine Literatur. Es genügt aber, dass jene Selbstverständigung der Menschen unseren abendländischen Kulturkreis auszeichnet. Literatur eröffnet uns – neben dem wissenschaftlichen Nachdenken – *eine zweite Dimension* der Erkenntnis unserer Welt und unseres Selbst.

Fiktionalität ist kein hinreichender Grund, einem Text Erkenntniswert abzusprechen (vgl. Gabriel 1991, 4). Vielmehr kann man die Literatur sogar als Wegbereiterin wissenschaftlicher Entwicklungen sehen, d.h. als Erkenntnismittel. So lassen sich etwa E.T.A. Hoffmann, Henry James, James Joyce oder auch noch Arthur Schnitzler als frühe Entdecker des Unbewussten verstehen, die in Texten wie *Der Sandmann* (1816), *What Maisie Knew* (1897), *A Portrait of the Artist as a Young Man* (1914/15) oder *Traumnovelle* (1926) vor oder während der Entwicklung der Psychoanalyse als Wissenschaft mit literarischen Mitteln das Wissen von der menschlichen Psyche erweiterten. Das bedeutet, dass Literatur nicht nur auf geistes-, human- und naturwissenschaftliche Entwicklungen reagiert, sondern auch selbst das Wissen einer Kultur über sich selbst produktiv in Frage stellen kann.

Damit gibt es zwei – in der Mediengeschichte allmählich auseinander tretende – anthropologische Grundfunktionen des Mediums Literatur: die der *Speicherung* und die der *Bearbeitung* eines Kultur begründenden, Gemeinschaft stiftenden Wissensbestandes. Solche Bearbeitungen haben auch eine wesentliche psychologische Funktion. Joachim Fritzsche (1994, Bd. 3, 167) hat sie im Anschluss an Äußerungen Freuds über das Dichten und den Dichter darin gesehen, dass Literatur „das Verdrängte und Unterdrückte in einer gesellschaftlich akzeptablen Weise" zu Wort kommen lasse. Nicht nur ein kollektives Bewusstsein, sondern auch ein *kollektives Unterbewusstsein* ist also in ihr „aufgehoben", und das kann in einem seit Hegel bekannten Doppelsinn verstanden werden: Es ist konserviert, und es ist seiner (destruktiven) Kraft beraubt. Ästhetische Kommunikation darf, was pragmatische Kommunikation nicht dürfte – allerdings um den Preis ihrer unmittelbaren Relevanz für alltägliches Handeln. So gesehen ist Literatur nicht nur individuell, sondern auch kulturell ein „Refugium für das Unerledigte" (Messner/Rosebrock 1987). Sie ist, mit dem schönen Titel von Steinleins großer Untersuchung zur historischen Funktion von Kinderliteratur (1987) gesagt, *domestizierte Phantasie*. Darin sehen wir den Hintersinn jenes Sinnes, den Hartmut v. Hentig (1996) im fiktionalen Erzählen als der ersten Tätigkeit mit „bildender Wirkung" gesehen hat: „Die Menschen leben von Geschichten nicht weniger als von Brot, und die Menschheit hat sie vermutlich eher erfunden als dieses ..." (v. Hentig 1996, 104). Erfunden wurde die *poetische Rede* auch deshalb, weil Angst bekanntlich nicht lernförderlich ist; ästhetische Kommunikation macht erträglich und genießbar, was an der Wirklichkeit Angst macht.

Nicht nach dem *Wesen* von Literatur sollte also gefragt werden, sondern nach ihren „Funktionen" (Eagleton 1997, 10). Dass unsere Kultur nicht (mehr) zu denen gehört, die der Literatur auch „praktische Funktionen" zuweisen (z. B. religiöse), ist Terry Eagletons richtige Diagnose (ebd., 119). Als Literaturtheoretiker kann er es dabei belassen, wogegen die Literaturdidaktik Konzepte entwickeln muss, mit den Folgen umzugehen (vgl. unten, Kap. 2.3).

Literatur hat insgesamt immer die Funktion wahrgenommen, die Selbstreflexion einer Kultur zu dokumentieren, aber auch anzuregen und wo nötig durch Tabubruch zu provozieren. Selbst profitierend von einer Entwicklung der Medien, hat sie ihrerseits den Medien, die der Mensch sich zur Selbst- und Fremdverständigung geschaffen hat, zu allen Zeiten einen mächtigen Schub gegeben und den *Stoff* geliefert, aus dem schließlich auch die Texturen der Hörmedien, der AV- und der elektronischen Unterhaltungsmedien gewebt worden sind (vgl. dazu auch Geisenhanslücke 2002, 137–141).

Über die Funktionen von Literatur am Beginn des 21. Jahrhunderts sind, mangels historischer Distanz und empirischer Daten, nur spekulative Aussagen möglich. Ab- oder Grabgesänge sind aber jedenfalls nicht angebracht. „Jugendkulturelle Inszenierungen von Schriftkultur" (Behncken et al. 1997) gibt es auf großer Bandbreite. Eine Studie (Eggert et al. 2000) untersuchte in den 1990er Jahren an Berliner Hochschulen, wie junge Erwachsene der Geburtsjahrgänge 1970–75 die alten und die neuen Medien in ihr Nachdenken über die Welt einbeziehen und zur persönlichen Entwicklung nutzen (vgl. ebd., 11). Es ging der Studie um „Literarische Intellektualität" sozusagen als Minderheitenlösung der allgemeinen Entwicklungsaufgabe, „privates und öffentliches Ich zu vermitteln" (ebd., 14). Was man herausfand, entspricht zwar nicht mehr unbedingt einem traditionellen (gymnasialen) Leitbild, wie es im 19. und frühen 20. Jahrhundert auch literarisch überformt wurde – dem ‚Modell Törleß' sozusagen. Eine Brücke zwischen „Ich" und „Welt" aber waren Medien schon immer und sind sie auch laut Auswertung der Daten dieser Studie (vgl. ebd., 14). Die *Schule* als „Hort der Schriftlichkeit" (ebd., 125) kommt in den narrativen Interviews mit den Probanden/-innen besser weg, als man vermuten möchte:

> Als Nachwirkungen des Deutschunterrichts im Selbstbild der Befragten lassen sich zwei Merkmale ermitteln: er hat zum einen offenkundig die Erfahrung vermittelt, dass schwierige Texte gemeinsam im Gespräch erschlossen werden können, und er fungiert zum anderen als so etwas wie ein kultureller Kompass in der (Bücher-) Wildnis (ebd., 127).

Allerdings gilt das „Prinzip der nachhaltigen Bezugsperson" (ebd., 130) in ihrer Bedeutung für die Lese- und Mediensozialisation nicht nur in der Familie, sondern eben auch in der Schule. Besonders Lehrer*innen* werden mehrfach als wichtige Anregerinnen benannt. Und Anregung war ja dort entscheidend, wo das Elternhaus nur eine „Fernsehkindheit" bot, wie bei nicht wenigen Befragten der Fall. Das festzustellen, heißt nicht zwangsläufig, Subjekte als ‚Objekte' eines fremden Bildungswillens zu sehen; sie sind und bleiben Agenten der eigenen „Selbstsozialisation" in Sachen Medien (vgl. ebd., 135), und zwar unter Einschluss des ‚Uraltmediums' Literatur. Sie entwickeln aber produktiv und kreativ „Territorien der ästhetischen Konstruktion aus der Kombination verschiedener Medien" (ebd., 138).

In der „Generation des Übergangs" (ebd., 195) gibt es das *eine* fraglose „Leitmedium" nicht mehr; die Medien interpretieren einander intertextuell und dienen im subjektiven Verbund als neue Mittel, ein altes Ziel zu erreichen: reflexive Distanz zur Welt. *Leitnormen* existieren aber für diese jungen Erwachsenen nach wie vor.(vgl. ebd., 191). Die Hochschätzung literarischer Kultur (Lesen und Schreiben) teilen nämlich auch solche Befragte, die vorwiegend in anderen Medien arbeiten. Trotz bekannter Lockerung von Schriftlichkeitsnormen (z. B. durch die Textsorte E-Mail) ist „überraschend, wie stabil die literale Basis für die intellektuelle Arbeit geblieben ist" (ebd., 200).

1.3 Literatur im Kontext der Literaturdidaktik

Für die Fachdidaktik ist nicht die entscheidende Frage, was „das Wesen" der Literatur ist. Gleichwohl muss doch geklärt werden, welcher Art denn nun die Gegenstände sein sollen, deren Gebrauch unser Fach beobachten und in schulischen Lehr-/Lernkontexten befördern will. Die Antwort darauf kann in drei Zugriffen erfolgen: Zum einen könnte Literatur für die Literaturdidaktik das sein, was in der universitären Germanistik darunter verstanden wird. Zweitens könnte man den schulischen Gebrauch untersuchen. Was im Literaturunterricht verhandelt wird, ist dann die Literatur der Literaturdidaktik. Und drittens wäre danach zu schauen, welche Gegenstände in der kulturellen Praxis von Kindern, Jugendlichen und Erwachsenen als Literatur eine Rolle spielen.

Unter die Fittiche der Mutterwissenschaft zu schlüpfen, ist verführerisch. Von dort aus zogen im 19. Jahrhundert Akademiker ins Land, um zunächst an Gymnasien und später auch an allen anderen Schularten das Fach Deutsch zu unterrichten. Von dort aus ist auch die Fachdidaktik aufgebrochen, um sich vor etwa 30 Jahren als eigenständige Wissenschaftsdisziplin zu emanzipieren. Von dort aus kamen und kommen wichtige Impulse, die unser Verständnis von Literatur bereichern und verändern.

Einer davon betrifft den Begriff „Text". Dass Texte zentrale Gegenstände der Germanistik sind, dürfte einhellige Meinung der allermeisten Fachvertreter sein. Traditionell hat man darunter ausschließlich schriftliche Mitteilungen im Umfang von mindestens zwei Sätzen verstanden und konservative Mitglieder der Wissenschaftsgemeinschaft vertreten diese Ansicht immer noch. Seit knapp 40 Jahren werden in der deutschen Sprachwissenschaft auch mündliche Äußerungen als Texte akzeptiert (vgl. Bußmann 2002, 683). Noch etwa 10 Jahre jünger ist schließlich der weite Textbegriff: Er stammt aus der Semiotik und umfasst verbale, nonverbale, visuelle und auditive Mitteilungen, sodass z. B. Theateraufführungen, Zirkusnummern, Hörfeatures, Performances und Filme zum Gegenstand werden können (vgl. Nöth 2000, 392).

Aus der Germanistik stammt ferner eine Trennung der Texte in literarische und nicht-literarische, wobei letztere zum Gegenstandsbereich der Sprachwissenschaft erklärt worden sind. Eine solche Aufgabenteilung ist angesichts der Fülle sich anbietender Texte sicherlich sinnvoll, ähnlich wie die Chemie ihr umfangreiches Forschungsfeld in organische und anorganische Chemie separiert. Gegenstände der Kulturwissenschaften haben indes die Eigenschaft, sich eindeutigen, objektiven und damit allgemein akzeptierten Definitionen zu entziehen. Trotz nicht nachlassender Bemühungen ist es daher bis heute nicht gelungen, klare Abgrenzungskriterien zu finden. Von den Texten, die die Sprachwissenschaft untersucht, wird gesagt, sie seien:

- pragmatisch (auf praktisches Handeln gerichtet, sachbezogen),
- nonfiktional bzw. faktual (nicht ausgedacht, auf Fakten beruhend),
- referentiell (auf Gegenstände der außersprachlichen Wirklichkeit bezogen),
- monosemisch und denotativ (relativ eindeutig, auf Grundbedeutungen bezogen) sowie
- sprachnorm-konform bzw. alltagsprachlich orientiert.

Literarische Texte und deren Gebrauch seien dagegen zu kennzeichnen als:

- nicht-pragmatischer Diskurs (von einem unmittelbaren Zweck losgelöst),
- fiktional bzw. imaginativ (nicht im wörtlichen Sinne wahr, ausgedacht),
- selbstreferentiell und intertextuell (auf sich selbst bzw. weitere Medien bezogen),
- polysemisch und konnotativ (mehrdeutig und individuelle, emotionale Nebenbedeutungen anstoßend) sowie
- sprachlich verfremdet (vgl. Eagleton 1997, 1–18; Eicher/Wiemann 1997, 13–52).

Wie brüchig diese Bestimmungsmerkmale sind, zeigt sich schnell. Reiseberichte sind z. B. faktuale und referentielle Texte, die gleichwohl emotionale Konnotationen auslösen und von der Alltagssprache weit abweichen können. Ob sie pragmatisch sind oder nicht, hängt nicht nur von der Intention des Autors ab, sondern auch von der des Rezipienten. Der eine liest einen Reisebericht über Südafrika, weil er dort demnächst Urlaub machen will, der andere dagegen schwelgt in der evozierten exotischen Kulisse, ohne je Bedürfnis und/oder finanzielle Mittel zu haben, dieses Land wirklich zu besuchen. Das schönste Beispiel für die Kontextabhängigkeit von Literarizität lieferte Peter Handke mit seinem Poem „Die Aufstellung des 1. FC Nürnberg am 27.1.1968", das auf der Oberfläche nichts anderes enthält, als eben eine faktische Ankündigung der Vereinstaktik. Literarizität ist hier offensichtlich keine *Texteigenschaft* (und man kann generell bestreiten, dass sie das ist), sondern ein Ergebnis zusammentreffender Autor- und Rezipientenintentionen. Nur wenn beide Seiten übereinkommen, an einem literarischen Diskurs teilhaben zu wollen, wird der Text zum literarischen.

Vielfach wird in der Literaturwissenschaft ein weiterer Filter installiert, der Literatur von Nicht-Literatur separieren soll: die Poezität. Gemeint sind damit mehr oder weniger objektivierbare Merkmale, die einen künstlerisch anspruchsvollen Text von einem ästhetisch minderwertigen unterscheiden (vgl. zuletzt wieder Schneider 1998, 14–16). Was diesen Filter durchlaufen hat, darf sich dann Höhenkamm-Literatur nennen; darin hängen bleiben Alltagserzählungen und die sogenannte Trivialliteratur. Eng damit verknüpft ist die intendierte oder faktische Zielgruppe der Texte, denn die Höhenkamm-Literatur wandte bzw. wendet sich an Erwachsene der Ober- und Mittelschicht, während Trivialliteratur nach allgemeiner Auffassung eher von Lesern der Unterschicht rezipiert wird.

Auch Texte für Kinder- und Jugendliche standen bis in die 1960er Jahre im Ruf, die qualitativen Standards der Literaturwissenschaft nicht erfüllen zu können (vgl. auch Kap. 4.4).

Das Kriterium der Poezität ist in den letzten Jahrzehnten eines der umstrittensten gewesen. Kritik kam einerseits von politisch links stehenden Wissenschaftlern und Wissenschaftlerinnen, die nicht zu Unrecht einen klassenspezifischen Ästhetikbegriff beklagten. Unzufrieden waren damit aber auch Forscher/-innen, die für die Germanistik eine stärkere Orientierung am Wissenschaftsparadigma der *Hard Sciences* wie der Naturwissenschaften forderten. Für sie war und ist ein solch subjektives und historisch instabiles Definitionskriterium wie Poezität nicht akzeptabel. Verteidigen kann man es mit dem Verweis darauf, dass Werturteile ganz wesentlich zum Handlungsfeld „Literatur" dazugehören. Der Literaturtheoretiker Terry Eagleton stellt außerdem das Ideal einer interessenlosen, objektiven Wissenschaft in Frage: „Interessen sind konstitutiv für unser Wissen und sind nicht einfach Vorurteile, die es gefährden. Der Anspruch, dass Wissen ‚wertfrei' sein soll, ist selbst schon ein Werturteil." (Eagleton 1997, 15).

Das „Kerngeschäft" der Literaturwissenschaft ist die klassische Höhenkamm-Literatur geblieben, trotz einiger Bestrebungen, die sogenannte Trivialliteratur mit einzubeziehen. Die wissenschaftliche Untersuchung der Kinder- und Jugendliteratur hat man an einige wenige, darauf spezialisierte Institute delegiert, beispielsweise an das Institut für Kinder- und Jugendbuchforschung der Universität Frankfurt am Main.

Eine weitere Einschränkung für die akademische Beschäftigung mit Literatur betrifft ihre historische Reichweite. Theoretisch könnte sie die frühesten Zeugnisse deutscher Sprache ebenso wie den gerade auf den Markt gekommenen Roman umfassen. Poetische Denkmäler aus althochdeutscher Zeit (z. B. Hildebrandslied, Muspilli), werden jedoch üblicherweise nicht von Literaturwissenschaftlern/-innen, sondern von Sprachhistorikern/-innen untersucht. Die dem mittelhochdeutschen Sprachstand entsprechende Literatur ist der Mediävistik zugeordnet, poetische Texte ab dem 17. Jahrhundert fallen in den Zuständigkeitsbereich der Neueren Deutschen Literaturwissenschaft. Ausgeklammert blieb aber bis noch vor 30 Jahren die unmittelbar zeitgenössische Literatur, über die sich lediglich die außerakademische Literaturkritik äußerte. Begründet worden ist dieser Vorbehalt damit, dass ohne eine gewisse Rezeptionsgeschichte keine ausreichende Grundlage für ein qualitatives Urteil gegeben sei. Bedeutsam ist nach diesem Verständnis nur solche Literatur, der über einen längeren Zeitraum Aufmerksamkeit geschenkt wird und die möglicherweise sogar musterbildend weiterwirkte. Heute hat man diese selbst auferlegte Beschränkung weitgehend aufgegeben, zumal die Wertschätzung bestimmter Literatur immer schon großen Schwankungen unterworfen war (vgl. auch Kap. 5). Seminare zur Gegenwartsliteratur gehören zum selbstverständlichen, wenn auch nicht obligatorischen Studienangebot; Dissertationen dazu sind keine Seltenheit mehr.

Die folgenreichste Begrenzung des germanistischen Forschungsfeldes liegt in der Konzentration auf Literatur, die originär in deutscher Sprache verfasst worden ist. Nun ist durchaus nachvollziehbar, dass man die Beschäftigung mit fremdsprachlichen Texten lieber anderen Spezialisten überlässt. Nicht so recht zu begreifen ist aber die Ausgrenzung übersetzter Literatur, zumal im 18. und frühen 19. Jahrhundert eine nachhaltige Tradition des Übersetzens begründet worden war. Goethe, Wieland, Herder, Bürger, Schlegel, Tieck – sie alle widmeten sich mit viel Lust der Kunst des Übersetzens. Niemand nahm Anstoß daran, wenn man sich die Weltliteratur von Homer über Dante und Cervantes bis zu Shakespeare in Übersetzungen erschloss (vgl. Tgahrt 1982). Ihre Ursache hat die Beschränkung in der Entstehung der Germanistik als Wissenschaft, die durch den Geist des Nationalismus im 19. Jahrhundert geprägt ist. Waren es anfangs deutsch-nationale Kräfte aus dem selbstbewussten Bürgertum, die in diesem Sinne Literaturforschung betrieben (z. B. die Brüder Grimm), geriet die Forderung nach germanistischen Lehrstühlen schnell in die Hand der Restauration. Es ging um nichts anderes als die verspätete Etablierung einer Nationalliteratur, die den geistigen Überbau zum geeinten Kaiserreich bilden sollte. Eine gewisse Grenzöffnung war da nur gegenüber der deutschsprachigen Literatur aus Österreich und der Schweiz opportun. Der Geist des Übersetzens steht einem solchen Chauvinismus diametral entgegen. So hält Johann Wolfgang von Goethe fest:

> Eine wahrhaft allgemeine Duldung wird am sichersten erreicht, wenn man das Besondere der einzelnen Menschen und Völkerschaften auf sich beruhen lässt, bei der Übersetzung jedoch festhält, dass das wahrhaft Verdienstliche sich dadurch auszeichnet, dass es der ganzen Menschheit angehört. (J.W. v. Goethe an Thomas Carlyle, 20. Juli 1827; zit. nach Tgahrt 1982, 9).

Wie soll sich nun die Fachdidaktik zum Literaturbegriff ihrer Mutterwissenschaft positionieren? Unter Rekurs auf den gegenwärtigen Literaturunterricht und die kulturelle Praxis im Handlungsfeld Literatur taugt für sie nur ein weiter Textbegriff. Dazu muss man nicht einmal die Streitfrage diskutieren, ob auch Spielfilme zur Literatur gehören (vgl. Kap. 4.4.5). Schon der Umgang mit dem Bilderbuch oder die Auseinandersetzung mit Kinderhörspielen, zu denen keine Textvorlage erhältlich ist (z. B. Angelika Bartrams *Prinz Mumpelfiz*, WDR/Ohrwurm 1993), macht es notwendig, sich auf eine Ästhetik jenseits der bloßen Schriftkultur einzulassen. Aber auch auf der Sekundarstufe ist ein weiter Textbegriff unumgänglich: So muss das Ziel einer richtig verstandenen Dramendidaktik sein, Kinder und Jugendliche an den Genuss der Aufführungspraxis heranzuführen. Eine Theaterinszenierung ist aber ein multimediales Ereignis, in dem die Schriftlichkeit eine völlig untergeordnete Rolle spielt (vgl. Kap. 4.4.4).

Die Trennung in literarische und nicht-literarische Texte macht auch Sinn in der Didaktik, die ihr Forschungsfeld in Literatur- und Sprachdidaktik aufgeteilt hat. Lehrpläne bezeichnen nicht-literarische Texte zumeist als „Sachtexte". Damit verknüpfte Lernziele unterscheiden sich z.T. erheblich von solchen, die in

Verbindung mit literarischen Texten stehen. So liegt der Schwerpunkt im Umgang mit Sachtexten (besser: pragmatischen Texten) eindeutig auf der Erschließung des Informationsgehalts, wohingegen literarische Texte in ihrer Ästhetik wahrgenommen werden sollen. Trotzdem sollte man hier keine Mauern aufbauen. Bereichsübergreifendes Arbeiten gehört zu den wichtigsten Unterrichtsprinzipien im Fach Deutsch. Literarische Texte unter sprachlichen Gesichtspunkten aufzugreifen, ist genauso legitim und nötig, wie sogenannte Sachtexte in ihrer ästhetischen Dimension zum Gegenstand zu machen (vgl. Kap. 4.2).

Das Kriterium der Poetizität galt auch lange Zeit in der Literaturdidaktik und führte dazu, dass Kinder- und Jugendliteratur (KJL) sowie die sogenannte Trivialliteratur bis Anfang der 1970er Jahre aus dem Unterricht ausgeschlossen blieben. Dass KJL heute zu den fraglos akzeptierten Gegenständen gehört – zumindest bis zur Sekundarstufe I –, hat im Wesentlichen zwei Gründe: Zum einen wird ihre poetische Qualität nicht mehr generell in Frage gestellt, zum anderen ist ihr Wert als zielgruppenspezifische Sozialisationsliteratur mittlerweile anerkannt (vgl. Kap. 4.4.1 u. Kap. 5; auch Paefgen 1999b, 65–73; Hurrelmann 2002a). Die didaktische Diskussion um den Stellenwert der Trivialliteratur hält dagegen nach wie vor an. Unter dem Gesichtspunkt der Lektürepraxis ist dabei zunächst festzuhalten, dass die große Masse an gekaufter und gelesener Literatur mit diesem Etikett belegt werden kann. Dabei sind es keineswegs nur die bildungsfernen Schichten, die Heimat- und Liebesromane, Kriminalgeschichten oder Sciencefiction rezipieren. Das war auch ein wesentliches Argument für Literaturdidaktiker/-innen, die in den 1970er Jahren Trivialliteratur mit ideologiekritischer Absicht zum Unterrichtsgegenstand machten. Schüler/-innen sollten dafür sensibilisiert werden, wie die Kulturindustrie Wünsche und Bedürfnisse befriedigt, statt Problembewusstsein zu schaffen (vgl. z. B. Giesenfeld 1973). Letztendlich wurde dadurch aber das Verdikt mangelnder Poetizität nur bestätigt. Dass sogenannte Trivialliteratur eigenen ästhetischen Gesetzen folgt und ihre Qualität nicht unbedingt mit den Maßstäben der Höhenkamm-Literatur gemessen werden darf, ist eine neuere Erkenntnis (vgl. zur. Detektiv- und Kriminalliteratur Paefgen 1999b, 73–78. Sie führt dazu, dass der wertende Terminus „Trivialliteratur" immer häufiger durch den neutraleren der „populären Unterhaltungsliteratur" ersetzt wird. „Unterhaltung" gilt auch nicht mehr pauschal als zweifelhaftes Lebenssurrogat, sondern als legitimes Bedürfnis (vgl. Hurrelmann 1998b). Dazu beigetragen hat nicht zuletzt ein neuer Romantypus, den man als „postmodern" zu bezeichnen pflegt. Gesucht und gefunden wird hier die Synthese aus Unterhaltung, raffinierter Erzähltechnik und vielschichtigem Inhalt wie etwa in Umberto Ecos Bestseller „Der Name der Rose" (dt. 1982). Kritische Stimmen (z. B. Postman 1985) sind derzeit eher in der Minderheit, aber durchaus notwendiges Korrektiv in einer freizeit- und unterhaltungsorientierten Gesellschaft.

Schauen wir uns nun die historische Reichweite an. Althochdeutsche Texte spielen im Deutschunterricht so gut wie keine Rolle, und es gibt auch kaum Gründe dafür, das zu ändern. Anders ist das mit der mittelhochdeutschen Literatur, die nach den Lehrplänen mancher Bundesländer zum Kanon an Realschulen und Gymnasien gehört (z. B. Baden-Württemberg u. Bayern). Angesiedelt in der späten Sekundarstufe sollen Schüler/-innen Beispiele mittelhochdeutscher Dichtung auch im Originalsprachstand kennen lernen. Begründen kann man dies mit der Wirkungsgeschichte, die bis zur Fantasy unserer Tage reicht. Richtig angepackt, ist die Welt der Ritter, *frouwen* und Minnesänger für Schüler/-innen durchaus faszinierend. Auch kann sich hier ein sehr fruchtbares Wechselspiel zwischen Literaturunterricht und Sprachbetrachtung ergeben. Auf der anderen Seite sind die Aufgaben des Faches inzwischen so vielfältig geworden, dass mittelhochdeutsche Dichtung ernsthaft zur Disposition gestellt werden darf. Sprachgeschichtliche Kenntnisse sind sicher wünschenswert, über eine punktuelle Unterrichtseinheit ohne Weiterführung in höheren Jahrgängen aber kaum zu erreichen. Das erworbene sprachgeschichtliche Rumpfwissen reicht noch nicht einmal dazu aus, mittelhochdeutsche Literatur übersetzen zu können, sodass stets zahlreiche Hilfen gegeben werden müssen. Die Wirkungsgeschichte der mittelalterlichen Literatur ist keine, die an den deutschen Sprachraum gebunden ist. Vielmehr handelt es sich um ein Phänomen, das nur im europäischen Kontext angemessen verstanden werden kann. Es würde in dieser Hinsicht gelegentlich ausreichen, mit übersetzten Texten zu arbeiten.

Das Gegenstandsfeld der Neueren deutschen Literaturwissenschaft kommt dagegen ohne Zweifel in seiner Gesamtheit für den Schulunterricht in Betracht. Die Auswahl ist aber über ihre individuelle, soziale und kulturell-gesellschaftliche Relevanz zu bestimmen, nicht im Hinblick auf spezielle Forschungsinteressen. Dass unter dieser Perspektive die Gegenwartsliteratur mit berücksichtigt werden muss, ist eine Erkenntnis, die sich seit den 1960er Jahren durchgesetzt hat (vgl. Kammler 1996, 2002).

Die Frage nach dem didaktischen Stellenwert übersetzter Weltliteratur ist die brisanteste. Wie schon festgestellt, gehört sie nicht zum Gegenstandsbereich der Literaturwissenschaft. In den Lehr- und Bildungsplänen ist dagegen ein merkwürdiger Umgang mit übersetzten Texten zu erkennen: Solange es sich um Kinder- und Jugendliteratur handelt, gibt es überhaupt keine Berührungsängste. Niemand würde ernsthaft Astrid Lindgren („Pippi Langstrumpf"), Carlo Collodi („Pinocchio") oder William Golding („Herr der Fliegen") aus dem Deutschunterricht verbannen wollen, nur weil es sich nicht um genuin deutschsprachige Autoren handelt. Allerdings wird das Phänomen der Übersetzung dabei nicht thematisiert. Bis in die auslaufende Sekundarstufe hinein dürfen weiterhin Klassiker der eher populären Literatur wie Erzählungen von Edgar A. Poe oder die Dystopien von Aldous Huxley und George Orwell gelesen werden. In der Praxis führt dies freilich immer wieder zu Konflikten mit den Fremdsprachenlehrkräften, die sich deren Lektüre nicht nehmen lassen wollen, zumal sie bei den Jugendlichen gut ankommt. Eingesetzt werden dazu häufig grob vereinfachte Leseausgaben, die den Reiz des Originals zum Teil nicht einmal erahnen lassen. Tatsächlich erreichen nur wenige Schüler/-innen im Laufe ihrer Schulzeit eine so hohe fremdsprachliche Kompetenz, dass sie anspruchsvolle Gegenwartsliteratur oder Literatur aus älterer Zeit mit Genuss im Original lesen können – selbst auf dem Gymnasium. Ein Ausweg wäre in einer verstärkten fächerübergreifenden Zusammenarbeit zu sehen, die an den Schulen leider immer noch wenig etabliert ist (vgl. dazu Kap. 4.1 und Abraham/Launer Hrsg. 2002). Auf der Ebene der Sekundarstufe II verschwindet die übersetzte Literatur nahezu ganz aus den Lehrplänen des Deutschunterrichts; allerhöchstens wird sie flankierend in Leistungskursen anempfohlen. Ein übersetztes Werk als Ausgangstext für den deutschen Abituraufsatz – das scheint vielen heute noch undenkbar!

Mit einem solchen Curriculum setzt sich der gegenwärtige Deutschunterricht dem Verdacht aus, das nationalistische Erbe vergangener Zeiten weitertragen zu wollen. Dass die vielsprachige, multikulturelle Gesellschaft in den Klassenzimmern nach einer interkulturellen Neuorientierung auch des Literaturunterrichts verlangt, wird nicht wahrgenommen (vgl. Wilkens/Neumann 2002). Obendrein negieren damit die Verantwortlichen die außerschulische kulturelle Praxis. Ohne übersetzte Literatur könnten die Verlage die Bedürfnisse ihrer Kunden nach spannender und anregender Unterhaltung schon lange nicht mehr befriedigen. Und Leser/-innen fragen nicht danach, ob ein Roman übersetzt oder originär in deutscher Sprache vorliegt. Feuilletons und Kultursendungen nehmen übersetzte Literatur genauso wahr wie deutsche. Allenfalls kommentieren sie in einem Nebensatz, für wie gelungen sie die jeweilige Übersetzung halten. Schriftsteller verstanden und verstehen sich in ihrer Mehrheit auch nicht als Nationaldichter. Vielmehr war das Handlungssystem Literatur schon immer weltoffen, sodass Stoffe und Motive aus den verschiedensten Kulturkreisen weite Verbreitung fanden, nicht zuletzt dank der Arbeit der Übersetzer/-innen. Deren anspruchsvolle Tätigkeit würdigt die Schule – wie übrigens auch der Rest der Gesellschaft – in keiner Weise (vgl. auch Kap. 1.5). Vielmehr hält sich unter Bildungsbürgern hartnäckig ein Lippenbekenntnis zum Original, das eine Übersetzung nie erreichen könne. Eine Auseinandersetzung mit der besonderen Ästhetik der Übersetzung, die notwendigerweise den Ausgangstext neu inszenieren muss, findet ausschließlich in wenigen Fachdiskursen statt (vgl. Jörn 1998; Apel/Kopetzky 2003). Was Literatur in einem zukünftigen Deutschunterricht sein soll, bedarf daher dringend einer Diskussion – auch, aber nicht nur in der Literaturdidaktik.

1.4 Grundbegriffe der Fachdiskurse im literarischen Feld: Gattungen, Epochen, Interpretationsmethoden

Betrachten wir nun näher, in welchem Verhältnis Grundbegriffe, wie sie die Literaturwissenschaft benutzt, zu Aufgaben und Zielen der Fachdidaktik stehen. Dabei geht es einerseits um synchrone und diachrone Ordnungsprinzipien, andererseits um Methoden der Textarbeit.

1.4.1 Gattungen

Seit Mitte des 18. Jahrhunderts ist man gewohnt, literarische Texte in *Gattungen* zu untergliedern, wobei ein triadisches Modell mit den Hauptgattungen Epik, Lyrik, Drama üblich geworden ist. Auch Lehr- und Bildungspläne benutzen die Trias häufig, um Lehrkräfte darauf zu verpflichten, verschiedenartige Literatur in den jeweiligen Jahrgangsstufen zu berücksichtigen. So heißt es in einem Entwurf zu den neuen nationalen Bildungsstandards für das Fach Deutsch, Primarbereich: „Über Leseerfahrung verfügen: Erzähltexte, lyrische Texte, dramatische Texte und einige ihrer Unterschiede kennen." (Beschlüsse der Kultusministerkonferenz 2004, 14) Lesebücher orientieren sich an der Gattungstrias als einem von mehreren Prinzipien, die Auswahl und Anordnung des Textangebots bestimmen (vgl. Kap. 5.1). Dementsprechend haben sich bereichsspezifische Didaktiken entwickelt, die Konzepte für epische, lyrische und dramatische Texte vorstellen (vgl. Kap. 4.4). Schließlich gab es sogar Versuche, über die Gattungen ein systematisches Curriculum zu begründen. Gemäß der von Charlotte Bühler (1922) und Susanne Engelmann (1953) postulierten Lesealter-Theorie entwickelt sich das Literaturverständnis der Schülerinnen und Schüler über verschiedene Stufen, denen bestimmte Gattungen bzw. Subgattungen zugeordnet werden können (vgl. ausführlich Kap. 2.2.2). Dieser folgend verortete man etwa die Behandlung von Sage und Märchen in der Primarstufe und der frühen Sekundarstufe I. Balladen sollten in den Klassen 7 und 8 besprochen werden. Erst gegen Ende der Schulzeit befand man die Schüler/-innen für reif genug, sich mit dem Drama und dem Roman auseinander zu setzen (vgl. auch Ulshöfer 1952; Helmers 1966).

Die Gattungstrias mit den darunter liegenden Subgattungen mag heute vielen als selbstverständliche, ja *sensu* Johann Wolfgang v. Goethe „natürliche" Ordnung erscheinen, aber das gilt weder für die Diskussion vor der Goethezeit noch für die danach. Aristoteles unterscheidet in seiner einflussreichen Poetik lediglich die dramatische von der epischen Dichtung. Die „nur in Versen nachahmende Dichtung" (Aristoteles 1984, 77) wird ohne besondere Vertiefung zusammen mit dem Epos verhandelt. „Lyrik" als Sammelbegriff für unterschiedliche Gedichtformen setzt sich tatsächlich erst mit Goethes apodiktischer Behauptung durch, es gäbe drei echte „Naturformen" von Dichtung, die interessanterweise nicht in erster Linie durch Strukturmerkmale, sondern rhetorisch-stilistisch voneinander unterschieden werden (vgl. Goethe 1816/18; hier 1986, 31f.): klar erzählend (Epik), enthusiastisch aufgeregt (Lyrik) und persönlich handelnd (Drama). Die Naturformen können seiner Ansicht nach rein, aber auch gemischt in Texten auftreten, z. B. in der Ballade. Tatsächlich erhoffte er sich ein System, das alle Dichtarten in eine „naturgemäße Ordnung" bringen könne, ähnlich wie man Pflanzen und Mineralien klassifizieren kann. Friedrich Schlegel versuchte in der Nachfolge, die Gattungen nach ihrer äußeren (objektiven) oder inneren (subjektiven) Hinwendung zu bestimmen. Dass die Lyrik subjektiven Charakters sei, stand dabei für ihn fest. Unsicher war er sich aber darin, ob man das Epos als objektiv und das Drama als „synthetisch" subjektiv-objektiv einstufen solle oder umgekehrt. Außerdem machte er sich vergeblich für eine vierte Gattung stark, nämlich die Didaktik, deren Anliegen das Philosophisch-Interessante sei. Waren diese dem Geist des Idealismus folgenden Definitionen noch durchaus von einem historischen Gattungsbewusstsein geprägt, wurden daraus im 20. Jahrhundert mit Emil Staiger überzeitliche anthropologische Grundbefindlichkeiten: *das* Lyrische, *das* Dramatische, *das* Epische (Staiger 1951).

Normativ, stilistisch oder anthropologisch begründete Modelle gelten heute als überholt. Zahlreiche Dichtungsarten lasen sich gemäß den behaupteten Kriterien nicht zuordnen. Politische Gedichte beispielsweise sind weder subjektiv und dem Inneren zugewandt noch unbedingt „enthusiastisch aufgeregt" verfasst. Text-Bild-Kombinationen wie die Bilderbucherzählung oder Comic-Geschichten finden in der Gattungstrias keinen angemessenen Platz. Allenfalls könnte man sie als Mischform zwischen dem Epischen und Dramatischen ansehen, ohne dass dadurch aber ihre besondere ästhetisch-mediale Qualität gewürdigt würde. Auch deskriptiv-strukturalistische Gattungstheorien kommen schnell an ihre Grenzen. So ist etwa für die Lyrik weder der Reim, noch ein besonderes Metrum oder ihre Kürze notwendigerweise konstitutiv. Man mag einwenden, dass wenigstens dramatische Texte schon durch ihr äußeres Erscheinungsbild eindeutig von den anderen Gattungen abzugrenzen sind. Das Dramatische ist aber ganz offenbar mehr als eine besondere Form der schriftlichen Fixierung, denn Improvisationstheater oder szenische Interpretation (vgl. Kap. 4.4.4) kommen ohne schriftlichen Text aus. Dass Gattungsbegriffe historischen Wandlungsprozessen unterliegen, kann man beispielsweise an der „Komödie" studieren. Verstehen die meisten Menschen heute darunter ein im weitesten Sinne lustiges Theaterstück, galt das für die Zuschauer des 18. Jahrhunderts nur eingeschränkt. Wer etwa eine Komödie von Christian F. Gellert wie „Die zärtlichen Schwestern" (1747) besuchte, durfte erwarten, dass auf der Bühne und im Zuschauerraum Tränen der Rührung, nicht aber der Heiterkeit flossen. Unterhalb der Hauptgattung genügen die gebräuchlichen Gattungstermini in keiner Weise den Ansprüchen an eine wissenschaftlich saubere Systematik. Das Sonett ist durch seine Formmerkmale bestimmt, die Hymne durch ihren feierlich-erhabenen Gestus. Mit „Mysterienspiel" bezeichnet man ein Stück, dessen Stoff aus der Bibel stammt. Das „Puppenspiel" verweist dagegen auf eine besondere Präsentationsform. Der Kriminalroman lässt eine Geschichte erwarten, die um deviantes Verhalten kreist. Ein Historienroman ist durch die zeitliche Distanz des Autors zum Erzählten gekennzeichnet usf.

Als eine neue vierte fiktionale Großgattung der Literatur wird derzeit der Spielfilm diskutiert, da es sich ganz offenbar um einen Modus des Darstellens und Erzählens handelt, der in der Nachbarschaft von Epik und Drama verortet werden kann. Beobachtet man, wie dort das Angebot weiter unterteilt wird, stößt man auf einen begrifflichen Wildwuchs, den zu beschneiden die auf Exaktheit drängende Wissenschaft sich schwer tut. Auf der obersten Ebene ist hier ebenfalls von Gattungen, aber auch von Genres und Formaten die Rede. Der Gattungsbegriff der Literatur passt jedoch so gut wie gar nicht zu dem, was im cineastischen Diskurs darunter verhandelt wird. Für die meisten ist der Begriff gleichbedeutend mit „*Genre*", worunter man spezifische Erzählmuster mit stofflich-motivlichen, dramaturgischen, formal-strategischen, stilistischen, ideologischen Konventionen und einem relativ festgelegten Figureninventar verstehen kann (vgl. Faulstich 2002, 28f.). Knut Hickethier (2003, 151) definiert ihn im Gegensatz zum inhaltlich gestimmten Genre als besonderen Modus der Darstellung (Spiel-, Dokumentar-, Animationsfilm usf.). Vielfach wird aber in der Filmwissenschaft ganz auf den Begriff der Gattung verzichtet. Als *Format* bezeichnet man in unklarer Abgrenzung zum Genre fiktionale und nonfiktionale Fernsehsendungen, die einem bestimmten inhaltlichen und/oder strukturellen Muster folgen (z. B. das Format „Quizshow" oder das Format „Sitcom") und oft nach ökonomischen Gesichtspunkten positioniert sind (z. B. als Werbeträger). Knut Hickethier spricht von einem medienindustriell optimierten Genre (Hickethier 2003, 152). Filmische Genres folgen ebenso wenig wie „literarische" Subgattungen einem logisch konsistenten Ordnungsprinzip: Der „Western" ist geografisch und zeitlich festgelegt, Kriegs- und Liebesfilm sind es thematisch, „Horror" und „Thriller" definieren sich vorwiegend über ihre Wirkung (vgl. Faulstich 2002, 28). Ähnliches gilt für Computerspiele, für die sich innerhalb weniger Jahre ebenfalls ein recht stabiles Genresystem etabliert hat (vgl. Kepser 1999, 189f.). Dieser Erfolg des Genre-Begriffs in den anderen Medien mag ein wichtiger Grund dafür sein, dass er auch im Handlungsfeld der Schriftliteratur immer weiter Fuß fasst.

Wie also soll man mit dem Phänomen der Mediengattungen umgehen? Der wohl überzeugendste Ansatz dazu stammt aus der konstruktivistischen Medientheorie (vgl. Schmidt 1994, 164–201). Sie geht davon aus, dass es sich bei Gattungen und Genres um Medienschemata handelt, die maßgeblich das Verhalten aller im jeweiligen Handlungsfeld Tätigen beeinflussen: Autoren, wenn sie sich in ihrer Arbeit für eine bestimmte Gattung entscheiden; Distributoren, wenn sie ein Medienangebot mit einem Gattungsbegriff im öffentlichen Leben platzieren; Berichterstatter der Metamedien (z. B. Kulturjournalisten), die nach dem Gattungssystem das Angebot sichten und werten; sowie Rezipienten, die sich anhand der angekündigten Gattung für ein bestimmtes Medienangebot entscheiden. Logische Konsistenz darf und kann man von solchen Schemata nicht erwarten. Sie entwickeln sich nach Ansicht der Konstruktivisten aus Prototypen, die in der Rezeptionsgeschichte wegweisend geworden sind und auf Produzentenseite zur Nachahmung gereizt haben. Damit kann nun auch erklärt werden, warum Gattungen historisch unterschiedlich interpretiert werden können: Geht das Bewusstsein gegenüber einem bestimmten Prototypen verloren und werden andere, wenn auch ähnliche Medienangebote stilprägend, wandeln sich die dem Begriff zugehörigen Medienschemata. Für die Bedürfnisse einer Wissenschaft, die Medienangebote systematisch klassifizieren will, ist daher das aus der Sprachwissenschaft stammende Konzept der *Textsorte* weitaus zweckdienlicher als das der Gattung (vgl. z. B. Steinig/Huneke 2002, 106). Mit der Beschreibung von Textsorten wird ganz allgemein versucht, die Gesamtheit aller Texte i.w.S. zu gruppieren nach ihrer kommunikativen Funktion, ihrem dominanten Thema, ihren unterschiedlichen Konstellationen und Kontexten sowie gemeinsamen Stilmerkmalen.

Für die Didaktik ergeben sich daraus folgende Konsequenzen: Zum einen ist eine Auseinandersetzung mit literarischen Gattungs- und Genrekonzepten unverzichtbar, weil sie den Diskurs im Handlungsfeld wesentlich bestimmen und ohne ihre Kenntnis eine souveräne Teilhabe daran kaum möglich ist. Nominalistische Definitionsversuche, wie man sie zuweilen in der Literaturwissenschaft antrifft, sind dafür aber nicht nötig. Auch sollte mittlerweile deutlich geworden sein, dass aus den Gattungen kein didaktisches Curriculum abgeleitet werden kann. Balladen beispielsweise können ebenso in der Primarstufe (z. B. Goethes „Zauberlehrling"), in der Sekundarstufe I (z. B. Fontanes „Die Brück' am Tay") oder in der Sekundarstufe II (z. B. Brechts „Legende vom toten Soldaten") altersangemessene Gegenstände sein.

1.4.2 Epochen

Im Vergleich zum Gattungskonzept ist die didaktische Relevanz einer diachronen Aufteilung literarischer Texte weitaus umstrittener (vgl. dazu auch Kap. 2.3). Dem literaturgeschichtlichen Orientierungswissen wird in den Lehrplänen für die Hauptschule ein geringer Stellenwert eingeräumt. Üblich ist, historische Kontextualisierung an einem Beispiel exemplarisch aufzuzeigen, so wie das auch der Entwurf zu den neuen Bildungsstandards vorsieht (Beschlüsse der Kultusministerkonferenz 2004, 14). Auf Realschulebene und in der Sekundarstufe II gehört Literaturgeschichte dagegen zu den allgemein akzeptierten Lerninhalten, für die je nach Bundesland eine mehr oder weniger breite Behandlung obligatorisch ist. Legitimiert wird dies in der Didaktik unter anderem mit der Gratifikation des Fremdverstehens (Müller-Michaels 1987b), die in der Auseinandersetzung mit älteren Texten erworben werden kann, oder mit der Möglichkeit zur Identifikation bzw. Abgrenzung gegenüber kulturellen Vorstellungen der Vergangenheit (Bildungsplan Gymnasium Baden-Württemberg 1984; vgl. Fingerhut 2002, 154). Fraglich bleibt aber, welchen Status *Epochenkonzepte* haben sollen. Die gegenwärtig geläufige Periodisierung Reformation/Renaissance – Barock –Aufklärung – Sturm und Drang – Klassik – Romantik – Realismus begann sich erst gegen Ende des 19. Jahrhunderts durchzusetzen, nachdem verschiedene Autoren im Dienst einer nationalen Geschichtsschreibung eine mehr oder minder systematische Aufarbeitung der deutschen Literatur vorgelegt hatten (z. B. Georg Gottfried Gervinus 1835–42; Wolfgang Menzel 1858/59; Wilhelm Scherer 1880–83; vgl. auch Kap. 3). Noch jüngeren Datums sind naturgemäß Bezeichnungen wie „Expressionismus", „Neue Sachlichkeit", „Literatur während des Dritten Reichs" oder „Nachkriegsliteratur". Epochenbeschreibungen entstammen nahezu ausschließlich einem meta-literarischen Diskurs, den vor allem die geistesgeschichtlich orientierte Literaturwissenschaft geprägt hat. Für die Produktion spielen Epochenkonzepte nur eine marginale Rolle und auch Rezipienten kommen ohne deren Kenntnis im Handlungsfeld Literatur gut zurecht, wenn man von der kleinen Gruppe der Germanisten absieht. Darüber hinaus hat man in den letzten 30 Jahren immer wieder folgende Probleme hervorgehoben:

- Verschiedene Autoren konnten nie befriedigend einer bestimmten Epoche zugeordnet werden, darunter die drei großen „Außenseiter" Jean Paul, Hölderlin und Kleist.

- Der Status von „Strömungen" (z. B. „Biedermeier", „Vormärz", „poetischer Realismus" etc.) ist kaum sinnvoll von dem der „Epochen" abzugrenzen.

- Für bestimmte Abschnitte der Literaturgeschichte hat sich keine einheitliche Bezeichnung durchsetzen können, so z. B. für die Zeit der Jahrhundertwende, die mit „Jugendstil", „Impressionismus", „Ästhetizismus" oder einfach „Beginn der Moderne" umrissen wird.

- Die Epochenbildung verschleiert die Gleichzeitigkeit des Ungleichzeitigen. Das gilt sowohl unter nationaler Perspektive (überschneidend z. B. „Klassik", „Romantik", „Biedermeier", „Vormärz/Junges Deutschland"), als auch im Kontext der Weltliteratur (z. B. „Realismus" als zwar weit verbreitetes, aber weder inhaltlich noch zeitlich homogenes Phänomen).

- Das Epochenkonstrukt ist nur an der Höhenkamm-Literatur orientiert und vernachlässigt die populäre Unterhaltungskultur. Generell kommt der Verdacht auf, dass sein wahrer Wert weniger im literarischen Handlungsfeld, als in sozio-politischen Kontexten zu suchen ist: Herrschaftswissen, das der bildungsbürgerlichen Schicht zur Abgrenzung von anderen Gruppen dient.

- Die Epochenbezeichnungen sind höchst heterogener Herkunft und kennzeichnen ganz verschiedene Beobachtungsperspektiven: Der Kunstgeschichte entlehnt sind etwa „Barock" und „Expressionismus", der politischen Geschichte „Literatur während des Dritten Reichs" und „Nachkriegszeit". Für den „Sturm und Drang" stand ein gleichnamiges Drama Pate und „Klassik" ist ein nationalstaatlich geprägter, kultureller Hochwertbegriff.

- Selbst wenn man konzediert, dass Begriff und Bezeichnung auseinandergehalten werden müssen, legen die Epochenbezeichnungen doch einen recht eingeengten Blick auf die darunter subsummierten Texte nahe. Gerade im schulischen Kontext erweisen sie sich als hegemonialer Deutungsrahmen, der einem subjektiv bedeutsamen Text- und Geschichtsverständnis kaum Platz lässt (vgl. Fingerhut 2002, 155f). Erschließungsfragen vom Typ: „Weisen Sie nach, dass Text X Kennzeichen der Epoche Y aufweist" prägen immer noch vielfach den Literaturunterricht der Oberstufe. Nicht selten werden Texte von Schulbuchverlagen vor allem danach ausgewählt, ob sie das Kriterium der Epochenrepräsentanz erfüllen und nicht danach, inwiefern sie Interessen der Schüler/-innen treffen.

Sollte die Literaturdidaktik also darauf verzichten, weiterhin mit Epochen zu arbeiten, wenn sie literaturhistorisches Orientierungswissen vermitteln will? Die Antwort darauf fällt schwer. Lernpsychologisch sind Periodisierungsversuche zweifellos hilfreich, dienen sie doch einer begrifflichen Strukturierung. Neben der tradierten Unterteilung gäbe es noch weitere Vorschläge, die unter didaktischer Perspektive interessant sind. Einen deutlich politischen Blick auf die Literaturgeschichte werfen etwa Beutin et al. (1984), wenn sie in ihrer viel gelesenen Überblicksdarstellung unterscheiden: „Literatur des Barock", „Aufklärung", „Kunstperiode", „Vormärz", „Realismus und Gründerzeit", „Im Zeichen des Imperialismus", „Literatur der Weimarer Republik", „Literatur im Dritten Reich", „Die deutsche Literatur des Exils", „Die Literatur der DDR", „Die Literatur der

Bundesrepublik". Karlheinz Fingerhut schlägt vor, den literaturgeschichtlich orientierten Unterricht an großräumigen Kategorien wie „Mittelalter", „frühe Neuzeit", „bürgerliches Zeitalter" und „Moderne" zu orientieren (Fingerhut 2002, 162). Allerdings werden damit nur einige der oben genannten Schwierigkeiten behoben bzw. abgemildert. Die grundsätzlichen Probleme, die mit jeder Periodisierung einhergehen, lösen auch sie nicht. Mit Blick auf die Enkulturation junger Menschen ist außerdem festzuhalten, dass sich die tradierten Bezeichnungen im gegenwärtigen gesellschaftlichen Selbstverständigungsprozess festgesetzt haben. So ist Rainer Rosenberg der Auffassung:

> Sie gehören schon lange zu den gewissermaßen normalen Voraussetzungen, unter denen ein diesen Perioden zugeordneter Text von einem durchschnittlich gebildeten Leser rezipiert, jedenfalls vom Literaturwissenschaftler analysiert und interpretiert wird, sind Bildungselemente und Bestandteile eines metahistorischen rezeptionsgeschichtlichen Zusammenhangs. (Rosenberg 1992, 277)

Diese Ansicht teilen augenscheinlich auch die meisten Kultusbehörden, denn die Lehr- und Bildungspläne sehen zumindest auf der Ebene der Sekundarstufe II eine mehr (z. B. Bayern) oder weniger (z. B. NRW, Bremen) systematische Auseinandersetzung mit den tradierten Epochen vor.

Wege aus dem Dilemma zu finden, hat viele Didaktiker seit Mitte der 1970er Jahre immer wieder beschäftigt (zusammenfassend Fingerhut 2002, 157–165). Unter der durchaus strittigen Prämisse, die üblichen Bezeichnungen weiterhin beibehalten zu wollen, bietet sich beispielsweise an:

- Verwendung von grafischen Schaubildern, die die Gleichzeitigkeit des Ungleichzeitigen verdeutlichen (z. B. in „Kennwort 11. Literaturgeschichtliches Arbeitsbuch", Hannover: Schroedel 1992, 217);

- Lektüre literaturwissenschaftlicher Fachtexte, die zu einer kontroversen Betrachtung des Epochenkonzepts einladen (z. B. in „Facetten. Epochen und Epochenumbrüche in der Literatur.", Leipzig: Klett 2002, 84f.);

- Gegenüberstellung alternativer Periodisierungen (z. B. in „Texte und Methoden. Lehr- und Arbeitsbuch Deutsch. Bd. 11", Berlin: Cornelsen 1992, 129);

- Einbettung eines Textes in weltliterarische Zusammenhänge, dabei auch Auseinandersetzung mit Periodisierungen in anderen Ländern;

- Bereichs- und fächerübergreifende Projektarbeit, in der literarische Epochenbezeichnungen und -beschreibungen als einer unter vielen historischen Diskursen relativiert werden;

- Einen historischen Text versuchsweise anderen Epochen zuschreiben und unter dieser Perspektive interpretieren;

- Literaturgeschichte wieder als „Geschichte", also Narration erlebbar machen. Dazu gehören neben Einblicken in das literarische Leben auch biografische Hintergründe, die man publizistisch als „human interest stories" bezeichnet;

- Nach Sichtung einer Reihe von Kurztexten (z. B. Gedichte) „Klumpenbildungen" herausarbeiten und dafür eigene Bezeichnungen finden. Das kann besonders für aktuelle Gegenwartsliteratur spannend sein, da hierzu keine (einheitliche) Begrifflichkeit vorliegt.

1.4.3 Interpretationsmethoden

Betrachten wir als dritten Fachdiskurs die Frage nach den Methoden der Textarbeit. Dabei geht es zunächst um das Problem, was den Textsinn ausmacht und wie dieser zustande kommt. Ein Aphorismus von Lichtenberg, den nicht zuletzt verzweifelte Lehrkräfte gerne zitieren, behauptet: „Wenn ein Buch und ein Kopf zusammenstoßen, und es klingt hohl, dann liegt das nicht unbedingt am Buch." Freilich ist damit nicht ausgeschlossen, dass ein dumpfer Klang ursächlich auch manchen Büchern zugeschrieben werden kann. In jedem Fall verweist es auf das notwendige Zusammentreffen von Medienangebot und Rezipient, um überhaupt die Frage nach dem Textsinn stellen zu können.

Vertreter der Geisteswissenschaften verhandeln das Problem unter dem Fachbegriff *Hermeneutik* als Kunst und Lehre vom (rechten) Verstehen nicht nur, aber auch literarischer Texte. Mit diesem Problem beschäftigt war man seit der Antike vor allem in Bezug auf religiöse Texte, denen man neben der wörtlichen Bedeutung weitere Sinnebenen zusprach. Diese herauszupräparieren ist die Kunst der *Allegorese*. Bis zur Neuzeit entwickelte sich eine *Lehre vom vierfachen Schriftsinn zum* dominanten Exegesemodell für biblische Texte: Die oberflächliche Ebene des sogenannten Litteralsinns (*sensus litteralis*) informiert den Leser über die geschichtlichen Ereignisse (*historia*), also z. B. das Leben Jesu. Dahinter verborgen liegt aber eine überzeitliche Wahrheit (*sensus mysticus*), die weiter nach der heilsgeschichtlichen Bedeutung (*sensus allegoricus*), der Konsequenz für das richtige Handeln (*sensus moralis* oder *tropologicus*) und der Bedeutung für das Endschicksal der Welt und des Einzelnen (eschatologisch-anagogischer Sinn, *sensus anagogicus*) aufgefächert werden kann. Vorbehalte gegen dieses Modell, das den Bibelinterpreten eine erhebliche Deutungsmacht mit weitreichenden Konsequenzen zusicherte, wurden erst in der Reformationszeit laut. Heute gilt die Lehre vom mehrfachen Schriftsinn unter den meisten Exegeten beider Konfessionen als überholt, weil sie sich nicht mit der bevorzugten historisch-kritischen Methode verträgt.[2]

---

[2]   Erstaunlicherweise wird ausgerechnet dieses mystische Verstehensmodell derzeit herangezogen, um auf empirischem Weg literarisches Verstehen zu erforschen (Vortrag der DESI-Forschergruppe am 27.9.2004, 15. Symposion Deutschdidaktik in Lüneburg).

Eines der einflussreichsten modernen Modelle für das Textverstehen war und ist der *hermeneutische Zirkel*, wie er von Friedrich Schleiermacher (1838) zum ersten Mal formuliert worden ist. Demnach steht der Leser oder die Leserin vor dem Problem, das Einzelne nur aus dem Ganzen, aber auch das Ganze nur aus dem Einzelnen verstehen zu können. Den Sinn eines einzelnen Satzes kann ich nur im Zusammenhang mit dem gesamten Text erschließen, der Text aber wieder lässt sich nur über die ihn konstituierenden einzelnen Sätze erfassen. Bezüglich des literarischen Verstehens ergibt sich daher eine Kreisbewegung: Mit einem gewissen Vorwissen trete ich an einen Text heran. Während des Lesens wird sich mein Wissen mehr oder minder verändern. Kommt es zu einer erneuten Begegnung mit demselben Text, wird auch das (Vor-)Verständnis ein anderes sein, ganz abgesehen davon, dass sich möglicherweise zusätzlich mein außerliterarisches Wissen verändert hat. Damit erweist sich das Textverstehen als ein prinzipiell unabgeschlossener Prozess. Im Kontext der Literaturdidaktik macht dieses Modell darauf aufmerksam, dass in eine vernünftige didaktische Analyse das Vorwissen der Schülerinnen und Schüler einbezogen werden muss, um abschätzen zu können, was bei einer intendierten Textbegegnung passieren wird. Auch legitimiert es das wiederholte Lesen eines Textes: Eine mehrmalige Lektüre kann nach dem hermeneutischen Zirkel zu einer jeweils neuen Texterfahrung führen. Nicht zuletzt sollte das Modell uns davor warnen, das eigene Verständnis eines literarischen Werkes zum Ziel- oder gar Ausgangspunkt des Literaturunterrichts zu machen. Notwendigerweise wird es diesbezüglich stets eine Differenz zwischen Lehrkraft und Schülern/-innen geben. Problematisch wird das Modell dann, wenn man davon ausgeht, dass ein sich veränderndes Vorwissen nicht nur zu einem anderen, sondern zu einem gereifteren, besseren Verständnis führt.

Übertragen auf die Schulsituation bedeutet dies: Die Lehrkraft besitzt qua literarischer und außerliterarischer Vorbildung stets ein angemesseneres Textverständnis als die Lernenden. Sofern man verschiedene Qualitäten des Textverständnisses annimmt, stellt sich dann sofort die Frage nach dem Maßstab. In problematischer Anlehnung an Schleiermacher ist das für Wilhelm Dilthey die Autorintention, der sich der Interpret durch psychologische Einfühlung anzunähern hat. Dabei ergibt sich aus dem Modell des hermeneutischen Zirkels genau das Gegenteil: Die Absicht des Autors ist gerade kein notwendiger Bestandteil im Prozess des Textverstehens. Das kommt auch in Schleiermachers Auffassung zu Tage, dass der Interpret den Text besser verstehen könne als der Autor selbst (vgl. Selbmann 2002).

Wissenschaftlich geschulte Leser unterscheiden sich von naiven vor allem darin, dass sie ihr Vorwissen als Voraussetzung des Textverstehens kritisch reflektieren können. Dabei muss „Wissen" deklarativ und prozedural aufgefasst werden: Es geht um zur Verfügung stehende literarische und außerliterarische Informationen sowie um Herangehensweisen (Methoden), die mit einem erkenntnisleitenden Interesse verbunden sind. Von Harald Fricke stammt das Methoden-Schema auf der nächsten Seite, das zumindest einen heuristischen und didaktischen Wert für sich reklamieren kann (Fricke 1991, 176; vgl. auch Vogt 2001, 199ff.):

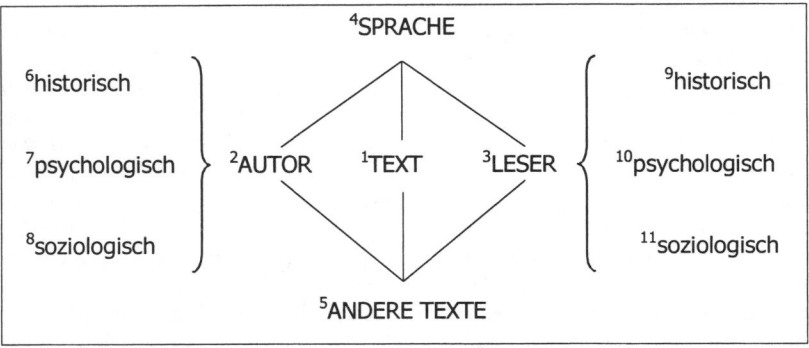

An den verschiedenen Positionen lassen sich nun folgende methodische Zugänge festmachen, ohne Anspruch auf Vollständigkeit:

1. Werkimmanente Interpretation, die nach dem Gehalt eines Textes sucht und dabei biografische, politische, soziale und andere Kontexte weitgehend außen vor lässt.

2. An der Autorintention orientierte Hermeneutik in der Nachfolge Diltheys.

3. Rezeptionsästhetik, die die Leistung des Lesers an der Entstehung des Kunstereignisses betont (Konkretisation), aber auch nach den dafür notwendigen Bedingungen auf der Textseite fragt (Leerstellen, Unbestimmtheitsstellen). Sofern es sich um ältere Texte handelt, interessiert sich die Rezeptionsästhetik für die Rekonstruktion des vergangenen Sinns. Insofern ist auch Position 9 für sie reservierbar.

4. Formalismus/Strukturalismus, deren Vertreter vor allem die Sprache literarischer Texte mit linguistischen Methoden untersuchen und Dichtung als Abweichung von der sprachlichen Norm betrachten.

5. Intertextualität als ein poststrukturalistisches Konzept, das auf die gegenseitigen Bezüge von Texten in Form von Anspielungen, Zitaten und Transformationen aufmerksam macht und die klassische Trias „Autor–Werk–Leser" für vernachlässigbar hält.

6. Positivismus als ein an den Naturwissenschaften orientiertes Paradigma mit dem Ideal empirisch überprüfbarer Ergebnisse. Das erkenntnisleitende Interesse gilt hier einerseits der Editionskunde (Herstellung verlässlicher Texte unter Berücksichtigung ihrer Ausgabengeschichte) und Dichterbiografien. Auch genealogische Untersuchungen könnte man hier verorten, obwohl de-

ren Vertreter aus dem Poststrukturalismus stammen und damit im schärfsten Gegensatz zu den Positivisten stehen.

7. Psychoanalytische Interpretation mit Blick auf den Autor. Der Text kann als Ergebnis der Verarbeitung psychischer Konflikte gedeutet werden. Bisweilen lohnt es sich auch zu fragen, wie das psychoanalytische Wissen des Autors den Text beeinflusst hat.

8. Kritisch-marxistisch geprägte Interpretation, die nach der Gesellschaftsposition, dem Klassenbewusstsein und möglichen Ideologien des Autors fragt, gemäß dem Grundsatz: „Das Sein prägt das Bewusstsein". Allerdings können Marxisten auch daran interessiert sein, wie der Text unabhängig vom Autor eine bestimmte Klassenlage widerspiegelt (Position 11) oder wie sich in seiner Wirkungsgeschichte die gesellschaftspolitische Entwicklung zeigt (Position 9).

9. Rezeptionsgeschichte mit dem Ziel, die unterschiedliche Wirkung eines Textes über die Zeit hinweg zu beschreiben und zu erklären. Als „Leser" kommen dabei natürlich auch wiederum Autoren in Frage.

10. Leserpsychologie. Forscher/-innen, die sich darum kümmern, können aus ganz verschiedenen Schulen stammen. Psychoanalytiker fragen z. B. danach, ob und wie Texte Gegenübertragungsreaktionen auslösen, weil sie zentrale Konflikte thematisieren. Insofern kann Literatur auch psychoanalytische Theoriebildung untermauern helfen. Vertreter/-innen des Poststrukturalismus stehen der Psychoanalyse teilweise nahe. Sie zeigen mit ihren Verfahren, wie Leser/-innen immer wieder versuchen, Sinn in literarische Texte hineinzulegen, um ihnen auf diese Weise ihre Vieldeutigkeit zu entziehen. Empirisch orientierte Wissenschaftler/-innen untersuchen das beobachtbare Leserverhalten und sind zum Beispiel daran interessiert, warum einige Leute viel lesen und andere nicht.

11. Literatursoziologie, die nach den sozialen Handlungen im Kontext literarischer Werke fragt (z. B. Erforschung des literarischen Lebens), dabei aber nicht unbedingt den Texten selbst nachgeht.

Für die Deutschdidaktik können literaturwissenschaftliche Methoden zwei Funktionen haben: Zum einen bietet sich an, bestimmte Umgangsweisen mit literarischen Texten für den Unterricht zu adaptieren. Das betrifft Verfahren der Texterschließung (vgl. Kap. 6.3) und der Interpretation (vgl. Kap. 6.4). Zum anderen können sie dazu dienen, literaturdidaktische Konzeptionen zu begründen. In dieser Funktion haben sie die neuere Geschichte der Deutschdidaktik entscheidend mitgeprägt, wenn auch nicht jede Methode gleichermaßen stark (s. a. Kap. 3):

- Werkimmanente Interpretation und die an der Autorintention orientierte Hermeneutik bilden das Fundament der Nachkriegsdidaktik (z. B. Robert Ulshöfer, Erika Essen). Historische oder soziologische Kontexte spielen in der Aufarbeitung der Texte für den Unterricht eine untergeordnete Rolle. Mit der Macht der richtigen Deutung ausgestattet, überprüfen Didaktiker (oder vielmehr Methodiker) den erzieherischen Wert der Literatur. „Klassischen" Kanontexten wird dabei der Vorzug gegeben, weil sie mit der werkimmanenten Interpretation eher konform gehen als moderne und zudem geeigneter scheinen, junge Menschen für das Wahre, Gute und Schöne zu sensibilisieren.

- Formalismus und Strukturalismus beeinflussen ab Mitte der 60er Jahre die Diskussion. Herman Helmers benutzt deren Modelle zur Begründung gattungsorientierter Lehrgänge (s.o.), andere legitimieren damit einen analytisch orientierten Unterricht, der die literarische Sprache in den Mittelpunkt stellt (z. B. Ader/Kress/Riemen 1975).

- Etwa gleichzeitig werden kritisch-marxistische und kommunikationssoziologische Methoden virulent mit der Intention, Schüler/-innen zu emanzipierten und zu engagierten Mitgliedern der Gesellschaft zu erziehen. Das rückt nun auch Literatur in den Fokus des didaktischen Interesses, deren Autoren gesellschaftspolitische Themen verfolgen (exemplarisch Georg Büchner, Gerhart Hauptmann, Bertolt Brecht) oder die sich besonders gut zur ideologiekritischen Analyse eignen (z. B. die sogen. „Trivialliteratur", Giesenfeld 1973).

- Die Rezeptionstheorie bildet das theoretische Rückgrat für den handlungs- und produktionsorientierten Unterricht, wie er ab den 1980er Jahren zum dominierenden Paradigma wird. Hier finden dessen Vertreter die Legitimation dafür, dass Schüler/-innen ästhetische Arbeit im Umgang mit Texten leisten sollen, indem sie z. B. Unbestimmtheitsstellen zum Ausgangpunkt eigener literarischer Produktion machen (vgl. Haas/Menzel/Spinner 1994).

- Die Leserpsychologie hat quer zu allen Konzeptionen immer wieder das Interesse der Literaturdidaktik gefunden. Sie führte zur Strukturierung des Curriculums nach der Theorie des Lesealters (s.o.), zur Begründung des Literaturunterrichts auf der Basis der Ich-Entwicklung und damit verbundener Entwicklungsaufgaben (z. B. Kreft 1977; Abraham 1998) und zur Betonung der Leseinteressen im Kontext einer wirksamen Leseförderung (z. B. Bertelsmann-Stiftung 1995).

- Poststrukturalistische Methoden wie Dekonstruktion, Diskursanalyse und intertextuelle Bezugsetzung werden als Alternative bzw. Ergänzung zur herkömmlichen Interpretationsarbeit diskutiert: Eine zweite Lektüre soll gegen scheinbar naheliegende Deutungsmuster anarbeiten und Platz machen für eine heterogene Deutungsvielfalt (vgl. Kammler 2000; Förster 2002). Es geht hier nicht mehr um Ideologiekritik, sondern um eine kritische Betrachtung von Handlungen, die Literatur qua Interpretation als Herrschaftsinstrument missbrauchen.

1.5 Fachdiskurse in Überschneidungsfeldern: Bezugswissenschaften der Literaturdidaktik

Die Literaturdidaktik versteht sich heute als eigenständige Disziplin, die sich mit den Wechselwirkungen zwischen literarischen Texten und den sie rezipierenden Subjekten in Lehr- und Lernkontexten auseinander setzt. Nicht mehr haltbar ist für uns heute die Vorstellung einer germanistischen Mutterwissenschaft („Neuere Deutsche Literaturwissenschaft"), von der sich Didaktik ableiten ließe (so noch Paefgen 1999b, VIII, und tendenziell auch Bogdal 2002). Nicht die Literaturdidaktik ist „Teil" der Literaturwissenschaft, sondern eher umgekehrt deckt für uns diese (nur) einen Teil jener komplexen kulturellen Praxis Literatur ab, von der das Kapitel 1.1 handelte. „Die Vorstellung, dass der Deutschunterricht via Fachdidaktik ‚Germanistik' vermittle, ist irrig" (Kämper-van den Boogaart 2003b, 77). Das gilt auch in Bezug auf das in diesem Kapitel verhandelte Überschneidungsproblem: Literaturwissenschaft und Literaturdidaktik sind einander benachbarte, aber nicht aus einander ableitbare Disziplinen. Sie unterscheiden sich darin, dass die Didaktik viel mehr an Normen- und Wertediskussionen teilnimmt. Die historisch enge Verbindung beider Fächer ist noch im späten 20. Jahrhundert spürbar, aber mit der Entstehung neuer wissenschaftlicher Disziplinen und der Veränderung der durch die Literaturdidaktik zu lösenden Erklärungs- und Entwicklungsaufgaben findet eine Umorientierung statt, die es erforderlich macht, die bereits vorgestellten Bezugswissenschaften um weitere zu ergänzen.

Wie jede andere Wissenschaft ist die Literaturdidaktik heute angewiesen auf und pflegt Beziehungen zu zahlreichen angrenzenden Nachbardisziplinen. Neben der schon erwähnten Literaturwissenschaft (vgl. Kap. 1.4) sind es zunächst disziplinübergreifende Strömungen wie Poststrukturalismus und Konstruktivismus, die auch auf die Literaturtheorie stark gewirkt, genauer gesagt: die Rezeptionsästhetik radikalisiert haben (vgl. Bogdal Hrsg. 1993 u. 1997). Wenn das literarische Werk nicht unabhängig vom lesenden Subjekt existiert, sondern auf seine vorstellungsbildende und interpretative Mitarbeit angewiesen ist, so sind weitere wichtige Bezugsdisziplinen *Psychologie und Psychoanalyse*, die vor allem auf dem Weg über eine literaturwissenschaftliche Rezeption (vgl. die Einführung von Schönau 1993) die Literaturdidaktik beeinflusst haben. Aber auch eine „direkte" Rezeption ist nachweisbar, und zwar in der bereits erwähnten *Lesealtertheorie* (vgl. Kap. 1.4). Trotz der an ihr geübten berechtigten Kritik (vgl. ausführlich Kap. 2.2.2) ist „die Akzentuierung der Lektüre als Funktion in Entwicklungsprozessen" (Eggert/Garbe 1995, 29) nicht überholt und bedarf auch weiterhin der Absicherung durch psychologische Einsichten (vgl. z. B. Abraham 1998a). Ebenfalls zur Bezugswissenschaft wird damit die *Soziologie*, aus der vor allem der Sozialisationsbegriff nicht nur von der Sprachdidaktik (vgl. Steinig/Huneke 2002, 173–176), sondern auch der Literaturdidaktik aufgenommen worden ist (vgl. ausführlich Kap. 2.2.3 ff.).

Neben diesem Subjektbezug gibt es zwei weitere Bezüge, für deren Erhellung das Fach auf Nachbardisziplinen angewiesen ist: Das Feld der Gegenstände selbst bedarf, je weniger ein traditioneller Kanon noch unstritig ist, desto mehr der ständigen Neubestimmung auch jenseits alter Grenzen einer „Nationalliteratur". Eine solche leisten heute verschiedene weitere Nachbarwissenschaften der Literaturdidaktik:

- die *Theaterwissenschaft*: Als Disziplin, die sich um die kulturelle Praxis Theater kümmert, ist sie nicht nur für Dramentexte zuständig, sondern auch für Aufführungspraxen, Inszenierungsstile und das Theater als Institution. Überschneidungen mit einer an kulturellen Praxen interessierten Literaturdidaktik sind evident;

- die Internationale Literaturwissenschaft. Als *Komparatistik* klärt sie unter anderem das Verhältnis deutschsprachiger Literatur zur Weltliteratur.

- die *Übersetzungswissenschaft*, da Wechselbeziehungen zwischen einzelnen Literaturen in verschiedenen Sprachen und Kulturen vor allem von Übersetzungen leben, die nicht zuletzt im Bereich der Kinder-, Jugend- und Unterhaltungsliteratur auch für die Schule von hoher Bedeutung sind. (vgl. Albrecht 1998; Apel/Kopetzki 2003). Die Kinder- und Jugendliteraturwissenschaft internationalisiert sich ohnehin immer mehr, und übersetzte Literatur ist nicht nur, aber besonders in diesem Bereich als genuiner Gegenstand zu betrachten (vgl. O'Sullivan 2000). Jede Übersetzung ist eine spezifische Textinszenierung. Nicht nur sprachlich, sondern vor allem auch kulturpolitisch ist das Übersetzen als kulturelle (literaturvermittelnde) Leistung zu würdigen. Dass sie als „Herübersetzung" auch in den Deutschunterricht gehört, stellte schon Kußmaul (1988) überzeugend fest;

- die *Buchwissenschaft*, die sich mit der materialen und ökonomischen Seite literarischer Texte befasst, sofern sie mit dem Medium Buch realisiert ist (vgl. z. B. Röhring 1987, Wegmann 1998);

- die *Filmwissenschaft*: Das Literarische ist, wie schon mehrfach angeschnitten, nicht allein ein Teil der Schriftkultur. Erzählen findet heute auch im (Spiel-) Film statt, vielleicht sogar mit einer größeren öffentlichen Resonanz, als sie das Buch nach sich zieht. Die Filmwissenschaft stellt Kategorien der Beschreibung, Analyse und Interpretation bereit (vgl. auch Kap. 1.4 und 4.4.5);

- die *Medienwissenschaften*, da Literatur ohne Zweifel ein Medienangebot darstellt und nur „intermedial" (Zima Hrsg. 1995) zu fassen ist. Zum Tross der Literaturdidaktik gehören sie vor allem, wo sie sich mit dem „Lesen" und Verstehen verschiedener Medien (vgl. Gross 1994) oder den Eigenarten visueller Kommunikation befassen (vgl. z. B. Faulstich 1995, Doelker 1997, Hickethier 2003);

- und schließlich alle (Kultur-)Wissenschaften, die im Einzelfall helfen, ein literarisches Werk zu erschließen, zu kontextuieren und zu deuten – also *Anthropologie, Bildende Kunst* (Bilderbücher!), *Geschichtswissenschaft, Politolo-*

gie, Philosophie (v.a. Ethik, Erkenntnistheorie, Wissenschaftstheorie), *Altphilologie, Rhetorik* und *Theologie* (die europäische Literatur seit dem Mittelalter ist voll von religiösen und biblischen Bezügen).

Eine letzte Gruppe von Nachbarwissenschaften, deren Austausch mit der Literaturdidaktik immer wieder fruchtbar ist, ergibt sich daraus, dass Literatur auch eine *soziale Funktion* hat. Alle Medien helfen das Selbstverständnis der Menschen in einer Kultur auszudrücken und zu prägen sowie ihr Zusammenleben zu regeln. Literarische Kommunikation lässt sich folglich studieren als Ausdruck des Bedürfnisses und der Möglichkeit, literarische Texte als Katalysatoren der Selbstverständigung einer Kultur über sich selbst, ihre Werte, Normen und „Geschichte(n)", zu nutzen. Gesellschaftliche, politische und pädagogische Fragestellungen werden nicht nur seit alters den Texten selbst eingeschrieben, sondern solche Diskurse prägen auch die Auseinandersetzung über Literatur, über einzelne Gattungen, Genres und mediale Formate. So kommt die *Erziehungswissenschaft* (unter Einschluss der Medienpädagogik) ins Blickfeld der Literaturdidaktik. Die Diskussion um den Stellenwert des Buches und des Lesens im Erziehungsprozess dauert im Grunde seit Rousseau an. Die Pädagogik ist auch deshalb eine sehr wichtige Nachbarwissenschaft, weil dort vielerorts die Primarstufendidaktiker eingegliedert sind und damit die Literaturdidaktik des Kindesalters zumindest zwei Seiten hat: eine philologische *und* eine pädagogische. So gibt es zum Bilderbuch ebenso viele pädagogische wie literaturdidaktische Publikationen (vgl. z.B. Grenz Hrsg. 1990, Petzold/Erler Hrsg. 1990), zudem auch Überschneidungen mit der Buchwissenschaft, (z.B. Halbey 1997).

Und schließlich sind „Multikulturalität und Mehrsprachigkeit" (Wilkens/Neumann 2002) in der Gesellschaft und damit im Literaturunterricht des beginnenden 21. Jahrhunderts eine Realität. Wir leben in einer Migrationsgesellschaft, ob wir es wahrhaben wollen oder nicht. „Das nationale Selbstverständnis der Bildung" (Gogolin Hrsg. 1994) wird nachhaltig, und hoffentlich auch produktiv, irritiert von Verhältnissen, in denen eben nicht eine Muttersprache „den Mittelpunkt aller Bildung" darstellt und das Medium ist, in dem sie sich vollzieht (vgl. ebd., 276). Man hat daher zu Recht gefordert, dass ein Literaturunterricht, der sich mit der „Literatur des Lebensraums der SchülerInnen" befasse, nicht nur die der deutschsprachigen Mehrheit berücksichtigen dürfe (vgl. Wintersteiner 2000, 56). Vielmehr seien Phänomene „literarischer Mehrsprachigkeit" (Wilkens/Neumann 2002, 87) anzunehmen und von einer interkulturellen Literaturdidaktik zu reflektieren: zweisprachig schreibende Autoren mit jeweils einsprachigen Werken, Autoren, die überwiegend in ihrer Zweitsprache schreiben und publizieren, und schließlich auch mehrsprachige Einzeltexte und Sprachmischungen aller Art (vgl. ebd., 87). Bekanntere Namen wie Rafik Schami oder Gino Chiellino stehen für eine wachsende Zahl von Literaturschaffenden in solchen interkulturellen Kontexten. Nicht nur das, was Alois Wierlacher „*Interkulturelle Germanistik*" genannt hat (vgl. Wierlacher Hrsg. 1997), gehört damit ebenfalls zu den Bezugswissenschaften der Literaturdidaktik, sondern auch eine „Schwesterdidaktik" – die *Didaktik des Deutschen als Fremd- und Zweitsprache*.

2. Grundlegende Aufgaben des Literaturunterrichts

2.1 Unterstützung von Individuation, Sozialisation und Enkulturation

Literaturdidaktik hat im Kern die Aufgabe, mit Literatur verbundene Gratifikationen auszumachen, die Voraussetzungen zu ihrem Erhalt zu klären und Wege zu öffnen, um Menschen in diesem Feld handlungsfähig zu machen. Wenn wir eingangs das Handlungsfeld Literatur in seiner individuellen, sozialen und kulturellen Bedeutsamkeit beschrieben haben, so ist noch einmal festzuhalten: Literatur *kann* den Einzelnen kognitiv, sozial oder emotional entlasten, Ich-Entwicklung unterstützen oder zur Übernahme von Fremdperspektiven befähigen, also Individuation befördern. Sie *kann* kollektiven ästhetischen Genuss bieten und zur Auseinandersetzung mit Werten und Normen in der Gruppe führen, also Sozialisation befördern. Sie *kann* einen Beitrag zur kulturellen Kohärenzbildung leisten, also Enkulturation befördern (vgl. dazu auch Fritzsche 1994, Bd. 3, 98–101). Aber Literatur tut dies nicht von alleine. Vielmehr bedarf es bestimmter Kompetenzen, um am Handlungsfeld Literatur partizipieren zu können.

2.1.1 Zur literarischen Kompetenz

Kompetenz ist in der gegenwärtigen Bildungsdiskussion ein Hochwertbegriff. In vielen neuen Bildungsplänen ersetzt er die Rede von Fähigkeiten und Fertigkeiten, die Schülerinnen und Schüler in bestimmten Bereichen erwerben bzw. ausbilden sollen. Dabei ist die Differenz zwischen dem alten und dem neuen Sprachgebrauch im Hinblick auf die damit verbundenen Konsequenzen nicht immer deutlich. Auch in der Fachdidaktik wird der Kompetenzbegriff recht unterschiedlich gebraucht.

Zunächst einmal ist eine Abgrenzung zur alltagssprachlichen Verwendung vorzunehmen. Hier bedeutet Kompetenz einen bereichsspezifischen Sachverstand, verbunden mit bestimmten Fähigkeiten und oft auch Entscheidungsbefugnissen. Dies führt dazu, dass sich ein Individuum für ein eingegrenztes Fachgebiet zuständig fühlt oder ihm diese Zuständigkeit von außen zugesprochen wird. Letzteres zielt auf den etymologischen Kern des Wortes (vgl. Kluge 2002, 515). Ein literarisch kompetenter Mensch kennt sich also im Handlungsfeld Literatur gut aus und ist in der Lage, mit literarischen Gegenständen souverän umzugehen. Er bezeichnet sich selbst als Experten für Literatur oder er wird von seiner Umgebung als solcher akzeptiert. In dieser Auslegung ist der Begriff für die Deutschdidaktik nicht tragfähig, denn das Ziel allgemeiner Bildung ist nicht Expertenschaft. Allenfalls können Grundlagen geschaffen werden, die ggf. zu einer solchen weiterentwickelt werden können. Die alltagssprachliche Verwendung macht allerdings auf etwas aufmerksam, was in der gegenwärtigen pädagogischen Diskussion vielfach übersehen wird: Kompetenz umfasst sowohl Fachwissen als auch fachspezifische Fähigkeiten bzw. Fertigkeiten. Kompetenz entwickelt jemand nur in der Kombination von deklarativem Faktenwissen und prozeduralem Handlungswissen (vgl. Hirsch 2002, 51).

Eine zweite Lesart greift auf die Unterscheidung von Kompetenz und Performanz zurück, wie sie von Noam Chomsky (*1928) im Rahmen seiner generativen Transformationsgrammatik eingeführt worden ist. Demnach umfasst Kompetenz allgemeine Sprachfähigkeiten, die sich ein ideal gedachter Sprecher/Hörer im Laufe eines Erwerbsprozesses aneignet. Sie ist nicht direkt beobachtbar, sondern kann nur erschlossen werden. Performanz ist dagegen die individuelle, beobachtbare Sprachverwendung. Kompetenz und Performanz sind linguistische Fachbegriffe, die nur im Singular verwendet werden können. Bezogen auf unser Problem bedeutet dies, dass bestimmte sprachliche Fähigkeiten vorhanden sein müssen (Kompetenz), die zu einer sichtbaren Beteiligung am Handlungsfeld Literatur führen (Performanz).

Dem wird wohl niemand widersprechen. Allerdings ist das, was Chomskys mit „Kompetenz" erfasst, eine notwendige, mitnichten jedoch hinreichende Voraussetzung für das Erlangen der Gratifikationen, die mit Literatur verbunden sind. Psychosoziale Vorbedingungen, Verhaltensweisen und Konsequenzen von Literatur sind durch seinen Kompetenzbegriff nicht abgedeckt.

Eine dritte hat ihren Ursprung im angloamerikanischen Pragmatismus, wo man unter Kompetenzen Fähigkeiten und Fertigkeiten versteht, die Individuen für die Bewältigung alltäglicher oder beruflicher Anforderungen benötigen. So aufgefasst besteht beispielsweise „Medienkompetenz" darin, Medien zu verstehen, Medien technisch zu beherrschen, Medien in Beruf bzw. Freizeit angemessen zu verwenden, Medien zu bewerten und ggf. auch selbst Medien herstellen zu können (vgl. Sutter/Charlton 2002, S. 129).

Für die Literaturdidaktik einflussreich geworden ist in letzter Zeit der Kompetenzbegriff, wie er in der PISA-Studie zur Lesekompetenz zu Grunde gelegt wurde. Erfasst werden sollten Basiskompetenzen, „die in modernen Gesellschaften für eine befriedigende Lebensführung in persönlicher und wirtschaftlicher Hinsicht sowie für eine aktive Teilnahme am gesellschaftlichen Leben notwendig sind." (Baumert et al. 2001, 78). Lesekompetenz heißt dann „geschriebene Texte zu verstehen, zu nutzen und über sie zu reflektieren, um eigene Ziele zu erreichen, das eigene Wissen und Potenzial weiterzuentwickeln und am gesellschaftlichen Leben teilzunehmen." (OECD, zit. nach Baumert Hrsg. 2001, 80; s.a. Scheerer-Neumann 2003; Aust 2003; Klotz 2003).

In diesem Sinne ist Lesekompetenz für einen Teil des Handlungsfeldes Literatur von großer Bedeutsamkeit. Immer dann, wenn Subjekte auf ein schriftliches Medienangebot treffen, ist Lesekompetenz eine wesentliche Voraussetzung dafür, dass aus dieser Begegnung eine literarische Auseinandersetzung wird. Das gilt auch für die Teilhabe am Prozess kultureller Kohärenzbildung, soweit dieser über schriftliche Metamedien (Verlagswerbung, Kritik, Sekundärliteratur etc.) organisiert wird. Konzepte der Leseförderung (vgl. Kap. 2.2), die sich hauptsächlich auf die Stärkung der Lesemotivation stützen („Verführung zum Buch"), müssen scheitern, wenn allgemeine Lesefähigkeit und -fertigkeiten zu wenig ausgebildet sind (vgl. Rosebrock 2003, 168). Allerdings ist festzuhalten, dass literarische Kompetenz keineswegs in Lesekompetenz aufgeht. Ein großer Teil der mit dem Handlungsfeld Literatur verbundenen Gratifikationen kann unabhängig davon erreicht werden, denn für den Genuss von Hörbüchern mit Lesungen, Hörspielen und vorgelesenen „living books" auf CD-ROM (vgl. Abraham/Kepser 2000a, Dolle-Weinkauff 2000, Rank 2000, Leubner 2003), auch von Theaterstücken und Spielfilmen braucht man nicht lesen zu können. Wesentlich ist dagegen neben einem allgemeinen Weltwissen ein bereichsspezifisches Wissen für literarische Textsorten (Gattungen, Genres) und ihre historische Entwicklung, für Prototypen, für Standardplots und Figurenkonstellationen (*story grammar*, *story scripts*), für Erzähl- und Dramatisierungstechniken, für literarische Fachbegriffe sowie die Fähigkeit, sich affektiv auf ein literarisches Angebot einlassen zu können. Je größer dieses bereichsspezifische Wissen und die Fähigkeit zur emotionalen Anteilnahme ausgeprägt sind, desto größer ist die Menge an Literatur, die sich ein Individuum potentiell mit Gewinn erschließen kann.

In der deutschen Literaturdidaktik ist ein Kompetenzbegriff tradiert worden, der aus der sozialphilosophischen Diskussion stammt und weiter als der linguistische und pragmatische gefasst ist. Hubert Ivo (1971), Jürgen Kreft (1982, 82–85 u. 254–264), Joachim Fritzsche (1994, Bd. 1, 37–41) und Ulf Abraham (1998, 211–221 u. 257–261) nehmen in ihrer Auseinandersetzung mit dem Kompetenzbegriff Bezug auf Jürgen Habermas (1975), der unter „Kompetenzen" *anthropologische Grundfähigkeiten* versteht. Für das, was der angloamerikanische Pragmatismus unter Kompetenzen versteht, schlägt Fritzsche dagegen den Begriff „Qualifikationen" vor (Fritzsche 1994, Bd. 1, 54–57). Nach Habermas zeichnet sich der Mensch durch kognitive, interaktive und sprachliche Kompetenzen aus, die er im Rahmen seiner Ich-Entwicklung erwirbt. Dass es sich dabei um drei grundsätzlich unterscheidbare Kompetenzen handelt, mag auf den ersten Blick nicht so recht einleuchten: Ist sprachliche Kompetenz nicht Teil der kognitiven Kompetenz (Sprachverarbeitung)? Gibt es eine Sprachkompetenz, die nicht zugleich interaktive Kompetenz ist (Pragmatik)? Ist interaktive Kompetenz ohne Zuhilfenahme kognitiver Kompetenz möglich (ethisch-moralische Schlussfolgerungen)?

Habermas rekurriert in seinem Kompetenzmodell auf Theorien von Forscherpersönlichkeiten, die in den 1960er, 1970er und 1980er Jahren viel diskutiert worden sind: Jean Piaget (1896–1980) schlug ein Stufenmodell der kognitiven Entwicklung vor, wonach sich der Mensch seine Umwelt vom Säugling bis zum Jugendlichen auf je unterschiedliche Art erschließt. Dabei versucht er seine Erfahrung mit vorhandenen Denkstrukturen in Einklang zu bringen (Assimilation) oder neue Denkstrukturen auszubilden, die eine bessere Übereinstimmung von Struktur bzw. Schema und Erfahrung versprechen (Akkomodation)[3]. Für Habermas besteht daher die kognitive Kompetenz in der angemessenen Auseinandersetzung des Menschen mit seiner außersozialen Umwelt (Natur). Sprachliche Kompetenz sieht Habermas im Sinne von Noam Chomsky (s.o.). Mit dem Begriff „interaktive Kompetenz" lehnt er sich an Georg H. Mead und Lawrence Kohlberg an. Der Sozialpsychologe Mead (1863–1931), ein Vertreter des amerikanischen Pragmatismus, betont, dass die gesamte Ich-Entwicklung (Geist, Intelligenz, Identität, Selbstbewusstsein) als Prozess der Auseinandersetzung von Ich und Gesellschaft (symbolischer Interaktionismus) verstanden werden muss (vgl. Mead 1968). Lawrence Kohlberg (1927–1987) führte die Untersuchungen Jean Piagets fort und befasste sich damit, wie Menschen auf verschiedenen Entwicklungsniveaus moralische Urteile begründen (vgl. Montada 1995)[4]. Für Habermas ist interaktive Kompetenz folglich auf die Gesellschaft ausgerichtet.

Obwohl diese drei Kompetenzen theoretisch auseinander zu halten sind, so fließen sie doch nach Habermas in jedem Äußerungsakt wieder zusammen. Ein Beispiel: Eine Person namens Georg sagt seinem Vater, dass er seine Verlobung dem Freund nach Petersburg angezeigt habe. Bei einer solchen Äußerung ist davon auszugehen, dass es ein gemeinsames Weltwissen gibt (kognitive Kompetenz: Es gibt eine Stadt namens Petersburg und einen dort lebenden Freund Georgs. Daher ist es nur logisch, dass diesem ein so wichtiges Ereignis angezeigt wird). Weiterhin agieren Sprecher und Hörer in einem akzeptierten sozialen Verhältnis (interaktive Kompetenz: Der Sohn scheint in einer so innigen Beziehung zu seinem Vater zu stehen, dass er ihm seinen Entschluss mitteilt). Beide verfügen über eine gemeinsame Sprache (sprachliche Kompetenz). Ist eine dieser Voraussetzung nicht oder nicht mehr gegeben, so tritt Entmenschlichung ein - und genau davon erzählt Kafkas Erzählung „Das Urteil", der die obige Äußerung entnommen worden ist. Daraus geht hervor, dass die Habermasschen Kompetenzen nicht als unabhängige Faktoren missverstanden werden dürfen.

---

[3] Piaget unterscheidet die sensumotorische Verarbeitung (bis ca. 2. Lebensjahr), das voroperationale, anschauliche Denken (bis ca. 7. Lebensjahr), das Stadium der konkreten Operationen (bis ca. 10. Lebensjahr) und die formal-operationale Stufe. Zur Kritik vgl. z. B. Sodian 1995.

[4] Dementsprechend vermitteln Kohlbergs Forschungsarbeiten nicht Einblicke in das Sozialverhalten, sondern in kognitionspsychologische Prozesse. Personen, die moralische Urteile auf einer bestimmten Abstraktionsstufe begründen können, handeln keineswegs zwangsläufig nach ihren Maximen. Nicht nur Habermas übersieht dieses Problem. Auch in der Didaktik wird häufig vereinfachend argumentiert, wenn unter Rekurs auf Kohlberg der Nutzen der Literatur für die moralische Entwicklung propagiert wird: Leser/-innen sind nicht notwendigerweise die „besseren Menschen".

Neben den drei Wirklichkeitsbereichen Natur, Gesellschaft und Sprache postuliert Habermas einen vierten, den er „innere Natur" nennt. Darunter fallen Wünsche und Gefühle eines Menschen, über die zu urteilen von außen keiner das Recht hat. Insofern bedarf es dafür seiner Ansicht nach keinerlei Kompetenzen. Zur „inneren Natur" zählt Habermas nun auch die Symbolsysteme der Kunst und Musik, wobei die Literatur ohne weiteres hinzu gedacht werden könnte. An dieser Stelle hält Jürgen Kreft das Habermassche Modell für defizitär, denn das Ästhetische sei eine eigene, regelhafte Ausdruckskompetenz, die auf das Subjekt gerichtet ist (vgl. Kreft 1982, 85). Fritzsche erläutert dazu, dass ästhetische Kompetenz keineswegs mit „Kunstverstand" verwechselt werden dürfe (Fritzsche 1994, Bd.1, 41). Vielmehr müsse das Ästhetische als ebenso fundamentaler Aspekt des Menschseins begriffen werden wie wissenschaftliche Erkenntnis, Sprache und Gesellschaft. Das Ästhetische sei als ein Phänomen des besonderen Selbstausdrucks, als eine besondere Einstellung gegenüber der Umwelt und als eine besondere Form der Erkenntnis anzusehen (Fritzsche 1994, Bd.1, 61–64).

Folgt man einem Begriff von ästhetischer Kompetenz, wie er in der Nachfolge von Habermas entwickelt worden ist, so sind die Konsequenzen weitreichend: Werden ästhetische Kompetenzen nicht entwickelt, so fehlt dem Menschen ein wesentliches Werkzeug zur Auseinandersetzung mit sich selbst (Individuation), mit den Mitmenschen (Sozialisation) und der Umwelt (Enkulturation). Kinder und Jugendliche mit dem Ästhetischen bekannt und vertraut zu machen darf daher kein Sahnestück zum harten Brot des sonstigen Bildungsangebots sein, das man bei finanziellen Engpässen oder Defiziten in anderen Fächern bzw. Fachbereichen auch getrost zurückhalten kann. Vielmehr muss ästhetische Bildung gleichberechtigt neben der naturbezogenen (angewandte Mathematik, Physik, Biologie, Geografie etc.), gesellschaftsbezogenen (Sozialkunde, Wirtschaft, Religion etc.) und sprachbezogenen (Muttersprache, Fremdsprachen) stehen.

Ästhetische Bildung umfasst traditionsgemäß die bildende Kunst, die Musik und die Literatur, wobei zu letzterer die darstellenden Künste (Theater, Spiel-Film5) zu ergänzen wären. Während die zugeordneten Fächer Kunst und Musik schon seit längerem um ihre Existenz kämpfen müssen – gelten sie doch als Nebenfächer, die in Zeiten leerer Kassen und verknappter Bildungspläne immer weiter zurückgedrängt werden –, hatte es der Literaturunterricht im Schoße des Hauptfaches Deutsch nie schwer, sich zu behaupten. Angesichts der alarmierenden Ergebnisse der PISA-Studie sind nun allerorts mächtige Anstrengungen zu verzeichnen, der Sprachkompetenz und dort vor allem der Lesekompetenz ein

---

[5]   Zu den darstellenden Künsten gehört auch der Tanz, der in den staatlichen Schulen so gut wie keine Berücksichtigung findet. Anders ist dies in den Waldorfschulen, wenngleich die Ausdrucksbeschränkung auf den Kanon der Eurhythmie problematisch ist. Anregungen zum Tanz im Zusammenhang mit dem kreativen Schreiben finden sich bei Böttcher/Hilger 1993.

größeres Gewicht zu verleihen. Es steht zu befürchten, dass dies zu Lasten der literarischen Bildung gehen wird, weshalb mit Nachdruck zu fordern ist: Das eine – die Stärkung der Sprachkompetenz – ist zu leisten, ohne das andere – die Ausbildung der literarischen Kompetenz – zu vernachlässigen. Andernfalls droht eine erhebliche Verarmung unserer Wahrnehmungs- und Ausdrucksformen.

2.1.2 Literarästhetische Produktionskompetenz

Die solidarische Zuordnung der literarischen Bildung zur künstlerischen und musikalischen fokussiert einen wesentlichen Problembereich: Während die Kunsterziehung ihre Kernaufgabe in der ästhetischen Gestaltungskompetenz sieht und der Musikunterricht das eigenständige Musizieren mit der Stimme oder (einfachen) Instrumenten in den Mittelpunkt stellt, bezog sich der Literaturunterricht in seiner Geschichte überwiegend auf die Auseinandersetzung mit literarischen Produkten. Literarische Produktion durch Schüler/-innen spielte dagegen kaum eine Rolle.[6] Das spiegelt sich auch in der Ausbildungssituation der Lehrkräfte wider: Künftige Musiklehrer/-innen und Kunsterzieher/-innen müssen neben dem Nachweis umfassender Allgemeinbildung (in der Regel Abitur) Proben ihres handwerklichen Könnens abliefern (praktische Eingangsprüfung, Mappen), um zum Studium zugelassen zu werden. Um später das Fach Deutsch unterrichten zu dürfen, ist dagegen nur die allgemeine Hochschulreife vorausgesetzt. Auch während des Studiums müssen die Studierenden lediglich nachweisen, dass sie das wissenschaftliche Schreiben beherrschen.

Literaturunterricht ist Teil des Lernbereichs „Umgang mit Texten" (oder gleichbedeutend „Lesen und Verstehen", „Literatur, andere Texte und Medien" etc.). Für den Lernbereich „schriftliche Kommunikation" (oder gleichbedeutend „Schreiben" u. a. Formulierungen) fühlen sich überwiegend Sprachdidaktiker zuständig (vgl. z. B. Steinig/Huneke 2003, 78–123; Bredel et al. 2003, Kap. III). Zwar kennt der traditionelle Schreibunterricht auch Aufsatzarten, die man zu den fiktionalen Textsorten rechnen darf (Erzählung, Schilderung, evtl. auch Charakteristik). Diese unterliegen aber formalen und inhaltlichen Restriktionen, die nur wenige Entsprechungen in der ästhetischen Praxis außerhalb der Schule besitzen. Allenfalls kann man von einer praktischen Rumpfbildung im Bereich des Literarischen sprechen, die den Schülern/- innen ein Korsett für den Aufbau erzählender Texte aufzwingt (Einleitung – Hauptteil – Schluss) sowie ein paar sporadische Übungen zur Beschreibung von Personen und Umwelt vorschreibt. Die Liste der Textsorten und literarischen Schreibtechniken, die nicht zum obligatorischen Curriculum gehören, ist lang: Dramentext, epische Langform, Lyrik,

---

[6]   Eine Ausnahme ist die relativ kurze Phase der Kunsterziehungsbewegung zu Beginn des 20. Jahrhunderts, die dem jungen Menschen auch im Bereich des Literarischen schöpferische Kraft zugestand. Vgl. z. B. Karstädt 1913.

Drehbuch, genrebezogenes Schreiben, Umgang mit rhetorischen Figuren, Ausbau von Figurenkonstellationen, Gestaltung von erzählter Zeit vs. Erzählzeit, verschiedene Erzählhaltungen usw.[7] Auch stand und steht die schulische Produktion fiktionaler Texte in einem funktionalen Curriculum, das die Schüler/-innen von den sogenannten subjektiven Äußerungsformen hin zu den „objektiven" Aufsatzarten (Inhaltsangabe, Bericht, Lebenslauf, Protokoll, Textanalyse) heben soll. Selbst Aufsatzarten, bei denen auf der späten Sekundarstufe I und Sekundarstufe II noch ein Rest an subjektiver Selbstäußerung erlaubt ist (Interpretation, Erörterung), lassen wenig Spielraum für literarisches Schreiben.[8] Sogar gegenüber sachbezogenen Textsorten, die gestaltendes Schreiben zulassen (z. B. der Essay; vgl. Kap. 6.4.2), ist bis heute in der schulischen Praxis großes Misstrauen festzustellen (vgl. Matthiessen 2003, 136 f.).

Die Argumente, die gegen die literarische Produktion an den Schulen ins Feld geführt werden, sind im Wesentlichen zwei: Zum einen wäre es eine Überforderung des Deutschunterrichts, Schüler und Schülerinnen zu Dichtern und Dichterinnen machen zu wollen. Zum anderen könne man literarische Produktion nicht objektiv benoten. Dem ersten Argument ist entgegenzuhalten, dass die gesellschaftliche Rolle des Künstlers nicht mit seiner Tätigkeit verwechselt werden darf (vgl. Fritzsche 1994, Bd.1, 66). Literarisches Schreiben ist eine subjektive Äußerungsform, die jedem Menschen zugestanden werden muss. Erst die Genieästhetik des 18. Jahrhunderts hat dem Dichter resp. der Dichterin den Nimbus des Göttlichen verliehen, der verschleiert, dass auch Dichten – zumindest in gewissen Grenzen – ein erlernbares Handwerk ist. Holger Rudloff (1991) hat recht überzeugend nachgewiesen, wie seit dem Ende des 19. Jahrhunderts ein Demokratisierungsprozess in der Produktionsästhetik stattgefunden hat, der die Genieästhetik mehr und mehr zu einem historischen Modell macht. Auch ist Professio-

---

[7] Fakultativ sind entsprechende Übungen in den Bildungsplänen zu finden. Sicher gibt es engagierte Deutschlehrer/-innen, die von sich aus den Schülern/-innen Gelegenheit geben, sich im literarischen Schreiben zu versuchen. Mit der „Gestaltenden Erschließung und Interpretation literarischer Texte" (vgl. dazu Kap. 6.4.2) liegt seit kurzem ein schulischer Aufgabentyp vor, der auch Fertigkeiten in der literarischen Produktion verlangt. Immer mehr Bundesländer lassen sogar zum Abitur solche Teilaufgaben zu.

[8] Wir verwenden den Terminus „literarisches Schreiben" im Sinne eines Schreibens, das bewusst von der sprachlichen Norm abweicht und dabei keine pragmatische oder direkte kommunikative Absicht, sondern ästhetische Intentionen verfolgt. Damit unterscheiden wir uns von Elisabeth Paefgen, die unter der „literarischen Schreibdidaktik" nur schriftliche Kommunikation im Anschluss an Lektüre oder Analyse literarischer Texte versteht (Paefgen 1999b, 94 f.). Joachim Fritzsche spricht vom „poetischen Schreiben" (1994, Bd. 2, 159), ein Begriff, den wir wegen der damit verbundenen alltagssprachlichen Konnotationen (Poesie = Dichtkunst von besonderem Zauber) als Oberbegriff vermeiden.

nalität für kein Schulfach ein diskutierter Maßstab. Niemand stört sich daran, dass Schülerinnen und Schüler im Kunstunterricht mit verschiedenen Materialien und Techniken Bilder, Objekte und Skulpturen herstellen, ohne dass die Mehrzahl von ihnen je das Niveau eines Rembrandt, Tinguely oder Rodin erreichen wird. Ebenso wenig haben Fremdsprachenlehrkräfte den professionellen Übersetzer im Auge, wenn sie sich mit Schüler/-innen an die Übertragung fremdsprachiger Texte ins Deutsche machen.

Gewichtiger ist das zweite Argument, wonach die objektive Benotung literarischer Schreibprodukte problematisch sei. Man kann zunächst auf den Unterschied zwischen *Beurteilung* bzw. *Bewertung, Korrektur* und *Benotung* aufmerksam machen: Ein *Urteil* ist zunächst einmal nichts als eine Stellungnahme zu einem Fremdtext, bezogen auf eine bestimmte Fragestellung. Das kann auf einer ganz subjektiven Ebene die Antwort auf die Frage sein: Was gefällt dir an dem, was ich geschrieben habe? Eine Bewertung impliziert eine nachvollziehbare Norm, mit der ein Schreibprodukt verglichen wird. Im Deutschunterricht ist das beispielsweise die Verbalbeurteilung, mit der jede schriftliche Schülerarbeit versehen werden soll bzw. sollte. Eine *Korrektur* bietet dem Schüler bzw. der Schülerin in erster Linie Hinweise dafür, was an dieser oder kommenden Arbeiten noch verbessert werden könnte. In zweiter Linie ist die Korrektur aber auch ein Hilfsmittel, um Bewertungen im Detail nachvollziehbar zu machen. Die *Benotung* schließlich ist die Übertragung einer Bewertung in Ziffernnoten nach administrativer Maßgabe. Damit wird deutlich, dass Benotung nicht das einzige Feedback auf eine Schülerleistung sein muss (vgl. z. B. Fritzsche 1994, Bd.2, 208). Gleichwohl hat die Benotung in einem leistungsorientierten Schulsystem wie dem unseren einen so hohen Stellenwert, dass mit der Frage nach der Benotbarkeit der Status bestimmter Kompetenzen eng verknüpft ist: Was man benoten kann, ist wertvoll und wichtig, was nicht, nebensächliche Spielerei. Grundsätzlich ist festzuhalten, dass jede Benotung subjektive Entscheidungen der Lehrkraft beinhaltet. Das gilt selbst für ein scheinbar so ,hartes' Fach wie Mathematik, wo beispielsweise festgelegt werden muss, wie stark Lösungsansätze gewichtet werden, selbst wenn das Ergebnis falsch ist. Einen objektiven Maßstab für eine solche Gewichtung gibt es nicht. Auch bezüglich der traditionellen Aufsatzarten hat man immer wieder beklagt, dass die Noten nicht objektiv seien. Deshalb ist aber nie ernsthaft diskutiert worden, beispielsweise die Erörterung abzuschaffen. Schülerinnen und Schüler können objektive Noten nicht erwarten, verlangen können sie aber transparente Bewertungsmaßstäbe. Diese lassen sich durchaus auch für literarische Schreibaufgaben finden. Noch einmal sei in diesem Zusammenhang auf das Fach Kunsterziehung verwiesen, in dem die ästhetisch-handwerkliche Leistung eines Schülers resp. einer Schülerin ebenfalls benotet wird. Möglichkeiten, einen solchen Vorgang transparent zu machen, sind inzwischen auch für das Fach Deutsch gefunden worden (vgl. z. B. Müller-Michaels 1993, Fritzsche 1994, 210–233, Schuster 1997, 200–224). Dazu zählen neben der Orientierung an vorher festgesetzten Zielen (z. B. Verfassen einer Erzählung in auktorialer Erzählhaltung), kommunikative Gesichtspunkte (Verständlichkeit, Sprachfehler, Nachvollziehbarkeit der Handlung), semantische Kongruenz (passende Bilder und Vergleiche) und ggf. Textsortenübereinstimmung (z. B. Kriminalgeschichte). Statt Arbeiten monologisch zu kommentieren („Das ist gut gelungen!", „Hier hast du diesen Fehler gemacht") kann man die Verfasser zu einer eigenen reflektorischen Stellungnahme bewegen („Erläutere mir, warum Du an dieser Stelle das Tempus gewechselt hast."). Zur Transparenz gehört auch, die Notenfindung zeitweilig öffentlich zu machen und die Schüler daran teilhaben zu lassen (vgl. Sennlaub 1980, 104 f.). Beziehen sich diese Verfahren weitgehend auf das *Schreibprodukt*, also den fertigen Text, so kann man auch den *Schreibprozess* zum Gegenstand der Bewertung machen: Bewertet wird dann, inwieweit es dem Schüler bzw. der Schülerin gelungen ist, aus den Anmerkungen der Lehrkraft oder den Stellungnahmen der Mitschüler/-innen (Schreibkonferenz; vgl. z. B. Spitta 1992) eine bessere Zweit- oder sogar Drittfassung zu gestalten (vgl. ausführlich Kap. 6.7).

In der universitären Deutschdidaktik ist die Aufwertung der literarästhetischen Produktion seit etwa 25 Jahren ein zentrales Thema. Diskutiert wird sie unter zwei Schlagworten: *Handlungs- und Produktionsorientierung* und *Kreatives Schreiben*. Unter der Handlungs- und Produktionsorientierung versteht man Verfahren, mit deren Hilfe Schülerinnen und Schüler durch eingreifende Tätigkeiten (z. B. Ergänzung eines Gedichts, bei dem bestimmte Wörter durch die Lehrkraft getilgt worden sind) oder eigenständige Produktion (z. B.: Verfassen von Kurzprosa im Stil von Kafka) literaturbezogene Fähigkeiten und Fertigkeiten ausbilden (ausführlich dazu Kap. 6.3). Kreatives Schreiben ist eine Lehnübersetzung des amerikanischen „Creative Writing". In der deutschen Auslegung versteht man darunter überwiegend Schreibaufgaben oder zumindest Impulse, die Schüler/-innen in der Gruppe aufgreifen können, um mit Hilfe literarischer Formen und Techniken ihren eigenen Gefühlen und Gedanken Ausdruck zu verleihen (vgl. Brenner 1990; Schuster 1997).[9] Ob damit aber literarische Bildung im Bereich der Produktion bereits hinreichend abgedeckt ist, muss bezweifelt werden. Handlungs- und produktionsorientierter Literaturunterricht ist im Kern auf die kognitive und emotionale Auseinandersetzung mit bereits vorhandenen Texten ausgerichtet: Die literarische Produktion durch Schüler/-innen hat dienende Funktion und ist nicht das eigentliche Ziel. Auch kreatives Schreiben verfolgt nicht in erster Linie die Absicht, Kinder und Jugendliche an das literarische Schreiben heranzuführen.[10] Vielmehr erhofft man sich dadurch, den Schülerinnen

---

[9]   An US-amerikanischen Highschools, Colleges und Universitäten ist Creative Writing durchaus handwerklich auf literarisches Schreiben ausgerichtet. Die dortige Kulturindustrie hat ein großes Interesse daran, den schreibenden Nachwuchs zu fördern, um ihren Bedarf an Autoren und Autorinnen für den Zeitungs-, Zeitschriften- und Buchmarkt sowie in der Filmbranche zu decken. Nicht wenige Talente sind in Creative-Writing-Kursen entdeckt worden, z. B. Bret Easton Ellis, dessen Debütroman „Unter Null" (1984) als Abschlussarbeit entstanden ist.

[10] Gegen diese Mehrheitsauffassung stehen z. B. Waldmann/Bothe 1992.

und Schülern neue Wege zu sich und anderen zu eröffnen. So sieht Kaspar Spinner den Sinn des kreativen Schreibens darin, dass Schülerinnen und Schüler damit offen für Versuche und Entdeckungen werden, ihr Selbst als prinzipiell unabgeschlossen erleben und die Fähigkeit entwickeln, andere zu verstehen (Spinner 1993a, 23). Für Karl Schuster hat das personal-kreative Schreiben das Ziel, die Ich-Identität und Kreativität des Schülers zu fördern (1997, 31–37). Dabei wird die Kreativitätsförderung auch in den Zusammenhang von Wirtschaftsinteressen gestellt, denn tiefe Wirtschafts- und Strukturkrisen seien nur von Menschen zu bewältigen, die Innovationen in allen Bereichen anstoßen könnten (ebd., 34). Joachim Fritzsche zählt sechs Zielkategorien für das kreative Schreiben auf. Nach „Kreativitätsförderung", „Schreibmotivierung", „Geselliges Schreiben" und „Förderung des Selbst- und Fremdverstehens" landet die „Förderung der ästhetischen Kompetenz" auf dem vorletzten Platz, gefolgt von der „Förderung des Literaturverständnisses" (Fritzsche 1994, Bd. 2., 163 f.). Um Missverständnisse auszuschließen: Es soll keineswegs bezweifelt werden, dass die mit dem Kreativen Schreiben verbundenen didaktischen Intentionen nicht Ziele eines modernen Schreibunterrichts sein sollen – ganz im Gegenteil. Literarästhetische Produktionskompetenz ist damit aber noch nicht, jedenfalls noch nicht vollständig erreicht (vgl. dazu ausführlich Kap. 4.2.2).

2.1.3 Literarästhetische Rezeptionskompetenz

Schülerinnen und Schüler an eine lustvolle, befriedigende, unterstützende und bereichernde Rezeption von Literatur heranzuführen (Individuation), sie zu einem medienbezogenen Dialog mit anderen einzuladen und sie dazu zu befähigen (Sozialisation) sowie sie am Prozess gesellschaftlicher Selbstverständigung über Literatur teilhaben zu lassen (Enkulturation), ist das gegenwärtige Kernanliegen literarischer Bildung[11]. Im Gegensatz zur literarästhetischen Produktion steht hier die Rezeption im Vordergrund. Zahlreiche damit verbundene Teilkompetenzen sind dafür in der Literaturdidaktik geltend gemacht worden. Wir geben hier nur eine kommentierte Auswahl:

Jürgen Kreft (1982, 255 f.) beschreibt getrennt Aufgaben und Ziele des Literaturunterrichts, um damit zu betonen, dass sowohl der Gegenwartsbezug (Aufgabe) als auch der Zukunftsbezug und der Bezug auf die Gesellschaft (Ziele) zu beachten seien. Verschiedene Kompetenzen unterscheidet er nur auf der Zielebene, was ein wenig missverständlich ist, denn sie sind Voraussetzung und Wegweiser zugleich. Als „fundamentale Aspekte der Ich-Entwicklung" (Spalte links), die mit „fundamentalen Kompetenzen" (Spalte rechts) in Einklang zu bringen seien, nennt er:

---

[11] Zum Begriff der literarischen Bildung genaueres in Kapitel 2.3.1.

1. poetische Kommunikation mit äußerer und innerer Natur/ Bedürfnisinterpretation/ poetische (und fiktive) Befriedigung/ Kompensation von Versagungen	1. poetische Kompetenz/ Sensibilität für Bedürfnisse, Natur, Texte
2. Identitätsgewinnung und -wahrung a) durch narrativ-reflexive Erinnerung, Vergewisserung und Strukturierung der Biografie b) durch Verarbeitung und Bewältigung von Interaktionsproblemen (soziale Dimension)	2. interaktive Kompetenz a) Fähigkeit, narrativ-reflektierend die Identität in der biografischen Dimension zu wahren [...] b) Fähigkeit zur Interaktion und zur Identitätsentwicklung in der sozialen Dimension, rhetorische Fähigkeiten hierzu [...]
3. sprachliche Artikulation in Bezug auf 1. und 2.	3. sprachliche Kompetenz

Dazu tritt die Reflexion auf die eigene Biografie und die Rekonstruktion der Kompetenzen sowie „weitere Aspekte" bzw. Kompetenzen:

4. Lektüre (Beschaffung, Auswahl, Verständnis)	4. fachliche Literatur- und Lektürekompetenzen a) über Textwissenschaft und Literaturgeschichte vermittelte Literaturkompetenz [...] b) technisch-pragmatische Lektüre-Kompetenz (Umgang mit Bibliotheken, Buchhandlungen usw.)
5. Informationen über die Welt (durch Lektüre) als Befriedigung von gegenwärtigen Informationsbedürfnissen	5. Welterkenntnis als Bestandteil einer allgemeinen Lebensqualifikation

Einen Fremdkörper bildet in Krefts Übersicht die dazwischengezogene „Meta-Ebene" (transzendentale Pragmatik, philosophische Reflexion und Theorie der Literatur, der Erkenntnis, des Lernens und des Unterrichtens), da sie sich mehr auf Lehrende als auf Lernende bezieht. Krefts Darlegungen sind zunächst mit unserem Modell gut in Einklang zu bringen. Seine Aufgaben und Kompetenzen sind auf die Sozialisation ausgerichtet (2b und 3), vor allem aber auf die Individuation. Enkulturation ist zwar mitgedacht, was man seinen Erläuterungen entnehmen kann, taucht aber in der Übersicht nicht expressis verbis auf. Fraglich ist vor allem die Unterteilung in ein Fundament und „weitere" Aufgaben bzw. Kompetenzen: Das Fundament wird aus überwiegend emotionalen Bausteinen gebildet, die Erweiterungen dagegen betreffen vor allem Kognitives. Im Hinblick auf das Habermassche Kompetenzmodell, an das sich Kreft anlehnt, ist das logisch, denn dort wird ja das Ästhetische der inneren Natur zugeordnet. Gleichwohl legt es einen äußerst problematischen Dualismus von Emotion und Kognition nahe, der sowohl in der Psychologie als auch in der modernen ästhetischen Diskussion längst ad acta gelegt ist (vgl. dazu Paefgen 1999b, 148–150).

Joachim Fritzsche folgt im Wesentlichen den Ausführungen von Kreft, präzisiert sie aber noch weiter. So macht er darauf aufmerksam, dass Erziehung durch Literatur (*Literatur als Lernmedium*) und Erziehung zur Literatur (*Literatur als Lerngegenstand*) unterschieden werden müssen (1994, Bd. 3, 98–101). Beide seien aber nicht isoliert zu sehen, sondern werden in einem sinnvollen Literaturunterricht aufeinander bezogen. Wenn Literatur als Lernmedium diene, müsse ihr eine wichtige Funktion beim Aufwachsen der Kinder und Jugendlichen zuerkannt werden. Sie sei Mittel zur Kompetenzentwicklung und Hilfe im Prozess der Identitätsfindung. Hier verweist Fritzsche auf Manfred Marefka und Bernhard Nauck, die Literatur als *Hilfe zur Personalisation* beschrieben haben (Marefka/Nauck 1972, 72). Dasselbe Autorengespann sieht Literaturunterricht auch als *Beitrag zur Enkulturation*: Schülerinnen und Schüler werden unter dieser Perspektive zu kundigen und kritischen Zeitgenossen erzogen. Fritzsche möchte für diese Ebene nicht von Kompetenzentwicklung, sondern von Qualifikationsvermittlung sprechen. Insgesamt hält er es aber für zwingend notwendig, dass man der Literatur eine wesentliche Rolle in der Sozialisation und Individuation zugestehe. Das Ästhetische möchte er auch nicht als Phänomen des Selbstausdrucks reduziert wissen, sondern betrachtet es als besondere Einstellung zur Welt und Erkenntnisform (Fritzsche 1994, Bd. 1, 62f). Zu unserem Modell passen Fritzsches Aufgaben und Ziele des Literaturunterrichts recht gut. Allerdings wird bei ihm zwischen Sozialisation und Enkulturation nicht unterschieden. Dass auf der Ebene der Enkulturation „nur" Qualifikationen und nicht Kompetenzen zu erwerben sind, leuchtet nicht ganz ein. Als fundamentale anthropologische Kategorie ist das Ästhetische unmittelbar an den Prozess der kulturellen Kohärenzbildung rückgebunden.

Gerhard Haas (1997, 35–37) geht von sieben Kompetenzen aus, die der Literaturunterricht zu vermitteln habe:

- *Literarische Kompetenz*, hier sehr eng verstanden als „Fähigkeit, mit einem Text Kontakt aufzunehmen und eine wie immer geartete, emotionale und kognitive Verbindung einzugehen" (ebd., 35).

- *Emotive Kompetenz* als „Fähigkeit und zugestandene Freiheit, in Zusammenhang mit Lektüre Gefühle zu zeigen, auf Handlung und Figuren der Handlung bezogen emotionale Spannung zu genießen und sich identifikatorisch mit dem fiktionalen Geschehen zu verbinden." (ebd.) Um ihre emotionale Intelligenz (vgl. Goleman 1996) zu entfalten, sollen Schülerinnen und Schüler ihre eigenen Gefühle kennen und strukturieren lernen sowie Empathie entwickeln.

- *Kreative Kompetenz* als „auszubildende Fähigkeit, auf Texte aktiv-produktiv-handelnd zu antworten" (ebd., 36), um damit das Bedürfnis nach schöpferischer Tätigkeit zu befriedigen.

- *Emanzipatorische Kompetenz* als Fähigkeit, bei der Auswahl und dem Umgang mit Texten eine „eigenständige literarische Position" zu entwickeln, „Lesen als ‚Fest'" zu realisieren und „Lesen als Hilfe bei der Problemlösung oder als Mittel der Information zu benutzen" (ebd.).

- *Projektionskompetenz* als Fähigkeit, den „eigenen Wirklichkeitsraum zu übersteigen und in phantastischen [...] Projektionen <u>Möglichkeiten</u> des Seins bzw. der Existenz sichtbar und diskutierbar zu machen" (ebd). Schüler/-innen sollen alle Innenerfahrungen, die ein literarischer Text gestaltet, aufnehmen und genießen können.

- *Ästhetische Kompetenz*, hier ebenfalls eng geführt als „Fähigkeit, einen Text als poetologische Struktur zu sehen, seine Form zu analysieren, seine poetische Kodierung zu erkennen und zur Aussageabsicht in Beziehung zu setzen [...]" (ebd. 36 f.)

- *Kritische Kompetenz* als Fähigkeit, Inhalte eines Textes nach ideologiekritischen, politischen, sozialen und ethischen Gesichtspunkten kritisch zu hinterfragen sowie „seine Form ästhetisch zu werten und zu beurteilen" (ebd. 37).

An dieser Liste ist nun mehreres auffällig: Literarische Kompetenz ist beschränkt auf die Rezeption. Kreative Kompetenz ist bei Haas das, was der Schüler braucht, um am handlungs- und produktionsorientierten Literaturunterricht teilzunehmen. Dabei hat die Rezeptionsästhetik mit Nachdruck darauf hingewiesen, dass schon bei der bloßen Aufnahme eines Textes kreative Prozesse beteiligt sein müssen, um die sogenannten Leerstellen zu füllen. Darunter versteht man die Eigenschaft literarischer Texte, nicht alles zu beschreiben oder eindeutig zu motivieren, sodass Raum für individuelle Vorstellungsbilder und Deutungen frei wird. Emanzipatorische Kompetenz ist bei Haas beschränkt auf das Verhältnis von Leser und Text. Die gesellschaftliche Dimension von Emanzipation bleibt ausgespart. Im Gegensatz zu Kreft, der die Ästhetische Kompetenz als anthropologische Grundfähigkeit definiert, wird bei Haas daraus so etwas wie literaturwissenschaftliche Analysekompetenz, die bei anderen Literaturdidaktikern auch als *Texterschließungskompetenz* bezeichnet wird (vgl. z. B. Paefgen 1998; Schubert-Felmy 2003, 100). Und schließlich bewegen sich alle von Haas genannten Kompetenzen auf der Ebene der Individuation.

Diese Tendenz zeigen auch die Arbeiten von Kaspar Spinner, der als wesentliche Leistung und gleichzeitig Aufgabe des Literaturunterrichts die Identitätsbildung bezeichnet, für die er besonders die *Imaginationsfähigkeit* als wesentlich erachtet (vgl. z. B. Spinner 1999). Damit verbunden sind bei ihm *Empathie* (Einfühlungsvermögen in andere) und *Fremdverstehen*, die Leserinnen und Leser in der Begegnung mit Literatur entwickeln können (vgl. auch Schön 1995, 110). Natürlich steht dahinter die Annahme, dass aus solchen emotional-kognitiven Haltungen entsprechende soziale Interaktionen resultieren. Ob ein solcher Transfer stattfindet, ist allerdings nicht unumstritten (vgl. Garbe 2002, 6). Selbst wenn man diese optimistische Auffassung teilt, so ist damit das Handlungsfeld Literatur in seiner sozialen und kulturellen Dimension noch lange nicht vollständig erfasst. Die „kognitive Wende" (Spinner 1994), von der die Literaturdidaktik der 1990er Jahre wesentlich geprägt wurde, hat hier vielleicht ihre blinden Flecke: Intersubjektive Verständigung im Handlungsfeld Literatur gerät leicht aus dem Blick, sofern vor allem die Innenwelten der potentiellen Medienrezipienten zum Ausgangspunkt literaturdidaktischer Überlegungen genommen werden (vgl. dazu auch Kap. 4.3).[12]

2.1.4 Spannungen zwischen individueller, sozialer und kultureller Teilhabe am Handlungsfeld Literatur

Die Unterstützung von Kindern und Jugendlichen bei der Individuation, Sozialisation und Enkulturation im Handlungsfeld Literatur ist mit Schwierigkeiten verbunden, die ihre Ursache in Spannungsverhältnissen zwischen den drei Prozessen besitzen (vgl. unsere Grafik am Ende von Kap. 1.1).

Die Auseinandersetzung mit Literatur ist in unserer Gesellschaft zunächst einmal etwas sehr Privates. Man zieht sich mit einem Buch zurück, nimmt bewusst oder unbewusst eine Auszeit vom normalen Leben, verschwindet aus der Öffentlichkeit in die Innerlichkeit und bereitet mit seiner Hilfe im Bett den Übergang vom Wachbewusstsein zum Schlaf vor. Auch im Kino und Theater vergessen die Zuschauer zumindest für die Dauer der Vorführung ihre Umgebung und lassen sich ganz in den Bann des Geschehens ziehen. Das passiert selbst dann, wenn Autoren oder Filmemacher mit Hilfe von Verfremdungseffekten versuchen, Emersion und Identifikation mit dem Medienangebot zu erschweren. Aus diesem individuellen Erleben einen Gegenstand sozialer Interaktion zu machen, ist nicht zwingend notwendig. Außerhalb institutioneller Bildung ist es jedem freigestellt, sich zu einem literarischen Text zu äußern oder das, was man in der Textbegegnung erlebt hat, ganz für sich zu behalten (vgl. Pennac 1994, 93). Der Literaturunterricht hingegen muss die Schüler/-innen dazu verführen, ja notfalls sogar dazu drängen, in der Teilöffentlichkeit des Klassenzimmers Stellung zu beziehen (vgl. Sumara 1996). Michael Ende hat dieses Spannungsverhältnis sehr schön ins Bild gesetzt, wenn er seinen Helden Bastian Balthasar Bux ausgerechnet auf dem Speicher seiner Schule in die Welt Phantàsiens entfliehen lässt (*Die unendliche Geschichte*, 1979). Es geht nicht nur darum, etwas aus seinem inne-

---

[12] Helmuth Feilke hat darauf aufmerksam gemacht, dass die kognitive Wende auch als Reflex auf gesamtgesellschaftliche Entwicklungen wahrgenommen werden muss. So seien die letzten 20 Jahre durch starke Individualisierungsbewegungen gekennzeichnet gewesen, die ihrerseits auch die Erkenntnis- und Lerntheorien beeinflusst hätten (vgl. Feilke 2001, 6). Zur Kritik an einem Deutschunterricht, der den Wert intersubjektiver Verständigung vernachlässigt, vgl. Maiwald 1997, 200 f.

ren Erleben preiszugeben bzw. preisgeben zu wollen. Man muss dazu auch noch eine Sprache finden, die zu einem veröffentlichungsfähigen Verständnis führt. Relativ leicht ist das möglich, wenn der Diskurs über literarische Aspekte geführt wird, die von der Person des Rezipienten weitgehend unberührt bleiben. Man denke hier etwa an die Bestimmung der Textsorte oder die Analyse des Aufbaus und die Kennzeichnung sprachkünstlerischer Mittel. Die solchermaßen objektivierte Auseinandersetzung mit Literatur prägt nicht umsonst den gegenwärtigen Schulalltag. Leicht fällt das öffentliche Gespräch auch über Literatur, zu der man ohnehin ein distanziertes Verhältnis hat, z. B. gegenüber aufgezwungenen Schullektüren.

Auf diese Weise gerät aber das wichtigste Angebot von Literatur aus dem Blickfeld: sich von ihr berühren und bewegen zu lassen. Die Literaturdidaktik hat sich gerade in den letzten Jahren sehr darum bemüht, diesem Angebot wieder zu seinem Recht zu verhelfen. Dazu gehört zum einen eine Methodik, die Identifikation mit den Personen und der Handlung nicht nur zulässt, sondern auch befördert (z. B. Köppert 1997). Zum anderen ist dazu ein Medienangebot notwendig, das die Bedürfnisse der Kinder und Jugendlichen nach spannenden Geschichten berücksichtigt (vgl. z. B. Kammler 1996, Richter 2003). Aber auch dann, wenn die Auswahl der Lektüre die Interessen der Schüler/-innen ernst nimmt, auch dann, wenn Methoden herangezogen werden, die Spielraum für subjektives Erleben und Empfinden lassen, bleiben Schwierigkeiten. So erfordert Wertungskompetenz, dass es dem Rezipienten gelingt, zu sich selbst einen gewissen Abstand aufzubauen. Das fällt selbst vielen Studierenden außerordentlich schwer, wenn in Seminaren Lieblingsbücher oder -filme aus ihrer Kindheit zum Gegenstand ethischer und ästhetischer Diskussion werden. Trotzdem darf die Wertungskompetenz als Ziel literarischer Bildung nicht in den Hintergrund treten, denn sie ist nicht zuletzt auch Voraussetzung dafür, dass das Individuum selbstbewusst am Handlungsfeld Literatur teilhaben kann. So ist gerade unter Kindern und Jugendlichen die Motivation, ein bestimmtes Medienangebot wahrzunehmen, ganz wesentlich durch die Peergroup, der Gruppe der Gleichaltrigen, geprägt. Von der Meinung der dort auftretenden *Opinion Leaders* abzuweichen, den neuen Disneyfilm oder den letzten Harry Potter-Band als ethisch oder ästhetisch defizitär behaupten zu können, erfordert ein hohes medienkritisches Selbstbewusstsein, das es an den Schulen zu stärken gilt.

Das zweite Spannungsfeld liegt zwischen der Sozialisationsliteratur der Peergroup, aber auch der der Schule, und den kulturell hochgewerteten Medienangeboten. Kinder- und Jugendliteratur hatte es bis Ende der 1960er Jahre sehr schwer, als Teil des kulturellen Gedächtnisses und Beitrag zur kulturellen Kohärenzbildung akzeptiert zu werden. Sie prinzipiell als defizitär und für die ästhetische Erziehung gefährlich anzusehen, ist eine extreme Norm, die bis zu Heinrich Wolgasts Schrift „Das Elend unserer Jugendliteratur" aus dem Jahre 1910 zurückzuverfolgen ist. Größtenteils wurde aber dem Phänomen mit schlichter Ignoranz begegnet. Weder hielt man die Kinder- und Jugendliteratur einer wissenschaftlichen Beachtung noch einer schulischen Vermittlung für wert. Dies änderte sich erst mit der ästhetischen Aufwertung ausgewählter Werke, die insbesondere durch Anna Krüger angestoßen wurde (Krüger 1963). Mit Beginn der 1970er Jahre bahnten dann Alfred Clemens Baumgärtner, Malte Dahrendorf, Klaus Doderer und viele andere der Kinder- und Jugendliteratur den Weg in die Klassenzimmer (z. B. Baumgärtner/Dahrendorf 1970; Doderer 1969). Es begann sich jenseits von Vermittlungsfragen eine eigenständige Erforschung des Systems „Kinder- und Jugendliteratur" zu etablieren (vgl. Ewers 2000), wenn auch die traditionelle Germanistik solchen „Sonderforschungsfeldern" weiterhin wenig Beachtung schenkte und schenkt. Heute gehört Kinder- und Jugendliteratur jedenfalls selbstverständlich zum Literaturunterricht. Allerdings hat dies die Differenz zwischen schulischer und außerschulischer Lektürepraxis keineswegs aufgehoben:

- Die Lehrpläne sehen in ihrer Mehrzahl Kinder- und Jugendliteratur als Gegenstand des Deutschunterrichts nur bis Klasse 9 vor. Auf der Ebene der Sekundarstufe II müssen „Klassiker" und moderne Romane gelesen werden, die häufig gar nicht zum Lebenshorizont der Jugendlichen passen. Dabei unterhalten die Verlage eigene Reihen, die sich an ältere Jugendliche ab dem 16. Lebensjahr wenden und von diesen offenbar auch rezipiert werden (z. B. Ravensburger Buchverlag, Zielgruppe: Junge Erwachsene).

- Die Trennung zwischen originär deutschsprachiger Literatur und übersetzten Texten, die der Deutschunterricht zumindest jenseits der Kinder- und Jugendliteratur vornimmt, hat keine Entsprechung in der außerschulischen Praxis. Dass Schullektüre möglichst deutsche Originalliteratur beinhalten soll, ist für Schülerinnen und Schüler schwer zu verstehen.

- Serielle Literatur wird selten als Ganzschrift herangezogen. Soweit sie überhaupt zum Thema gemacht wird, überwiegt ihre Analyse als Trivialliteratur. Dabei ist es gerade die Kontinuität der Serie, die offenbar viele junge Leserinnen und Leser lieben, man denke nur an den beispiellosen Erfolg der Bücher von Enid Blyton.

- Die empirische Forschung hat festgestellt, dass man bezüglich der Lesemotivation zwei grundverschiedene Gruppen von Kindern ausmachen kann: Die einen bevorzugen Bücher, die anderen Comics und Bildgeschichten (Richter 2003, 120). Die Bedürfnisse der zweiten Gruppe berücksichtigt der Literaturunterricht so gut wie überhaupt nicht. Das hat etwas damit zu tun, dass Comics in der Bundesrepublik bis heute mit einem Negativimage zu kämpfen haben, das von der Sache her nur teilweise zu begründen ist. Comics als Kunstform zu akzeptieren hat im Gegensatz etwa zu Frankreich oder Italien keine Tradition (vgl. Dolle-Weinkauff 1990).

- Überwiegend wählen Lehrerinnen und Lehrer Bücher aus dem Bereich der realistischen Kinder- und Jugendliteratur als Klassenlektüre aus. In der außerschulischen Lesepraxis überwiegen aber Bücher mit abenteuerlichen und phantastischen Geschichten (vgl. Richter 2003, 123).

Für die fiktionalen Medien jenseits des Print-Bereichs sind die Spannungen noch weitaus größer. Computerspiele mit fiktionalem Hintergrund gelten als Randphänomen, das obendrein auf die Zielgruppe der Kinder und Jugendlichen beschränkt scheint. Die Verkaufszahlen der Software-Schmieden beweisen leicht das Gegenteil, wobei zahlreiche Titel ganz offenbar auch ein erwachsenes Publikum ansprechen. Wie in vielen Untersuchungen festgestellt, wenden Kinder den größten Teil ihrer Medienzeit für die Rezeption von Fernsehsendungen auf (vgl. z. B. Klingler/Groebel 1994). Dabei gehören fiktionale Formate wie z. B. Zeichentrickserien zu den beliebtesten. Die Nutzungsdauer des Fernsehens sinkt bei Jugendlichen zwischen dem 14. und 19. Lebensjahr auf einen biografischen Tiefpunkt. Sie wenden sich stattdessen dem Kino zu und bilden eine wichtige Zielgruppe der Spielfilmindustrie (Klingler/Groebel 1994, 214).

Auf diese medialen Vorlieben hat der Deutschunterricht in keiner Weise angemessen reagiert. Sieht man sich die Lehrbücher für das Fach an, so steht die Auseinandersetzung mit fiktionalen Film- und Fernsehangeboten und die Beschäftigung mit geschriebenen Geschichten im Verhältnis von etwa 1:10. Dieses Missverhältnis hat seine Entsprechung in der journalistischen Kritik und wissenschaftlichen Auseinandersetzung mit fiktionalen Filmen. Die Feuilletons der Tages- und Wochenzeitungen widmen Neuerscheinungen im Bereich der Belletristik weit mehr Raum als den Spielfilmen. Die philologische Beschäftigung mit Geschichte und Ästhetik des Spielfilms ist im deutschen Wissenschaftsbetrieb eine Randerscheinung. In anderen Ländern, beispielsweise in Frankreich, genießt der Spielfilm eine weitaus größere kulturelle Anerkennung, die sich auch in der schulischen Praxis niederschlägt: Filmgeschichte gehört dort zum selbstverständlichen Curriculum der höheren Bildungseinrichtungen.

Ein drittes Spannungsfeld ergibt sich zwischen der auf Genuss ausgerichteten individuellen Medienrezeption sowie gelegentlich -produktion und gesellschaftlichen Erwartungen an Lektüre als kultureller „Ritus". Arbeit am Kanon der Höhenkammliteratur und darauf bezogene schriftliche Prüfungen haben historische Ursachen: Rezeption und Produktion von deutschsprachiger Literatur sind eng verbunden mit dem Selbstverständnis und Selbstbewusstsein des Bürgertums, wie es sich zwischen dem 17. und 19. Jahrhundert entwickelte. Zunächst noch als gemeinsames Unternehmen von Bürgern und Adeligen im Barock begonnen (Sprachgesellschaften), wird Literatur im 18. Jahrhundert zum identitätsstiftenden Medium des dritten Standes, das häufig direkt gegen die Machtinteressen des ersten und zweiten Standes (Klerus und Adel) Stellung bezieht. Die Popularität deutschsprachiger Literatur wird dann im 19. und beginnenden 20. Jahrhundert zur Bildung eines nationalstaatlichen Selbstbewusstseins instrumentalisiert. Dem diente auch der Deutschunterricht an den höheren Schulen, der parallel dazu ein immer größeres Gewicht im Fächerkanon bekam (vgl. Kap. 3). Kulturelle Kohärenz stiften ab da bis zum heutigen Tage nicht nur Goethe und Schiller, sondern auch Textanalyse und literaturbezogene Erörterung. Der Deutschunterricht kann solche kulturpolitischen Interessen nicht ignorieren, solange darüber ein gesellschaftlicher Konsens herrscht, der sich beispielsweise in den Lehr- und Bildungsplänen niederschlägt. Insofern stoßen neue literaturdidaktische Ansätze, die die *Genussfähigkeit* als wesentliches Ziel des Literaturunterrichts hervorheben (vgl. Groeben 2002, Hurrelmann 2003, Nickel-Bacon 2004), an ihre Grenzen.

2.2 Leseförderung

2.2.1 Wozu Leseförderung?

Wie schon mehrfach betont, kann sich literarische Bildung nicht auf geschriebene Texte allein beziehen. Trotzdem gilt als eine der wichtigsten Aufgaben des Deutschunterrichts, Kinder und Jugendliche an das Lesen von schriftlicher Literatur heranzuführen. Der rasante Ausbau unserer Medienangebote, die neben dem Buch auch Theater, Fernsehen, Kino, Audiogeräte und Computer umfassen, lässt die Aufgabe umso dringlicher erscheinen. Inhaltlich und formal bilden die verschiedenen Medien zwar ein Team, in dem der Ball von einem zum anderen Mitspieler weitergegeben wird (vgl. Kap. 2.4). Anders ist das aber bezüglich der Rezeptionszeit, um die die Medien einen harten Konkurrenzkampf führen. Wir können und wollen wohl auch nur eine beschränkte Zeit mit Medien verbringen. 1967 waren das im Bevölkerungsschnitt 25 Stunden, 1987 bereits 35 Stunden pro Woche. Diese Medienzeit wurde und wird auf verschiedene Medien aufgeteilt - und das Buch gehört mit einer Rezeptionsdauer von etwa 3 1/2 Stunden zu den wenig präferierten Angeboten, das zudem kaum von der deutlich angestiegenen Medienzeit profitieren konnte (vgl. Hurrelmann 1994). Jene relative Geringschätzung steht in erheblichem Widerspruch zu seinem kulturellen Ansehen, das das Buch nach wie vor in unserer Gesellschaft genießt, wie nicht zuletzt an den Lehr- und Bildungsplänen für das Fach Deutsch abzulesen ist.

Ganz ernsthaft ist daher die Frage zu diskutieren, ob die gesellschaftlich geäußerte Wertschätzung gegenüber dem Buch nicht mehr als ein nostalgischer Gestus ist. Eine Vormachtstellung in der medialen Rezeption hatte es ohnehin kaum 100 Jahre inne. Vor 1850 konnte weniger als die Hälfte der Bevölkerung Mitteleuropas lesen, sodass orale und visuelle Formen der Information bzw. Unterhaltung überwogen (vgl. Schenda 1977, 444). Nach 1950 avancierten Kino, vor allem aber das Fernsehen sehr schnell zu den beliebtesten Medien, die fiktionale Angebote unterbreiten. Dies konnten sie nur, weil zahlreiche Gratifikationen, die durch schriftliche Literatur zu erhalten sind, auch hier winken. Ästhetischer Genuss, Entlastung, Wunscherfüllung in der Phantasie, Wissenserweiterung, Fremdverstehen, Teilhabe an medialen Diskursen ermöglichen Kino und Fernsehen gleichermaßen. Der gesamtgesellschaftlichen Selbstverständigung dienen Medienangebote, die kollektiv rezipiert werden, sogar weit mehr als Romane und Gedichte, die jeder für sich selber liest. Auf der Bühne, Mattscheibe oder Leinwand wurde und wird unter größter Anteilnahme der Öffentlichkeit ausgehandelt, in welche Richtung sich ethisch-moralische oder politische Konsensbildung bewegen soll. Obendrein bedarf der Buchgenuss der Lesekompetenz, deren Erwerb ein anstrengender und langjähriger Prozess ist. Aber auch bei ausgeprägter Lesekompetenz bleibt die Rezeption der Litera-Medien nicht ohne Mühen. Was also spricht dafür, Kinder und Jugendliche weiterhin mit großem Aufwand an die Buchlektüre heranzuführen? Einige Argumente sind ohne weiteres nachzuvollziehen (vgl. Hurrelmann 1994; Sahr 1998, 1 f.):

- Das 4-B-Argument: Ob Bett, Badewanne, Bus oder Badestrand – mit Büchern kann man sich an jedem Ort und unabhängig von anfälliger Technik die Zeit vertreiben.

- Das Rezeptionszeit-Argument: Von allen anderen Medien unterscheidet sich das Buch durch große Freiheiten in der Rezeptionszeit. So können Leserinnen und Leser nicht nur frei bestimmen, zu welcher Tages- oder Nachtzeit sie ein Buch heranziehen. Sie können sich nicht nur schnell nach vorne oder rückwärts orientieren. Sie haben auch die volle Kontrolle über das Rezeptionstempo, sodass Verarbeitungsgeschwindigkeit und -tiefe je nach Vermögen und Bedürfnis stets individuell geregelt werden können. Der Modus diskontinuierlicher Rezeption ist für das Buch typisch. Längere Erzählungen und Romane liest man nicht am Stück, sondern über Tage, Wochen oder Monate verteilt. Das bedingt eine wesentlich größere Toleranz gegenüber der potenziellen Erzählzeit. Ein Romanautor kann seinen Lesern durchaus eine Brutto-Rezeptionszeit von 15 oder 20 Stunden zumuten. Hörspiele dauern selten länger als eine Stunde, Spielfilme orientieren sich an der 90 Minuten Grenze und auch ein Theaterabend dauert selten länger als drei bis maximal vier Stunden inklusive einer Pause. Mit dem Rezeptionszeit-Argument hängen auch die beiden folgenden zusammen:

- Das Argument der vertieften Verarbeitung. Schriftlich fixierte Literatur lässt dem Rezipienten Zeit, über das Gelesene in aller Gründlichkeit nachzudenken. Die Rekonstruktion der Zeichen zum Bezeichneten ist eine der höchsten geistigen Übungen. Längere Texte begleiten uns weit über den Tag hinaus und können daher mit vielfachen Lebenskontexten in Berührung kommen. Gemäß neueren kognitionspsychologischen Modellen, die Lernen als Verknüpfung von Neuem mit einer bestehenden Wissensbasis beschreiben (vgl. Thagard 1999, 138–163), ist eine nachhaltige Verankerung von Lesestoffen im Gehirn zu erwarten.

- Das Argument der größeren Immersionsdistanz. Herta Sturm hat nachgewiesen, dass Fernsehdarbietungen vor allem emotional gefangen nehmen (zuletzt Sturm 2000). Provoziert wird schnelle Identifikation, die nach der Rezeption ebenso schnell wieder aufgegeben wird. Allerdings bleiben Fernseherlebnisse trotzdem nachhaltig, weil Darstellung und eigenes Erleben zu einem Konglomerat verschmelzen, das sich leicht der kognitiven Kontrolle entzieht. Beim Lesen muss der Rezipient dagegen eine hochkomplexe Konstruktion vornehmen, die trotz aller emotionaler Beteiligung den Leser auf Distanz zu seinem medialen Erleben hält.

- Das Fantasie-Argument. Alle fiktionalen Medienangebote sind durch Leer- bzw. Unbestimmtheitsstellen gekennzeichnet, die der Rezipient eigenaktiv ausgestaltet. Im Gegensatz zu den visuellen Medien vom Theater bis zum Comic bewirkt das Lesen, dass sehr individuelle Bilderwelten im Kopf entstehen. Daher ist jeder Akt des Lesens eine eigenaktive Übung für das Vorstellungsvermögen.

- Das Sprachförderungsargument. Wer viel liest und dabei auch bereit ist, sich auf schwierigere Texte einzulassen, dem winkt als zusätzliche Gratifikation eine Erweiterung seines Wortschatzes. Meistenteils müssen unbekannte Wörter noch nicht einmal nachgeschlagen werden, da sie sich aus dem Kontext erschließen lassen.

- Das Argument vom Buch als kulturellem Gedächtnis. Ohne Zweifel ist Literatur ein wesentlicher Teil unseres kulturellen Gedächtnisses, mit dessen Hilfe wir uns zur Gegenwart positionieren. Speichermedium dafür war über mehrere Jahrtausende in erster Linie das Buch, und keineswegs alle Stoffe sind von dort aus in andere Medien übergetreten. Der gesamte Schatz an literarisch vermittelter Erfahrung eröffnet sich folglich nur dem Leser. Das führt zum letzten Punkt, der in der Literaturdidaktik der letzten Jahre besonders betont wurde (vgl. z. B. Hurrelmann 1994; Dahrendorf 1996b, 10).

- Das Argument vom Lesen als medialer Basis- oder Schlüsselkompetenz. Empirische Untersuchungen zeigen, dass regelmäßige Leser auch von anderen Medien stärker profitieren als solche, deren Medienrezeption sich auf audiovisuelle Medien beschränkt (vgl. z. B. Bonfadelli/Saxer 1986, 154ff.). Damit erweist sich das Lesen als mediale Basiskompetenz, von deren Erwerb abhängt, in welchem Maße jemand generell aus Medienrezeption persönlichen Gewinn erzielen kann. Leseförderung wird unter dieser Perspektive zur wichtigsten medienpädagogischen Aufgabe überhaupt (vgl. Saxer 1991, 100).

Damit Leseförderung ein glaubwürdiges Anliegen der Deutschdidaktik bleibt, müssen freilich überzogene Behauptungen und Erwartungen zurückgewiesen werden. So verliert das 4-B-Argument erheblich an Stärke, seitdem die elektronischen Medien mit Hilfe moderner Akkutechnik immer mobiler eingesetzt werden können. Während einer Bahnfahrt Spielfilme zu sehen, statt einen Roman zu lesen, ist mit Hilfe eines Laptops schon jetzt ohne weiteres möglich. Die tiefere Verarbeitung von Gelesenem führt nicht notwendigerweise zu besseren Behaltensleistungen. Der sogenannte „Bildüberlegenheitseffekt" ist für das Lernen vielfach empirisch bestätigt worden: Gerade visuell dargestellte Informationen bleiben im Gedächtnis nachhaltig haften (vgl. Weidemann 1995, 69–73). Dass man auch lesend die Distanz zur medialen Welt verlieren kann, ist ein Phänomen, das alle Leserinnen und Leser fiktionaler Literatur kennen und als wichtige Gratifikation sogar überaus schätzen. Die Bilderwelten, die sich während des Lesens im Kopf einstellen, sind Projektionen aus der eigenen visuellen Erfahrung.

Theater und Kino konfrontieren uns dagegen mit fremden Bildern und erweitern vielleicht die „Sichtweise" auf unsere Umwelt mehr als dies die Print-Medien tun können. Die Behauptung, Leser seien prinzipiell kreativer, weil sie ihr Vorstellungsvermögen trainieren (Sahr 1998, 2), ist empirisch nicht nachgewiesen und auch wenig plausibel. Von vielen bildenden Künstlern und Naturwissenschaftlern ist bekannt, dass sie fiktionale Literatur wenig rezipieren, und trotzdem sind ihre Leistungen wohl durchaus als kreativ zu bezeichnen. Wenn Leserinnen und Lesern eine hohe soziale Kompetenz bescheinigt wird (ebd.), so besteht in höchstem Maße die Gefahr, einem bildungsbürgerlichen Chauvinismus zu verfallen. Gesellige und psychisch stabile Menschen findet man sicherlich in großer Zahl auch unter den Nicht- oder Weniglesern. Analphabetische Gesellschaften müssten nach diesem Argument auf einer niederen psychosozialen Stufe stehen als literale, eine in jeder Hinsicht höchst zweifelhafte Annahme. Sprachfördernd wirkt sich Lesen nur dann aus, wenn aus dem dadurch gewonnen, passiven sprachlichen Wissen ein aktives wird. Das übersehen selbst viele Deutschlehrerinnen und -lehrer, wenn sie ratsuchenden Eltern rechtschreibschwacher Kinder pauschal vermehrte Lektüre verordnen (vgl. Klicpera et al. 2003, 409). Auch bessere Aufsätze schreiben Vielleser nicht automatisch, denn Schreibstrategien müssen zusätzlich erworben werden. Dass Lesen gerade in Zeiten von Multimedia eine Schlüsselkompetenz ist, mag niemand bezweifeln. Visuelle Kompetenzen sind aber in einer Gesellschaft, deren Kommunikation sehr stark ikonisch geprägt ist, ebenso unabdingbar. Zum kulturellen Gedächtnis muss seit über 100 Jahren auch der Film gerechnet werden. Dieser audio-visuelle Fundus unserer Kulturgeschichte erschließt sich weder von selbst noch durch ausschließliches Lesen. Man tut unseres Erachtens nicht gut daran, das literarische Lesen vornehmlich mit Argumenten zu verteidigen, die auf Nützlichkeitserwägungen rekurrieren. Schließlich ist Zweckfreiheit wenn schon nicht die einzige (vgl. Pennac 1994, 38), so doch eine zentrale Währung von Kunst. Leseförderung sollte in erster Linie als Generationenvertrag gesehen werden: der kommenden Generation die Freuden des Lesen zu eröffnen, die uns die vorangegangene Generation geschenkt hat.

2.2.2 Lesealtertheorie

Für eine effiziente Leseförderung muss man wissen, unter welchen Bedingungen gegenwärtig Kinder und Jugendliche eine dauerhafte positive Lesehaltung aufbauen. Auf die Arbeiten von Charlotte Bühler (1922) geht die *Lesealtertheorie* zurück. Ihr zufolge vollzieht sich die literarische Entwicklung des Kindes in vier Stufen: 1. Das Struwwelpeteralter (2.–4. Lebensjahr), in dem Kinder Literatur überwiegend über das Ohr aufnehmen. 2. Das Märchenalter (etwa zwischen dem 4. und 9. Lebensjahr), währenddessen erste Identifikationsprozesse zwischen den jungen Lesern und Märchenfiguren auftreten sollen. 3. Das Robinsonalter (9. bis 12. Lebensjahr) mit deutlichem Interesse an realistischen Geschichten sowie Begeisterung für Helden und 4. das Heldenalter (12.–15. Lebensjahr) mit einer Bevorzugung von idealen Figuren. Die letzte Stufe wurde von Susanne Engelmann 1926 noch konsequenter gattungstheoretisch gefasst. Sie bezeichnete Stufe 4 als „Dramen- und Balladenalter" und ergänzte eine 5. Stufe mit der Bezeichnung „lyrisches und Romanalter" (15.–20. Lebensjahr).

Robert Ulshöfer, ein einflussreicher Mentor des gymnasialen Deutschunterrichts in der Nachkriegszeit, übernahm dieses Einteilung, indem er beispielsweise die Subgattung „Ballade" zum zentralen Lerngegenstand während der Pubertät erklärte (Ulshöfer 1952, Bd. 2). Hermann Helmers, der als Verfasser der ersten Didaktik des Deutschunterrichts gelten darf, entwickelte ein Curriculum, das für alle Jahrgangsstufen eine Behandlung lyrischer, epischer und dramatischer Texte vorsah, dann aber die Subgattungen „altersgemäß" verteilte. So sollten im Bereich Epik an der Grundschule das Rätsel, in den Klassen 7 bis 9 der Sekundarstufe I die Fabel und in der Sekundarstufe II der Roman behandelt werden (Helmers 1966). Bis Ende der 70er Jahre wurde an solchen Stufenkonzepten weitergearbeitet (vgl. Fritzsche 1994, Bd. 3, 147–155), mit nachhaltiger Wirkung auf Lehr- und Bildungspläne, die entsprechende Gattungsschwerpunkte in den verschiedenen Jahrgängen festlegten. Der Lehrplan für bayerische Gymnasien aus dem Jahr 1992 schreibt u. a. vor: Märchen, Sage, Fabel, Jahreszeitengedicht in den Jahrgangsstufen 5 und 6; Kurzgeschichte, Anekdote, Ballade in den Jahrgangsstufen 7 und 8 (Balladenalter!); Drama und Hörspiel in den Jahrgangsstufen 8 und 9 (Dramenalter!); Roman ab Jahrgangsstufe 10 (Romanalter!).

Lesealtertheorien gelten heute als überholt (vgl. Rosebrock 2003, 157). Die Entwicklung literarischen Verstehens lässt sich schwerlich als Prozess biologischer Reifungsvorgänge erklären, wie das die entwicklungspsychologisch motivierten Stufenmodelle nahe legen. Vielmehr sind dafür soziale Einflussfaktoren entscheidend, die wiederum einem medienhistorischen Wandel unterliegen. Heute bemüht man sich stattdessen verstärkt darum, Verlaufsformen und Bedingungen literarischer Sozialisation empirisch zu erfassen.

2.2.3 Lesesozialisation und -förderung im Vorschulbereich

Lange Zeit kümmerte sich die Fachdidaktik wenig um Systeme und Prozesse, die das literarische Lernen im *Vorschulbereich* bestimmen. Betrachtet man ältere Lehrpläne, so schien das auch gar nicht nötig zu sein: Der Erstleseunterricht hatte die Aufgabe, im Rahmen eines Leselehrgangs Lesetechnik zu vermitteln. Erst mit dem sogenannten ‚Weiterführenden Lesen' ab Klasse 3 wurden auf dieser Grundlage Geschichten, Gedichte und gelegentlich kurze Dramentexte zum Gegenstand des Deutschunterrichts. Diese Progression spiegelt sich bis heute in der Aufgabenverteilung zwischen Pädagogik und Fachdidaktik an vielen Hochschulen wider: Der Anfangsunterricht ist Sache der Schulpädagogen, erst der Unterricht ab Klasse 3 gehört zum Forschungsfeld der germanistischen Fachdidaktiker. Kindliche Lesekarrieren beginnen aber keineswegs erst mit dem Beherrschen des Lesevorgangs. Grundgelegt werden sie vielmehr bereits in den Familien vor dem Schuleintritt. Welche Faktoren hier die (spätere) Lesemotivation begünstigen, konnte eine wichtige Studie Anfang 1990 zeigen (vgl. Hurrelmann et al. 1993; zusammenfassend Eggert/Garbe 1995, 111–113): Kinder, die zuhause eine reichhaltige, altersangemessene Bibliothek vorfinden, gehören überdurchschnittlich häufig zur Gruppe der Vielleser. Der leichte Medienzugang ist eine notwendige, aber keine hinreichende Bedingung für das Ausbilden einer stabilen Lesehaltung. Ganz entscheidend dafür ist das Leseverhalten der Eltern selbst, denn intensiv lesende Mütter und Väter haben signifikant oft Kinder, die ebenfalls das Lesen für sich entdeckt haben. Kinder, deren Eltern zwar das Lesen appellativ unterstützen („Lies doch mal das Buch, das dir Onkel Otto geschenkt hat!"), selber aber kein entsprechendes Verhalten zeigen, lesen besonders ungern.

Überraschen dürfte das niemanden und könnte manchen auch in der Ansicht bestärken: Die Medienkonkurrenz durch Fernsehen, Video und Computer schadet der Lesekultur. Tatsächlich ist dieser Zusammenhang aber komplizierter, denn zu den Vielllesern gehören auch Kinder, die in Haushalten mit unterschiedlichen Medienzugängen aufwachsen (vgl. auch Weiler 1997). Es gibt sogar Untersuchungen, die einen Anregungseffekt des TVs für die Lesehäufigkeit gefunden haben wollen (vgl. Winterhoff-Spurk 2004, 98). Negativ auf die Lesekarriere wirkt sich vor allem aus, wenn Eltern medienabstinent sind oder ausschließlich die Nichtprint-Medien nutzen. Letztere Gruppe ist besonders häufig in unteren Sozial- bzw. Bildungsschichten zu finden. Deren Buchferne scheint sich tatsächlich mit dem zunehmenden Angebot an Fernsehkanälen und audiovisuellen Konserven (Video, DVD) seit Mitte der 80er Jahre noch vergrößert zu haben.

Dass über den Medienzugang und das elterliche Vorbild hinaus die literaturbezogene Interaktion eine große Rolle spielt, zeigen Untersuchungen zum Bilderbuch (zusammenfassend Eggert/Garbe 1995, 101–104, Braun 1995a,b sowie Wieler 1997). Im Prozess der literarischen Sozialisation ist das Bilderbuch deshalb zentral, weil Kinder über dieses Genre an die Buchkultur überhaupt herangeführt werden. Abgesehen von Varianten, die ohne Texte auskommen, erfolgt seine Rezeption in der Eltern-Kind-Dyade. Das berücksichtigen übrigens auch Bilderbuchautoren bzw. -illustratoren: Sie erzählen ihre Geschichten häufig so, dass sich Kinder und Erwachsene gleichermaßen davon angesprochen fühlen (Doppeladressierung, vgl. Ewers 2000, 99–105). Untersuchungen zum Zusammenhang zwischen Schichtzugehörigkeit und Art der literaturbezogenen Interaktion haben signifikant unterschiedliche Verhaltensmuster nachweisen können. So tendieren Unterschichteltern dazu, Bilderbücher lediglich vorzulesen und das Kind in eine stillschweigende Rezipientenrolle zu drängen. Wenn überhaupt ein Dialog zustande kommt, wird dieser einseitig vom Erwachsenen bestimmt und erinnert an stark gesteuerte Unterrichtsgespräche. Für Mittelschichteltern ist das Bilderbuch dagegen eher ein Gesprächsanlass, der dem Kind die Chance eröffnet, sich zur Welt des Bilderbuchs in Beziehung zu setzen. Weiterhin helfen Mittelschichteltern ihren Kindern, die Kluft zwischen den elaborierten schriftlichen Codes und der gewohnten mündlichen Form zu überwinden. Auf diese Weise wird der Weg von der primären oralen zur sekundären schriftorientierten Kommunikation in einem frühen Stadium frei gemacht. Das literarische Gespräch dürfte nach vorliegenden Untersuchungen auch entscheidend dafür sein, dass Kinder *Scripts* und *Frames*[13] aufbauen, die ihnen ein schnelles Auffassen medialer Angebote erlauben (vgl. Wieler 2004).

Diese Ergebnisse müssen erschrecken, denn sie verweisen darauf, dass die Ausgangsbedingungen für die Partizipation am Handlungsfeld Literatur stark divergieren. Mädchen und Jungen aus lesefeindlichen Haushalten kommen mit einer deutlich geringeren Lesemotivation in die Schule als solche, die das Lesen in der Familie als wertvoll erfahren haben (vgl. auch Richter 2003, 120). Da viele Kinder gerade aus Unterschichtfamilien Kindergärten und Vorschuleinrichtungen besuchen, bestünde hier die Chance, das künftige Leseverhalten positiv zu beeinflussen. Ob diese Chance auch genutzt wird, kann derzeit nicht mit Sicherheit gesagt werden; in Deutschland fehlen hierzu empirische Studien. Allerdings lassen indirekte Beobachtungen nichts Gutes ahnen. Ein Blick in die Fachliteratur für Kindergärtner und Kindergärtnerinnen zeigt, dass dort eine funktionale Inhaltsperspektive auf das Bilderbuch überwiegt. Sein Einsatz dient der ethisch-moralischen Erziehung, der Umwelterziehung, der Gesundheitserziehung usw., äußerst selten aber der literar-ästhetischen Bildung (vgl. z. B. Schmitz 1997). Konzepte für eine literarische Frühförderung von Migrantenkindern fehlen weitgehend. Die PISA-Studie hat gezeigt, dass die Gruppe der sogenannten Risikoschülerinnen und -schüler überwiegend aus lesefernen Familien unterer Schichten – darunter viele mit Migrationshintergrund – stammen (Baumert et al. 2002, 116–129 sowie dort Kap. 8). Es ist also den Bildungsinstitutionen einschließlich der Kindergärten bislang nicht gelungen, die vorhandenen Defizite zu beheben.

2.2.4 Konzepte der Leseförderung

Dass Leseförderung ganz wesentlich darin bestehen muss, die Lesemotivation zu stärken, ist Commonsense. Im Hinblick auf Kinder und Jugendliche, die in ihren Elternhäusern keine entsprechenden Anregungen bekommen haben, wird vielfach *kompensatorische Leseförderung* empfohlen. Kindergärten und allgemeinbildende Schulen haben demnach den Auftrag, mit vielfältigen Leseanregungen soziale und subkulturelle Defizite auszugleichen. Häufig wirken die dazu ergriffenen Maßnahmen aber nur komplementär: (Vor-)Lesestunden im Kindergarten und Literaturunterricht an der Schule setzen auf die bereits erfolgte literarische Sozialisation in Mittelschichtfamilien auf. Die spezifischen Voraussetzungen der bildungsfernen Schichten einschließlich der Einwandererfamilien werden häufig so gut wie gar nicht berücksichtigt. Selbst wenn aber Ausgangslage und Interessen der betreffenden Kinder stärker in den Blick geraten, so ist ein nachhaltiger

---

[13] *Scripts* und *Frames*: Fachtermini aus den Kognitionswissenschaften. Unter einem *Script* versteht man ein mentales Drehbuch mit standardisierten Handlungsabläufen einschließlich der dazu gehörigen Aktanten und Requisiten. Ein *Frame* repräsentiert einen Begriff oder eine Situation in prototypischer Weise.

Erfolg kompensatorischer Leseförderung trotzdem fraglich. Alle bisherigen Untersuchungen zur Lesemotivation zeigen, dass die Bildungsinstitutionen nur eine unter mehreren Einflussgrößen darstellen (vgl. zuletzt Richter 2003, 121). Ulrich Saxer hat daher vorgeschlagen, Leseförderung unter Berücksichtigung aller Medien-Sozialisationsinstanzen zu betreiben (Saxer 1991, 125). Eine solche *systemische Leseförderung* müsste alle Schulfächer ins Boot holen, sodass Lesen als persönlich bedeutsame Tätigkeit nicht nur am Modell der Lehrkraft für Deutsch und den dafür vorgesehenen Unterrichtsstunden erlebbar wird (*fächerübergreifende Leseförderung*). Selbstverständlich gehört dazu die Zusammenarbeit mit den Bibliothekaren und Buchhändlern, deren Konzepte zur Leseförderung mit denen von Kindergarten und Schule zusammenzuführen sind (*institutionenübergreifende Leseförderung*). Vor allem aber müssen Mittel und Wege gefunden werden, die Eltern für eine aktive Mitarbeit an der Leseförderung zu gewinnen (vgl. z. B. Sahr 1998, 29–32).

2.2.5 Lesesozialisation und -förderung auf der Primarstufe

Mit dem Eintritt in die Schule beginnt für viele Kinder eine Krise der Lesesozialisation. Selbst wenn Kinder in Haushalten aufwachsen, die der Buchkultur fern stehen, so sind sie doch bereits mit zahlreichen Formen des Erzählens, mit einer Vielzahl von Standardplots und Stoffen, mit verschiedenen Genres, mit diversen (kinder-)literarischen Motiven und ritualisierten Figurenkonstellationen vertraut. Es ist keineswegs kühn zu behaupten: noch keine Generation vorher hat in dieser Beziehung eine so umfangreiche Vorbildung bekommen wie die jetzige – und das über alle Schichten hinweg. Der wesentliche Unterschied zu früheren Zeiten liegt darin, dass sie diese Kenntnisse überwiegend durch die Rezeption von (technischen) Hörmedien (vgl. dazu Wermke 1997, 1999) und audiovisuellen Medien erworben hat (vgl. Frey 2003). Für den Deutschunterricht hat das zwei Konsequenzen:

Zum einen müssen die bereits vorhandenen literarischen Kompetenzen aufgegriffen und auch unabhängig vom Schriftspracherwerb weiterentwickelt werden. Dazu gehört beispielsweise die Arbeit mit dem Bilderbuch (vgl. Sahr/Schlund 1992; Rösch 1997; Thiele 2000, Kepser 2002, Kretschmer 2003). Zum anderen ist nach Lesestoffen zu suchen, die selbst bei gering ausgeprägter Lesekompetenz anregenden Lesegenuss versprechen. Während in früheren Fibeln die notwendige didaktische Reduktion zu banalen Leseangeboten der Form „Otto mag Uta" führte, bemüht man sich heute um Texte, die mit Hilfe verschiedener Entlastungsverfahren bereits in einem frühen Stadium zu motivierenden Leseerfahrungen führen. Die sogenannte *Erstleseliteratur* erlaubt es schon Kindern gegen Ende der ersten Klasse, am Handlungssystem schriftlich fixierter Buchliteratur teilzunehmen (vgl. Dahrendorf 1998b). Ihr wichtigstes Kennzeichen ist neben der besonderen typografischen Gestaltung (große serifenlose Schriftart, Flattersatz) und altersangemessener Lexik vor allem Kürze: kurze Zeilen (bis zu 5 Wörter), kurze Wörter (höchstens 2 bis 3 Silben, Vermeidung von

Komposita mit mehr als zwei Morphemen), kurze Sätze (parataktischer Bau, keine komplexen Attribute) und kurze Texte bzw. Kapitel. Illustrationen haben dabei nicht nur die Funktion, den Übergang vom Bilderbuch zum reinen Textbuch zu erleichtern. Sie dienen vor allem der Entlastung. So gibt es auf dem Buchmarkt Comics für Erstleser, bei denen sich die Leseleistung auf einfache Dialogtexte in den Sprechblasen beschränkt. In den sogenannten „Streubilderbüchern" werden Nomina durch ihre ikonische Repräsentation ersetzt (z. B. Erhard Dietls Geschichten um „Willi Vampir"), was den Leseprozess beschleunigt. Ganzseitige Abbildungen eröffnen Situationsrahmen und kontextuieren den Lesetext, sodass handlungsbezogene Hypothesen generiert werden können.

In der anschließenden Phase zwischen dem achten und elften Lebensjahr ist die Lesemotivation bei den meisten Kindern besonders groß. Ihre fortgeschrittenen Lesefertigkeiten bedingen eine ungeheure Lust, sich die fiktionalen Welten der Buchliteratur nach und nach zu erobern (vgl. Harmgarth 1997). Im erschreckenden Widerspruch dazu steht, dass die Freude am Deutschunterricht zwischen Klasse 2 und 4 bei vielen Schülern kontinuierlich abnimmt (Richter 2003, 127). Welche Faktoren sind es, die bei einer erfolgreichen Leseförderung in der Primarstufe beachtet werden müssen?

Methodische Probleme. Ein Literaturunterricht, der nur auf kognitive Durchdringung literarischer Texte setzt, unterdrückt wichtigste Gratifikationen wie ästhetischen Genuss und emotionale Berührung. Für Kinder ist intensives, identifikatorisches Lesen der typische Rezeptionsmodus (vgl. Graf 2002, 52). Gerade auf der Primarstufe darf eine analytisch-rezeptive Herangehensweise, die sich an Methoden der literaturwissenschaftlichen Texterschließung orientiert (Ermittlung von Reimschemata, Analyse der Tektonik etc.), nicht die erste Wahl sein. Bevorzugt werden müssen handlungs- und produktionsorientierte Verfahren, bei denen Kinder eigenaktiv auf vielfältigen Wegen ihre literarische Kompetenz erweitern können (vgl. dazu Kap. 6). Vermehrt wurde in letzter Zeit darauf aufmerksam gemacht, wie wichtig der Akt des Vorlesens (Pennac 1994, 104) und das Literaturgespräch (Richter 2003, 130) für den Aufbau der Lesemotivation ist.

Streubreite in der Lesekompetenz. Lesefertigkeiten sind gerade im Primarbereich sehr unterschiedlich ausgeprägt. In einer durchschnittlichen zweiten Klasse sitzen Kinder, die noch mühsam Graphem-Phonem-Korrespondenzen suchen, neben solchen, die Texte flüssig, nahezu fehlerfrei und sinngemäß betont vorlesen können. Lehrkräfte müssen durch individualisierte Angebote und Stützkurse dafür sorgen, dass sich diese Schere schließt (vgl. Rosebrock 2003, 168). Je später die Lesekompetenz entwickelt wird, desto schwieriger wird es, den Spaß an Literatur zu wecken. Das liegt nicht zuletzt daran, dass für ältere Kinder mit geringer Lesekompetenz keine alterangemessenen Lesestoffe zur Verfügung stehen. Erhard Dietls Geschichten um die *Olchis*, beliebte Lektüre unter den Leseanfängern, interessieren nun mal präpubertäre Kinder am Ende der vierten Klasse nicht mehr.

Leseinteressen. Empirische Studien haben gezeigt, dass Kinder in der Privatlektüre Stoffe bevorzugen, die ihnen in der Schule eher selten begegnen. An aller erster Stelle ihrer Wunschliste stehen Bücher, in denen Abenteuer und phantastische Geschichten erzählt werden. „Wahre", realistische Geschichten finden dagegen deutlich weniger Interessenten (vgl. Bertschi-Kaufmann 2000; Richter 2003, 124). Aus diesem Bereich wählen aber Lehrerinnen und Lehrer bevorzugt ihre Klassenlektüre und erst mit weitem Abstand folgen phantastische Literatur und Abenteuerbücher (Richter 2003, 126). Diese Diskrepanz wird von Lehrkräften gerne damit verteidigt, dass die Schule die Aufgabe habe, den Erfahrungshorizont der Kinder zu erweitern. Schon bestehende Leseinteressen bedürften folglich keiner weiteren schulischen Beachtung. Hier wird aber zweierlei übersehen: Zum einen sind Leseinteressen nicht identisch mit Lesepraxis. Viele Kinder würden gerne Abenteuerbücher lesen, wenn sie dazu Gelegenheit und nötigenfalls auch Hilfestellung bekämen. Zweitens kann ein Literaturunterricht, der an den Schülerinteressen vorbei arbeitet, durchaus auch negative Konsequenzen für das Leseverhalten insgesamt haben.

Gender-Problematik. Alle Medienangebote unterliegen hochsignifikanten geschlechtspezifischen Präferenzen (vgl. zusammenfassend Kepser 1999, 312; Feierabend/Klingler 2000; Garbe 2002). „Sage mir, welche Medien und Genres bzw. Stoffe du bevorzugst, und ich sage dir, welchen Geschlechts du bist", ist eine nahezu risikolose Prognose. Schon im Grundschulalter zeigen sich Trends, die bis ins Erwachsenenalter ungebrochen beobachtet werden können: Mädchen können dem Lesen deutlich mehr abgewinnen als Jungen, die proportional häufiger fernsehen und den Computer nutzen. Sofern sie überhaupt Leseinteressen entwickeln, bevorzugen sie Sachliteratur sowie Bücher mit spannungsgeladenen Geschichten. Mädchen präferieren dagegen eindeutig die fiktionale Literatur und darunter wiederum Tiergeschichten und phantastische Literatur. Daraus ist der Schluss zu ziehen, dass der Literaturunterricht ein breites Spektrum von Lesestoffen bereithalten muss (vgl. Bertschi-Kaufmann 2000), um vor allem nicht die Jungen als Leserschaft zu verlieren.

2.2.6 Lesesozialisation und -förderung auf den Sekundarstufen

Die Jugendphase (ca. 12.–19. Lebensjahr) ist durch unterschiedliche Entwicklungstendenzen gekennzeichnet. Eine Gruppe verfällt zeitweilig einer regelrechten Lesesucht. Der größte Teil dagegen verliert bis etwa zum 15. Lebensjahr das Interesse am Lesen als Freizeitbeschäftigung. Etwa 70 % der Jugendlichen stellen das Lesen sogar zeitweilig ganz ein (vgl. Harmgarth 1997, 12–27). Diese Krise in der Lesemotivation wird gerne mit dem Begriff „literarische Pubertät" bezeichnet (vgl. Rosebrock 2003, 159), müsste aber eigentlich „fiktionale Pubertät" heißen. Denn nicht nur das Buch wird links liegen gelassen, sondern auch die bis dahin so beliebten Hörkassetten und nicht zuletzt das Fernsehen. Zwischen dem 14. und 19. Lebensjahr sinkt die Fernsehrezeption auf einen biografischen Tiefstand, wenn man als Eintrittsalter in die Fernsehwelt das 6. Lebensjahr annimmt (vgl. Klingler/Groebel 1994, 185). In erster Linie wenden sich die Jugendlichen nun der Musik zu. Unter den fiktionalen Medienangeboten findet einzig das Kino große Aufmerksamkeit. Ab dem 17. Lebensjahr ist dann aber tendenziell wieder eine vermehrte Hinwendung zum Buch beobachtbar.

Nun könnte man das Lesemoratorium relativ gelassen hinnehmen, wenn nicht zwei weitere empirische Befunde vorliegen würden: Zum einen zeigt sich, dass viele Schülerinnen und Schüler auch nach dem 15. Lebensjahr das Lesen nicht mehr aufnehmen. Besonders schlechte Prognosen haben dabei männliche Jugendliche mit niedriger Schulbildung (vgl. Bonfadelli/Fritz 1993, 188). Zum anderen ist die Leseunlust deutscher Jugendlicher im internationalen Vergleich besonders groß: 42% der in der PISA-Studie befragten 15-Jährigen gaben an, überhaupt nicht zum Vergnügen zu lesen (Baumert et al. 2001, 115 f.), womit Deutschland fast das Schlusslicht bildet.

Die Lesepubertät wird in der Forschung vor allem damit erklärt, dass Jugendliche neue Lesevarianten entwickeln müssen, damit fiktionale Literatur weiterhin attraktive Gratifikationen bietet. Unterschieden werden in diesem Zusammenhang die *primäre Lesemotivation*, die sich aus dem versunkenen identifikatorischen Lesegenuss speist, und die *sekundäre Lesemotivation*. Sie ist verbunden mit der Teilhabe an der Lesekultur der Gleichaltrigen und Erwachsenen, mit ästhetischem Genuss durch literarische Reflexion und auch der Befriedigung informatorischer Interessen (vgl. Graf 1995, 2003). Manch einer verliert auf diesem Weg die Gratifikationen der primären Lesemotivation, was retrospektiv häufig dem Deutschunterricht angelastet wird (vgl. Graf 1997). Diese Schuldzuschreibung ist sicher zu einseitig, denn dahinter verbirgt sich nicht zuletzt der regressive Wunsch, auf eine kindliche Entwicklungsstufe zurückfallen zu dürfen. Problematisch ist aber ein Literaturunterricht, der ausschließlich die sekundäre Lesemotivation im Blick hat und dabei vergisst, dass diese die primäre Lesemotivation nicht ersetzt, sondern ergänzt. Welche Schlussfolgerungen sind daraus für die Unterrichtspraxis zu ziehen?

1. Der Aufbau von Lesekompetenz bleibt über die Primarstufe hinaus eine wichtige Aufgabe des Deutschunterrichts, was nicht zuletzt die PISA-Studie gezeigt hat. Um Jugendliche aus bildungsfernen Schichten und solchen mit Migrationshintergrund an die Freuden des Lesens heranzuführen, ist Lesekompetenz unverzichtbar. Allerdings sind Lesekompetenz und literarische Kompetenz keine unabhängigen Lernbereiche. Vielmehr lässt sich auch fiktionale Literatur dazu nutzen, um Lesekompetenz zu fördern.

2. Überwiegend werden im Literaturunterricht Kurztexte (Gedichte, Kurzprosa, Romanauszüge) herangezogen. Dabei gehört gerade die lange Rezeptionszeit zur Ästhetik gedruckter Literatur, die einen medienspezifischen Genuss ermöglicht. Sogenannte „Ganzschriften" (vgl. Kap. 5.2) sollten mindestens zweimal pro Schuljahr im Mittelpunkt des Unterrichts stehen, und das spätestens ab der 3. Klasse.

3. Damit auch männliche Jugendliche das Interesse am Lesen nicht verlieren, müssen ihre Leseinteressen verstärkt im Deutschunterricht berücksichtigt werden.

4. Allgemein gilt der Grundsatz, dass Leseförderung an der Schule die private Freizeitlektüre der Schülerinnen und Schüler nicht aus den Augen verlieren darf. Lehrerinnen und Lehrer wählen ihre Ganzschriften für die Sekundarstufe I bislang überwiegend aus einem schmalen Spektrum der problemorientierten, realistischen Jugendliteratur (vgl. Rosebrock 2003, 164). Dabei bleibt das Interesse an phantastischen, utopischen und spannenden Geschichten über die Kindheit hinaus erhalten.

5. Gegen Ende der Sekundarstufe und auf der Sekundarstufe II sehen die Lehr- und Bildungspläne fast nur noch die Auseinandersetzung mit deutschsprachiger Höhenkammliteratur vor. Ihre Lebenswelt können Jugendliche darin aber häufig nicht oder nur mit Hilfe großer Vermittlungsbemühungen der Lehrkräfte wieder erkennen. Intentionale Jugendliteratur und Literatur für junge Erwachsene sollte die Höhenkammliteratur ergänzen, damit die subjektive Bedeutsamkeit des Lesens weiterhin erfahrbar bleibt.

6. Leselust und Lesearbeit (vgl. Paefgen 1999b, 92) müssen sich bis zum Ende der Schulzeit die Waage halten. Wenn Lesearbeit im Deutschunterricht primär als fremdbestimmter, institutioneller Akt erlebt wird, ist das für die Lesemotivation wenig förderlich. Aus diesem Grund dürfen handlungs- und produktionsorientierte Methoden nicht der Primarstufe und frühen Sekundarstufe vorbehalten sein, wie das gegenwärtig überwiegend der Fall ist. Vielmehr müssen sie bis zum Ende der Schulzeit analytisch-rezeptive Verfahren ergänzen. Umgekehrt gilt freilich auch: Wer glaubt, dass man Hauptschüler/-innen mit der Analyse und Interpretation literarischer Texte prinzipiell überfordert, unterschätzt ihre kognitiven Fähigkeiten. Literaturunterricht muss spannend bleiben, und das tut er nur dann, wenn An- und Zumutung gleichermaßen gegeben sind.

2.2.7 *Leseförderung jenseits der Schulbildung*

Leseförderung jenseits der Schulbildung ist bislang kaum didaktisch erforscht. Dabei gibt es sie durchaus: So bieten viele Volkshochschulen Kurse an, die einzelne Schriftstellerinnen und Schriftsteller, bestimmte Gattungen oder die Literaturgeschichte fokussieren. Teilnehmerinnen und Teilnehmer am Unterricht in „Deutsch als Fremdsprache" begegnen schon auf Unterstufenniveau Beispielen aus der deutschen Literatur wie etwa der Konkreten Poesie (vgl. Krusche/Krechel 1984, 72–94). Kurse zur deutschen Literatur sind vielfach Teil des optionalen Angebots an Fachhochschulen und Berufsakademien. Ein Germanistikstudium sollte nicht zuletzt der Leseförderung dienen (vgl. Eicher 1995, 1997).

Dass sich die universitäre Deutschdidaktik um all diese Felder so gut wie gar nicht kümmert, hat historische Ursachen. Gegründet worden sind die ersten Lehrstühle mit dem gesellschaftlichen Auftrag, ein wissenschaftliches Fundament für die Lehrerbildung zu legen (vgl. Kap. 3). Aus der Sache lässt sich diese Beschränkung nicht begründen, zumal Erwachsene im Prozess der Individuation, Sozialisation und Enkulturation so weit fortgeschritten sind, dass sich Konzepte der schulischen Leseförderung nicht ohne weiteres auf sie übertragen lassen. Auch kann man die Verantwortung für diese Bereiche des literarischen Lernens nicht ausschließlich dem pädagogischen Grundlagenfach „Erwachsenenbildung" aufbürden. Über eine entsprechende Ausweitung des Forschungsinteresses müsste also gründlich nachgedacht werden.

2.3   Literarisches Lernen und Literarische Bildung

Haben die ersten beiden Abschnitte dieses Kapitels unter anderem zu klären versucht, wie Literatur beim Aufwachsen helfen und zu einem gelingenden Leben beitragen kann, so erfordert dieser dritte Abschnitt einen Wechsel der Perspektive: Es geht jetzt nicht mehr um die Frage, was Literatur sozusagen für uns tun kann, wenn wir in unsere Kultur hineinwachsen und ihre Mitgliedsentwürfe für uns prüfen wollen. Die Fragerichtung ist jetzt umzukehren: Was können *wir* für die Literatur tun, die in unserer Kultur gewachsen, aber als Ausdrucksmedium und Kunstform grundsätzlich nicht ungefährdet ist? Es gibt ja keinen gesellschaftlichen Konsens mehr darüber, ob oder welche Literatur verbindlich zur Allgemein-Bildung gehören soll.

2.3.1 Literarische Bildung

Kenntnis vor allem älterer Werke der deutschsprachigen wie der Weltliteratur wird immer mehr zu einer Sache von Spezialisten. Neben Literaturwissenschaftlern sind hier Deutschlehrer/-innen ebenso zu nennen wie Literaturkritiker/-innen und – bei entsprechend weiter Fassung des Begriffs *Literatur*, wie wir ihn ja im ersten Kapitel skizziert haben – auch Vertreter der Medienwissenschaften, z. B. der Filmphilologie. Und schon unter solchen Spezialisten ist durchaus strittig, was heute noch „literarische Bildung" heißen kann und soll (vgl. z. B. Lecke 1990, Eggert 1992, Steenblock 1997. Zum Stand der Diskussion bis 1975 vgl. Müller-Michaels (Hrsg.) 1976.).

Historisch gesehen, war sie bestimmt von einem Kanon. Um einen *Kernkanon* herum bildete sich jeweils ein *akuter Kanon* „von geringerer Festigkeit" (Heydebrand 1993, 5), in stärkerem Ausmaß vom Zeitgeist abhängig und damit veränderlicher. Die Präsenz des Kanons wurde weniger durch Spezialisten gesichert als durch „viel handfesteren Kanon-Gebrauch" (Korte 2002, 65): Übersetzen, Zitieren, Parodieren, Adaptieren.

Aber die Selbstverständlichkeit, mit der im 19. Jahrhundert die Verfügung über einen mehr oder weniger großen Zitatenschatz für alle Gelegenheiten oder die geläufige Kenntnis mindestens einer Hand voll Gedichte zur Bildung gehörte, ist schon seit den 1970er Jahren dahin. Seit 1968, also seit dem Beginn der Studentenrevolte, wollen die Autoritäten, Institutionen, Normen und Werte auf ihre Legitimation hin geprüft sein. Es ging und geht dabei nicht nur um den viel zitierten „tausendjährigen Muff unter den Talaren", sondern auch um scheinbar eherne, eben *kanonisierte* klassische Werke unserer Tradition, allen voran die ‚Weimarer Klassik': „Werke und Werte, die es nötig haben, sich als bestimmte Gestalt als ‚ewig' zu deklarieren, erwecken unser geschichtlich fortgeschrittenes Misstrauen" (Gebhard 1993, 130). Einen Kanon glaubte man nicht mehr zu brauchen; die Funktion, die in ihm versammelten Objekte verfügbar zu halten, habe er gerade nicht, sondern er *entziehe* sie eher dem aktuellen Dialog über ästhetische Qualität und lebensweltliche Relevanz (vgl. ebd., 106). Seine Funktion sei die eines Herrschaftswissens, das für soziale Distinktion sorge und so helfe bestehende Ungleichheit aufrecht zu erhalten.

In der Tat lässt sich mit dem Soziologen Pierre Bourdieu sagen, dass es zu den „feinen Unterschieden" gehört, in Gesellschaft ein literarisches Zitat zu erkennen oder eben nicht; einen passenden Autornamen fallen lassen zu können oder eben nicht; den Verriss eines bekannten Literaturkritikers treffend kommentieren zu können oder eben nicht. Solches Herrschaftswissen wollte eine aufgeklärte, „Kritisches Lesen" (Hussong 1973) propagierende Didaktik nicht mehr fortschreiben, und betrieb daher das Projekt einer Erweiterung des Literaturbegriffs weit über die Ränder aller bisher gültigen Kanones hinaus (z. B. sog. Trivialliteratur, Comics usw.).

Diese Entwicklung hinterließ sichtbare – manche, wie etwa Fuhrmann (1993), meinen: – zerstörerische Spuren auch im Literaturunterricht. In einer Lesebuchanalyse Ackermanns (1983) stellte sich bereits eine fortgeschrittene Auflösung normativer Kanones heraus. Lecke (1990) konstatiert dann rückblickend, die Literaturwissenschaft und -didaktik ‚nach 1968' habe zwar mit dem Werk als „Bildungs-Ding" (Haas 1997, 56) gründlich aufgeräumt, es dabei aber versäumt, „den Erwartungen der Öffentlichkeit ein eigenes Bildungsideal entgegenzusetzen" (Lecke 1990, 87). Tatsächlich hätte unternommen werden müssen, was erst jetzt allmählich getan wird: eine Didaktik der Literatur in allen Medien zu konzipieren, in deren Rahmen dann z. B. Filme nicht nur Zutat eines buchzentrierten Unterrichts sind, sondern *ihren* Teil zu einer literar-ästhetischen Bildung beitragen und als Werke eigenen Rechts gewürdigt werden (vgl. Kap. 4.4.5).

Aus dieser Kritik an der Vernachlässigung des Kanons folgt also nicht, dass hier etwas rückgängig zu machen sei. Man mag zwar die Weigerung, Lesebücher von einem Bestand ‚klassischer' Texte her zu entwerfen, von einem wertkonservativen Standpunkt aus für eine „Fehlform des Verhältnisses zur Tradition" halten (Fuhrmann 1993, 39). Doch das Verschwinden eines verbindlichen Kanons und einer darauf abzustellenden literarischen Grundbildung ist nicht die *Folge*, eher die Ursache umgeschriebener Lehrpläne. ‚Schuld' daran ist nicht „didaktische Anbiederung" im Literaturunterricht, wie der Romancier und Literaturwissenschaftler Adolf Muschg in einer Antwort auf eine Umfrage der Wochenzeitung *DIE ZEIT* im Sommer 1997 schrieb.[14] Man kann die Entwicklung auch nicht umstandslos „traditionsfeindlichen Didaktikern" in die Schuhe schieben, wie Ulrich Greiner, Initiator der Umfrage, das (ebd.) versuchte. Vielmehr schlugen philologische und pädagogische Zweifel an der Legitimation von Kanonisierung auf Lehrpläne, Handreichungen und Schulbücher durch. Was wir darin heute (nicht) finden, ist nicht zuletzt Reaktion auf eine sozial, psychosozial und ökonomisch seit den sechziger Jahren radikal veränderte Lebens- und Medienwelt. „Keine noch so rigide administrative Strategie könnte den Kanon als bloßen Schullektürekanon in seine früheren Funktionen zurückversetzen" (Korte 2002, 67). Ein Kanon ist nämlich, wie Hermann Korte (ebd., 61) feststellt, stets so (un)umstritten wie die Institution, in der er weitergegeben und gelernt wird. Historisch arbeitet er drei Aspekte von Kanonbildung heraus: Erstens waren kanonsichernde Instanzen „Garanten verbindlicher Weltbilder und Lebensweisen mit Macht", zweitens war Überlieferung „an eine Lehrdoktrin geknüpft", und drittens waren Kanonsicherung und -macht gebunden an „Formen symbolischen Handelns" (vgl. ebd., 62). Es ist daher kein Wunder, dass Kanonbildung – kein innerliterarischer, sondern ein kultureller Selektionsprozess (vgl. ebd., 63) – im 20. Jahrhundert in eine Krise geriet.

Literaturunterricht hat seit dem späten 20. Jahrhundert nicht nur den Auftrag, in das literarische System einzuführen, sondern er steht auch vor der Aufgabe, dieses System mit außerschulischen Lese- und Medienerfahrungen so zu vermitteln, dass literarisches Lernen überhaupt möglich wird. Das ist nicht einfach; wer aber Deutsch-Lehrenden unterstellt, sie hätten in Abwesenheit eines verbindlichen Kanons keine besseren Kriterien für die Auswahl zu behandelnder Texte als den „Zufall", die „Beliebigkeit", überhaupt das „rasch wechselnde Angebot der Kulturindustrie" (Fuhrmann 1993, 234), der opfert der Polemik die seriöse Diskussion dessen, worum es im vorliegenden Abschnitt geht: Wie ist eine Balance zu halten zwischen Leseunterricht von den Lernenden her und Literaturunterricht von den Gegenständen her?

Einerseits ist, mit Fritzsche (1994, Bd. 3, 106), die Literatur „Mittel zur personalen Rekonstruktion" und „zur bewussten Aufarbeitung der Herkunft"; andererseits ist auch die „Herkunft" des Ausdrucksmediums selbst notwendiger Gegenstand der Rekonstruktion, nämlich im Literatur*geschichts*unterricht, für den eine persönliche Bedeutsamkeit der Texte sinnvolles, aber nicht einziges Kriterium sein kann. Über einen „aktiven" oder „funktionalen" Kanon, wie er sich etwa in der Fähigkeit, TV-Programmzeitschriften lesen zu können, manifestiert (vgl. Zymner 1996, 13), muss Literaturunterricht gerade dort hinausgehen, wo ältere Epochen ihr Gegenstand sind. Rüdiger Zymner stellte in einer Umfrage unter Studierenden fest, dass der „aktive Kanon" im Wesentlichen die deutsch-

---

[14] „Was sollen Schüler lesen?" *DIE ZEIT* Nr. 21 (16.5.1997, S. 50 f.), Nr. 22 (23.5., S. 42 f.), Nr. 23 (30.5., S. 46) und Nr. 24. (6.6., S. 62).

sprachige internationale (d.h. auch aus anderen Sprachen übersetzte) Literatur ab 1900 enthält – und übrigens bei Frauen etwas umfangreicher ist als bei Männern (vgl. ebd., 11).

> Das bedeutet nicht, dass innerhalb dieses Wissensmilieus Fontane, Goethe, Opitz oder Wickram nicht mehr gelesen werden, wohl aber, dass möglicherweise die Kenntnis dieser Autoren für die aktive Teilhabe an unserer aktuellen Kultur entbehrlich erscheint. (Zymner 1996, 11)

Schulunterricht muss nun stets auch normative Vorstellungen umsetzen und darf nicht nur einen gesellschaftlichen *status quo* fortschreiben wollen: Dass Literatur vor 1900 nicht unbedingt lebenstüchtig(er) macht, mag ja sein. Zum „kulturellen Gedächtnis" (vgl. Kap. 1.2) aber gehört sie selbstverständlich. Das spricht dafür, ihre Berücksichtigung im Literaturunterricht unangetastet zu lassen.. Nicht unbedingt ist damit auch einem „materialen" Kanon das Wort geredet, wie ihn z. B. Fuhrmann (1993) entwirft. Es spricht allerdings dafür, den ‚heimlichen' Schulkanon, den wir gerade in Ermangelung eines offiziellen verbindlichen Lektürekanons entwickelt haben, nicht unreflektiert weiter bestehen zu lassen.

„Was kommt eigentlich nach Dürrenmatt und Frisch?", fragte vor Jahren Clemens Kammler, und er plädiert seither mit Nachdruck für eine Aufnahme wirklicher *Gegen*wartsliteratur in den Deutschunterricht. Denn der *faktische Kanon* älterer und neuerer ‚Klassiker', wie ihn etwa Jahresberichte von Schulen in immer wieder dokumentieren, tendiert zur Beschränkung auf das Gängige und ohnehin schon weit Verbreitete (für die Kinder- und Jugendliteratur vgl. Runge 1997). Auch ein solcher Schulkanon ist immer wieder neu zu hinterfragen und unterliegt dem Prinzip von Bewahrung und Sichtung, das Kreft (1977, 310) das „Kanonprinzip" nannte. Es bleibt unbeschadet jeder Kontroverse um Kanon*inhalte* gültig. Wo nicht über Kanones geredet wird, stimmt etwas nicht. (vgl. Hein 1987, 25). „Die Arbeit am Kanon kann und darf sich der Lehrer nicht abnehmen lassen". Kanonvorschläge, wie die in der *ZEIT* (42, 10.10.2002, S. 45) oder bei Paefgen (1999b, 55ff.) zusammengestellten, können durchaus helfen, diese Debatte in Gang zu bringen oder zu halten. „Schulklassiker lesen in der Medienkultur" (Förster 2000) heißt nicht nur, Lernende „vom Geständnis-Imperativ der Interpretation befreien" und bekannte Texte auch poststrukturalistisch anzugehen (vgl. ebd., 5), sondern es heißt vor allem ihren Kanonstatus zu thematisieren und Literaturgeschichte konstruktivistisch wahrzunehmen als das, was sie ist: *Konstrukt*, nicht historische Realität (vgl. Nutz 1999). Not tut die „Reflexion von Auswahlkriterien" (Buß 2003, 150) – vor allem in der S II. Harro Müller-Michaels (1997, 119 f.) hat drei Kriterien für Kanonentscheidungen genannt:

- „Exemplarität" (die Beziehung eines Werkes zu seiner Epoche und/oder Gattung);

- „Aktualität" (die Beziehung zwischen dem historischen Werkkontext und den Verstehensvoraussetzungen heutiger Lernender);

- „Wirkungsmächtigkeit" (die Beziehung zwischen dem Werk und dem Leser, der Leserin).

Diese drei Größen sind gleichsam auszubalancieren; auf keiner Seite darf ein Übergewicht entstehen, wenn Literaturgeschichtsunterricht gelingen soll. Literarhistorisches Wissen, heute im Rahmen einer „Didaktik der Literaturgeschichte" (Fingerhut 2002, Müller-Michaels 2002) wieder intensiver diskutiert als vorher drei Jahrzehnte lang, muss dabei aber mehr sein als Benennungswissen, das im Unterricht abfragbar ist, jedoch für die Lernenden totes Wissen bleibt. Alle drei eben genannten Kriterien (Exemplarität, Aktualität, Wirkungsmächtigkeit) sind nicht im Vorfeld des Unterrichts – am häuslichen Schreibtisch der Lehrkraft – anzulegen, sondern zu nutzen, um *im Unterricht* eine lebendige Auseinandersetzung über die Bedeutung eines Werkes zu stiften: Welche Bedeutung hat es im Kontext seiner Zeit und Gattung? Welche hat es heute, z. B. in der Inszenierungspraxis des Theaters oder als Stoff für neue Filme? Und welche hat es für *uns*, gleichsam eingetragen in unseren Erfahrungshorizont und gelesen in Kenntnis unserer Lebenswelt?

Wissen von der Geschichtlichkeit und dem Herkommen der Literatur als anthropologisch uraltem Ausdrucksmedium (vgl. Kap. 1.3) wird erst damit Teil einer „Kultur des Erinnerns" (Fingerhut). Und Literaturdidaktik ordnet sich dann ein in eine „Kulturdidaktik" (Matthiessen 2003, 123), die den Zusammenhang zwischen persönlichkeitsbildender Funktion der Literatur einerseits und kulturbildender Funktion des Subjekts andererseits fruchtbar macht.

Zu einer solchen Kulturdidaktik gehört aber, dass vorsichtige Versuche, einen Kanon neu zu begründen, nicht mehr die hochgewertete Erwachsenenliteratur und ihre seit der Antike virulenten „Denkbilder" (Müller-Michaels 1997) allein in den Mittelpunkt des Literaturunterrichts rücken darf. Es gibt im Subsystem der Kinder- und Jugendliteratur, mit ihren vielfältigen Verflechtungen in andere Medien hinein, erkennbare Kanonisierungstendenzen (vgl. Rosebrock 1998), und es gibt sie im Bereich des ja auch schon über hundert Jahre alten Mediums Film.[15] Ganz abgesehen davon kennt auch die Buchliteratur für Erwachsene marginalisierte Bereiche, in denen trotz erkennbarer ästhetischer Qualität eine Kanonisierung lange unterblieben ist, z. B. eine „weibliche Literaturgeschichte" (vgl. die Einführung von Lindhoff 1995).

Nicht die Kenntnis eines materialen Kanons, sondern das Bewusstsein der Notwendigkeit von Kanonrevision und Rekanonisierung, der Funktion der Kanondebatte für unsere literarische Kultur, halten wir insgesamt also für einen Ausweis „literarischer Bildung". Dass sie nicht begriffs- und kenntnislos möglich ist, sondern ein „Bildungsfundament" braucht, hat Müller-Michaels (1997, 118) betont: Wissen und Fähigkeiten hinsichtlich der literarischen Tradition sind zu vermitteln. Einige Didaktiker (z. B. Fuhrmann 1993) legen das Gewicht eher auf das Wissen: Kenntnisse über bedeutende Werke und Autoren, über Epochenströmungen und Bauformen der Literatur. Andere (z. B. Abraham 1998) legen das Gewicht eher auf die Fähigkeiten: Texte nacherzählen, zusammenfassen,

---

[15] Vgl. Abraham 2002b für den Kinder- und Jugendfilm, Hildebrand 2001 für die Filmgeschichte.

strukturieren, in andere Genres umschreiben, für andere Medien adaptieren, und vor allem (vgl. hierzu den nächsten Abschnitt) sich über „Lesarten" szenisch und dialogisch mit anderen Lesern/-innen austauschen können.

Es steht außer Frage, dass gelingende literarische Bildung beide Komponenten umfasst. Im Sinn einer ästhetischen Grundbildung sei besonders das herausgehoben, was bei Eggert (1992) „Formbewusstsein" und bei Ladenthin (1991, 351) allgemeiner „Sprachlichkeitsbewusstsein" heißt: Wer einen literarischen Text nur *inhaltsfixiert* liest, was ja besonders im Bereich der Kinder- und Jugendliteratur nicht unüblich ist und leider von manchen Lehrkräften auch unterstützt wird (vgl. kritisch Rademacher 1992), der hat nicht verstanden (und lernt auch nicht), dass Literatur immer durch die Form hindurch wirkt, dass sie ihr eigenes Symbolsystem „zweiter Ordnung" (Jurij Lotman) auf dem Symbolsystem (Alltags-)Sprache errichtet und dass man deshalb ‚Inhalt' und ‚Form' nicht auseinander halten kann. Formanalyse als Spezifikum gelegentlicher ‚Gedichtstunden' zu betrachten, geht deshalb nicht an. Auch in der Didaktik der Lyrik, wo das Problem noch am greifbarsten ist, tendiert nämlich die Analyse von Form und Stil oft dazu, der Auseinandersetzung über Themen, Bilder, Symbole usw. unvermittelt aufgepfropft zu werden (vgl. kritisch z. B. Malsch 1987). Dem gegenüber ist festzuhalten: Es ist zentrale Aufgabe des Deutschunterrichts, die *Sprachlichkeit* unserer Weltwahrnehmung und Weltdeutung generell ins Bewusstsein der Lernenden zu heben, was ja auch Konsequenzen für den Umgang mit sogenannten Sachtexten hat, die man dann auch nicht mehr als bloße Informationscontainer betrachten kann (vgl. unten, Kap. 4.4.6).

Für literarische Texte im engeren Sinn bedeutet es, nicht (isoliert) Inhalt und nicht (isoliert) Form zum Gegenstand von Unterricht zu machen, sondern *Gestalt* – als etwas, was auf Autorentscheidungen über Bauform, Struktur und Stil beruht und im Gegenzug nur von Erwartungsnormen Lesender her wahrgenommen werden kann, d.h. von erwarteten (konventionellen) Bauformen, Strukturen und Stilformen aus. Das ist nicht nur und nicht erst für Werke der Literaturgeschichte und sogenannte ‚Kanontexte' von Belang, und es betrifft auch nicht nur Lernende, die eine schriftliche Interpretation anzufertigen haben. Es ist vielmehr Teil literarischer Kommunikation überhaupt. Ein Jugendbuch wie Marie Hagemanns *Schwarzer, Wolf, Skin* wird, inhaltsfixiert gelesen, geradezu zu einer falschen ‚Botschaft': Wer die Erzählperspektive (personal durch das Medium eines jungen Rechtsradikalen hindurch) nicht beachtet und die (eben nur scheinbar formalen) Mittel der erlebten Rede und des Bewusstseinsstroms aus der Auseinandersetzung über Inhalte des Romans heraushalten wollte, der würde den Standpunkt gar nicht sehen, den die Autorin gegenüber ihrem Helden bezieht (aber ‚inhaltlich' nirgendwo äußert!); er würde vielleicht sogar das ganze Buch als Plädoyer für rechtsradikale Gewalt missverstehen. Die Erkenntnis, dass sich diese Gewalt als Sprach-Gewalt aufbaut und durchsetzt, ist hier nur in Wahrnehmung der ‚Form' zu gewinnen. Urteils- und kritikfähig sollten Lernende im Sozialkunde- oder Ethikunterricht in Bezug auf die versprachlichten Inhalte werden können; im Literaturunterricht gilt die Urteilsfähigkeit immer einer ästhetischen

Größe (*Gestalt*). Um sie wahrnehmen, einschätzen und bewerten zu können, ist nicht – im Sinn einer nur materialen Bestimmung literarischer Bildung – die Kenntnis bestimmter kanonischer Werke notwendig. Man muss aber genügend Werke – und zwar solche unterschiedlicher Qualität und Stilhöhe – kennen, um vergleichen, Wirkungen einschätzen und ästhetisch urteilsfähig sein zu können. *Differenzerfahrung* und daraus resultierende Wertungskompetenz, nicht Verfügung über möglichst viele hochgewertete „Titel" oder Zitate daraus, ist das Ziel literarischer Bildung im Deutschunterricht. Sie setzt uns instand, Werke der Literatur für unseren „Selbstverständigungs- und Weltdeutungsprozess" (Steenblock 1997, 62) rezeptiv und produktiv zu nutzen. In diesem Sinn ist literarische Bildung ein Prozess, kein einmal erreichbares Ziel, wie ja überhaupt nicht das Gebildetwerden, sondern die „Selbst-Bildung" (v. Hentig 1996) dem Gegenstand Literatur angemessen ist.

Das gilt natürlich auch für das Studium der *Germanistik*; hier hat ein Kanon (vgl. z. B. Segebrecht 2000) eine doppelte, positive Funktion: die fachliche Funktion, die Auswahlfrage präsent zu halten und diskutierbar zu machen (jeder Kanon ist Kraft seiner Existenz revisionsbedürftig, darin liegt sein Sinn), und zum andern die psychologische Funktion, Orientierung und subjektive Sicherheit zu bieten.

Im Einzelnen wird der Begriff der literarischen Bildung in der Fachliteratur vor allem unter folgenden Aspekten diskutiert:

- die Marginalisierung der Literatur in der Lebenswelt und die Kluft zwischen den Heranwachsenden und dem Deutschunterricht (vgl. Bogdal 2002, 21);

- der Umfang und die Art an literaturtheoretischen und -historischen Kenntnissen (vgl. Eggert 1992, 571);

- das Ausmaß, in dem neuere Ansätze der Interpretation (z. B. Poststrukturalismus, Dekonstruktivismus) auch im schulischen Literaturunterricht Berücksichtigung finden sollen oder können (vgl. Förster 2000);

- das Aushandeln von Sinn und Bedeutung im Deutschunterricht als „Abbild jenes großen kulturellen Diskurses, der über Jahrhunderte und Jahrtausende hinweg Autoren und Werke erst zu dem machen, was sie uns heute zu sein scheinen: ‚große' Autoren, exemplarische Werke" (Abraham 1998, 249).

2.3.2 Literarisches Lernen

Dem sozusagen auf den Gegenstand hin orientierten Prozess des Erwerbs literarischer Bildung ist nun ein zweiter an die Seite zu stellen, der sich ebenso wenig wie der erste *nur* im Deutschunterricht ereignet, zu welchem dieser aber ebenso viel beitragen kann und soll. Dieser zweite Prozess zielt auf das Subjekt hin und heißt „literarisches Lernen".

Da wir heute den Erstleselehrgang nicht mehr als isolierbare Phase betrachten, sondern die Vermittlung von Lesefertigkeit, Lesekompetenz und literarischer Kompetenz integriert sehen wollen (vgl. Kap. 2.2.5 u. Dehn 1988), beginnt dieses institutionalisierte Lernen bereits am Anfang der Grundschulzeit (vgl. Büker 2002, 120). Der Begriff *literarisches Lernen*, in der fachdidaktischen Literatur in verschiedenen Spielarten gebraucht, ist weiter zu fassen als derjenige der literarischen Bildung. Er meint zwar unter anderem auch die Anbahnung literarästhetischer Bildung, ist aber im Kern ein Sammelbegriff für alle Beiträge literarischen Lesens zur Persönlichkeitsbildung (vgl. Büker 2002, 130):

> Literarisches Lernen meint schulische Lehr- und Lernprozesse zum Erwerb von Einstellungen, Fähigkeiten, Kenntnissen und Fertigkeiten, die nötig sind, um literarisch-ästhetische Texte in ihren verschiedenen Ausdrucksformen zu erschließen, zu genießen und mit Hilfe eines produktiven und kommunikativen Auseinandersetzungsprozesses zu verstehen. (Büker 2002, 121)

Eine solche Bestimmung ist etwas offener als solche, die literarisches Lernen von vornherein dem Ziel widmen, Literatur als Kunst zu würdigen und „die Andersheit der ästhetischen Sprache zu erkennen" (Paefgen 1999b, VII f.). Damit wäre uns das, worum es hier geht, zu nahe an der „literarischen Bildung". Literarisches Lernen, wie es in dieser Einführung verstanden werden soll, kann prinzipiell in jedem Leseunterricht stattfinden – auch einem fächerübergreifend angelegten. Es muss nicht Literaturunterricht im engeren Sinn sein, d.h. kein Unterricht, der das literarische Werk in seiner Sprachlichkeit ausdrücklich in den Mittelpunkt des Lernprozesses rückt. „Literarisch-ästhetische Texte in ihren verschiedenen Ausdrucksformen" im Unterricht einzusetzen, heißt ja nicht zwingend, ihre Rezeption dem Ziel literar-ästhetischer Bildung unterzuordnen. Zunächst – und d.h. im Umgang mit Kinder-, Jugend- und Unterhaltungsliteratur – drängen sich andere Ziele auf: Es geht zuallererst um die Fähigkeit, in einen Text überhaupt ‚einzutauchen' und sich zwischen Außen- und Innenwelt lesend einen „Übergangsraum" zu schaffen, dessen imaginative Ausgestaltung *Voraussetzung* ist für einen Prozess der *Aneignung von* und des *Austauschs über* Literatur.

Hinzu kommen allgemeine Ziele der Förderung von Kreativität (Wermke 1989) und der Entwicklung von „emotionaler Intelligenz" (Goleman 1996) durch den vom Text oft nahe gelegten Versuch; Emotionen und Stimmungen nachzuempfinden und Situationen und Probleme aus diesem Nachvollzug heraus zu beurteilen.

Literarisches Lernen ist immer auch ein *Lernen am Modell*, das auf innerem Probehandeln beruht. Es ist dazu nicht notwendig, dass der literarische Text selbst pädagogisch intendiert oder didaktisch konzipiert ist. Ein Wissen davon, welche Modelle für menschliches Handeln in einer Kultur ausgebildet sind und wie Menschen in gegebenen Situationen reagieren und agieren, vermittelt Literatur grundsätzlich. Sehr wahrscheinlich entsteht beim literarischen Lernen Weltwissen nicht nur als Wissen über fremde und/oder historisch entrückte Verhältnisse, sondern auch als (scheinbare) psychologische Intuition. Wir halten – um

die ansonsten sehr gute Darstellung von Büker (2002) in diesem Punkt zu korri-
gieren – literarisches Lernen in einem so verstandenen Sinn deshalb auch nicht
für eine Sache ausschließlich der Primar- und Orientierungsstufe. Es kann sich
bis hinauf in die S II und weiter ereignen, da es einer anthropologischen Funktion
von Literatur entspricht (vgl. Kap. 1.3). Unterrichtskonzepte von Gross (2002)
und Kepser (2002) zu Romanen der Gegenwartsliteratur (Lightmans *Einstein's
Dreams* bzw. Shaloms *Und Nietzsche weinte*) zeigen, dass und wie literarisch ge-
stützte Vorstellungsbildung Lesenden hilft, sich neue gedankliche Welten zu erarbeiten und subjektive Bedeutsamkeit in einem so erkundeten Ausschnitt des
kulturellen Gedächtnisses zu entdecken. Dabei sind die Texte, um die es geht,
wohlgemerkt keine Sachliteratur, haben beide mit (Nietzsche- bzw. Einstein-)
Biografien nichts zu tun. Es sind genuin literarische Arbeiten, die ein geeigneter
fächerverbindender Unterricht zu Medien des Lernens machen kann, ohne dass
dies eine unstatthafte „Doppelnutzung" wäre, wie Haas (2003) moniert hat. Wir
glauben generell nicht, dass es überhaupt möglich ist aus literarischer Lektüre
nur zu lernen, was die Literatur selbst betrifft.

Beiläufiger Wissenserwerb im Leseunterricht schließt aber natürlich *auch*
Wissen über das Funktionieren der literarischen Kommunikation selbst ein: Man
lernt Genres und Gattungen, Erzähltechniken und symbolische Ausdrucksformen
kennen und vergleichen. Aber literarisches Lernen, das damit literar-ästhetische
Bildung anbahnt, erschöpft sich nicht darin. Wichtiger ist, dass es an die Nutzung
verschiedener Medien in der Freizeit anschließt und zu solcher Nutzung anregt
(vgl. Kap. 2.2 zur Leseförderung), und dass es eine grundlegende Erfahrung
vermittelt und begleitet: Ich kann und darf mich in einem Text vorübergehend
verlieren (durch Identifikation, Empathie, Perspektivenübernahme), aber ich
kann mich auch wiederfinden, wenn ich gleichsam stellvertretend eine Krise bewältigt, ein Problem gelöst, einen Ablösungsprozess vollzogen oder einfach meine Neugier auf etwas Unbekanntes befriedigt habe (z. B. Einstein oder Nietzsche
– gehen mich die etwas an?). Ich kann mich also ein wenig anders wiederfinden,
als ich mich im Text ‚verloren' habe. Und das ist keine Wirklichkeitsflucht, sondern Lernen am Modell, das mir wirkliche Verhältnisse – meine eigenen Probleme besonders in der Kinder- und Jugendliteratur eingeschlossen – oft deutlicher
zu sehen erlaubt als die von keines Autors Hand geordnete, reduzierte und kontu-
rierte Wirklichkeit selbst es könnte.

Im Einzelnen werden in der Fachliteratur diskutiert:

- Ergebnisse der Lesesozialisationsforschung in ihrer Bedeutung für den
  Deutschunterricht (Hurrelmann, Schön, im Überblick Rosebrock 2003);

- Konzept und Prozess der „literarischen Sozialisation" als Teil der Enkulturation überhaupt (vgl. Eggert/Garbe 1992, im Überblick Graf 2002);

- eine literarische Frühsozialisation durch Vorlesen und literaturgestützte
  Kommunikation z. B. über Bilderbücher (vgl. Wieler 1997) relativ unabhängig vom Schrifterwerb;

- Entwicklungsstufen literarischen Verstehens, historisch auch „Lesealter" genannt (vgl. Spinner 1993b);

- die Entwicklung literarischer Imaginationsfähigkeit als Voraussetzung für einen aktiven Rezeptionsprozess, der Vorstellungsbildung zu Unvertrautem und damit „Fremdverstehen" einschließt (vgl. Spinner 1989a, Köppert 1997, im Überblick Abraham 1999);

- das Entstehen eines Bewusstseins von der Differenz zwischen Fiktion und Wirklichkeit (vgl. Büker 2002, 124 f.) vor dem Hintergrund der Erkenntnis, dass es sich dabei um ein „soziokulturelles Konstrukt" handelt, nicht um Natur (vgl. Nickel-Bacon 2003);

- ein „Schreib-Lese-Unterricht" für Primarstufe und S I, der Prozesse der Aneignung von Literatur auch durch Textproduktion als Teil literarischen Lernens versteht (vgl. Bambach 1989) und zunehmend auch andere Medien einbezieht (vgl. Bertschi-Kaufmann 2000);

- und schließlich die Unmöglichkeit, solche Lernprozesse auf ein Schulfach („Deutsch") zu beschränken, vielmehr literarisches Lernen für prinzipiell offen zu halten gegenüber literarischer Textrezeption im Interesse eines beiläufigen Wissenserwerbs und Aufbaus mentaler Modelle auch für andere Fächer, was vor allem, aber nicht nur im Bereich der Jugendliteratur von hoher Relevanz für den Unterricht sein kann (vgl. Abraham/Launer Hrsg. 2002).

2.3.3 Anschlusskommunikation als Basiskompetenz für literarisches Lernen und literarische Bildung

Es macht einen Unterschied, ob Lesen allein oder in der (Lern-)Gruppe stattfindet. Die Textwahrnehmung ändert sich, wenn nicht ‚privat', sondern für die Schule oder in der Schule gelesen wird. Da mischen sich nämlich – und zwar nicht erst im Unterrichtsgespräch über die Lektüre, sondern schon vorher, im Akt des Lesens – sozusagen ‚die Andern' in den Leseakt ein. Der kanadische Literaturdidaktiker Dennis Sumara (1996) hat sehr eingängig die Paradoxie dargestellt, die im literarischen Lesen für die Schule steckt: „private readings in public" ereignen sich da, mit Folgen sozusagen für den psychischen Haushalt: Was und wie viel will, kann, darf ich öffentlich machen von dem, was ein Text bei mir auslöst? Muss, soll, darf ich für meine Lesart in der Lerngruppe streiten, sie ggf. auch gegen die Lehrkraft vertreten?

Weder Geistesschwäche noch mangelnde Motivation muss die Ursache sein, wenn ein Schüler dem Literaturunterricht scheinbar unbeteiligt folgt, eine Schülerin verstockt die Antwort auf eine Erschließungsfrage verweigert. Es kann auch sein, dass die erwähnte Paradoxie im Augenblick nicht bewältigt wird: Ein Roman, eine Erzählung, ein Gedicht hat einen „Appellcharakter" (Iser), der sich zunächst an mich *allein* als Leser richtet; der Text macht *mir* ein Angebot zur Konstruktion einer fiktionalen Welt. Auf einer großen Bandbreite zwischen dem, was man „Anmutung" – etwa durch ein Gedicht – genannt hat, und dem, was Lernende nicht selten als „Zumutung" empfinden, kommt es zu höchst privaten, im Wortsinn *persönlichen* Rezeptions- und Imaginationsvorgängen. Schulunterricht nun verlangt, dass ich solches mit anderen teilen soll, selbst das schwer Mitteilbare – übrigens auch als Lehrkraft. Er verlangt *Anschlusskommunikation*. Durch sie werden Lese- und Medienerfahrungen an die soziale Realität zurückgebunden und gleichsam wieder in sie eingespielt. Einem konstruktivistischen Verständnis von Lese- und Mediensozialisation folgend (vgl. Sutter 2002), betrachten wir Anschlusskommunikation im Alltag als kommunikative Verarbeitung von Medienangeboten in sozialen Gruppen: Man unterhält sich unter Freunden über einen Bestseller; man redet am Arbeitsplatz über eine Schlagzeile aus der Zeitung; man tauscht in der Peergroup Ansichten und Erfahrungen über ein Jugendbuch aus. Solche Kommunikationsvorgänge verdanken sich einer sozial geteilten Medienerfahrung. „Individuelle Bedeutungskonstruktionen und Textreflexionen werden durch Anschlusskommunikation in soziale Kontexte zurückgebunden" (Hurrelmann 2002c, 279). Wir rezipieren Bücher und andere Medien oft gerade deshalb: damit wir uns darüber austauschen, uns einer gemeinsamen Sinnperspektive oder einer geteilten persönlichen Erfahrung (Freude, Trauer, Schmerz, usw.) versichern können (vgl. Kap. 1.3); „zum Lesen als kultureller Praxis gehört die Fähigkeit, mit anderen in einen diskursiven Austausch über subjektive Textverständnisse einzutreten" (Hurrelmann, ebd.).

Das trifft nun prinzipiell auch für Kommunikation über Literatur im Unterricht zu. Aber die zehn Rechte des Lesers, die der Franzose Daniel Pennac in seiner bekannt gewordenen Anti-Didaktik *Wie ein Roman* (1994) polemisch formuliert hat, gelten so nur für die Privatlektüre, in der jeder Leser souverän ist. Wer in einer Institutionen wie der Schule oder Hochschule über Literatur etwas lernen will (bzw. soll), der muss sich *a priori* darauf einlassen, einen Teil dieser Rechte auszusetzen: Es können weder alle gleichzeitig reden noch alle schweigen, wenn Literaturunterricht gelingen soll. Es ist – Mitspracherechte bei der Lektüreauswahl selbstverständlich in Ehren – auch nicht denkbar, dass jeder zu jeder Zeit frei entscheidet, was er gerade lesen möchte oder wo er die Lektüre abbricht.

Damit ist nicht nur eine unterrichtspraktische Frage berührt; Wieler (1989) geht mit Recht davon aus, dass Literaturunterricht sich im Medium der Sprache und damit kommunikativ entfalten muss. Nach Garbe (1997) ist weder einsame Lektüre noch Kommunikation für sich genommen zureichend zum Verständnis des Lektüreprozesses; beides muss zusammenkommen. Der Ort, an dem das geschieht, ist der Literaturunterricht. Das muss so sein, weil jedes Textverstehen dialogisch ist (vgl. Hurrelmann 1997, 92). Auch das schon erwähnte Konzept eines beim literarischen Lesen entstehenden Übergangsraums bliebe unvollständig, wollte man ignorieren, dass der Aufenthalt darin für Lerngruppen als gemeinsamer Aufenthalt gestattet und gestaltet werden müsse (vgl. Abraham 1998, 89). Ebenso zeigt ein Blick auf Anfänge literarischer Sozialisation (vgl. z. B. Braun 1995a), dass Literaturerwerb im *Gespräch* beginnt, nicht mit stillem Lesen.

Anschlusskommunikation ist also nicht nur eine methodische Notwendigkeit, sondern ein aus dem anthropologischen Sinn von Literatur als Ausdrucksmedium abgeleiteter Auftrag des Literaturunterrichts: Geht es um die Teilhabe an der (literarischen) Kultur, in die Lernende hineinwachsen, so ist diese nicht erreichbar ohne die Fähigkeit über Gegenstände, Prozesse und Ergebnisse des Lesens zu kommunizieren. Sich darüber mitzuteilen, welchen Sinn eine Lektüre für mich ‚macht‘, entspricht dabei ja auch einem Bedürfnis, das außerhalb der Institutionen des Lernens durchaus wahrnehmbar ist, sowohl introspektiv wie an anderen. Dass es in der (Hoch-)Schule oft nicht wahrnehmbar ist, hat verschiedene Gründe, beginnend mit der Paradoxie des „private reading in public". Zu überwinden ist sie – nie endgültig, aber sozusagen im fortwährenden Versuch – bei entsprechend sensibler und textadäquater Handhabung im *literarischen Gespräch*, aber auch im *Schreiben* zu und nach Texten und durch *szenische Verfahren* (vgl. z. B. Schau 1996, Kunz 1997). Dies alles sind Formen der Anschlusskommunikation, die nicht nur den Sinn eines Textes mitteilbar machen und Bedeutungszuschreibungen offen legen, sondern die das Werk erst eigentlich realisieren; denn ästhetische Kommunikation ist der Sinn der Literatur.

Heute diskutierte Konzepte der *Lese- und Schreibförderung* (vgl. Kap. 2.2), gerade wo sie klassenförmigen Unterricht zu überschreiten suchen (vgl. Bambach 1989), haben einen starken Zug ins Interaktive und betonen entsprechend die dialogische Perspektive des Lesens. Sie werden damit nicht nur der schon entwickelten anthropologischen Funktion von Literatur gerecht, sondern auch dem pädagogischen Auftrag der Schule: Lesen hilft nicht nur, individuelle Vorstellungen und Begriffe, sondern auch Gemeinschaft zu bilden und zu entwickeln.

2.4 Sprach- und Medienreflexion

Auf der Ebene der individuellen Auseinandersetzung mit Literatur ebenso wie beim Austausch in der Kleingruppe steht im Vordergrund meist der Inhalt – und das gilt nicht nur für Kinder und Jugendliche: Die Geschichte, das Gedicht, der Film, das Theaterstück war spannend, hat mich berührt, erinnerte mich an Erlebtes oder von anderen Mitgeteiltes. Es ist Domäne des elaborierten Diskurses, jenseits der Inhalte nach den medialen Bedingungen zu fragen, die unser ästhetisches Erleben ermöglichen. Wie wir mehrfach festgestellt haben, darf Literaturunterricht hierin nicht sein einziges Betätigungsfeld sehen. Sofern aber Enkulturation im Handlungsfeld Literatur angestrebt wird, ist eine reflexive Haltung nicht zu umgehen.

Irritieren mag dabei, dass die Lehr- und Bildungspläne scheinbar einen wesentlichen Unterschied zwischen der ästhetischen und der sprachlich-formalen Bildung machen. Erstere wird im Lernbereich „Literatur und Medien" beheimatet, letztere findet sich im Lernbereich „Sprachreflexion" (und ähnliche Formulierungen). Tatsächlich ist „Sprachreflexion" ein genuiner Bestandteil des „Umgangs mit Literatur und Medien": Schüler/-innen, die sich mit dem Reim als klangliche Konstituente des Gedichts beschäftigen, setzen sich *en passant* mit der phonetischen und silbischen Struktur unserer Sprache auseinander. Wenn sie Metaphern näher betrachten, weil sie eine zentrale imaginative Kraft der Literatur ausmachen, wird indirekt ein wichtiges Phänomen der Semantik erkundet. Inversionen, die den Fokus des Lesers steuern, verweisen nicht nur auf Satzbaupläne der deutschen Sprache, sondern auch auf die damit verbundenen Ausdrucksmöglichkeiten usf.

Trotz solcher Verknüpfungen der Lernbereiche (vgl. Kap. 4.2) erleben Schüler/-innen Reflexion über Literatur und über Sprache meist als getrennte Aktivitäten des Deutschunterrichts. Das hängt eng mit der Entwicklung der Philologien zusammen. Gehörte die Auseinandersetzung mit literarischen Texten im Mittelalter durchaus noch zur „Grammatik" und „Rhetorik" als zwei der sieben freien Künste (*septem artes liberales*; vgl. auch Steinig/Huneke 2002, 42), so sind heute Sprach- und Literaturwissenschaft Spezialdisziplinen, in denen relativ selten Brücken gebaut werden. Um literarische Texte zu analysieren, greift man in Literaturwissenschaft und -unterricht nach wie vor gerne zum Instrumentarium der (klassischen) Rhetorik: Sie beschreibt sprachliche Auffälligkeiten als Positions- und Wiederholungsfiguren (z. B. Parallelismus, Alliteration), als Erweiterungen und Kürzungen (z. B. Asyndeton, Polysyndeton), als Appellfiguren (z. B. rhetorische Frage) und Ersatzformen (Tropen, z. B. Metapher), die in besonderer Weise die Aufmerksamkeit des Rezipienten wecken können. Damit werden Literarizität, Wirkung und mögliche Interpretationsansätze durchschaubar sowie der intersubjektiven Auseinandersetzung zugänglich gemacht.

In der Linguistik spielt die rhetorische Tradition nur noch eine marginale Rolle, da ihre Beobachtungskategorien ganz unterschiedlichen sprachlichen Ebenen angehören (Phonetik, Wortsemantik, Syntax, Pragmatik etc.). Unter der Prämisse positivistischer Exaktheit beschreiben konkurrierende Schulen mit verschiedenem erkenntnisleitenden Interesse und je eigenem Methoden- bzw. Begriffsapparat sprachliche Phänomene. Verschiedentlich wurde dabei auch literarische Sprache als Sonderform der Alltagssprache untersucht, so etwa bei den russischen Formalisten und den Strukturalisten (vgl. Erlicher 1964; Jakobson 1976). In die Schule sind diese durchaus interessanten Versuche jedoch kaum vorgedrungen, nicht zuletzt deshalb, weil sie linguistische Grundkenntnisse verlangen, die dort nicht vermittelt werden.

Schulische Sprachbetrachtung erfolgt weitestgehend als Grammatikunterricht, in dem Beschreibungskategorien der tradierten Lateingrammatik, unsystematisch ergänzt mit Einsprengseln aus der Dependenzgrammatik, gelehrt werden. Als externe Grammatik mit geringem Wert für die Entwicklung der eigenen Sprachkompetenz erfreut er sich weder bei den Schülerinnen und Schülern noch unter den Lehrkräften großer Beliebtheit (vgl. Steinig/Huneke 2002, 139). Im Wesentlichen konzentriert auf Rechtschreibung, Morphologie (Wortlehre) und Syntax (Satzlehre) taugt die Schulgrammatik auch nur in sehr begrenztem Maße zur Reflexion von Literatur. Schon Gotthold Ephraim Lessing warnte davor, literarische Texte für grammatische Übungen zu missbrauchen, da solches ihnen nur zum Schaden gereichen könne (Lessing 1759/1967, 143). Sprach- bzw. stilanalytische Verfahren im Literaturunterricht werden seit den 1980er Jahren zunehmend kritisch gesehen (vgl. Kap. 6.3). Jenseits der Lyrik – nicht umsonst die „Lieblingsgattung" literarisch interessierter Sprachwissenschaftler/-innen – ist die Erhellung der Wort- und Satzebene weit weniger ergiebig als die der Text- und Kontextebene. Hierzu wären Beschreibungsansätze aus der Semiotik (Allgemeine Zeichenlehre) und der Textlinguistik sehr viel besser geeignet als die der Schulgrammatiken. Beide sprachwissenschaftliche Teildisziplinen (oder vielleicht besser Paradigmen) eröffnen breite Beobachtungsperspektiven und kämen damit der Forderung nach formaler Bildung besonders entgegen. So ist die Semiotik nicht nur zur Reflexion schriftlicher Literatur geeignet (vgl. aus literaturdidaktischer Sicht z. B. Kügler 1971, 169–210; Spinner 1977), sondern auch zur Analyse von Text-Bild-Kombinationen (z. B. Comics), von multimedialen Inszenierungen (z. B. Theateraufführungen) und von audiovisuellen Texten (z. B. Spielfilmen; im Überblick Nöth 2000). Ähnliches gilt für die Textlinguistik, die universelle Modelle der Textproduktion und des Textverständnisses bereit hält, sodass Maximilian Scherner sogar vorschlägt, eine „Textdidaktik" zum Fundierungsrahmen der Deutschdidaktik überhaupt zu machen (vgl. Scherner 2003, 484). Für den Umgang mit literarischen Texten empfiehlt er ein Beschreibungsinstrumentarium, das folgende Ebenen umfassen soll:

a) alle im sprachlichen Wissen gründenden Mittel (Textgrammatik im engeren Sinne [...]);

b) alle Formen der Wiederaufnahme (Wiederholung von Wörtern, Wortgruppen, von grammatischen Formen und Mustern, Metrum, Reim etc.), die das Wahrnehmungsmusterwissen aktivieren;

c) alle über die Aktivierung des Weltwissens (des konzeptuellen Wissens) laufenden Bezüge, zu denen auch die thematische Entfaltung des Textes gehört;

d) alle pragmatischen Aspekte, die als Handlungsmuster (Illokutionen), Textfunktionen und Textmuster (Textarten, Gattungen, Textsorten) im Interaktionswissen verankert sind [...]. (Scherner 2003, 482)

Zu ergänzen wäre noch, dass man Beobachtungskategorien der Textlinguistik ähnlich jener der Semiotik zur Reflexion aller Medienangebote heranziehen kann. Verweisstrukturen nach vorne (anaphorisch) und nach hinten (kataphorisch) lassen sich beispielsweise in Romanen ebenso nachweisen wie in Spielfilmen. So tauchen in Sergej Eisensteins Klassiker „Panzerkreuzer Potemkin" (UdSSR 1926) gegen Ende des Films drei steinerne Löwen auf, von denen einer schläft, der zweite mit geöffneten Augen am Boden kauert und der dritte erhobenen Hauptes in die Ferne schaut. Sie verweisen kataphorisch an den Anfang des Films, der die geknechteten Soldaten der Potemkin schlafend in ihren Hängematten zeigt, und auf den Beginn des Aufstandes, als ihnen buchstäblich die Augen über ihre Lage aufgehen. Der letzte Löwe nimmt dagegen anaphorisch die Schlusssequenz vorweg, in der man die Soldaten siegreich und stolz auf der Potemkin davonfahren sieht.

Semiotik und Textlinguistik bieten darüber hinaus fruchtbare Ansätze, verschiedene narrative Medienangebote miteinander zu vergleichen. In der Übersicht auf der folgenden Doppelseite werden Roman, Spielfilm, Theaterinszenierung und (literarisches) Hörspiel auf den Beobachtungsebenen Rezeption, Produktion und Text gegenübergestellt (vgl. auch Monaco 2002, 45–53).

Die Tabelle verdeutlicht unterschiedlich große Verwandtschaftsgrade auf verschiedenen Ebenen: Hinsichtlich der Rezeption und Produktion zeigen Drama und (Kino-)Spielfilm zahlreiche Gemeinsamkeiten. Auch in ihrer Semiotik liegen sie nahe beieinander, wenngleich beim Theater die gesprochene Sprache wichtiger als die Darstellung ist und beim Film Umgekehrtes zutrifft.[16] Das mag auch ein wesentlicher Grund dafür gewesen sein, dass sich die frühen Filmemacher von einer Theaterästhetik haben leiten lassen und viele ihrer Produkte wie verfilmte Dramen wirken. Der wichtigste Unterschied liegt auf den Ebenen „Rezeption" und „Produktion" in der Stabilität des Medienangebots, wonach eine Theateraufführung immer ein einmaliges Live-Ereignis darstellt. Deshalb hat das Theater mit dem Kino einen wichtigen Konkurrenten bekommen und ist doch konkurrenzlos geblieben. Betrachten wir dagegen Aspekte der Narration (erzählte Zeit, Figuren, Perspektivführung, Handlungsorte, Handlungsstränge), so ist die Verwandtschaft des Spielfilms mit dem Roman sehr viel größer als zum Theater. Das wiederum macht plausibel, dass Romane die beliebteste Vorlage für Drehbücher abgeben und nicht Dramentexte.

Noch nicht die Rede war bisher vom Hörspiel. In der Konkurrenz der Kindermedien hat es sich bislang sehr gut behauptet (vgl. Elfie Donellys „Benjamin Blümchen" und „Bibi Blocksberg" sowie andere Reihen). Für die Erwachsenenkultur ist das Hörspiel dagegen von untergeordneterer Bedeutung, auch wenn es mit der wachsenden Popularität vorgelesener Bücher eine gewisse Renaissance zu erleben scheint. Interessanterweise steht es in seinen Merkmalen zwischen Spielfilm und Theater: Mit letzterem teilt es die semiotische Dominanz der Stimme sowie die Begrenzung bei der Anzahl der Figuren und der Handlungsstränge. Film und Hörspiel haben gemeinsam die geringere Rezeptionszeit, die Stabilität des Medienangebots sowie das größere Potenzial hinsichtlich der erzählten Zeit, der Handlungsorte und der Handlungsstränge. Als radiophone Kunstform wird das Hörspiel wie das Fernsehspiel an verschiedenen Orten kollektiv rezipiert. Ist es dagegen auf Tonträgern konserviert, handelt es sich um eine eher private Rezeptionssituation, die mit dem Betrachten eines Videos bzw. einer DVD verglichen werden kann. Die Zwischenstellung macht das Hörspiel zu einem Unterrichtsgegenstand, der auch für die Sekundarstufen interessant bleibt, trotz der geringeren kulturellen Relevanz (vgl. auch Wermke 1999, Müller 2004).

---

[16] Eine Binsenweisheit der Dramaturgie lautet: Der Bühnenschauspieler arbeitet mit seiner Stimme, der Filmschauspieler mit seinem Gesicht.

	Roman	**Spielfilm**	**Theater**	**Hörspiel**
	Rezeption			
Rezeptions-modus	individuell	individuell (u.U. TV) und kollektiv (Kino, TV);	kollektiv	individuell u. kollektiv
Rezeptions-verlauf	linear u. nonlinear (vorwärts- u. rückwärts blättern)	linear; auch nonlinear bei Video und DVD	linear	linear (Radio), nonlinear bei Kassette, CD
Rezipient	Leser als Individuum	Zuschauer als Individuum u. Mitglied der nationalen bzw. internationalen Gemeinschaft	Zuschauer als Individuum und Mitglied der Bürgerschaft/ Kommune	Zuhörer als Individuum und Mitglied der Sprachgemeinschaft
Rezeptions-fokus	vollständig durch den Autor bestimmt	stark durch den Bildausschnitt bestimmt; bei Totalen relativ offen	teilw. durch Rezipienten bestimmt (Blick auf die Bühne)	durch akustische Darbietung festgelegt
Rezeptions-zeit (ca.)	netto bis zu 16 Stunden	90 Minuten bis zu 3 Stunden	2 bis 4 Stunden (mit Pause)	30 bis 90 Minuten
	Produktion			
Herstellung	durch Einzelperson o. in sehr kl. Team (Autor-Lektor)	in sehr großem Team (oft mehrere 100 Personen)	in großem Team (bis zu 100 Personen)	im kleinen Team (bis zu 50 Personen)
Herstellungskosten	gering	sehr hoch	hoch (bei großen Bühnen)	mittel
	Text			
Status des schriftlichen Angebots und seine Erreichbarkeit	endgültig; sehr gut erreichbar	vorläufig (Szenarium, Drehbuch); selten erreichbar	vorläufig (Dramentext); bei älteren, kanonisierten Texten sehr gut erreichbar; bei neueren Texten erschwert	vorläufig (Hörspieltext); bei älteren, kanonisierten Texten sehr gut erreichbar, bei neueren erschwert
Semiotik	primär symbolisch: geschrieben	primär ikonisch/ indexikalisch: prosodisch, gestisch, mimisch, grafisch, architektonisch, (aber zweidimensional), akustisch, musikalisch	primär symbolisch: gesprochen, u.U. geschrieben	primär symbolisch: gesprochen

Semiotik (Fortsetzung)	sekundär ikonisch/ indexikalisch: typografisch, grafisch (Illustrationen, Umschlag)	sekundär symbolisch: gesprochen, evtl. geschrieben	sekundär ikonisch/ indexikalisch.: prosodisch, gestisch, mimisch, (foto)grafisch, architektonisch, (dreidimensional) akustisch, musikalisch	sekundär indexikalisch: prosodisch, akustisch, musikalisch
Stabilität des Medienangebots	sehr stabil	sehr stabil	wenig stabil: jede Aufführung ist nicht identisch mit vorheriger.	sehr stabil
Erzählte Zeit	beliebig	beliebig	eher eingegrenzt	beliebig
Anzahl der Figuren	beliebig	nahezu beliebig	eher wenige Figuren	eher wenige Figuren
Perspektivführung	durch eine Erzählinstanz (nicht unbedingt Erzähler!)	durch eine Erzählinstanz (Kamera)	durch den Akt der Darstellung, selten durch eine Erzählinstanz	durch den Akt des Sprechens, häufiger auch d. Erzählinstanz
Anzahl der Handlungsorte	beliebig	beliebig	eher beschränkt	beliebig
Handlungsstränge	beliebig	beschränkt, aber größer als Drama	beschränkt	beschränkt

Die spezifischen Eigenarten der verschiedenen Ausdrucksformen führen zur Adaptionsproblematik. Adaptionen, also Übernahmen einer Narration aus einer medialen Ausdrucksform in eine andere, hat es wohl gegeben, seit überhaupt verschiedene Symbolsysteme für den Modus des Erzählens existieren. Das erste bekannte Beispiel sind die Dramen des antiken Griechenlands, die auf die großen Epen zurückgehen. Heute fließen Plots, Stoffe und Motive frei zwischen den verschiedenen medialen Ausdrucksformen hin und her. Das gilt insbesondere für die Kinderliteratur. Paul Maars „Sams"-Geschichten sind beispielsweise gewandert von Büchern auf Hörkassetten („Eine Woche voller Samstage", Buch: Kurt Vethake, Deutsche Grammophon 1973), auf die Bühne („Das Sams – Musical", Buch: Paul Maar, Musik: Rainer Bielfeldt, Deutsche Grammophon 1997), auf die Leinwand („Das Sams – der Film", Drehbuch: Paul Maar u. Ulrich Limmer, Regie: Ben Verbong, D 2001) und von dort wieder auf die Hörkassette („Das Sams. Das Hörspiel", Bearbeitung Christoph Guder, Deutsche Grammophon 2001). Selbst eine Begleit-CD-ROM für den PC mit verschiedenen, zur Geschichte passenden Spielen ist erschienen („Eine Woche voller Samstage", Terzio/Oettinger 1998; vgl. Rank 2000). Vom Hörspiel aus (1963) schlüpfte Ellis Kauts Kobold „Pumuckl" zunächst zwischen die Buchdeckel (1965), um später zum gefeierten

Fernseh- (1980) und Filmstar (1982) aufzusteigen. Die Leinwand war das ursprüngliche Zuhause von Zdenek Millers „Kleinem Maulwurf", der dann auch zur Bilderbuchfigur wurde. Unter der Erwachsenliteratur sei etwa auf Bertolt Brechts „Dreigroschenoper" verwiesen, zu der der Autor einen Roman und ein Film-Drehbuch verfasst hat. Auch James M. Barries „Peter Pan" startete zunächst eine erfolgreiche Bühnenkarriere, bevor er ins Buch schlüpfte und mehrfach die Leinwand eroberte. Neuerdings springen sogar Computerspielfiguren wie „Lara Croft" vom PC zum Buch und ins Kino.

Es ist prinzipiell unmöglich, ein bestimmtes Medienangebot einfach in eine andere Form zu konvertieren. So ist etwa die Sprache des Films eine ganz andere als die des Romans (vgl. dazu z. B. Monaco 2002, 151–228). Ein Romantext wird dem Leser in mehr oder minder handlichen Kapiteln präsentiert, der Filmtext präsentiert sich als kontinuierlicher Bild-Ton-Strom, der erst durch genaue Analyse in kleinere Einheiten wie Akt/Phase, Sequenz und Einstellung untergliedert werden kann. Der Roman verwendet ausschließlich arbiträre Zeichen bzw. Zeichenfolgen, deren mögliche Relationen in einer Wort-, Satz- und Textgrammatik festgelegt sind. Die wichtigste sprachliche Einheit für den Film ist das Bild, dessen Verhältnis zur „Wirklichkeit" in den verschiedenen Aspekten der Cadrage (Einstellungsgröße, Perspektive, Beleuchtung, Komposition = Mise-en-scène) beschrieben werden können. Als ununterbrochene Kameraaufnahme bildet die „Einstellung" die kleinste filmspezifische Einheit. Zu den Aspekten der Cadrage kommen hier die Kamerabewegung, die Dauer der Einstellung, die Aufnahmegeschwindigkeit und alle akustischen Aspekte (Geräusche, Musik und gesprochene Sprache) hinzu. Schließlich verkettet die Montage einzelne Einstellungen zu größeren Syntagmen, wobei es sich im Gegensatz zur abstrakten Syntax der gesprochenen bzw. geschriebenen Sprache um Indexe handelt, die der Betrachter zumeist unbewusst in logische Anschlüsse fortdenkt (vgl. dazu auch Kap. 4.4).

Sofern im Unterricht die Adaption eines Romans zur Diskussion steht, genügt eine rein inhaltliche Betrachtung – „Das fehlt im Film", „Das ist im Buch aber ganz anders" etc. – keineswegs (vgl. Albersmeier/Roloff 1989, Gast 1993a, Paech 1988). Mit Ausnahme der Literaturverfilmung, die eine möglichst große Nähe zum Ursprungsangebot intendiert, ist der Buch-Film Vergleich sogar meist äußerst unergiebig: Dramaturgen und Drehbuchautoren nutzen die Vorlagen vielfach nur als Steinbruch für ihre eigene Filmgeschichte. In jedem Fall muss das Gelingen oder Misslingen einer Adaption unter den Bedingungen der jeweiligen medialen Ausdrucksform untersucht werden. Ähnliches ließe sich zur Sprache des Theaters oder des Hörspiels sagen. Wie nahe letztere dem Film steht, wird an den billig produzierten Kassetten deutlich, die erfolgreichen Kinderfilmen und Fernsehserien fast stets auf dem Fuß folgen. Üblicherweise werden hierzu nur die Tonspuren neu aufbereitet, indem die Bildinformationen durch einen Erzähler wiedergegeben werden, wie beispielsweise bei den Kassetten aus dem Hause Disney. Man könnte diesbezüglich die Regel aufstellen: Je länger der Erzählerkommentar, desto ausgiebiger macht der filmische Prätext von seinen medienspezifischen Möglichkeiten Gebrauch.

Der Medienverbund muss heute als zentrales Bezugsphänomen des Literaturunterrichts wahrgenommen werden (vgl. Kap. 2.2), denn Kinder kennen viele Stoffe aus anderen Medien, bevor sie damit in der Print-Literatur konfrontiert werden. Darüber hinaus ist er aus dem sozialen und kulturellen Diskurs nicht mehr wegzudenken, wenn intermediale Bezüge erkannt und diskutiert werden. Beispielsweise sind zahlreiche Werbespots und Musik-Videoclips nur im Verbund aller narrativen Medien verständlich. Wenn Rezipienten nicht einen enormen Fundus von Plots und Figurenkonstellationen im Kopf hätten, wäre es ihnen unmöglich, in den schnell geschnittenen Bilderfolgen eine Geschichte zu erkennen (vgl. auch Maiwald 2004).

Unter ökonomischer Perspektive funktioniert der „Medienverbund" häufig als „Cross-Promotion": „Harry Potter"-Adventure Games für den PC werben für die dazugehörigen Spielfilme und Audiobooks, ja möglicherweise bringen sie den einen oder anderen Lesefernen sogar dazu, zu den Büchern zu greifen. Umgekehrt machen Bücher und Filme unter Umständen Lust auf virtuelle Computerabenteuer. Zum ökonomischen Verbund gehört auch die Spielwarenindustrie, wenn sie beispielsweise „Harry Potter" Lego-Figuren und -Kulissen feilbietet. Sogar die Bekleidungsbranche partizipiert bisweilen an der narrativen Freude ihrer Kundschaft. Das ist nicht erst seit „Harry Potter" so, dessen Fans sich mit Quidditch-Kappe und Hogwartsjacke ausstatten können bzw. konnten. Man denke nur an die Werther-Mode, die Goethes Briefroman nach sich zog.

Solches unter die Lupe zu nehmen, gehört sicherlich auch zu einem Deutschunterricht, dessen Klientel zu reflektierten Mediennutzerinnen und -nutzern erzogen werden soll. Allerdings tun Lehrer/-innen gut daran, allzu einfache Wertungen im ideologiekritischen Stil der 1970er Jahre zurückzuhalten. Zum einen steht die Welt der Literatur nicht außerhalb des kapitalistischen Systems: Autoren und Medienunternehmen haben ein berechtigtes Interesse daran, Geld zu verdienen. Auch können sich manche Merchandising-Produkte durchaus als sinnvoller Teil des Handlungssystems Literatur erweisen. So erlaubt die erwähnte LEGO-Serie zu „Harry Potter", dessen Abenteuer im Rollenspiel nach- und weiterzugestalten – nichts anderes also als literarische Anschlusshandlungen, wie auch ein moderner Literaturunterricht anstrebt. Schließlich erzeugt der Medienverbund nicht nur ökonomische „Cross-Promotion", sondern auch ein System intertextueller Verweisstrukturen, das seinen eigenen ästhetischen Reiz hat.

Zur Sprach- und Medienreflexion gehört auch die Mediengeschichte, da das kulturelle Handlungssystem „Literatur" stets äußerst sensibel auf mediale Neuerungen reagiert hat. Das bekannteste Beispiel dafür ist vielleicht die Entwicklung einer Montagetechnik für Epik (z. B. Alfred Döblin), Lyrik (z. B. Gottfried Benn, Ingeborg Bachmann) und Drama (z. B. Bertolt Brecht), die nachweislich durch das neue Medium (Spiel-)Film angestoßen worden ist. Besonders schön kann man Mediengeschichte an einer literarischen Gattung studieren, die auch im Deutschunterricht von der Grundschule bis zur Sekundarstufe II ein beliebter Gegenstand ist: der Visuellen Poesie. Mit der optischen Gestaltung geschriebener Sprache zu experimentieren hat Autoren/-innen seit der Antike bis zur Gegenwart fasziniert. Die zur jeweiligen Zeit verfügbaren Trägermedien (Stein, Ton,

Pergament, Papier, Film, digitale Datenträger) und Schreib- bzw. Drucktechniken (Handschrift, Letterndruck, Lithografie, Schreibmaschine, Rotationsdruck, Vierfarbdruck, Computer) haben zu medienspezifischen Ausdrucksformen geführt – man denke an die Plakatkunst des Dadaismus oder an die Schreibmaschinen-Gedichte der Konkreten Poesie. Keineswegs sind dabei nur Fortschritte zu konstatieren. So ist die mittelalterliche Visuelle Poesie, die als Variante der Buchmalerei angesehen werden kann, von einem Farb- und Formenreichtum, der unter den technischen Bedingungen des Gutenbergschen Letterndrucks (Visuelle Poesie des Barock) nicht erreicht werden konnte und erst wieder mit den photografischen Drucktechniken des 20. Jahrhunderts möglich wurde (vgl. Kepser 2004a). Aber der Einfluss der Medientechnik geht weit über solche Rand-Phänomene hinaus: Ohne den Gutenbergschen Letterndruck hätte sich das Buch nicht vom Kult- zum bürgerlichen Kulturmedium entwickelt, ohne die mechanischen Druckverfahren nicht zum Massenmedium für jedermann mit einem ausdifferenzierten Gattungs- bzw. Genresystem, das die verschiedensten Lesebedürfnisse befriedigen kann.

Dies alles macht deutlich: Leseförderung, literarische Bildung sowie Sprach- und Medienreflexion sind drei grundlegende Aufgaben des Deutschunterrichts, die nur unter wechselseitiger Beachtung angemessen bewältigt werden können.

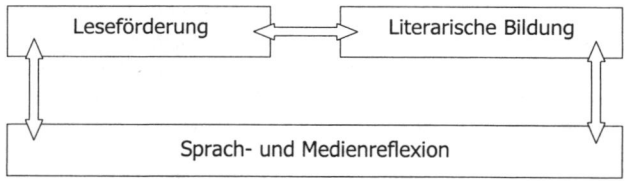

3. Historische Konzepte für Literaturunterricht

3.1 Entdeckung der „deutschen Klassiker" für den muttersprachlichen Unterricht

1796 hielt Johann Gottfried Herder am Gymnasium zu Weimar vor Prüfungskandidaten eine später oft zitierte Schulrede. Er empfahl darin dringend lautes Lesen und Vortragen „der edelsten besten deutschen Stücke". Das ist mitnichten so verzopft, wie es heute vielleicht klingt, war vielmehr im ausgehenden 18. Jahrhundert, in dem gymnasiale Bildung selbstverständlich vor allem *altsprachliche* Bildung war, eine im Wortsinn unerhörte Äußerung:

> „Wer unter Euch, ihr Jünglinge, kennt Uz und Haller, Kleist und Klopstock, Lessing und Winckelmann, wie die Italiener ihren Ariost und Tasso, die Britten ihren Milton und Shakespeare, die Franzosen so viele ihrer Schriftsteller kennen und ehrten?" (Herder 1796, 222).

Es kommt hier nicht darauf an, dass nur wenige der genannten deutschen Autoren im Schulkanon überlebt haben; es kommt darauf an, dass ein fortschrittlicher, kulturpolitisch engagierter Schulmann hier mutig auf einen weißen Fleck in der Bildungslandschaft deutet: Die Literatur unserer eigenen Muttersprache kommt so wenig im (Deutsch-)Unterricht vor, dass man bei Abschlussprüfungen keinerlei Kenntnis voraussetzen könnte!

Die Formulierung „deutscher Literaturunterricht" hätte freilich den Redner irritiert. Es geht ihm nicht um eine Fundierung eines Kanons der deutschen Literatur für den Unterricht, sondern um das Problem, dass Geläufigkeit, ja Eleganz des „Ausdrucks" im Sprechen und Schreiben in einem Fach vermittelt wurde, das sich dazu der – für Herder – offensichtlichsten Mittel und Wege gar nicht bediente: des Lesens und Hörens literarischer Vorbilder, die man nicht anerkenne, nur weil sie nicht in den „klassischen Sprachen" (Griechisch, Latein) verfasst seien. Solchen Bildungsdünkel könne sich die Schule in Zukunft nicht mehr leisten; überdies ignoriere sie damit eine kulturelle Leistung, die der Redner durch Vergleich mit berühmten fremdsprachlichen Autoren indirekt doch auch herausstellen möchte.

Herders Forderung wurde zwar mehrfach aufgegriffen, aber die praktische Umsetzung in den Deutschunterricht ließ auf sich warten (vgl. Abels 1986, 12f.). Die Zeit dazu kam erst, als nach 1815 die Zweifel an der Vorrangstellung der humanistischen Bildung vor den „Realien" des Lebens lauter wurden: Im selben Maß, in dem der altsprachliche Unterricht an Boden verlor, erstarkte das junge

Fach Deutsch (vgl. ebd., 13). Anfangs bezeichnete man zwar nur solche deutschen Gedichte als „klassisch", die einen inhaltlichen oder formalen Bezug zur (antiken) Klassik hatten, z. B. Goethes „Prometheus". Bald aber löste sich die Bedeutung der Bezeichnung „deutscher Klassiker" von solchen Bezügen ab (vgl. ebd., 16). Zu befreiend war die Entdeckung, dass auch die deutsche Muttersprache „Klassiker" zu bieten hatte. Allerdings blieb diese Erkenntnis vorläufig – im frühen 19. Jahrhundert – fortschrittlich denkenden „Gebildeten" vorbehalten (vgl. ebd.). Konservative Köpfe wie etwa der Philologe und bayerische Schulrat Friedrich Thiersch lehnten noch 1830, anlässlich einer Lehrplankonzeption, die Lektüre neuhochdeutscher Werke im Unterricht als „unnütz" oder gar „verderblich" ab (vgl. ebd., 17); (vgl. auch Frank 1973, 263) und wollten nur „altdeutsche" (d.h. alt- oder mittelhochdeutsche) Dichtung wegen ihrer auch sprachlichen Erklärungsbedürftigkeit als Klassenlektüre gelten lassen (vgl. ebd., 289).

Bis deutsche Literatur unangefochten nicht nur als „Privatlektüre" empfohlen (ebd., 262), sondern im Deutschunterricht tatsächlich vermittelt werden konnte, verging die erste Jahrhunderthälfte: Erst in Robert Heinrich Hieckes *Der deutsche Unterricht auf deutschen Gymnasien* (1842) finden sich konkrete, auch methodische Überlegungen zur Behandlung deutscher „Klassiker". Vorgearbeitet hatte dem literaturdidaktischen Durchbruch ein Anthologieboom: Sammlungen wie der seit 1836 immer wieder ergänzte und veränderte „Echtermeyer" signalisieren und befördern Kanonisierungstendenzen (vgl. Paefgen 1990, 3), machen Texte für den Schulgebrauch leicht verfügbar und sind damit ein nicht unwichtiges „Element der literaturdidaktischen Entwicklung" (ebd., 4).

Die endgültige Etablierung muttersprachlicher Texte im Literaturunterricht hat im Übrigen auch mit dem Vormarsch der Realschulen und Realgymnasien um die Mitte des 19. Jahrhunderts zu tun (vgl. Paefgen 1999a, 6); hier zuerst sah sich der altsprachliche (Literatur-)Unterricht zurückgedrängt zugunsten der Muttersprache.

3.2 Entdeckung und Didaktisierung der „deutschen" Literaturgeschichte

Dass die erste deutsche Literaturgeschichte von einem preußischen Pädagogen stammt (Koberstein 1827), verfasst auf Anregung des Unterrichtsministeriums (vgl. Jäger 1981, 39 und Frank 1973, 276 f.), ist kein Zufall: Das junge Fach, für das ein eigener Gegenstandsbereich (die deutschen „Klassiker") nun endlich konsensfähig schien, verlangte nach einem stofflichen Gerüst. Dafür wurden fast zeitgleich zwei zunächst konkurrierende Konzepte entwickelt: Georg Gottfried Gervinus legte eine erste *Geschichte der poetischen Nationalliteratur der Deutschen* (1835–42) vor. Koberstein verfuhr im Sinn einer formalen Ordnung mit einer Literaturgeschichte als *Formgeschichte*. Noch in der fünften, nach dem Tod des Autors von Karl Bartsch umgearbeiteten Auflage (1872) sind die Epochen („Perioden"), deren letzte mit Goethes Tod endet, allein *chronologisch* geordnet. Literaturgeschichte, verstanden als Ausdruck einer Nationalgeschichte, verlangt aber mehr:

Wie die Nationen selbst, so werden auch ihre Literaturen aufgefasst als Wesen eigener Art, die in die Geschichte eintreten und sich im Wettstreit miteinander entwickeln (Gervinus 1840, 10).

Natürlich hat „die deutsche Literatur endlich den Sieg davongetragen" (ebd.), und zwar um 1800 in einem „obersten Vollendungspunct" (ebd.). Immer deutlicher wird die „Vollendung" als *stilistische* Meisterleistung der „Deutschen Klassik" in der nachfolgenden Literaturgeschichtsschreibung begriffen. Das ist noch nicht in Wilhelm Wackernagels *Geschichte der deutschen Litteratur* (1849), jedoch in deren Fortführung durch Ernst Martin von 1894 zu beobachten. Martin lässt die Entwicklung der Literatur in Goethe und Schiller gipfeln, deren literarhistorische Bedeutung er aus ihrem Beitrag zur stilistischen Vervollkommnung der deutschen Schriftsprache begründet. Dem liegt nicht Deskription zugrunde, sondern überhöhende Interpretation oder, schärfer gesagt, *Klassikerkonstruktion* mit den Mitteln einer neuen, philologischen Rede vom Stil (vgl. Abraham 1996, 171f.).

Der Literaturgeschichtsschreiber ist Historiker und muss nicht nur die Eigenständigkeit der literarhistorischen Betrachtungsweise gegenüber einer „ästhetischen" begründen, sondern sich zur vergleichenden Literaturbetrachtung bekennen und in einer Überschau teleologisch den Punkt (er-)finden, auf den eine Entwicklung zuläuft (vgl. Gervinus 1840, 13): Geschichtsschreibung ist *Konstruktion* von Verlauf, Ende und vor allem *Sinn* einer – vordergründig nur beschriebenen – „Entwicklung". Gervinus betrachtet als seine Aufgabe, die „Gesamtheit in eine Ordnung zu bringen" und betont einleitend, wie „unendlich schwer" dies sei (1840, 1). Und was bereits für den Philologen gilt, ist erst recht den Deutschlehrer/-innen ein Problem. Die „Ausweitung des literaturgeschichtlichen Unterrichts" (Frank 1973, 280f.) geht denn auch einher mit nicht verstummender Kritik an der (vor allem gymnasialen) Lehre der Literaturgeschichte. Ernst Laas (1872, 205) stellte nüchtern fest, ein wirkliches Interesse für die einzelne Epoche werde meist nicht geweckt. Und das einzelne Werk verkomme ohnehin zum „Beleg" „für den historischen Entwicklungsgang" (Frank 1973, 281), es bleibe „Dokument" (ebd., 282).

Aus diesen und anderen Gründen plädierte bereits Robert Heinrich Hiecke in seinem Buch *Der deutsche Unterricht auf deutschen Gymnasien* (1842) für eine Einschränkung literaturgeschichtlichen Unterrichts und hält einen groben Überblick für ausreichend (vgl. Hiecke 1842, 79).

Das hält die Entwicklung aber nicht wirklich auf. In Johann Wilhelm Süverns Entwurf zu einem *Allgemeinen Preußischen Schulgesetz* (1816) sind bereits „Eigentümlichkeiten" einzelner Autoren und der „Charakter der Epochen" der deutschen Literaturgeschichte als Lehrziele benannt (vgl. Frank 1973, 268f.). Sie sind es bis heute geblieben. Das preußische Abiturreglement führte 1834 ein, „die Hauptepochen in der Geschichte der vaterländischen Literatur zu prüfen" (vgl. Frank 1973, 280). An den bayerischen Gymnasien gab es eine vergleichbare Formulierung zwanzig Jahre später (vgl. ebd., 281). Im Zusammenhang damit entsteht ein schulischer Kanon, wie ihn wohl als erster der fortschrittliche bayerische Schulrat Friedrich Immanuel Niethammer 1808 angeregt hatte. Für das „klassische Studium" waren hier erstmals auch deutsche Autoren enthalten, u. a. Texte von Goethe und Schiller (vgl. Abels 1986, 17).

Wie kanonwürdig gerade die Texte der später so genannten „Weimarer Klassik" eigentlich sind, blieb aber noch viel länger strittig als die Unterrichtswürdigkeit deutscher Lektüre überhaupt. Auch nachdem diese Konsens geworden war, wurden einzelne Texte oder Autoren immer wieder subversiver Tendenzen und verderblicher Einflüsse auf die Jugend verdächtigt. Friedrich Joachim Günther propagierte noch 1841 sein „Sperrsystem", das zumindest aus den „Pensionsanstalten" (in denen man die Lektüre der Zöglinge am besten kontrollieren konnte) verderbliche Schriften wie Lessings *Nathan* oder Schillers *Räuber* gänzlich fernhalten sollte (vgl. Taege 1992, 190f.).

Gerade die Aufnahme der „Weimarer" in den Dichterhimmel der kanonisierten „Klassiker" ist ein längerer Prozess, der in Wechselwirkung mit einer Reihe geistes- und politikgeschichtlicher Strömungen stand, wie eine Dissertation von Kristina Popp (2003) materialreich herausarbeitet. Von zwei Jubiläumsdaten aus – 1899 und 1999 – wirft sie einen vergleichenden Blick auf die kulturelle und literaturdidaktische Bedeutung Goethes für eine jeweils beginnende „neue Zeit". Der je verschiedene Umgang mit Goethe wird zur Grundlage einer Rekonstruktion von Diskursen: Der Diskurs des wilhelminischen Bildungsbürgertums im späten 19. Jahrhundert vereinnahmt Goethe als Nationaldichter, der pädagogische Diskurs der gleichen Zeit eher als „Volksdichter" – beides nicht unproblematische Zuschreibungen. In der Schule gebraucht man Goethes Werk und Biografie zunehmend zum „Aufbau eines Wissenskanons" (Popp 2003, 33ff.): Auch die Biografie wurde zum Unterrichtsgegenstand; Erwerb literarischer Bildung und erzieherisch wirksames Vorbild schien man hier zwanglos verbinden zu können. Kenntnis der literarischen Quellen, aus denen Goethe schöpfte, ebenso wie Anerkenntnis der bürgerlichen Werte, die man im Werk realisiert sah, aber auch eines humanistischen Bildungsideals und schließlich eines in diesem Sinn vorbildhaften Lebens waren damit dem Deutschunterricht als Lehrziele aufgegeben. Diese wurden, in Ermangelung jeder (literatur-)didaktischen Reflexion, methodisch so eng geführt, dass den Lehrkräften wenig Spielraum blieb: Am Beispiel „Goethe" zeigt Popp exemplarisch, wie Literatur in der Schule des späten 19. Jahrhunderts bedenkenlos funktionalisiert wurde. Ziele des Literaturunterrichts waren keineswegs literaturdidaktische im Sinn literarischer Bildung. Die angestrebte kulturelle Handlungsfähigkeit beschränkte sich auf den Gebrauch des passenden Zitats im rechten Moment. Ästhetische Erziehung zur und durch Literatur war nicht beabsichtigt.

Wenn auch gegen Ende des Jahrhunderts eine in der „Deutschen Klassik" gipfelnde Literaturgeschichte schulisch fest etabliert (vgl. Gans 1991) und die Idee der humanistischen Bildung bis in die Praxis hinein rekonstruierbar ist, so wird sie dort doch bis zur Unkenntlichkeit verformt. Was Popp (2003, 94) über Goethe als „materiales Bildungsgut" sagt, ist übertragbar auf alle im Lauf des 19. Jahrhunderts kanonisierten Autoren: Man betrachtet sie zunehmend als unverzichtbar „für die Bewältigung des bildungsbürgerlichen Alltags" (ebd., 95).

Die Betrachtung der Literatur „um ihrer selbst willen" (Frank 1973, 27) ist damit, retrospektiv betrachtet, uneingelöstes Programm geblieben. Vielmehr wurde eine ältere Funktionalisierung durch eine neue ersetzt. Kenntnis der „deutschen" Literaturgeschichte hat sich dabei über das Jahrhundert hinweg und gleichsam abgekoppelt von Zielzuschreibungen erhalten: Wenn 1901 der Lehrplan für die höheren Schulen in Preußen nicht nur das „Lesen im allgemeinen [...] unter allmählichem Hervortreten der poetischen Lektüre neben der prosaischen" festschreibt, sondern auch die „Bekanntschaft mit den wichtigsten Abschnitten der Geschichte unserer Litteratur [sic!] an der Hand des Gelesenen", so ist Literaturunterricht inzwischen vorwiegend Literaturgeschichte – so vorwiegend, dass derselbe Lehrplan in seinen „methodischen Bemerkungen" vor den Folgen warnen muss (vgl. Wilkending 1982, 32).

Ästhetische „Schätzung" (literarische Genussfähigkeit) und historische Einordnung (literarhistorische Kenntnisse) treten im Lauf des 19. Jahrhunderts mehr und mehr auseinander (vgl. unten, Kap. 3.3). Rudolf Lehmann (1890) stellt das „historische Verständnis" von Dichtung dem „anschaulichen Verständnis" gegenüber und versucht dann, beide durch ein Stufenmodell zu vereinbaren: „anschauliches Verständnis" in den unteren und mittleren Klassen, „historisches Verständnis" in den Oberklassen. Eine dritte Stufe der Integration beider Ansätze sieht Lehmann schon „außerhalb des Bereiches des Gymnasiums" – faktisches Eingeständnis der methodischen, wenn schon nicht prinzipiellen Unmöglichkeit einer Vermittlung auf der Unterrichtsebene.

3.3 Literaturdidaktische Zielkonflikte und ihre Lösungen seit dem frühen 19. Jahrhundert

3.3.1 Historische Bildung oder „nationale" Gesinnungsbildung? „Ästhetische" oder moralische Bildung?

Literatur der Muttersprache sollte seit Anfang des 19. Jahrhunderts „um ihrer selbst willen" (Frank 1973, 227) Gegenstand des Deutschunterrichts werden. Die „poetologische Unterweisung" (ebd., 269 f.) hat sich „von den Zwecken der Stilbildung" gelöst und braucht eine neue Legitimation. (Und sie braucht in Wechselwirkung damit Methodenreflexion: vgl. unten, Abschnitt 3.4). Diese Verschiebung arbeitet Ortwin Beisbart (1989, 29f.) als Paradigmenwechsel heraus: „Literatur als Gegenstand", nicht mehr als „Medium" einer wie auch immer definierten Ausdrucks-, Persönlichkeits- oder Moralerziehung.

Es scheint auf den ersten Blick, als sei das die Anerkennung sprachlich-ästhetischer Gegenstände in ihrem Eigenwert und damit die Emanzipation aus der Funktionalisierung für ästhetikfremde Zwecke. Aber wie so oft in der kulturgeschichtlichen Entwicklung erzeugt die Lösung eines Problems neue, dann wieder zu lösende Probleme:

- Soll ein gegebenes Werk „Merkmale" des Autors oder seiner Epoche oder der Gattung „historisch" belegen, oder soll es als *ästhetisches* Gebilde um seiner selbst willen ernst genommen werden?

- Und wenn Letzteres: Geht es dann um das von anderen Texten des Autors, der Epoche, der Gattung *Abweichende*, oder geht es um das jeweils *Typische* (vgl. Abraham 1996, 129ff.)?

Legt man Literaturunterricht auf *historische Bildung* aus, so wird man die „Ordnung" (Gervinus) brauchen, eine epochale Einteilung lehren und eine Wertung damit verbinden, die – nicht zuletzt aus prüfungstechnischen Gründen – direkt zu einem Schulkanon hinführt. Damit einher geht meist in der Geschichte des Literaturunterrichts ein auf Wissensvermittlung zielender, eher kognitiv-analytischer Zugriff. Anders ist das, sieht man Literaturunterricht als Beitrag zu jener „ästhetischen Bildung", die nach Johann Heinrich Deinhardt (1859, 266) die Fähigkeit ausbilden müsse, „sich mit dem Künstler, der das Kunstwerk geschaffen hat, gleichsam zu identificiren" und ihm „nachzuempfinden" (ebd.). Dann steht im Mittelpunkt die innere Auseinandersetzung mit der *Wirkung*, auf die Literatur angelegt ist. Unschwer erkennen wir darin eine Debatte wieder, die in den letzten zwei Jahrzehnten des 20. Jahrhunderts zwischen Literaturdidaktikern geführt worden ist: rational-analytische Arbeit am Text, .z. B. verteidigt von Hans Kügler, oder affektiv-empathisches Nachschaffen und Imaginieren, z. B. begründet von Kaspar H. Spinner?

Beide Möglichkeiten des Umgangs mit der Literatur im Unterricht also sind seit langem angelegt. Hinzu treten zwei ältere literaturdidaktische Begründungsdiskurse, die aus dem altsprachlichen Unterricht übernommen worden sind: „moralische Erziehung" durch Literatur (vgl. Frank 1973, 117f.) und „Stilbildung" durch Orientierung am mustergültigen Vorbild.

Diese schreibdidaktische Perspektive auf Literatur verengte sich zusehends im Lauf eines Jahrhunderts, das eine Darstellungsstilistik an die Stelle einer Ausdrucksästhetik setzte. Die moralische Perspektive wiederum wurde immer deutlicher zu einer „nationalen" umgedeutet: Es ging nicht mehr allgemein um Persönlichkeitsbildung (in die sich noch vor 1800 auch die Stilbildung gut einordnen konnte), sondern um die Weckung von Nationalgefühl und die Stärkung „deutscher" Tugenden. Schon Herder (1796, 222) hatte die Hoffnung geäußert, die deutsche Literatur möge helfen, jenen „Nationalcharakter" herauszubilden, mit dem deutsche Kleinstaaterei sich so schwer tue. Im restaurativen politischen Klima Mitte des 19. Jahrhunderts nehmen sich solche Ideen anders aus, nämlich nationalistisch: Der Deutschunterricht hat durch Lektüre dazu beizutragen, dass den Heranwachsenden ihr nationales Erbe nicht nur bewusst, sondern wert wird. Es geht um eine „deutsche" Gesinnung, zu deren Ausbildung die Literaturgeschichte das Ihrige tun sollte. So hat Kurt Abels (1986, 180) darauf hingewiesen, dass die Entdeckung der alt- und mittelhochdeutschen Literatur für den Deutschunterricht nach der Mitte des Jahrhunderts sich der Erstarkung des „Nationalen" verdankt. Besonders das Mittelalter, das wir heute eher als europäisches begreifen, war Literaturdidaktikern wie Rudolf v. Raumer (1852) Garant für einen

„deutschen" Literaturunterricht. Von hier führt eine gerade Linie zur Gründung der *Zeitschrift für den deutschen Unterricht* (1887) durch Otto Lyon, einen Schüler des einflussreichen Lehrers und Germanisten Rudolf Hildebrand, der dessen noch gemäßigte „nationale" Tendenz radikalisierte und der „nationalen Aufgabe des Deutschunterrichts im Kaiserreich" (Frank 1973, 485ff.) ein Sprachrohr schuf. 1920 umbenannt in *Zeitschrift für Deutschkunde*, garantiert das Organ die fast bruchlose Überführung einer wilhelminischen „literarischen Nationalbildung" (Hegele 1996, 10) in einen nationalsozialistischen „Literaturunterricht", in dem Nation alles und literarische Bildung nichts mehr war (vgl. Paefgen 1999a, 15).

Aber solche „Gesinnungsbildung" ist nicht das einzige und kein unangefochtenes literaturdidaktisches Konzept im 19. Jahrhundert. Konkurrierend dazu gab es bereits seit der Jahrhundertwende Vorstellungen von Literatur als Beitrag zur *ästhetischen Bildung* (vgl. Frank 1973, 226–242). In der Kaiserzeit kam es dann zur Abspaltung eines eigenständigen Bereichs „literarästhetischer Bildung" vom Literaturgeschichtsunterricht, der mit Hilfe mehr oder weniger kanonisierter Nationalliteratur Gesinnungsbildung betrieb (vgl. Wilkending 1982).. Die Verfechter eines eigenständigen Literaturunterrichts führen dabei den Begriff der „literarischen Genussfähigkeit" gegen eine historisierende oder gar nationalistische Literaturbetrachtung ins Feld. Heute würde man sagen, dass in der Kaiserzeit diskutiert wurde, ob Richtziel des Literaturunterrichts die indirekte Erziehung deutscher Untertanen sein solle oder die Fähigkeit zur Teilhabe an der „kulturellen Praxis Literatur".

Letztere Zielsetzung wird um die Wende zum 20. Jahrhundert von der Reformpädagogik stark gemacht, die *ästhetisches Lernen durch Literatur* (vgl. Paefgen 1999a, 11) zum Programm erhebt: Deutlich literar-ästhetisch motiviert ist Heinrich Wolgast in seiner berühmten Streitschrift über *Das Elend unserer Jugendliteratur* (1896). Vorher, und zwar schon bei Hiecke (1842, 70), galt die „Leserei", gar *Lesewut*, als zu bekämpfendes Übel, eine Art zu überwindende Pubertätskrankheit. Zu kurieren schien sie nur durch Verabreichung „hoher" Dichtung mit Klassikerstatus. Am Vorabend des 20. Jahrhunderts, das die schwedische Pädagogin Ellen Key „Das Jahrhundert des Kindes" nennen wird, entsteht eine Lesepädagogik, die sich um die ästhetische Qualität bereits der Jugendlektüre kümmert und das Lesen zwar grundsätzlich fördern möchte, aber nicht um den Preis einer Verbreitung von „Schund". Vielmehr soll bereits bei dem, was wir heute „Zielgruppenliteratur" nennen, Wert auf Qualität gelegt werden, so dass Heranwachsende zur „echten Dichtung" herangeführt würden. Bis zur Etablierung einer Didaktik der Kinder- und Jugendliteratur etwa durch Anna Krüger (1963) sollte es aber noch dauern (vgl. unten, Kap. 4.4).

Auch im beginnenden 20. Jahrhundert verstand sich die Literaturdidaktik noch selbstverständlich als Disziplin, die für die Hauptwerke der deutschen (Erwachsenen-)Literatur zuständig sei, und als solche geriet sie zunächst unter den Einfluss der Hermeneutik Wilhelm Diltheys. Dessen Verständnis von Literatur(verstehen) war im Grunde ahistorisch, apolitisch ohnehin: Persönliches „Erlebnis" von Dichtung und „Verstehen" im eher affektiven und empathischen Sinn bestimmten den Umgang mit der Literatur, auch im Rahmen der „werkimmanenten Interpretation" noch lange – bis zur kritischen Aufarbeitung dieser Entwicklung durch Rolf Geißlers *Prolegomena zu einer Theorie der Literaturdidaktik* (1970). Die alte Kontroverse, ob es im Literaturunterricht eher auf Nachempfinden und Einfühlen oder auf kritisches Erkennen und Durchschauen ankomme, ist aber auch im 20. Jahrhundert nicht erledigt. Immerhin kann Geißler (1970, 92f.) sie als „didaktische Differenz" auf den Begriff bringen: Es gibt am literarischen Verstehen immer einen Rest Unerklärbares, nicht zur (diskursiven) Sprache zu Bringendes.

Die deutschdidaktische „Krise der Interpretation" (vgl. auch Kap. 6.4) ist insgesamt älter und kann auf die Einführung der Hermeneutik (und natürlich der Literaturgeschichtsschreibung) in den Schulunterricht zurückdatiert werden. Die Aporie, auf die sich der Umgang mit dem literarischen Text gründet, war seit Schleiermacher angelegt in der Rede von der „Eigentümlichkeit" der Texte, der Subjektivität ihrer „Betrachtung" und der Objektivität ihrer „Vergleichung". Noch Erika Essen (1972) will in der Tradition Wackernagels und v. Raumers durch „Nachschreiben und Nachsprechen" einen Überhang des Kognitiven bekämpfen und das „Zergliedern" vermeiden. In „mimetischer Aneignung", kommentiert Rutschky (1977, 69), „soll der Text geradezu magische Autorität über seine Leser gewinnen". Im Anschluss daran benutzt Abraham (1996, 173ff.), um das Gegenteil zergliedernder Analyse zu bezeichnen, den Begriff der Mimese.

3.3.2 Analyse oder Mimese? Methodenstreit im 19. Jahrhundert

Kontrovers diskutiert wurde in der Geschichte der Literaturdidaktik von Anfang an auch auf methodischer Ebene. Wie richtiger Umgang mit den Texten der deutschen Literatur aussehen soll, ist dabei eine Grundsatzfrage, die noch weit jenseits allen Argumentierens über die Nützlichkeit von Lektüre für moralische oder ästhetische Erziehung eine Rolle spielt. Um die Wende zum 19. Jahrhundert wird auch dies in engem Zusammenhang mit der *Stilbildung* diskutiert (vgl. Abraham 1996, 127ff). Dabei geht es didaktisch noch nicht um den literarischen Text an sich. Zentral ist vielmehr, was er zu einer Bildung des Schreiberstils beitragen könne und inwiefern er sich zur Schulung eigenen „Ausdrucks" verwenden lasse. Zwei Jahrzehnte später – unter dem Eindruck eines nun ausgearbeiteten romantischen Dichtungsverständnisses und Menschenbildes – hat sich das geändert. Friedrich Gottlieb Welcker (1811, 261) denkt bereits literarästhetisch und weist der Literatur eine Schlüsselrolle bei der „Geschmacksbildung" (ebd., 268) zu. Die Schriftsteller, die im Unterricht gelesen werden sollten, seien sorgfältig auszusuchen „nach ihrem reinen Effect und ihrer Lieblichkeit im Ganzen". Man werde ihnen nicht gerecht, wenn man sie nur „nach den grammatischen Figuren und einzelnen Sprachabweichungen anatomisch verstanden" sehen wolle. „Anatomisch" ist hier Quasi-Synonym für das, was um die Mitte des Jahrhunderts unter dem Begriff des Analytischen diskutiert werden wird. Das Gegenkonzept hierzu spricht vom „Ganzen", auch vom „Effect" und schließlich von einer gestaltpsychologischen Kategorie:

> Der geweckte Sinn des Schönen wird allerdings auch unschätzbare einzelne Genüsse gewähren. Aber weit wichtiger noch ist der in das ganze Leben einfließende Geist der Poesie. Richtig und tief fühlen, klar anschauen, den Ereignissen, die uns angehen, Gestalt absehen und Gestalt geben [...]. (Welcker 1811, 269)

Mit dem Gestaltbegriff ist ein Problem bezeichnet, das sich die Literaturdidaktik bereits eingehandelt hat, bevor es sie eigentlich gab: Auf den „Effect" des Ganzen jenseits einzelner gelungener „Einfälle" kann der Lehrer nicht erklärend den Finger legen, kann der Schüler nicht verstehend deuten. Das Programm Welckers belegt nicht nur die Geburt des modernen Literaturunterrichts aus dem Geist eines romantischen Dichtungsverständnisses, sondern auch die Entstehung eines literaturdidaktischen Zielkonflikts: Geht es um ganzheitliches Erfassen einer „Gestalt" oder um einzelheitlich-„anatomische" Textbehandlung? Schon vor der Wende zum 19. Jahrhundert schlug sich Karl Philipp Moritz, selbst Schriftsteller und Hochschullehrer, mit dieser Frage herum – „In wie fern [sic!] Kunstwerke beschrieben werden können" (1788):

> Eben so unzweckmäßig wie es nun seyn würde, die Schönheiten eines Gedichts nach der Reihe zu beschreiben, statt das Gedicht selbst vorzulesen, oder den Gang einer vortrefflichen Musik, die man hören kann, mit Worten schildern zu wollen, eben so vergeblich und zweckwidrig ist es auch, Kunstwerke, die man im Ganzen sehen kann, nach ihren einzelnen Theilen im eigentlichen Sinne zu beschreiben. (Moritz 1788, 103)

Was hier zweckmäßig und was „zweckwidrig" ist, bleibt lange Zeit in der Geschichte der Literaturdidaktik strittig. In F. A. W. Diesterwegs für die Volksschule wichtigem *Praktischem Lehrgang für den Unterricht in der deutschen Sprache* (1830) gibt es zwei metaphorische Versuche, den Umgang mit Lesestücken in seinen methodischen Erfordernissen zu beschreiben: zuerst die mechanistische Metapher einer „wohleingerichteten Maschine" (Diesterweg 1830; zit. nach Boueke 1971, 37), aus der man nicht einzelne „Theile" herausnehmen könne, dann aber auch die organistische Metapher einer Sektion eines Leichnams. Sie ist die Urmutter jener Rede vom „Zergliedern" und „Zerstückeln", die sich bis heute durch die Rede vom schulischen Umgang mit Texten zieht. Die Metapher lässt Zweifel an der analytischen Behandlung vor allem poetischer Texte aufkommen; nicht zufällig ist das Versagen der „zergliedernden Methode" Diesterwegs vor dem *literarischen* Text immer wieder kritisiert worden (vgl. Boueke 1971, 6f.).

Ein Blick in Adolf Matthias' *Geschichte des deutschen Unterrichts* (1907, 385ff.) zeigt, dass Diesterwegs Sektionsmetapher im Lektüreunterricht schon seit der Wende zum 19. Jahrhundert ihr praktisches Gegenstück hat: Der „Neue Lehrplan für das Königl. Joachimsthal'sche Gymnasium" (1803) sieht für vorbereitende Klassen nicht nur „Übungen im Lesen und Declamiren" vor, sondern auch die „Erklärung" deutscher Gedichte, an denen „Vorkenntnisse der Dichtkunst" entwickelt werden sollen, indem „der Schüler in einem einzelnen vorliegenden Gedichte die Hauptidee, die Tendenz zuerst erforschte [...]. Solche Zergliederung eines Gedichtes geschah zuweilen auch schriftlich in den Ausarbeitungen [...]" (ebd., 386f.). „Zergliedern" bezeichnet dabei ein optisches, „Deklamieren" (Vortragen) ein akustisches Paradigma im Umgang mit der Literatur (vgl. Abraham 1996, 199). Der literaturdidaktische Streit, ob eher das Analysieren („Zergliedern", „Zerstückeln") oder eher das ganzheitliche „Wirkenlassen" zu einem Erkenntniszuwachs führe, übersetzt sich so in Methodik.

Die „Eliminierung des Körpers aus dem Lesen" um 1800, die Erich Schön (1987, 118) kulturhistorisch beschrieben hat, ist die Vorbedingung für die Entwicklung einer neuen Methodik der Textrezeption. Die sinnliche Rezeptionserfahrung muss ersetzt werden durch eine analytische und verstandesmäßige. Gleichzeitig aber darf der Anspruch ganzheitlicher Erfassung besonders des poetischen Textes nicht aufgegeben werden. Der Analyse – die dem optischen Paradigma der Textrezeption entspricht – steht die Mimese gegenüber, die das ältere, akustische Paradigma vertritt. Das optische Paradigma vertritt Robert Heinrich Hiecke, Begründer der „analytischen Methode" und wohl der erste überhaupt, der eine „systematische Interpretationsschulung" (Paefgen 1999a, 4) bei deutschsprachiger Literatur für nötig hält, und zwar sowohl poetischer als auch „gedanklich bestimmte[r] Texte" im Deutschunterricht, zum Beispiel solcher seiner eigenen *Sammlung auserlesener Prosastücke* von 1835 (vgl. Hiecke (1842, 66). Damit die deutsche Lektüre für die Lernenden „nicht zu einem verbildenden und entnervenden Amusement und Zeitvertreib" herabsinke, sondern sich in ein Konzept der „Denkschulung" einfüge (vgl. Frank 1973, 186f.), entwickelt Hiecke seine „Methode der Erklärung und Durchsprechung" (ebd., 68). Er legitimiert damit einen Verfügungsanspruch nicht nur der Pädagogik im Allgemeinen über die Lernenden, sondern auch der Literaturdidaktik im Besonderen über die individuelle Textrezeption (vgl. Beisbart 1989a, 517). Damit geht er wesentlich weiter als etwa sein Zeitgenosse Rudolf v. Raumer, der 1852 schrieb, „dass diese Dichtungen ihre große und wesentliche Bestimmung erfüllen, auch ohne dass man ein Wort an ihnen erklärt." (Zit. nach Boueke 1971, 98). Ein Konzept der literarischen Textrezeption entsteht, im Unterschied zum analytischen Konzept Hieckes, dann auch nur insofern, als v. Raumer sich Lehrer als *Vortragende* von Dichtung (v.a. Dramen) wünscht. Mit Philipp Wackernagel (1843), den Paefgen (1999a, 5) als zweiten Urvater der Literaturdidaktik Hiecke gegenüberstellt, will v. Raumer Literaturunterricht in „Erbauungsstunden" realisiert sehen. „Dichtungsinterpretation" (vgl. Frank 1973, 286ff.) ist hier noch kein literaturdidaktisches Ziel. Literatur soll eher gehört (und goutiert) als gelesen (oder gar analysiert) werden. Erst „Erklärungsstunden' setzen voraus, dass das zu Erklärende in den Händen der Schüler sich befinde" (Hiecke 1842, 78): Der Schritt ist getan vom zeitlichen Nacheinander ästhetischer Eindrücke und Betonungen beim Vortragen und Zuhören (akustisches Paradigma) zum räumlichen Nebeneinander der Zeichen auf einer Druckseite (optisches Paradigma) und der Weg ist frei für eine Interpretationslehre, die bis weit ins 20. Jahrhundert hinein den Literaturunterricht bestimmen wird.

Damit in enger Beziehung steht ein weiterer historischer Wandel. Rezeption durch *Hören* setzt eher auf die emotionale, Rezeption durch *Lesen* eher auf die rationale Dimension von Literaturverstehen: Die „Kontroverse Verstand–Gefühl" (Paefgen 1999a, 6) ist hier bereits angelegt und wird annähernd eineinhalb Jahrhunderte lang die Diskussion um den „richtigen" Literaturunterricht bestimmen. Bereits Hiecke (1842, 121) sucht beides zu verbinden. Im Kapitel „Wie soll gelesen werden?" betont er, dass „das einer künstlerischen Leistung wenigstens sich annähernde Lesen und Declamiren ein gründliches Verständniß [sic!], ein Erfassen namentlich auch des Tones und Charakters von dem vorzutragenden Stücke [...] voraussetzt". Die „analytische Methode" stellt sich für Prosatexte etwas anders dar als etwa für Gedichte. Für beide freilich sollte gelten, dass sie „vor aller Besprechung" vorzutragen waren, „um nicht den Totaleindruck [...] durch ein zu frühes näheres Eingehen zu stören" (ebd., 123 bzw. 150). Beisbart (1989a, 510) hat Hieckes methodisches Konzept rekonstruiert, „die Schüler sowohl vom Verstand wie von Gefühl, Bewusstsein und Empfindung her zu fassen und auf die in und hinter den Texten liegenden Gedanken und ihre Wahrheit zu führen, sie zu einer ganzheitlichen Aneignung zu bringen."

Vom „Deklamieren" allerdings rät Hiecke ab. „Wer erinnert sich nicht mit einem halb komischen, halb schmerzlichen Gefühle der Marionettenbewegungen, die er in seiner Jugend in der Schule hat machen sehen, nach Gelegenheit auch selbst gemacht hat?" (Hiecke 1842, 193f.) Der „Deklamationsunterricht", von dem Frank (1973, 293) annimmt, er sei erst seit „etwa 1800 praktiziert worden, ist älter, allerdings im Zug des oben skizzierten Mentalitätswandels neu begründet worden. In der Mitte des 19. Jahrhunderts gilt er nicht mehr als Redeübung und Methode der Gedächtnisschulung, sondern als mimetischer Nachvollzug poetischer Einmaligkeit durch einen Sprecher, der gewissermaßen dem Ausdruckswillen des Textes gehorcht. Dieser Ansatz nimmt nun statt einer Analyse eine *Mimese* sprachlicher Gestalten vor; seine Verbreitung und Ausdehnung auf poetische Texte erklärt sich nicht zuletzt aus der Tatsache, dass er einen Ausweg aus der Aporie der einzelheitlichen Rezeption eines ganzheitlichen Phänomens zu bieten scheint (vgl. Abraham 1996, 183).

Mit Hilfe der Kategorie „Ton" wird der deklamatorische Unterricht nicht nur theoretisch neu begründet, sondern methodisch-praktisch erleichtert. Dieser Unterricht behauptet allerdings das Feld weithin nur im Volksschulunterricht, und selbst dort nicht auf Dauer, denn Diesterwegs *Leselehre* (1830) hat auch hier die Weichen in die neuere Richtung gestellt. Im gymnasialen Deutschunterricht setzt sich die mit der Mimese konkurrierende analytische Methode Hieckes durch, trotz fortbestehender Tendenzen zur mimetischen Aneignung: Auch die Literaturdidaktik der höheren Schule kennt um die Mitte des 19. Jahrhunderts eine Phase ernster Zweifel am Wert der Analyse und entsprechender Neigung zur Mimese. Für Rudolf v. Raumer (1852) etwa ist das heute so selbstverständliche Reden über den Text nutzlos, wo nicht gar schädlich (vgl. Boueke 1971, 98). Diese aus heutiger Sicht naive Illusion einer Wirkungsmächtigkeit von Literatur in der Schule ist nur zu verstehen als Versuch, das analytische Prinzip im Zeichen einer Selbst-Wirkung zu diskreditieren: Im Streit zwischen v. Raumer und

Hiecke – Friedrich Taege (1992, 195) erkennt in ihm den Streit zwischen „affirmativen" und „kritischen" Lesarten – scheint die Paradoxie eines Literaturunterrichts auf, der angetreten ist, das poetische Werk gleichzeitig zu durchschauen und zu bewundern, es sich analysierend und sich ihm rezipierend zu unterwerfen.

Der Weg von der Instrumentalisierung des Textes als Lehrstück einer moralischen Erziehung im 18. Jahrhundert zum Text als Mittel der Denkschulung und damit zur Analyse des Gedankengangs, des Gliederungsprinzips und der sogenannten sprachlichen Mittel im zweiten Drittel des 19. Jahrhunderts (vgl. Frank 1973, 286 f.) ist gleichzeitig der Weg einer Ausdehnung deutschdidaktischer Verfügungsansprüche auf Texte beliebiger Art. In der ersten Hälfte des 19. Jahrhunderts gestand man nur solchen deutschen Texten ein Recht auf unterrichtliche Behandlung zu, die den Schülern Verständnisschwierigkeiten bereiten. Um die Jahrhundertwende erkennt man die Chance des jetzt etablierten Schulfaches Deutsch gerade darin, didaktische Begleitung zu jedweder Textrezeption zu leisten. Die Textrezeption ist etwa seit der Jahrhundertmitte nicht mehr Privatsache, sondern Sache des Deutschlehrers (vgl. etwa Wackernagel 1842, 7). Er hört auf, nur „Wächter" zu ein, der seine Schüler/-innen vor dem Gefährlichen oder Wertlosen bewahrt; er begnügt sich auch nicht mehr mit der Rolle des „Vortragenden", sondern beginnt „Vermittler" zu werden (vgl. Taege 1992, 190ff.).

Das hebt das ältere Rollen-Selbstverständnis von Literaturlehrenden – Wache halten und Texte präsentieren – allerdings nicht gänzlich auf. In ihrem Insistieren auf der Erlebnisqualität von Dichtung nehmen die Didaktiker und Methodiker der Reformpädagogik die Mimese wieder auf und fundieren sie neu, nämlich durch Wilhelm Diltheys Begriff des Erlebnisses. Dichter und Lernende sollen sich treffen „im Medium gleichartiger Stimmung" (Frank 1973, 333), einer poetischen Stimmung natürlich. Diltheys Rede von Erlebnis, Nacherlebnis und Begegnung mit Dichtung hat nicht nur philologisch „Schule gemacht" (ebd., 335), sondern auch buchstäblich. Der Dreischritt Nachfühlen – Nachverständnis – Erkennen bildet das Paradigma eines hermeneutischen Modells der Literaturdidaktik (vgl. Kügler 1975, 137–143), das den Anspruch auf Ganzheitlichkeit neu erhebt. Wenn die Reformpädagogik (auch) im Namen Diltheys gegen die Texterschließung „durch Überlieferung der wissenschaftlichen Terminologie für Poetik und Metrik" polemisiert und betont, jedes Kunstwerk müsse als Ganzes aufgefasst und empfunden werden, am besten durch Vortrag statt durch stilles Erlesen, so wird zunächst für die lyrische Dichtung, dann aber auch allgemeiner für literarische Texte überhaupt, die Dominanz des optischen Paradigmas bekämpft und ein Defizit an Mimese eingeklagt. Auf dem „2. Kunsterziehertag" in Weimar (1903) hatte Otto Ernst konstatiert, die Deklamation dürfe „das Gedicht nicht mehr als Wissensstoff" betrachten, sondern müsse „poetisch-künstlerisch" sein: Mimese literarischer Texte erscheint nun, zu Beginn des 20. Jahrhunderts, nachträglich als gerechtfertigt durch die Diltheysche Hermeneutik der Einfühlung (vgl. Mieth 1994, 17ff.).

Dennoch stellt sich das neue Jahrhundert retrospektiv weniger als ein literaturdidaktischer Neuanfang dar denn als Fortführung der verschiedenen skizzierten Denkfiguren und Traditionslinien: Auch hier gibt es in der Extremform des nationalsozialistischen Literaturunterrichts (vgl. Paefgen 1999a, 13–16) das „Nationale" als Grundgedanken der Literaturvermittlung wieder; auch hier dauert das Ringen um den Stellenwert und Umfang der literaturgeschichtlichen Bildung an, bis hin zu polemischen Versuchen einer Rückkehr zum systematischen Kanon (vgl. Fuhrmann 1993); auch hier gibt es wieder Versuche, literarische Texte für eine – nun handlungs- und produktionsorientiert verstandene – Stilarbeit nutzbar zu machen; auch hier schließlich finden sich die Gegenpole ethischer bzw. moralischer Indienstnahme von Literatur einerseits und ästhetischer Bildung andererseits.[17] Und schließlich ging auch die Philologisierung des Deutschunterrichts, jenes Großprojekt des 19. Jahrhunderts, voran. Mit der ersten sich als wissenschaftlich begreifenden *Didaktik der deutschen Sprache* (Helmers 1966, Neuausg. 1998) erstarkte für lange Zeit das Konzept einer Vermittlung nicht nur von Epochen und wichtigen Autoren, sondern von *Gattungen* der Literatur (vgl. auch Kap. 1.4). So kritisch wir das heute sehen, als so bahnbrechend werden wir Helmers' Leistung anerkennen, nicht nur die Inhalte des Deutschunterrichts, z. B. literarische Phänomene, einer theoretischen Reflexion unterworfen zu haben, sondern erstmals überhaupt nicht *Methodik*, sondern im modernen Sinn *Didaktik* konzeptualisiert zu haben.

Ein wirklich neuer Zugriff auf Ziele, Inhalte und Verfahren des Literaturunterrichts ergab sich allerdings erst aus der sog. „Kommunikativen Wende" in den 1970er Jahren (vgl. zu dieser „didaktischen Aufbruchzeit" Paefgen 1999a, 25–53 sowie unten, Kap. 4). Die kulturelle Praxis Literatur wurde nun viel breiter verstanden und mehr aufgefächert als vorher üblich; und neben diese Ausweitung des Literaturbegriffs – in Richtung auf Alltags- und Gebrauchstexte einerseits, „triviale" und Unterhaltungsliteratur andererseits – trat zumindest dem Anspruch nach das Ziel, diese kulturelle Praxis nicht nur zu kennen und zu würdigen, sondern vor allem zu durchschauen und im späteren Leben kritisch zu begleiten. Es sind dies die Geburtsjahre einer modernen Didaktik der deutschen Literatur.

---

[17] Für den Gegenstandsbereich der Kinder- und Jugendliteratur etwa haben Bettina Hurrelmann und Gerhard Haas in den 1980er Jahren diese Debatte um die Funktionalisierung ästhetischer Literatur geführt. Abraham/Launer (2002) positionieren sich in diesem Kontext mit einem Konzept von Literarischem Lernen als beiläufigem Wissenserwerb.

4. Gegenwärtige Konzepte für Literaturunterricht

4.1 Fächerintegrative Konzepte: Literatur in fächerübergreifenden Lehr-/Lernkontexten

Jedes Fachgespräch im Unterricht enthält Anknüpfungspunkte auch für andere Schulfächer, die allerdings in einem wissen(schaft)sorientierten Konzept von Schule, also besonders am Gymnasium, nicht immer wahrgenommen oder genutzt werden. Literatur ist ein besonderer Gegenstand. „Literatur ist kein Lernstoff" (Spinner 1988, 35) und damit auch kein Privileg eines bestimmten Unterrichtsfaches. Interdisziplinarität der Zugänge ist ihr eigentlich von vornherein eingeschrieben. Deshalb beginnt das 4. Kapitel dieser Einführung nicht mit lernbereichs*spezifischen* Konzepten, sondern es *endet* mit ihnen. Am Anfang soll ein Blick auf die Funktion von Literatur eben nicht als „Lernstoff" in einem wissenschaftspropädeutisch ausgerichteten Literatur(geschichts)unterricht stehen, sondern als *Lernmedium* in der Schule insgesamt. Literarische Texte können der Vorstellungs-, Begriffs- und Urteilsbildung in vielen Fächern dienen, ohne dass darüber die Eigenart ästhetischer Kommunikation notwendig verloren geht.

Eine solche Perspektive auf diesen Unterrichtsgegenstand war, wie unser historischer Überblick (Kap. 3) gezeigt hat, seit der Trennung ethischer von ästhetischen Lehrzielen spätestens in der Nachkriegsära eher unüblich, sie schien ins 19. Jahrhundert zu verweisen. Man fürchtete den pädagogisch motivierten Missbrauch eines ästhetischen Phänomens wie Literatur nach dem offenkundigen Scheitern einer Nationalerziehung durch „deutsche" Literatur und konnte sich daher nicht eingestehen: Literatur ist und bleibt ein prinzipiell „pädagogikfähiges" ästhetisches Medium (vgl. Schütz/Wegmann 1996).

Durch literarische Bildung „gleichzeitig moralisch-menschlich" bilden zu wollen (vgl. Paefgen 1996, 100), war und ist natürlich ein angreifbares Doppelziel und kann zu einer „Überlastung" des Literaturunterrichts führen (vgl. ebd. 102). Das zu erkennen muss aber nicht bedeuten, literarische Texte von vornherein in ein Reservat ästhetischer Betrachtung einzuschließen und damit dem Deutschunterricht vorzubehalten.

Insofern nämlich Literatur immer auch der „Selbst-Bildung" dient (vgl. Abraham/Launer 2002, 22–29), ist sie offen für Wissensbestände und Erkenntnisziele vieler Fächer. Gerade *weil* sie grundsätzlich nichts abbildet oder wiedergibt, sondern ihre eigene Welt konstruiert und dem Leser als Vorstellungsraum anbietet, bleibt sie offen für „Verbundsysteme" (Schindler 2002) und ermöglicht fächerübergreifendes Lernen. Es geht ja in der Literatur nicht um Aspekte einer jeweiligen Wissenschaft, sondern um „Lebenszusammenhänge" (ebd., 276), deren multiperspektivische Erforschung sie oft besser ermöglichen als ein Sach-

oder Fachtext es könnte. Fächerübergreifende oder fächerverbindende Unterrichtsmodelle zu literarischen Texten in einem themenzentrierten Unterricht sind schon seit den 1980er Jahren nichts Ungewöhnliches mehr (vgl. z. B. Grundke 1983 zu Goldings *Herr der Fliegen*). Erkannt und genutzt hat man das besonders, aber nicht nur für die Kinder- und Jugendliteratur, die meist leichter als Texte anderer Genres und Zielgruppen an die Alltagserfahrung bzw. Lebenswelt der Lernenden anschließbar und durch „immanente Didaktik und Pädagogik" geprägt ist (vgl. auch unten, Kap. 4.4):

- Elisabeth Reuters Bilderbuchgeschichte *Judith und Lisa* bei Sahr (1995)
- Bilderbücher von Janell Cannon bei Kepser (2002)
- Lindgrens *Die Brüder Löwenherz* bei Haas (Nachdruck 1995)
- Stövers *Quintus geht nach Rom* bei Jehle (1997)
- Heucks *Meister Joachims Geheimnis* bei Teichert (2002)
- Jean C. Georges *Julie von den Wölfen* bei Lange (Nachdruck 1995)
- Morton Rhues *Die Welle* bei Frederking (1995)
- Schlinks *Der Vorleser* bei Köster (2000)
- Kertész' *Roman eines Schicksallosen* bei Morsch (2002)
- Büchners *Dantons Tod* bei Plieninger et al. (1993)
- Musils *Verwirrungen des Zöglings Törleß* bei Paule (2002)

Auf einen Blick ist erkennbar, dass fächerintegrative Behandlung von Literatur weder an den Grenzen der Genres halt macht (die Bandbreite reicht vom anspruchsvollen Bilderbuch bis zur Belletristik der Höhenkammliteratur und vom Roman bis zum Drama) noch bestimmte Fächer von vornherein ausschließt: Auch wenn sozial- und humanwissenschaftliche Fächer dominieren,[18] sind ebenso musische Fächer vertreten (Teichert) sowie eine Fremdsprache (Jehle), Naturwissenschaften (Kepser, Lange) und die Mathematik (Paule).

Es wird deutlich, dass „fächerübergreifendes Lernen und Lehren fachspezifische Einsichten und Erkenntnisse fördern und vertiefen" kann (Karst 1998, 158). Ein Thema wie „Flüsse", auf den ersten Blick Sache des Faches Geografie, hat historische, politische, literarische und überhaupt künstlerische Implikationen. „Mit dem Fluss verbinden sich Erlebnisse, Erfahrungen, Erkenntnisse, die er als organisierendes Element an sich bindet, miteinander verknüpft. Der Fluss demonstriert Zusammengehörigkeit und gegenseitige Abhängigkeit vieler oft disparat erscheinender Phänomene" (Karst 2002, 102). In einer Publikation über Reisen und Reiseliteratur (Wermke Hrsg. 2002a) steht der Fluss für das, was verbindet, ebenso wie für das, was trennt; er ist „Weg durch Europa" ebenso wie, geopolitisch betrachtet, Hindernis für Europa. Und er ist eines der wichtigsten Motive der Literatur und anderer Künste und Medien.

---

[18] In unserer Aufzählung: Grundke, Haas, Frederking, Köster, Morsch, Plieninger.

Überhaupt ist das Reisen, für das der Deutschunterricht sozusagen erst auf den zweiten Blick zuständig ist, der Literatur schon immer förderlich gewesen – als Sujet in Reisetagebuch und Reisebeschreibung, als Ambiente für entspannte Lektüre, als Inspirationsquelle seit der Zeit der „Empfindsamkeit", als Teil von Emigrationsbiografien im 20. Jahrhundert und als Teil professioneller Selbstdarstellung der Autoren und Autorinnen bis heute (vgl. Erb 2002). Reisen in die und mit der Literatur im Unterricht zu thematisieren, heißt Literaturgeschichte überschreiten und Schneisen in die Kulturgeschichte schlagen (vgl. z. B. Gerhard 2002).

Wichtig bei einem solchen themenzentrierten, fächerverbindenden Unterricht mit Literatur ist freilich, dass die sich ergebenden Fächerverbindungen auf „innerer Notwendigkeit" (Bärnthaler 1999, 16) beruhen sollten. Mit Recht warnt Höfner (1995, 36):

> Problematisch scheint, wenn allein aus didaktischem Prinzip Fächer unter einer vorgegebenen Thematik formal miteinander verknüpft werden, ohne daß die jeweiligen Gegenstände nach einer fächerübergreifenden Sicht verlangen. Bezogen auf die Literaturaneignung ist damit die Gefahr verbunden, daß poetische Texte lediglich als anschaulicher Beleg für das betreffende Thema ausgewählt und angeeignet werden, ihre ästhetische Eigenart dabei aber nicht genügend beachtet wird [...].

Es wird Geschmackssache bleiben, ob man (sozusagen puristisch) jeden Gebrauch literarischer Texte für die Zwecke eines Sach-Faches (z. B. ein Frühlingsgedicht als Einstieg in eine „Jahreszeiten"-Unterrichtseinheit im Heimat- und Sachunterricht) ablehnt. Die Gefahr des Missbrauchs ästhetischer Kommunikation für pragmatische Zwecke freilich sehen wir auch. Neben dieser Gefahr möchten wir auf eine zweite hinweisen: Um eine bessere Anschließbarkeit sozial-, human- oder naturwissenschaftlicher Ziele zu gewährleisten, werden gelegentlich literarische Texte von zweifelhafter Art und Qualität ausgewählt. Am Beispiel des Kinderbuches „als Medium ökologischer Bildung" hat Lindenpütz (1999; auch 2000) auf diese Gefahr aufmerksam gemacht: Neben sehr guten Titeln der Kinderliteratur gibt es auch andere, die mangels literarischer Qualität weder literaturdidaktisch noch ‚sachdidaktisch' zu verantworten sind. Da werden etwa relativ naive umweltpolitische Aktivitäten kindlicher Protagonisten in völlig unrealistischer Weise von Erfolg gekrönt oder die Tiere, um die es geht, in biologischer unhaltbarer Manier vermenschlicht (vgl. Lindenpütz 1999, 75–96).[19] Dass „ökologische Kinderliteratur" diesen Gefahren nicht erliegen muss, zeigt etwa Hanna Johansens „Geschichte von der kleinen Gans, die nicht schnell genug war" (Unterrichtsanregungen: Wirth/Scharfenberg 2002).

---

[19] Ob freilich gerade das als Beispiel herangezogene Buch *Hilfe, mein Gefieder ist voll Öl* von Dieuwke Winsenius (1982) der richtige Beleg dafür ist, sei dahingestellt.

Fächerübergreifende Konzepte zum Umgang mit Literatur zeichnen sich damit durch Offenheit der Fächergrenzen aus. Sie nähern sich darüber hinaus auch häufig dem an, was Jürgens (1998) als „offenen Unterricht" beschrieben hat. Er nennt folgende Merkmale:

- verändertes Lehrer- und Schülerverhalten,
- entdeckend-problemlösendes lernmethodisches Grundprinzip,
- Lernsituationen/Unterrichtsformen, die auf Wochenplan, Stationenarbeit, Frei- und Projektarbeit basieren (vgl. ebd., 8).

Einen solchen „offenen" Unterricht haben Knobloch/Dahrendorf (2000) für den Umgang mit Kinder- und Jugendliteratur skizziert, und zwar gut vereinbar mit dem Versuch eines fächerverbindenden Arbeitens. Für die Primarstufe, also wiederum in Bezug auf Kindermedien, nähert sich auch Bertschi-Kaufmann (1998 u. 2000) einer solchen Offenheit – z. B. durch Dokumentieren von Schreib- und Leseerfahrungen in „Lesejournalen".

Fächerübergreifender Einsatz von Erwachsenenliteratur wird ebenfalls von einem Konzept der Offenheit her begründet (vgl. Kopfermann/Siegle 1992). Gefordert wird dafür eine thematische, methodische und institutionelle Öffnung (vgl. ebd., 103):

- Thematisch sind „sozial- und gesellschaftswissenschaftliche Fragestellungen" (ebd.) am häufigsten; denkbar sind aber als fächerverbindende Klammern auch naturwissenschaftliche oder philosophische Themen, z. B. die „Zeit" im Anschluss an Alan Lightmans *Einstein's Dreams* bei Gross (1999 u. 2002).
- Methodisch tritt ein „Werkstattcharakter" an die Stelle des üblichen gelenkten Unterrichtsgesprächs, das von Kopfermann/Siegle (1992, 103) als „Selbstinszenierung des Lehrers im Unterricht" kritisiert wird.
- Institutionell stellt offener Literaturunterricht, projektförmig organisiert, „durch die vielfältigen Formen der Ergebnispräsentation zumindest Schulöffentlichkeit her" (ebd.).

Damit tritt neben die Begründung vom Konzept der Offenheit aus die Argumentation aus dem *Projektgedanken* (vgl. Ivo 1992). Man muss zwar eine gewisse Begriffsinflation konstatieren – als Projekt wird heute schon alles bezeichnet, was Lernende irgendwie aktiviert und den Rahmen des üblichen Unterrichts sprengt. Auch wird der Begriff nicht in allen Fachdiskursen gleich gefasst. Aber der Projektgedanke hat doch seit langem, besonders eindrucksvoll seit den 1990er Jahren, als mächtige Idee auf die Theoriediskussion und die Unterrichtspraxis eingewirkt. Die Publikation, der die erwähnten Aufsätze von Kopfermann/Siegle und Ivo entstammen, dokumentierte 1992 Einsendungen zu einem Wettbewerb, den der Klett-Verlag zum Thema „Projekte im Deutschunterricht" initiiert hatte. Natürlich kann ein Fach (Deutsch), wenn es sich denn wirklich um Projekte handeln soll, lediglich Leitfach sein und nicht einziger Austragungsort

– es sei denn, man ist (wie Projektleiter Peter Reichartz an der Deutschen Schule in Rom) in der glücklichen Lage, ein Thema wie „Thomas Mann in Italien" nicht mit Hilfe des Geografie- und Geschichtsunterrichts, sondern durch Spurensuche „vor Ort" und eigene Reisen angehen zu können (vgl. die Dokumentation bei Fritzsche et al. 1992, 16–25). In der Regel aber wird man die Hilfe von Partnerfächern in Anspruch nehmen müssen. So hat Mayrhofer (1999) verschiedene Klassenlektüren (Klaus Kordon: *Einer wie Frank,* Weinheim 1989, und Gabriel García Marquez: *Die Geiselnahme,* München 1991) im Deutsch-, Sozialkunde- und Geschichtsunterricht fächerübergreifend erprobt, weil „Geschichte in Geschichten" zu lesen (vgl. ebd., 170) eben nicht nur *literarisches* Lernen fördert. Mayrhofer räumt allerdings ein, es habe nicht alle Lernenden begeistert, Deutsch mit den anderen Fächern in einen Zusammenhang gebracht zu sehen. Denn „Lesen ist auch Lernen" (ebd., 159), und Lernen macht meistens auch Mühe.

Da literarische Projekte dieser Art immer auch eine Produktorientierung beinhalten (vgl. auch Bärnthaler/Tanzer Hrsg. 1999 oder Wermke Hrsg. 2002b), liegt fächerübergreifendes Arbeiten an Literatur und ästhetischer Kommunikation ganz auf der Linie unseres Verständnisses von literarischem Lernen und literarischer Bildung als Teilhabe an einer „kulturellen Praxis Literatur". Besonders schön wird das deutlich, wenn fremdsprachliche Texte in zwei Sprachen gelesen und diskutiert werden – im Original und in deutscher Übersetzung, die auch von Lernenden kritisiert, verbessert oder überhaupt erst hergestellt werden kann. Was damit den Literaturunterricht in zwei Fächern bereichert, ist zugleich anregendes Unterrichtsverfahren *und* ein Stück realer kultureller Praxis, nämlich der Alltag von Übersetzern: Man kann Rohübersetzungen englischer Lyrik verbessern und dabei Stimmungen und Stilebenen zu treffen versuchen (vgl. Jolles 1983); zu einem Songtext von *Sting* eine deutsche Fassung versuchen (vgl. Köster 1990); Techniken der Dialogwiedergabe im Englischen und im Deutschen anhand eines Kinderbuches (Enid Blyton) vergleichen (vgl. Kussmaul 1988); oder ein fremdsprachiges Original, von dem es mehrere deutsche Übersetzungen gibt, durch Vergleich der Varianten erschließen; die Bandbreite reicht von Shakespeare-Sonetten bis zur Jugendliteratur (z. B. Salingers *The Catcher in the Rye*).

4.2 Lernbereichsintegrative Konzepte: Literatur in einem „offenen" Deutschunterricht

Unterrichtende im Fach Deutsch sind dazu angehalten, integrativ zu denken, wenn sie Unterricht planen: Unter bestimmten Bedingungen kann ein im Literaturunterricht herangezogener Text auch der Sprachbetrachtung dienen oder ein Sachtext auch dem Schreibunterricht. Der Gegenstand fordert zwar einen spezifischen „Lernbereich" sozusagen für sich (vgl. unten, Kap. 4.3); aber er geht darin genauso wenig auf, wie das oben (Kap. 4.1) für das Fach im Ganzen schon gesagt worden ist. Das fragend-entwickelnde Unterrichtsgespräch, das man heute kritisch sieht, weil es die Mehrzahl der Lernenden oft in einer passiven, bestenfalls rein rezeptiven Grundhaltung belässt und wenig zur aktiven, selbstständigen

Texterarbeitung erzieht (vgl. Spinner 2003), ist jedenfalls zu ergänzen um andere Zugänge: Auch Schreibaufträge sowie bildnerische und szenische Verfahren können in Texte hineinführen und selbstständige Erarbeitung anregen und steuern. Damit sind drei Lernbereiche angesprochen, die im Folgenden nacheinander kommentiert werden sollen.

4.2.1 Literarische Texte im Gesprächsunterricht und als Vorgaben für szenische Verfahren

Wenn im Deutschunterricht gesprochen wird, dann meistens über Texte oder im Anschluss an Textrezeption. Gerade Literaturunterricht war und ist nicht selten Gesprächsunterricht: Mehr oder weniger gelenkt, mehr oder weniger auf die Lehrkraft zentriert, werden Inhalt und Gehalt, Stil und Form, Sinn und Bedeutung eines literarischen Werkes zum Thema eines Unterrichtsgesprächs. Vom damit betroffenen anderen Lernbereich aus – heiße er nun „Mündlicher Sprachgebrauch", „Sprechen und Gespräche führen" oder anders – werden damit „Texte als Sprechanlass" gesehen (vgl. z. B. Pschibul 1980, 171–177). Aber auch schon bevor dieser Lernbereich in den 1970er Jahren des vorigen Jahrhunderts in unsere Curricula hineinkam (vgl. Bünting/Kochan 1972), benutzte man Literatur dazu, im stark gelenkten Unterrichtsgespräch diejenigen moralischen Werte und pädagogischen Normen zu besprechen, zu verdeutlichen und positiv zu verstärken, die nach Meinung des Lehrers ein Text vermittle. *Dass* Literatur so etwas zu vermitteln habe, galt in der Schule noch lange als selbstverständlich, nachdem Dichter und Dichtungstheoretiker sich um 1800 von solcher Fremdbestimmtheit entfernt hatten und poetischen Ausdruck und ‚eigenen Stil' eines Werkes höher einschätzten als seine erzieherische Wirkung auf ein Publikum. (vgl. Kap. 3). In der zweiten Hälfte des 19. Jahrhunderts setzte sich aber doch allmählich die Erkenntnis durch: Literarische Werke *als solche* müssen ein Recht auf Wahrnehmung und Behandlung im Deutschunterricht bekommen.

Dieser Eigenwert der Literatur als eines ästhetischen Gegenstands ist scheinbar dort wieder in Gefahr, missachtet zu werden, wo der Text zum reinen „Sprechanlass" wird, in kaum anderer Weise als ein aktuelles politisches oder kulturelles Ereignis es sein könnte. Als Unterrichts-Gegenstand in diesem Sinn wäre das literarische Werk – vom Kanontext zur modernen Kinder- und Jugendliteratur – letztlich nicht mehr als ein Katalysator, um dasjenige in Bewegung zu bringen, was man „Sprechdenken" genannt hat.[20] Die Lernenden untereinander und mit der Lehrkraft brauchen einen Gegenstand, über den es verschiedene Ansichten und Meinungen geben kann und der thematisch aktuell oder aktualisierbar ist. Ein solcher Gegenstand ist der literarische Text oft in idealer Weise, so-

---

[20] Nach Merkelbach (1995, 28) ist das Gespräch „die aktivste und vollste Form der Sprechdenkarbeit".

fern ein Unterrichtskonzept vermieden wird, das die Bedeutung oder Interpretation des Textes nicht als dem Gesprächsprozess vorausliegend, sozusagen schon *feststehend*, annimmt (vgl. Kap. 6.4.4). Gerade ein literarisches Gespräch braucht aber „demokratische Strukturen" (Paefgen 1999b, 106f.). Es ist nach Hubert Ivo (1994, 267ff.) „ein Mittleres" zwischen privatem und öffentlichem Reden, aber auch zwischen Leser- und Textorientiertheit.

Unter der allerdings wichtigen Voraussetzung, dass diese Balance gehalten wird, kann Literatur zum Sprechanlass werden. Das Unterrichtsgespräch über Literatur wird zum Prozess, in dessen Verlauf nicht nur *Lesarten* herausgearbeitet, verglichen und bewertet, werden können. Ebenso kann die Textrezeption, als nunmehr geteilte Erfahrung, in der Lerngruppe zum Anlass werden, auch andere Erfahrungen zu teilen: schöne und schreckliche Erinnerungen, gute und böse Träume, Erfolg und Scheitern mit den Aufgaben des Lebens. Weiterhin kann natürlich textexternes kulturelles Wissen einfließen – über den Autor und andere seiner Werke, über die Zeit der Textentstehung und ihre Epochenbezüge, über die Gattung oder das Genre, dem der Text zugerechnet werden kann, usw.

Diente aber das Gespräch nur oder vornehmlich der Vermittlung solchen Wissens an die Lernenden, so würde man nicht von Gesprächsunterricht reden wollen. In dessen Zentrum steht nicht Vermittlung literaturtheoretischen oder literarhistorischen Wissens, sondern der Text selbst als kognitive, affektive und pragmatische Herausforderung: Wie kann man das verstehen, welche Gefühle oder Stimmungen löst es aus, was könnte man damit *anfangen*? Nicht das sogenannte adäquate Textverständnis um des Werkes willen wird dann angestrebt, sondern ein aus dem Erfahrungshorizont der Gesprächspartner heraus begründetes Problemverständnis, das den Weg – oft ist es kein Umweg, sondern der einzig gangbare Weg – über *ästhetische Erfahrung* nimmt: Bevor Interpretation zur Aufgabe werden kann, muss zunächst „Konkretisation" Aufgabe sein, wie Harald Frommer über *Lesen im Unterricht* (1988) gesagt hat. Bereits individuelle, nicht mitgeteilte Vorstellungsbildung beim Lesen ist natürlich Konkretisation, ist nämlich imaginative Besetzung von „Unbestimmtheitsstellen" (Roman Ingarden) des Textes und Aktualisierung seiner Figuren, Handlungsführung, Sprachbilder, Schauplätze usw. auf einen je konkreten Erfahrungshorizont hin. Solche Vorstellungsbildung und Interpretation bleibt aber unbewusst, ja: Sie wird als solche meist gar nicht erkannt. Unsere Konkretisationen des gelesenen Wortlauts finden so schnell statt, dass wir gar nicht bemerken, wie wir Leerstellen auffüllen, Unbestimmtheit vereindeutigen und Vorstellungen verfestigen. Erst die Veröffentlichung im Unterrichtsgespräch stellt ein Bewusstsein davon her, und darin liegt der Sinn des Gesprächs (nicht in der gefälligen „Verpackung" der Botschaft, die die Lehrkraft schon fertig mit in die Klasse gebracht hat).

Ein solches Gespräch hat offenbar eine Eigendynamik, die nicht ohne Folgen durch allzu gezieltes Hinarbeiten auf Resultate gestört werden kann. Es ist in erster Linie ein *Lerngespräch*, das hier zu führen ist, und eben deshalb ist das Verbum „führen" nicht im Sinn einer Lehrerlenkung zu verstehen. Schülerinnen und Schüler lernen etwas über den Text und seine Deutbarkeit, aber auch etwas über sich selbst und einander, indem sie eine Menge von Alltagsbeobachtungen, Erinnerungen, aber auch zurückliegende Leseeindrücke zur Sprache und damit in Anwendung auf die aktuelle Leseerfahrung bringen,. Abstrakte Alltagsbegriffe (wie z. B. „Anpassung" in Anwendung auf die berühmte Geschichte „Der Bär auf dem Försterball" von Peter Hacks: vgl. Fritzsche 1994, Bd. 3, 37ff.) brauchen im Unterschied zu Gattungs- oder Analysebegriffen nicht vom Lehrer vorgegeben zu werden. Allenfalls muss er ihre Verwendung positiv verstärken und ihre weitere Anwendung auf verschiedene Aspekte der Textvorlage behutsam einklagen, wenn das Gespräch sich allzu weit davon entfernt. Claus Forytta (1981, 347) hebt hervor, die Lehrkraft könne ein (Lern-)Gespräch zwar anregen, aber nicht in der Hand behalten. Wenn eine Lehrkraft dies allzu krampfhaft versucht, wird das Gespräch schnell inkohärent und unfruchtbar. Natürlich braucht sie eine Vorstellung davon, was der Text zu diskutieren zulässt oder erfordert. Im Abstecken solcher Grenzen besteht ja gerade seine vielleicht wichtigste Aufgabe beim Moderieren eines Lern- und Lehrgesprächs. Diese Grenzen werden desto enger zu ziehen sein, je älter die Lernenden und je komplexer die Textvorlagen sind. So eng aber, dass die Schüler nur noch das Richtige zu treffen haben, d.h. erraten müssen, welchen Begriff der Lehrer jetzt im Kopf oder in seiner Unterrichtsvorbereitung hat, so eng darf es nie werden..

Wie stark sich die Lehrkraft zurückhalten und wie weitgehend der Umgang mit literarischen Texten Gesprächsunterricht sein kann, demonstriert Ute Andresen (1992; vgl. dazu auch Kapitel 6.1). Für die Sekundarstufen finden sich ähnliche Überlegungen bei Johannes Werner (1996), auch hier ausgehend vom Ideal des demokratischen Dialogs und abgesichert durch Gesprächsprotokolle. Er betont, dass die Lehrkraft zwar durchaus selbst Deutungen einführen dürfe, jedoch keine „abschließende Gültigkeit" dafür beanspruchen könne (vgl. Werner 1996, 222f.).

Die Fachdiskussion zur Theorie und Didaktik des literarischen Gesprächs in der Schule (vgl. z. B. Härle/Steinbrenner Hrsg. 2004) kann hier nicht rekapituliert werden. Für unseren Zusammenhang ist aber wichtig, dass Bedeutung des literaturanalytischen Diskurses im Deutschunterricht von einer Didaktik des literarischen Gesprächs her gesehen im „Wechselspiel von entfaltenden und abstrahierenden Gesprächsbeiträgen" (Merkelbach 1995, 42ff.) liegt. Anzustreben ist ein Verzicht der Lehrkraft auf das „Strukturierungsmonopol": Wir brauchen eine Didaktik des literarischen Gesprächs, die sich auf dialogische Bedeutungsfindung einlässt und beherzigt, dass ein Text für Lernende nur bedeutend ist, wenn er *ihnen* etwas bedeutet und sie das auch artikulieren dürfen. Die Fähigkeit, solche literarischen Gespräche zu führen, ist Voraussetzung für „literarische Bildung" im Sinne einer späteren Teilnahme sowohl am literarischen Leben der Gegenwart als auch am literarischen Erbe. Gerade, wer solche wertkonservativen Ziele noch ernstlich verfolgt, darf im didaktisch-methodischen Bereich nicht konservativ sein, sondern muss innovativ werden.

Einen Schritt weiter noch, nämlich den von der literarischen zur *ästhetischen Kommunikation*, gehen Texterschließungsverfahren bzw. Anschlusshandlungen, die sich als „szenisch" verstehen lassen: das „Literarische Rollenspiel" und die „Textinszenierung" (vgl. auch Kap. 2.3.3, 6.3.3 u. 6.4.1). Hier können die Lernenden nicht nur in einem offenen Gespräch ihre Sichtweise und Verständnisprobleme öffentlich machen, sondern durch Handeln im Spiel. Was damit buchstäblich ins Spiel gebracht wird, ist das Probehandeln, das sich im ungesteuerten, sozusagen intimen Leseprozess im Kopf – manchmal auch im Bauch! – ereignet: Was wäre, wenn *ich* diese Figur wäre, ihre Gedanken, Gefühle, Probleme und Möglichkeiten hätte? Was würde ich tun, was lassen? Oder: Wie würde sich dieser Dialog, vor zweihundert Jahren geschrieben und zum ersten Mal auf einer Bühne gesprochen, *heute* abspielen? Das literarische Rollenspiel soll, im Unterschied zur Textinszenierung (hier vgl. etwa Kunz 1995, 1997), nicht eine Textvorlage getreu umsetzen, sondern den Prozess der Konkretisation, von dem bereits die Rede war, öffentlich machen und Unbestimmtheitsstellen des Textes probehalber mit dem ausfüllen, was durch individuelle Vorstellungsbildung, aber auch im Unterrichtsgespräch an Vermutungen, Ausdeutungen und Fortführungen entsteht.

4.2.2 Literatur im Schreibunterricht

Schreiben über Literatur gehört seit langem zum aufsatzdidaktischen Repertoire. Auf der Primarstufe entstehen erste schriftliche Nacherzählungen, die in Entfaltungen von Erzählkernen übergehen. Dann fasst man, in der Regel ab Jahrgangsstufe 7, auch Texte zusammen bzw. schreibt sog. „Inhaltsangaben", traditionell meist zu Kalendergeschichten von Hebel, Anekdoten von Kleist oder Kurzgeschichten des 20. Jahrhunderts. Ab etwa Jahrgangsstufe 8 verbreitert sich die dem Schreiben zu Grunde gelegte Textsortenbasis. Das Nacherzählen verschwindet; neben das Zusammenfassen, das funktional erhalten bleibt, tritt das Beschreiben von Form und Struktur in der „Texterschließung" sowie das literarische Erörtern. Zu – meist von der Lehrkraft – ausgewählten thematischen Aspekten eines literarischen Textes entsteht so ein eigener Text mit erörterndem Charakter. Schließlich mündet dieser traditionelle Lehrgang v. a. auf dem Gymnasium in den „Interpretationsaufsatz" ein, der sprachliche Handlungen des Zusammenfassens und Wiedergebens, des Beschreibens und schließlich Argumentierens funktional integrieren und dabei auch literarästhetische und literaturgeschichtliche Kenntnisse zeigen soll (vgl. Kap. 6.3 u. 6.4).

Die meisten der genannten Schreibformen sind fachdidaktischer Kritik ausgesetzt (vgl. z. B. Bark 1979, Rutschky 1977, Spinner 1987, Scheffer 1995). Zwei Entwicklungen der letzten zwanzig Jahre haben darüber hinaus den überkommenen Lehrgang *im Ganzen* in Frage gestellt: Zum einen widerspricht die dominant ergebnisdarstellende Schreibhaltung, die hierbei meist vermittelt wurde, einer heute eher prozessorientierten Sicht auf das Schreiben. Zum andern hat das „Kreative Schreiben", das ja im Tätigkeitsfeld des Schreibens zu Texten seine engste Berührung mit dem handlungs- und produktionsorientierten Literaturunterricht hat, für eine Abwertung der analytischen und eine Aufwertung der stilmimetischen Anteile solcher Schreibhandlungen gesorgt: Verfahren wie das Schreiben von Parallel- und Antworttexten oder das stilistische Variieren und

Nachahmen wurden zum einen von der Kreativitätsförderung her begründet (vgl. z. B. Abraham 1994, 159ff.; Spinner 1994, Paefgen 1996). Zum anderen sprechen für sie rezeptionsästhetische Argumente (vgl. v.a. die Arbeiten von Günter Waldmann und dazu unten, Kap. 4.4).

Hinzu kamen Formen des Schreibens über und nach Literatur, die Wahrnehmungsgenauigkeit und stilistische Kompetenz in einem eher handwerklichen Sinn schulen wollen, z. B. der Précis (vgl. Kap. 6.3.2) sowie literaturkritische Formen, die eher empfohlen werden, um Urteilsfähigkeit in Bezug auf Texte auszubilden und Äußerungskompetenz in einem literaturkritischen Sinn anzubahnen.

Damit ist ein Komplex *Schreiben im Literaturunterricht/Literatur im Schreibunterricht* entstanden, der literaturdidaktische Ziele ebenso verfolgt wie schreibdidaktische und solche der Kreativitätsförderung und ästhetischen Bildung. Ein offener, integrativer Schreib-Lese-Unterricht (vgl. Kopfermann 2002) bezieht textwiedergebende, -besprechende und -gestaltende Tätigkeiten aufeinander und auf ein Thema (das ein literarisches sein kann, aber nicht muss). Eventuell geschieht dies auch fächerübergreifend. „Themenzentrierter Deutschunterricht" ist in diesem Sinn ein Unterricht, der Lese- und Schreibstrategien (viel mehr als bisher) vermittelt, also an die Lernenden bringt, und sie in einem zweiten Sinn *vermittelt*, nämlich zusammenbringt mit Arbeit an Themen. Konzepte integrativen Deutschunterrichts, wie sie in den 1990er Jahren entwickelt worden sind, haben zwar die Verbindbarkeit der Lernbereiche stark betont, aber sie haben die Einheit eines Schreib-Lese-Zusammenhangs noch nicht wirklich herausarbeiten können. Vermutlich waren sie eher an Zielen aus den Lehrplänen orientiert, während seit der PISA-Diskussion in der Deutschdidaktik diese *Input*-Orientierung einer *Outcome*-Orientierung weicht. Diese neue Sichtweise schärft uns heute den Blick für Kompetenzen und Qualifikationen, die sich in schriftlichkeitsbezogenen Tätigkeiten Lernender zeigen: In einem Thema- oder Projektzusammenhang müssen/können sie Texte zusammenfassen, vorformulierte Thesen vortragen, Bildmaterial oder Grafiken schriftlich kommentieren, strittige oder unklare Begriffe durch Nachschlagen klären, usw. Ein solches funktionales Schreiben zu Texten also schließt nichtliterarische Textsorten als *Vorlagen* und *Zielformen* ein. Fähigkeiten (kognitiv) und Fertigkeiten (sprachlich-stilistisch) schriftlichen Zusammenfassens bilden insbesondere bei längeren und komplexeren poetischen Texten oft die Voraussetzung für fruchtbare Interpretationsgespräche und schriftliches Interpretieren.

Schreiben über Literatur verstehen wir zunehmend als *heuristisch*: Lernende sollen eher ausnahmsweise vorher schon fix und fertige Erkenntnisse über den Text zu Papier bringen; in der Regel sollen sie den Schreibprozess dazu benutzen, in den Text und seine Deutungsmöglichkeiten schreibend einzudringen: z. B. Schauplätze, Figuren, Details konkretisieren; Steckbriefe zu Charakteren schreiben; Urteile über Charaktere, Handlungsweisen und Motive abgeben. Der Interpretationsaufsatz bleibt dabei legitim, vor allem im gymnasialen Deutschunterricht. Wir haben aber zu überlegen, wie Schreiben aus und über Leseerfahrungen *auch* auf den anderen Schulstufen und -arten aussehen sollte. Interpretieren geschieht ja bereits *lesend* und nicht erst nach Abschluss der Textrezeption, und es geschieht oft zunächst im Gespräch, d.h. im Bemühen um „Intersubjektivität". Der Interpretations*aufsatz* ist demgegenüber eine sekundäre Erscheinung von institutioneller Künstlichkeit (vgl. dazu ausführlich Kap. 6.4).

Noch immer wird in Schule und Universität die Fähigkeit monologischen Interpretierens überbetont. Es gibt aber Gegenbeispiele: So führte Heide Bambach in der „Bielefelder Laborschule" Lese- und Schreibversammlungen ein, wo Lernende nach gehörten Text(auszüg)en eigene Erzählungen vorlasen (vgl. Bambach 1989). Andere Formen des Schreibens in einem integrativen, prozessorientierten Literaturunterricht sind:

- Führen eines Arbeitsjournals, das neben Leseeindrücken auch Vorstufen eigener Texte festhält und Anstrengungen der Schreibplanung sichtbar macht (vgl. Bräuer 2000);

- Führen eines Lesetagebuchs, das den Prozess einer Lektüre oder eines themazentrierten Literaturunterrichts begleitet (vgl. im Überblick Hintz 2002, 67–85);

- Schreiben zu Bilderbüchern (vgl. Spinner 1992); Schreiben in literarische Texte hinein, z. B. „Subtexte" zu dramatischen Dialogen (vgl. Frommer 1995);

- Erarbeiten von *Précis*-Versionen zu literarischen Texten für Zwecke des Unterrichts und/oder einer Publikation (Klassen-, Schüler-, Jugendzeitung);

- Zusammenstellen eigener Texte zu einem größeren Arbeitszusammenhang bzw. Thema zu einem Portfolio, das auch bewertet werden kann (vgl. Winter 2003).

4.2.3 Literatur im Grammatikunterricht und zur Förderung von Sprachbewusstsein

Regina Nußbaum (2000, 179) stellt fest, dass „Integration" als Unterrichtsprinzip im Fach Deutsch nach wie vor immer dann kontrovers ist, wenn „Sprachreflexion" einbezogen werden soll. Ein Prinzip *induktiver Vermittlung* (vgl. ebd., 183) allein biete jedenfalls noch keine hinreichende Gewähr dafür, dass ein zweiter Lernbereich, allen voran der Umgang mit literarischen Texten, tatsächlich „integriert" ist. Wer Integration in diesem Bereich wirklich leisten will, hat folgende Möglichkeiten:

Auf der literaturdidaktischen Seite wird verstärkt wieder *textnahes Lesen* eingeklagt (vgl. ausführlich Kap. 6.3.2), womit das Sprechen und Handeln im Literaturunterricht, in der Praxis oft beschränkt auf das *Was* und *Warum*, durch ein *Wie* erweitert wird – ohne dass damit schon geklärt ist, welche Rolle grammatische Reflexion dabei spielen soll. Etwas konkreter fordert Peter Klotz (1997), Literatur müsse wieder mehr „beim Wort", also in ihrer *Sprachlichkeit* ernst genommen werden (vgl. Klotz 1997, 228 f.). Neben *Literarität, Gesellschaftlichkeit* und *Medialität* sei die *Sprachlichkeit* des literarischen Textes ein vierter, nach eigenständiger Berücksichtigung verlangender Aspekt im Unterricht. Klotz nennt (ebd., 230) hierfür Kriterien aus der Grammatik im weitesten Sinn: lexikalische und grammatische Zeichen, Textsortenzugehörigkeit, Stil und Register, Mittel der Kohäsion und Verteilung rhetorischer Mittel.

Auf der sprachdidaktischen Seite sucht man nach „integrativen" Konzepten, die unter anderem auch die Literatur in die Pflicht nehmen für genuin sprachreflektorische Ziele: Sprachbewusstheit, Distanz zum eigenen Sprachgebrauch, Sensibilisierung für Nuancen im Rahmen einer (sprach-)ästhetischen Erziehung. Immer wieder auch sprachliche Mittel zu „fokussieren", sagt Günther Einecke (1999), sei bei der Literaturrezeption ein sinnvolles Verfahren. Gemeint ist damit der Aufmerksamkeitswechsel: Vom Bezeichneten zum Zeichen – sozusagen ein *Umschalten*. Das daraus entstehende integrative Konzept sucht *Sprache-in-Funktion* sowohl im Schreib- als im Literaturunterricht auf.

Nun ist es aber schwierig, den Prozess der Verständigung über Inhalte und literarische Bilder gegenüber der Bewusstwerdung eines grammatischen oder stilistischen Phänomens auszugliedern. Das Umschalten(können) hat seine Tücken:

> Die Sprache ist im Sprechen transparent, sie ist ein Fenster zum jeweils gemeinten und rekonstruierten Sinn. Nur wenn das Fenster trübe, fleckig oder zerbrochen ist, fassen wir es selbst ins Auge, anstatt hindurchzusehen.

In diese Metapher fasst Clemens Knobloch (1994, 57) das Problem, dass wir Sprache aus dem Alltag als *Medium* – nicht als *Gegenstand* – der Kommunikation und Reflexion kennen. Man darf sie freilich nicht so verstehen, als gäbe es nur völlig transparente und völlig undurchsichtige Fensterscheiben; schon der Alltagsverstand reicht aus, um das zurückzuweisen. Vielmehr liegen gerade bei literarischen Texten Verschmutzungen, Eintrübungen, Brüche und Risse im Glas vor, die zwar den Blick hindurch nicht verunmöglichen, jedoch irritieren oder ablenken können. Sie erinnern nämlich daran, dass wir die imaginäre Welt der Literatur nie unmittelbar, sondern immer durch das Medium Sprache hindurch wahrnehmen (bzw. mit seiner Hilfe konstruieren). Das Fenster also darf, in der Metapher gesagt, gerade dann nicht vergessen werden, wenn dahinter inhaltlich Spannendes liegt oder vom Leser erwartet wird. Die oft anzutreffende Auffassung, grammatische Betrachtung sei rein formal, literarische Interpretation dagegen vorwiegend inhaltlich, ist dem Verständnis dieses Zusammenhangs im Weg.

Im Grammatikunterricht geht es heute nicht mehr um Sprachwissen allein, sondern um „Sprachbewusstheit" (Neuland 1992). Ein solches Bewusstsein als Zielvorstellung hat mehrere Aspekte (vgl. Abraham 2001, 32 f.), von denen einer herausgehoben sei, weil er die Anschließbarkeit an den Literaturunterricht herstellt: „Sprache in Funktion" zu reflektieren, kommunikative Handlungsmöglichkeiten durch Ausdruckswahl zu untersuchen und zu verstehen (z. B. Köller 1991; Klotz 1995). Wenn Literatur sich dazu eignet metasprachliches Bewusstsein zu schärfen, so liegt das daran, dass sie sozusagen Sprache-in-Funktion unter verschärften Bedingungen studierbar macht. Studieren wird sie allerdings nur können, wer sich der *Intentionalität* der Analyse von Textmaterial bewusst ist: Man muss wissen, *wozu* man nach Strukturen sucht (vgl. Glinz 1978). Die Analyse von Sprache-in-Funktion, und nichts anderes sind ja auch literarische Texte, ist letztlich immer interessegeleitet. Sprachliche Strukturen literarischer Texte aber sind zugleich ästhetische Strukturen. Gilt diesen das Interesse, so kann die Analyse durchaus dem Literaturunterricht dienen; gilt es dem grammatischen System selbst, so ist aller induktiven Methodik zum Trotz für den Literaturunterricht nichts zu erhoffen: Es ist für uns noch *kein* integratives Konzept, an einem gelesenen und interpretierten Stück Literatur „auch noch" eine bestimmte Wortart oder verschiedene Satzbaumuster zu studieren. Vielmehr müssen beide Seiten etwas davon haben. Literatur *kann* für den Grammatikunterricht instrumentell werden und umgekehrt (Grafik aus Abraham 2001, 36):

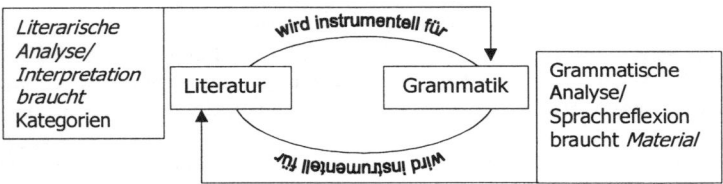

Wechselseitige Erhellung *kann* stattfinden; aber die beiden (Lern-)Bereiche können nur dann miteinander tanzen, wenn man sich geeinigt hat, wer „führt". Deshalb sollten Synergieeffekte durch Integration von Sprachreflexion und Literaturunterricht nicht überschätzt werden. Es ist kein Zufall, dass unter den Texten, aus denen Einecke (vgl. 1994, Materialienband, 4: Synopse) in zehn Sequenzen seinen integrativen Grammatikunterricht aufbaut, relativ wenige im engeren Sinn literarische sind. Die Grammatikdidaktik tut sich desto schwerer mit der Integration von Literatur, je näher man der sogenannten Hochliteratur kommt.[21] Dass es Versuche gibt, an ‚Kanontexten' Sprachreflexion zu betreiben (z. B. Bremerich-Vos und Näff 1996, Schacherreiter 2000), widerspricht dem nicht, sondern zeigt die Grenzen des Unternehmens (vgl. an einem Sprachbuch-Beispiel auch kritisch Beisbart 1999). Wo es gelingt, dort geht grammatische Reflexion, die ja dann im Literaturunterricht stattfindet, unweigerlich immer wieder in *Stilreflexion* über. Eine pragmatische Stilistik (Sandig 1986) geht davon aus, dass Stil in Texten jeder Art (Zusatz-)Bedeutung übermittelt und damit Handlungsabsichten verfolgt. „Stilsinn" ergibt sich dabei auch aus den grammatischen Strukturen literarischer Texte insofern, als einer Präferenz für bestimmte satz- oder textgrammatische Lösungen ein Sinn zugeschrieben werden kann (vgl. z. B. Melzer 1986 über Trivialliteratur oder Näff 1996 über *Homo Faber*).

---

[21] Mit Ausnahme von Irmtraud Morgner und Sarah Kirsch handelt es sich bei den Erzähltexten nicht um solche eines wie weit auch immer gefassten Kanons, sondern um Abenteuer- bzw. Jugendliteratur (Defoe, Cooper, Kipling, May).

4.3 Lernbereichsspezifische Konzepte: „Mit Texten und Medien umgehen"

Der Lernbereich, dessen Kern der Umgang mit Literatur und anderen Medien ist, trägt unterschiedliche Bezeichnungen in verschiedenen Lehr- bzw. Rahmenplänen. Unstrittig ist heute, dass dafür der traditionell enge – d.h. bis in die 60er Jahre des 20. Jahrhunderts hinein – auf die Hochliteratur als literar-ästhetisches Phänomen zugeschnittene Literaturbegriff weiter gefasst werden muss: Zum einen enthält er neben einem Schulkanon auch nicht-kanonisierte bzw. bislang überhaupt kaum kanonfähige Literatur (Kinder-, Jugend-, Unterhaltungs-, Trivialliteratur), zum andern beschränkt er sich nicht auf die Buchmedien. So sind alle anderen Printmedien (z. B. Comics, Jugendzeitschriften, die Presse überhaupt) einzubeziehen und ebenso AV- und Computermedien. Es geht dabei nicht an, den Zusatz „... und Medien" zwar im Lernbereichstitel mitzuführen, aber inhaltlich doch ausschließlich bzw. vorwiegend das Buch und allenfalls andere Printmedien abzuhandeln (z. B. Schober, Hrsg. 1998 u. 2003). Buchpädagogik, Leseförderung, literarisches Lernen und literarische Bildung (vgl. oben, Kap. 2.3) sind selbstverständlich wichtige Anliegen des Lernbereichs. Aber Literatur ist immer häufiger Medienverbundliteratur, und die kulturelle Praxis, in die wir Heranwachsende einzuführen haben, ist mit zunehmender Selbstverständlichkeit eine Praxis des Umgangs mit allen ästhetikfähigen Medien. Krampfhaftes Bemühen um eine Herausstellung des Mediums Buch als höherwertig oder besonders schützenswert entspricht, mit einem Blick auf das alljährlich von Buchverlagen auf den Markt geworfene Angebot an erhofften Sellern nicht nur nicht der Wirklichkeit, sondern ist, weil es als Bewahrpädagogik missverstanden werden kann, auch medienpädagogisch kontraproduktiv.

„Umgang mit Literatur" (Fritzsche 1994, Bd. 3) bzw. „Umgang mit Texten" (Schubert-Felmy 2003, Matthiessen 2003) ist deshalb zwar das Kerngeschäft des Lernbereichs, aber nicht sein einziger Auftrag. Die Geschichten, die im kulturellen Gedächtnis überlebt haben und ihm neu eingeschrieben werden, wandern heute durch die Medien; die Entwicklung der Literatur ist mit der Entwicklung der Medien seit Jahrtausenden so untrennbar verbunden (vgl. auch Kap. 1.2), dass eine Blickverengung auf das nur einige Jahrhunderte lang „klassische" Medium Buch unklug erscheint. Literaturunterricht in einer Medienkultur muss integrativer Literaturunterricht sein (vgl. Wermke 1997, 46), und er sollte darüber hinaus auch medienreflexiv sein in dem Sinn, dass er das erwähnte Wandern der Stoffe und Geschichten und Denkbilder durch die Medien selber zum Thema macht (vgl. Kap. 2.4). Nicht nur die Literaturverfilmung als Genre beansprucht unter diesem Blickwinkel neue Aufmerksamkeit (vgl. die sehr gute Handreichung von Kötter/Wagener 2002 für die S II), auch Literatur im Netz und – was ja nicht dasselbe ist – Netzliteratur (vgl. Kap. 5.5) sollten im Deutschunterricht künftig einen Platz finden.

Überblicksdarstellungen über den ganzen Lernbereich berücksichtigen solche Überlegungen in unterschiedlichem Ausmaß: Fritzsche (1994) und Matthiessen (2003) klammern sie fast gänzlich aus, Schubert-Felmy (2003) beschränkt sich auf einleitende Hinweise. Besser ist es mit der Integration des Subsystems Kinder- und Jugendliteratur in Aufgabenbeschreibungen für den Lernbereich bestellt. Zwar hat Heinz-Jürgen Kliewer (1997, 154) sicher Recht damit, dass nicht zwei verschiedene Literaturdidaktiken erforderlich sind – eine für die Erwachsenen- und eine andere für die Kinder- und Jugendliteratur,[22] und dass die herkömmliche Trennung eher eine Barriere in den Köpfen der Lehrenden ist als eine didaktisch hilfreiche Unterscheidung. (Nur) Kinder- und Jugendliteratur gilt als „Zielgruppenliteratur" und darf Spaß machen; hohe Literatur dagegen hat über Adressatenorientierung erhaben zu sein und darf den schon literarisch Gebildeten die Schwere des kulturellen Erbes zumuten. Diese Zweiteilung hat zur Folge, dass themen- und motivgleiche Texte, in denen es z. B. dort wie hier um Probleme des Aufwachsens geht, lange Zeit ganz verschieden wahrgenommen worden sind – allerdings nur von der Fachwissenschaft, nicht unbedingt von der Didaktik und schon gar nicht in der kulturellen Praxis des Alltags und des Klassenzimmers.

Die für den Lernbereich in Lehrplänen fixierten und in der Fachliteratur diskutierten Ziele sind vielfältig. Sie reichen von „literarischer Kompetenz" bzw. „Rezeptionskompetenz" allgemein als der Fähigkeit des kundigen, verstehenden Umgangs mit Literatur über Fähigkeit und Bereitschaft zu „textnahem", d.h. genauem sowie sprach- und formbewusstem Lesen bis zu gattungsspezifischen Zielen und Inhalten, wie sie unten (Kap. 4.4) noch im Einzelnen dargestellt werden.

„Kompetenzen" nehmen in Aufgabenbeschreibungen des Lernbereichs seit längerem eine zentrale Stellung ein; immer mehr Einzelkompetenzen hat man unterschieden (vgl. etwa Haas 1997 und dazu Kap. 2.1.1). Nun lässt sich jede Systematik beliebig fein ausdifferenzieren; man kann aber fragen, ab wann sie keinen ordnungstiftenden Zweck mehr erfüllt. Eine gewisse neue Unübersichtlichkeit muss man der weit ausdifferenzierten, natürlich dabei auch erfreulich präzisierten Diskussion um die Intentionen von Literaturunterricht leider auch attestieren. Vor dem Hintergrund der in vorliegender Darstellung aufgeworfenen Frage ist eine Besinnung aufs Grundsätzliche sinnvoll: Kompetenzen bezeichnen nicht Instrumentalisierbares, sondern untrennbar zur Gesamtpersönlichkeit Gehörendes.

Innerhalb des so abgesteckten literaturdidaktischen Traditionsrahmens kann man ‚Umgang mit Texten' als Kompetenzförderung beschreiben (vgl. auch Fritzsche 1994, Bd. 3, 99). Allerdings sind zu unterscheiden:

---

[22] Kliewers Vergleich zweier fiktiver Unterrichtsmodelle zu Hesses *Unterm Rad* und Chidolues *Lady Punk* macht deutlich, dass die Unterschiede im Herangehen an den üblicherweise dort zur Erwachsenen- bzw. hier zur Jugendliteratur gerechneten Text lediglich in dem Ausmaß liegen, in dem eine ‚Sachanalyse' schon vorliegt (weil dort die Literaturwissenschaft sich zuständig fühlt) bzw. erst noch geleistet werden muss.

- Kompetenzen, die zum Lesen der Texte selbst ausgebildet und benötigt werden, die sich langfristig und stabil auf Literatur und literarisches Leben beziehen: kritische oder Wertungs-Kompetenz; ästhetische Kompetenz. Haas (1997, 35) nennt noch eine projektive Kompetenz als „Fähigkeit, literarische Texte als Impuls und Antrieb für die Übertragung in reale Situationen und Erfahrungen einzusetzen".

- Kompetenzen, die sich zwar (auch) im längeren Umgang mit Literatur herausbilden, doch weit über diesen hinaus wirken, indem sie nämlich die Orientierung und das Handeln in gegenwärtigen und künftigen Lebenssituationen erleichtern: linguistische und interaktive Kompetenz nach Kreft (1977, 71ff.), emotive Kompetenz und kreative Kompetenz nach Haas.

Einen Vorschlag von Abraham (1998, 258) modifizierend, lassen sich Kompetenzen im Literaturunterricht nun so ordnen:

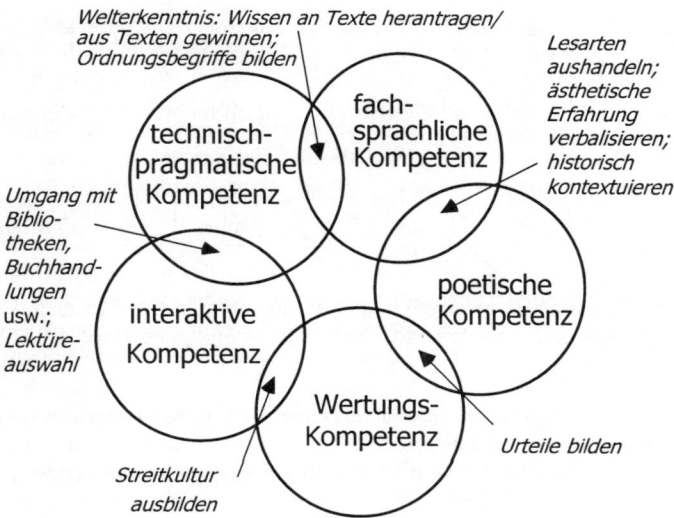

Folgende Aufgaben des Lernbereichs kann man daraus ableiten:

- die *vorstellungsbildende und Kreativität freisetzende Funktion* der Literatur zu unterstützen und mit ihr im Unterricht zu arbeiten;

- Literatur für *Probehandeln,* Sozialisation sowie Selbst- und Fremdverstehen der sich bildenden Persönlichkeit zu nutzen, ohne ihren ästhetischen Eigenwert zu missachten („moralische Begriffe bilden" – „Streitkultur ausbilden"; vgl. oben, Kap. 4.1);

- die Fähigkeit zur „*Anschlusskommunikation*" und zum Dialog als Teil kultureller Praxis zu entwickeln („Umgang mit Buchhandlungen..."), und zwar im Medienverbund, wobei neben literarischer auch ästhetische Kommunikation in Form szenischer Verfahren einzubeziehen ist („ästhetische Erfahrung verbalisieren"; vgl. Kap. 6);

- den Lernbereich in enger Verflechtung mit dem Lernbereich „Schreiben für sich und andere" als einen *integrierten Schreib-Lese-Unterricht* zu verstehen, in dem literarische Texte auch Schreibkompetenz entwickeln helfen und diese wiederum der Erarbeitung des Sprach- und Formbewusstseins dient, die für Literatur gebraucht wird („Wissen an Texte herantragen ...");

- statt deklarativem Wissen über Gattungen, Epochen und wichtige Autoren eher ein *prozedurales Wissen* davon zu vermitteln, wie Gattungs- und Epochenbegriffe entstehen, welche Diskurse einen Kanon schaffen und wozu er gebraucht wird („Ordnungsbegriffe bilden", „historisch kontextuieren").

Neben diese Frage nach den im Lernbereich erwerbbaren Kompetenzen ist allerdings eine zweite zu stellen: Welche *Funktionen* nehmen Texte im Unterrichtsgeschehen wahr? Pragmatische und poetische Texte, mit denen wir im Deutschunterricht umgehen, haben mindestens eine und oft mehrere von vier Funktionen (vgl. Abraham et al. 2000, 39):

1. Sie verleihen *fremden Gedanken und Vorstellungen* sprachliche Gestalt und bilden damit kognitive Herausforderungen, bauen Wissensstrukturen auf/aus und fördern die Vorstellungsbildung.

2. Sie sind *Identifikationsangebote* und als solche affektive Herausforderungen, ermöglichen und erfordern die (Selbst-)Verständigung über Ich-Bilder und Fremdbilder.

3. Sie sind *Übungsgegenstände* für textverarbeitende Kompetenzen und als solche instrumentelle Herausforderungen, ermöglichen den Auf- und Ausbau strukturierender und – mündlich/schriftlich – textwiedergebender Fertigkeiten.

4. Sie sind *Tätigkeitsauslöser* und als solche pragmatisch-kreative Herausforderungen, dienen als Schreib- und Spielvorlagen oder Anstöße für Diskussion und Debatten.

Texte unterschiedlichster Art in diesen Funktionen im Deutschunterricht wahrzunehmen und einzusetzen, an ihnen Rezeptions- und Produktionskompetenz zu entwickeln und die kulturelle Praxis der Auseinandersetzung über Qualität und Ästhetik der Literatur als Medium, ist die Kernbotschaft lernbereichsspezifischer Konzepte in der Literaturdidaktik.

4.4 Gegenstandsspezifische Konzepte: Subsysteme und Gattungen im Deutschunterricht

4.4.1 Konzepte zum Unterricht mit Kinder- und Jugendmedien

Kinder- und Jugendmedien gehören in einen nicht nur lesefördernden, sondern auch medienintegrativen Deutschunterricht. Bertschi-Kaufmann (2000) hat gezeigt, dass ein medienintegrativer Literaturunterricht, der nicht nur Print- und AV-Medien, sondern auch Computermedien nutzt, in seiner fördernden Wirkung einem buchorientierten Unterricht überlegen ist, vor allem bei den Jungen. Daher ist eine Didaktik der Kinder- und Jugendliteratur (KJL), wie sie seit den 1970er Jahren des 20. Jahrhunderts von Malte Dahrendorf, A.C. Baumgärtner und anderen entwickelt worden ist, zwar wichtig gewesen, aber heute nicht mehr ausreichend. Neuere Publikationen beziehen daher alle Medien ein (z. B. Richter/Hurrelmann (Hrsg.) 1998a, Büker/Kammler (Hrsg.) 2003, Hurrelmann (2002a) oder Hurrelmann/Becker (Hrsg.) 2003). Ohne die seit Jahrzehnten unstrittige *propädeutische* Leistung der Kinder- und Jugendlektüre für den Deutschunterricht zu leugnen, also der Hinführung zur Erwachsenenliteratur und zur Interpretationskompetenz überhaupt, betont man gegenwärtig auch andere Leistungen, deren Einbezug literarisches Lernen (vgl. oben, Kap. 2.3) zum medienästhetischen Lernen erweitert. Auch Fragen der Textauswahl sowie Probleme der Kanonisierung im Bereich der Kinder- und Jugendliteratur werden inzwischen zunehmend medienübergreifend diskutiert (vgl. z. B. Rosebrock 1997 zum Kanonproblem, Doderer 1969 und Hurrelmann Hrsg. 1995 zu „Klassikern" der KJL, sowie Abraham 2002b zu „Klassikern" des Kinder- und Jugendfilms).

Die für einen Unterricht mit allen Kinder- und Jugendmedien angestellten didaktischen Überlegungen können sich auf empirische Befunde zur Mediensozialisation Heranwachsender stützen, wie sie Erich Schön (2000) zusammengefasst hat. Daneben gibt es Erhebungen zu Präferenzen der Textauswahl bei den Lehrenden, kontrastiert mit Lektürepräferenzen der Lernenden (vgl. v.a. Runge 1997 u. Richter 2003; s.a. Kap. 2.2).

Während die Heranwachsenden heute in ihrer Mehrheit Genres wie Abenteuer und Fantastik vorziehen, beharren Deutsch-Lehrende mehrheitlich auf der sog. realistisch-problemorientierten KJL. Auch wenn sich nun, wie Reinbert Tabbert (2000) mit Recht sagt, nicht alle fantastischen Texte für eine Behandlung im Unterricht eignen, so ist unter Aspekten der Leseförderung und der literarästhetischen Grundbildung der ‚Schulkanon' der KJL dringend zu überdenken. Michael Sahr (1990) hat fantastische Kinderliteratur zusammengestellt, die sich für den Unterricht der Grundschule eignet; bei Lange/Steffens (Hrsg.) 1995 finden sich Texte und Anregungen für die S I.

Was nun die realistische KJL betrifft, so ist sie in ihren wichtigsten Spielarten (psychologischer Kinderroman, traditioneller und moderner Abenteuerroman, Adoleszenzroman, komischer Familienroman) von der späten Primarstufe bis zum Ende der S I eine unverzichtbare Chance zur Leseförderung, zur literarischen Elementarbildung und zum themen- bzw. projektorientierten Arbeiten.

Nicht mehr, wie noch vor 20 Jahren üblich, soll solche Literatur lediglich zur Gewinnung kritischer Perspektiven auf Themen und Probleme ausgebeutet werden. Vielmehr sind sie als sprachliche Herausforderungen zu betrachten und anzunehmen, und ihre sprachlich-literarische Qualität ist erstes Auswahlkriterium. Dass das geht, macht am Beispiel interkultureller Themenfelder Rösch (2000) deutlich.

Die wachsende Beliebtheit kinderliterarischer Fantastik bei den Lernenden hat nun ebenso wie die Reserviertheit der Lehrenden diesem Genre gegenüber auch damit zu tun, dass KJL traditionell „Sozialisationsliteratur" (Hurrelmann 1998a) war und als solche pädagogischen Ansprüchen genügen sollte: Bestand die Zielgruppe dieser Art von Literatur nun einmal aus erziehbaren Leser/-innen, so musste Erziehliches in die Lektüre hinein. Wie stark dieser Nexus von Kinder- bzw. Jugendlektüre und Pädagogik ausgeprägt war, kann man daran ermessen, dass noch vor wenig mehr als hundert Jahren Bedenkenträger v.a. von katholischer Seite allen Ernstes Einwände gegen die Eignung der Texte Karl Mays als Jugendlektüre erhoben. In Kenntnis dessen, was *intentionale* Jugendliteratur (die Mays Bücher gar nicht einmal waren!) heute ihren Leserinnen und Leser anbietet oder zumutet, von sexuellem Missbrauch über Aids zu Genmanipulation, kommt uns das recht lächerlich vor. Man muss aber wissen, dass mindestens seit der Einführung der allgemeinen Schulpflicht und der flächendeckenden Ausbreitung der Kulturtechnik Lesen in Europa eine Diskussion über Risiken des Bücherlesens im Gange war. Vor ihnen wollte man vor allem die schützen, denen man einfaches Gemüt und wenig Bildung zutraute – also Kinder und Frauen.

Der heute geradezu merkwürdig anmutende Begriff der „Lesewut" (auch „Lesesucht") fasste in der zweiten Hälfte des 19. Jahrhunderts die Angst der Gebildeten zusammen, beliebige und unkontrollierte Zugänglichkeit der Lesestoffe könne die leicht beeindruckbaren Gemüter der Frauen und Kinder, aber auch der „einfachen Leute", auf unrechte Ideen bringen, d.h. ihnen politisch, moralisch oder sonst wie gefährliche Vorstellungen vermitteln. Wenn man im 18. Jahrhundert dennoch begann, gefährlich beeindruckbaren, weil unerfahrenen, weil *unerwachsenen* Lesenden eigene Lesestoffe anzubieten, so deshalb, weil man sich pädagogische Wirkungsmöglichkeiten davon versprach und die Risiken und Nebenwirkungen im Griff zu haben glaubte; solche Lesestoffe waren ja – Johann Heinrich Campes *Robinson der Jüngere* hatte es demonstriert – zu bearbeiten, anzupassen, ggf. zu entschärfen. Fragt man heute KJL-Autoren nach den pädagogischen Dimensionen ihrer Texte, so wollen sie zumeist auf gar keinen Fall pädagogisch wirken: „Pädagogisch wollte plötzlich niemand mehr sein" (Hurrelmann 1998a, 45). Die „68er"-Generation stellte Kultur und Bildung ganz grundsätzlich unter Ideologieverdacht und zog v.a. in Schule und Hochschule gegen „Indoktrination" zu Felde. Wer sich keinem Verdacht aussetzen wollte, behandelte KJL besser als *Literatur*, d.h. als ein eher ästhetisch als pädagogisch zu beurteilendes Phänomen.

So einfach kann man das Thema „Pädagogik und KJL" aber nicht erledigen: KJL wird von Erwachsenen als Stellungnahme zu Kindheit und Kindererziehung gelesen; sie muss Stellung beziehen, affirmativ oder kritisch. O'Sullivan (2000,

152ff.) macht darauf aufmerksam, dass KJL, insbesondere die übersetzte, zu manchen Zeiten eine entscheidende Rolle spielte bei der Durchsetzung gesellschafts- und pädagogikkritischer Vorstellungen: Lindgrens deutsche Ausgaben der 50er Jahre beförderten ein neues Mädchen- und Frauenbild; heutige skandinavische Autoren in Übersetzungen (Inger Edelfeldt, Mats Wahl, u.a.), aber auch deutsche Autoren wie Andreas Steinhöfel befördern ein neues Bild von der Jugend und ihrer Rollenfindung in einer permissiven, d. h. frei gewährend lassenden, postmodernen Welt.

Das Spannungsverhältnis von Pädagogik und Ästhetik ist also letztlich nicht auflösbar. Dahrendorf (1998a) spricht von einer „immanenten Pädagogik" seit dem Auslaufen expliziter pädagogischer Aufladung der KJL – nicht als „Lehrhaftigkeit" oder „pädagogische Absicht", sondern als Spezifikum einer besonders leserzugewandten Literatur mit vier Aspekten:

- ausgeprägter Leseanreiz (Spannung, Komik, Identifikationsmöglichkeiten);

- Bezug zu Erfahrungen und Interessen der Leserschaft;

- dosierter Schwierigkeitsgrad, der durch Typisierung von Figuren, Übersichtlichkeit des Personals und oft Einsträngigkeit der Handlungsführung Überforderung vermeidet;

- trotzdem Lernangebote in Richtung „Selbstsozialisation", Abbau von Vorurteilen und Identitätsbildung.

Im selben Sinn spricht Rosebrock (1997, 12 f.) von der „themensetzenden Funktion" der KJL, die man nicht mit illegitimer pädagogischer Indienstnahme in eins setzen sollte. Nun gilt das vielleicht auch für andere Literatur, wenn nicht sogar für alle Medien; und Literatur ist ein grundsätzlich pädagogikfähiges Medium. Aber es gelten eben nicht alle vier Punkte gleichermaßen im ganzen literarischen System. Spinner konstatiert eine „Dialektik des Pädagogischen in der Geschichte der Kinder- und Jugendliteratur". Auch Kaminski (1987, 12 f.) stellt zu Recht fest, dass KJL zwar seit der Aufklärung meist als „Erziehungsinstrument" gesehen worden sei, aber zu dem stetig verstärkten Zugriff auf Kopf, Psyche und Körper der Kinder gleichzeitig ein „Gegengewicht" bilde, jedenfalls bilden könne. Vielleicht macht gerade die dialektische Spannung zwischen pädagogischem Instrument und Chance zum Rückzug in die eigene Vorstellungsbildung, zur Selbstbehauptung in Fantasie und Identifikation, man kann auch sagen: zwischen Disziplin und Anarchie, gute KJL aus.

Was ‚gute KJL' ist, hat jedenfalls zu verschiedenen Zeiten immer wieder die Fachleute beschäftigt (vgl. neben Kaminski 1987, 106ff. auch Haas 1974). Mindestens wird man pädagogische und ästhetische, psychologische und politische Maßstäbe verbinden müssen, um der KJL gerecht zu werden (vgl. Kaminski, ebd., 107). Bei all dem ist gute KJL jedenfalls nicht prinzipiell, wohl aber graduell verschieden von guter Literatur – nicht darin, dass sie einen Leser unterstellt, der belehrt werden möchte (damit hat die Erwachsenenliteratur vor 1800 aufgehört und die KJL vor 2000); sondern darin, dass sie einen in besonderer Weise lernfähigen, aufnahmebereiten, aber auch ablenkbaren und beirrbaren Leser in Rechnung stellt. Lesen bedeutet im Prozess des Erwachsenwerdens tendenziell etwas anderes als für Erwachsene (vgl. Dahrendorf 1998a, 17). Unsere Vorstellung vom (immanent) pädagogischen Charakter der KJL hat sich gewandelt, weil sich unsere Vorstellung vom Aufwachsen, von Sozialisation also, gewandelt hat.

Kinder- und Jugendmedien haben gegenwärtig prinzipiell drei Funktionen in der Schule (vgl. Rosebrock 1997, 10):

1. eine *thematische*: Ein Text präsentiert ein Thema und konstituiert damit einen Unterrichtsgegenstand.

2. eine *literarisch bzw. medienästhetisch bildende*: Ein Text schafft, erweitert, korrigiert mitgebrachte Vorstellungen des Mediums (also Literatur, Film, usw.) bzw. Wahrnehmungsgewohnheiten in Bezug auf ihre Lektüre, Verständnismöglichkeiten für Form, Stil usw.

3. eine *lesefördernde*: Ein Text erlaubt eine Beziehung zwischen Lebenswelt und Literatur, Alltagserfahrung (der Heranwachsenden) und literarischer Vorstellungsbildung zu schaffen, er bietet daher die Möglichkeit einer positiven Lektüreerfahrung und baut Lesemotivation auf/aus.

Allerdings sei kritisch hinzugefügt, dass in der Regel *nicht* alle drei Funktionen gleichzeitig entfaltet werden können und man überhaupt eher Konkurrenz als Harmonie unterstellen sollte. Man braucht Klarheit über die *Ziele* von schulischem Literaturgebrauch, um hier Entscheidungen zu treffen; und dafür ist ein letzter Aspekt wichtig: Nicht nur haben sich unsere Vorstellungen von Sozialisation und von KJL gewandelt, sondern auch unser Bild vom „Lerner" in der Schule. Ebenso wenig, wie gute KJL heute Heranwachsende belehren will oder kann, darf der Unterricht, der sich ihrer bedient, belehren wollen: über das Leben, die Gesellschaft oder über die Literatur selbst. Er darf die Texte nicht nur zu Zwecken einsetzen, die ihnen fremd sind. Allerdings gibt Dahrendorf, der schon 1969 unter dem Titel „Leseerziehung oder literarische Bildung?" von einer bildenden Wirkung auch zielgruppenorientierter Genres der Literatur gesprochen hat, zu Recht zu bedenken: „Es muss durchaus nicht auf ‚Instrumentalisierung' hinauslaufen, wenn die Vermittlung ‚Bildung' initiiert und wenn dabei das spezifisch Literarische als Medium des Bildungsprozesses betrachtet wird." (Dahrendorf 1998a, 14). Mit Fritzsche „Erziehung durch Literatur" und „Erziehung zur Literatur" zu unterscheiden, bleibt richtig und lässt keinen Zweifel daran, dass man es beide Male mit *Erziehung* zu tun hat (Fritzsche 1994, Bd. 3, 98–100). Das eine Mal sind die Kinder- und Jugendmedien *Gegenstand*, das andere Mal *Medium* des Lernens. Und man kann als Faustregel aufstellen, dass im Lauf einer Schulkarriere im Fach Deutsch, wie es bisher war und noch ist, der Gegenstand immer mehr das Medium verdrängt; so als sei auf der einen Seite der sogenannte Kanon der S II kein Medium des Lernens, keine Chance zum Selbst- und Fremdverstehen mehr, und als sei auf der anderen Seite KL in der Grundschule noch kein Anlass, über ästhetische Strukturen, literarische Techniken und Traditionen nachzudenken. Wer das für Vorurteile hält, wird es begrüßen, dass KJL heute ästhetisch den Anschluss an die Erwachsenenliteratur sucht und findet. Konzepte des Umgangs mit Kinder- und Jugendmedien, wie sie die Deutschdidaktik entwickelt hat, lassen sich grob so einteilen:

- Konzepte, die die *Leseförderung* als Leitidee betrachten, achten auf eine große Bandbreite an Genres und Themen, die Motivation und Interesse schaffen und erhalten, und auf einen eher subjekt- als gegenstandsorientierten Zugang zu den Texten, z. B. durch Schreibaufträge und szenische Verfahren. Wichtige Vertreter sind Bettina Hurrelmann, Malte Dahrendorf, Hannelore Daubert.

- Konzepte, die literarisches Lernen und Vorstellungsbildung im Medium der Literatur als *fächerübergreifende Herausforderung* verstehen, betonen die Anschließbarkeit der Kinder- und Jugendmedien an Ziele und Inhalte auch der Sachfächer und den beiläufigen Erwerb von Weltwissen, z. B. Wissen um interkulturelle Zusammenhänge (vgl. z. B. Knobloch/Dahrendorf 1999, Rösch 2000, Abraham/Launer Hrsg. 2002).

- Konzepte, die Literatur auch im Subsystem der KJL stärker als *ästhetisches Phänomen* begreifen und, oft im Anschluss an die Schule der Rezeptionsästhetik, Interpretieren als Handeln einüben und strukturelle Einsichten vermitteln wollen, suchen eine Balance zwischen handlungs- und produktionsorientierten und analytischen Verfahren zu halten. Wichtige Vertreter sind Wolfgang Menzel, Gerhard Haas, Kaspar H. Spinner, Carsten Gansel.

- Konzepte, die die Rezeption und das Verständnis von KJL *im Medienverbund* betonen und kulturelles Handeln auch in diesem Subsystem von der Idee einer durch das jeweilige Medium „modulierten" Vorstellungsbildung aus modellieren (vgl. Nefzer 2000) und für Zugänge zu anspruchsvollen literarischen Texten die AV- und Computermedien nutzen wollen, suchen nach ‚Schnittstellen' für Nichtprintmedien und gehen eher von Stoffen oder „Denkbildern" der KJL aus, die durch die Medien verfolgt werden können. Vertreter sind Gudrun Schulz, Karin Richter, Andrea Bertschi-Kaufmann und Dieter Matthias; auch die Verfasser des vorliegenden Bandes ordnen sich hier ein.

Eine Didaktik der Kinder- und Jugendmedien insgesamt begreift Unterricht zwar als Umgang mit Wissen über Texte und aus Texten, jedoch nicht als rein kognitive Veranstaltung – auch nicht in der späten S I –, sondern als Fortsetzung der eigentätigen Textrezeption und „inneren" Auseinandersetzung mit dem Gelesenen in der Lerngruppe. Sie betont die Notwendigkeit aktiver Vorstellungsbildung durch Verfahren des Schreibens, Inszenierens, der bildenden Kunst des literarischen Gesprächs und der Diskussion. Eine solche Didaktik geht davon aus, dass die Lektüre die Lernenden maßvoll überfordern *darf*, um eine „Zone der nächsten Entwicklung" (L.S. Wygotsky) in den Blick zu rücken, aber gerade deshalb mit den Hausaufgaben- und Lernzielkontrollen eher vorsichtiger sein sollte als in anderen Lernbereichen.

Einigkeit herrscht auch darüber, dass Unterricht mit Kinder- und Jugendmedien bei der literarisch-medialen Erfahrung der Lernenden beginnen, aber nicht stehen bleiben sollte. So früh wie möglich sollten ganze Bücher (Bilderbücher, Kinderromane) den Kurztexten und Auszügen der Lesebücher an die Seite treten. Der Umgang mit Büchern im Klassenzimmer auf allen Schulstufen und zu verschiedenen Zwecken (Unterhaltung, Spiel, Vorstellungsbildung, Information ...) soll selbstverständlich und vielfältig sein. Hier sind auch die anderen Medien einzubeziehen, ohne die heute keine wirkungsvolle Leseförderung mehr betrieben werden kann und die ästhetische Differenzerfahrungen ermöglichen oder erleichtern.

Unterricht mit Kinder- und Jugendmedien geht zwar von „Geschehnisfeldern" (Haas 1998) aus, beschränkt sich aber nicht „inhaltistisch" (Rademacher) auf *plots* oder *stories*, sondern schließt analytische Fragen nach Form, Erzählperspektive, Technik, usw. ein und ist um eine sukzessive Vermittlung *literarischer bzw. medienästhetischer Grundbegriffe* bemüht, weil gerade dafür Kinder- und Jugendmedien propädeutisch wirken können.

4.4.2 Konzepte zum Lyrikunterricht

Lyrik gilt allgemein als ‚schwierige' Gattung. Viele Studierende und Referendare versuchen sie so weit wie möglich zu vermeiden, selbst unter erfahrenen Lehrkräften gibt es nicht wenige lyrikabstinente. Negative Schulerfahrungen mit rituellen Gedichtstunden (Einstimmung – Darbietung – formale Analyse – Interpretation – memorierte Rezitation), aber auch wenig motivierende Ergebnisse in universitären Einführungsklausuren sind häufig die Ursache. Dazu scheint Lyrik als Gegenstand des Deutschunterrichts schwerer didaktisch begründbar zu sein, als dies bei den anderen Großgattungen der Fall ist. Die Diskussion erinnert stark an diejenige, die bezüglich der alten Sprachen geführt wird: Hochgehalten werden vor allem Argumente, die den Lyrikunterricht als Teil der formalen Bildung (i.S. von Wolfgang Klafki) legitimieren. Kaspar Spinner hebt als eine wichtige didaktische Dimension hervor: „Lyrik zeigt, wie mit wenigen Worten viel gesagt werden kann." (Spinner 1997, 6). Ihre Prägnanz zwinge zur genauen Lektüre und Beobachtung der Sprache. In ihr verdichte sich „zentrale existentielle Erfahrung" (ebd.), die als Identifikationsangebot und Anstoß zur Reflexion dienen kann. Gedichte seien durch Bildhaftigkeit und Polyvalenz gekennzeichnet, die zu Imagination und Kreativität herausfordern. Weiterhin liege der Wert der Lyrik in ihrem spielerischen Charakter, der sich einer vorschnellen Indienstnahme für äußere Zwecke und Ziele verweigert sowie (Sprach-)Normen zu überschreiten vermag.

Problematisch wird die didaktische Legitimation dann, wenn nach der gegenwärtigen gesellschaftlichen Bedeutung gefragt wird: Erfuhr Lyrik vom späten 18. Jahrhundert bis noch zum Beginn des 20. Jahrhunderts reges öffentliches Interesse (vgl. Korte 2002, 208–211), so spielen heute Gedichte bzw. Gedichtbände im Kulturdiskurs der Erwachsenen eine marginale Rolle. Mit Ausnahme sentimentaler Geschenkbände ist Lyrik für Verleger ein Verlustgeschäft, das nur über eine Mischkalkulation aufgefangen werden kann.

Bei näherer Betrachtung zeigt sich jedoch, dass die Alltagsrelevanz für Kinder ganz anders einzuschätzen ist: In Form des sogenannten „Kinderstubenreims" wie „Schlaf, Kindchen schlaf" oder „Hoppe, hoppe Reiter" begegnen schon Säuglinge und Kleinkinder einer überstrukturierten Sprache (Reger 1994, 41–44). Klang, Rhythmus und elterliche Inszenierung sind dabei für sie zunächst das, was ganz offenbar ihre Aufmerksamkeit findet; ein inhaltliches Verständnis entwickelt sich nach und nach. Damit ist Lyrik die erste literarische Ausdrucksform, der die Heranwachsenden überhaupt begegnen! Das traditionelle Bilderbuch setzt mit versifizierten Texten diesen Prozess der literarischen Sozialisation und Enkulturation fort. Man denke an die Klassiker „Struwwelpeter" (Heinrich Hoffmanns 1845/47), „Max und Moritz" (Wilhelm Busch 1865), „Die Häschenschule" (Fritz Koch-Gotha/Albert Sixtus 1924) oder „Henriette Bimmelbahn" (Lisl Stich/James Krüss 1957). Abzählreime, Albumverse und Liedtexte gehören bis über das Grundschulalter hinaus zum kinderliterarischen Alltag, und zwar nicht nur in bildungsnahen Schichten. Auch in Prosatexten begegnet Kindern immer wieder Lyrisches. Lustige Reime bringen etwa Urgroßvater und Enkel in James Krüss' „Mein Urgroßvater und Ich" (1959) zum Besten oder der „Pumuckl" in Ellis Kauts gleichnamiger Hörspiel- und Kinderbuchreihe (ab 1963/1965) oder sein Verwandter „Das Sams" von Paul Maar (ab 1972). Nicht zuletzt sprechen mehrere Anthologien mit Kinderlyrik, die z. T. in vielfachen Neuauflagen erschienen sind[23], für die Relevanz der Gattung.

---

[23] Beispielsweise Krüss, James (Hrsg.): So viele Tage wie das Jahr hat. 365 Gedichte für Kinder und Kenner. Gütersloh u.a. Bertelsmann 2000 (Orig. 1959); Gelberg, Hans-Joachim (Hrsg.): Überall und neben dir. Gedichte für Kinder. Beltz & Gelberg 1986, 2001; ders. (Hrsg.): Großer Ozean. Gedichte für alle. Weinheim, Basel: Beltz & Gelberg 2001; Jacoby, Edmund.; Berner, Rotraut S. (Hrsg.): Dunkel war´s, der Mond schien helle. Verse, Reime und Gedichte. München: dtv 2001; Kliewer, Hans-Jürgen. (Hrsg.): Die Wundertüte. Alte und neue Gedichte für Kinder. Ditzingen: Reclam 1989; ders. (Hrsg): Fünfzig Kindergedichte. Ditzingen: Reclam 2000; Pleticha, Heinrich: Schöne alte Kindergedichte. Von Martin Luther bis Christian Morgenstern. Würzburg: Flechsig 2000. Wehner, Katja; Kruse, Max (Hrsg.): Die schönsten Kindergedichte. Berlin: Aufbau 2003.

Was die Auswahl geeigneter Texte für den Unterricht betrifft, so kann die Lehrkraft folglich auf ein breites Angebot zurückgreifen. Es umfasst Strömungen von der Romantik (Achim v. Arnim/Clemens Brentano: Des Knaben Wunderhorn. V.a. Bd. 3 1808) über den Vormärz (August Heinrich Hoffmann v. Fallersleben: Kinderlieder. 1827ff.), die klassische Moderne (Gedichte von Christian Morgenstern und Joachim Ringelnatz; die ‚Kinderlieder‘ des Bertolt Brecht) bis zur unmittelbaren Gegenwart (vgl. die „Jahrbücher der Kinderliteratur". Hrsg. v. Hans-Joachim Gelberg). Auch der Artenreichtum lässt keine Wünsche offen. Harald Reger (1994) unterteilt in *Gebrauchsverse* wie Nachahme- und Deutereime, Kindergebete, Neckreime und Lieder, *Erlebnis- oder Stimmungslyrik* (Naturgedichte, Tiergedichte, Dinggedichte etc.), *Reflexionslyrik, Geschehnislyrik* (Balladen, Erzählgedichte, Versfabeln) und *Sprachspiele* (Typogramme, Buchstabenspiele, Piktogramme, Lautgedichte etc.), wobei man *Kinderrätsel* als weitere Kategorie hinzuziehen könnte (vgl. Gärtner 1996). Eine neuere empirische Studie belegt allerdings die Existenz eines recht eingeschränkten, heimlichen Schulkanons an Kindergedichten, der thematisch vor allem an Jahreszeiten und Naturerscheinungen orientiert ist (vgl. Payrhuber 2000). Die „Hitliste" der Autoren wird von Joseph Guggenmos und James Krüss angeführt. Es folgen in deutlichem Abstand Joseph von Eichendorf, Theodor Storm, Christian Morgenstern, Georg Britting, Joachim Ringelnatz sowie Peter Hacks und Hans Halbey. Damit wird offensichtlich, dass stimmungsvolle und ‚lehrreiche‘ Naturgedichte der Höhenkammliteratur, sprachspielerische Gedichte der frühen Moderne sowie die fröhlich-heiteren, konfliktfreien Gedichte der ersten Nachkriegsjahrzehnte die literarische Bildung der Grundschulen bestimmen. Die befragten Lehrerinnen und Lehrer nannten kein Gedicht, das nach Mitte der 1980er Jahre veröffentlicht worden ist. Lyrik, die intentional im Hinblick auf die unmittelbare Gegenwart der Kinder verfasst wird, dürfte also derzeit wenig Berücksichtigung finden.

Mit dem Eintritt ins Jugendalter scheint die Gattung jenes Rückzugsgefecht anzutreten, das bei der schon konstatierten relativen Bedeutungslosigkeit in der Erwachsenenkultur endet. Dass nur eine einzige Anthologie zur „Jugendlyrik" erschienen ist (Kliewer 2000), und die auch nur für den schulischen Kontext (Arbeitstexte für den Unterricht), macht den Unterschied gegenüber den Kindergedichten überdeutlich. An intentionaler Erwachsenenlyrik (z. B. Liebeslyrik oder Reflexionslyrik von Hermann Hesse und Erich Fried) findet wohl jenseits der Schule nur eine Minderheit der Jugendlichen Gefallen. Trotzdem ist die Gegenwartsbedeutung lyrischer Texte nicht so gering, wie man auf den ersten Blick meinen könnte. Da sind an erster Stelle die Songtexte der populären Musik zu nennen, für die sich nicht umsonst der angloamerikanische Fachbegriff „Lyrics" eingebürgert hat. Zwar sind sie größtenteils in englischer Sprache abgefasst und in ihrer Qualität mehrheitlich der Herz-Schmerz-Reimkunst zu- zuschreiben. Es gibt aber auch Ausnahmen, die einer Auseinandersetzung im Deutschunterricht wert wären. Zu nennen sind hier etwa die deutschsprachigen Songtexte von Herbert Grönemeyer, den „Toten Hosen", den „Prinzen" oder Heinz Rudolf Kunze, der übrigens Lyrik nicht nur zur Musik verfasst[24].

Von der breiten Öffentlichkeit fast unbemerkt hat sich außerdem seit 1995 eine junge Szene für mündlich vorgetragene Gedichte etabliert, die sich in Kneipen, Clubs und Kulturzentren trifft, um in regelmäßigen Abständen den besten Poeten des Abends zu küren. Die Rede ist von den sogenannten Poetry Slams, Wettbewerben für Kurzprosa und Lyrik, die 1986 im Chicagoer „Grenn Mill" Jazz-Club durch den Performance-Poeten Marc Kelly Smith ins Leben gerufen worden sind („Original Uptown Poetry Slam"). Innerhalb weniger Jahre verbreitete sich diese Bewegung weltweit, sodass heute Poetry Slams in Großbritannien, Schweden (beide ab 1994), Japan (ab 1995), in den Niederlanden, Israel (beide ab 1996) und Dänemark (ab 1997) ausgetragen werden. Jährlicher Höhepunkt sind dabei die jeweiligen „National Poetry Slams", auf denen die erfolgreichsten „Slammer" um die Gunst von Publikum und Jury kämpfen. Seit 1997 gibt es diesen Wettbewerb auch in Deutschland; aufgrund der Beteiligung von Schweizern und Österreichern nennt er sich seit 2001 „German International Poetry Slam". Die vorgetragenen Texte stehen in der Tradition der Kabarett-Kunst des frühen 20. Jahrhunderts (Surrealismus, Dadaismus), der Beat Generation und der Pop-Musik (Rap, Spoken Words), richten sich also an ein überwiegend junges Publikum[25].

---

[24] Zu allen genannten Interpreten gibt es Song-Bücher im Handel, auf die man zurückgreifen könnte: Die Prinzen: Du musst ein Schwein sein. Köln: Kiepenheuer & Witsch 2003; Grönemeyer, Herbert: Mensch. Bonn: Voggenreiter-Verlag 2003; Kunze, Heinz Rudolf: Nicht dass ich wüsste. Lieder und Texte 1992-1995. Berlin: Ch. Links 1995; aktuell ders.: Vorschuss statt Lorbeeren. Berlin: Ch. Links 2003. Die Toten Hosen: Unsterblich. Bonn: Voggenreiter-Verlag 2001. Darüber hinaus empfehlenswerte Anthologien: Schweikart, Ralf (Hrsg.): Explicit Lyrics. Songtexte und Gedichte. Songtexte ausgewählt von Capuccino, Cora E. Moses Pelham, Schiffmeister, Smudo und Ralf Schweikart. Reinbek b. Hamburg: RoRoRo 1999. Verlan, Sascha (Hrsg.): Rap-Texte. Stuttgart: Reclam 2000.

[25] Einblicke in Kultur und Texte vermitteln: Bylanzky, Ko/Rayl Patzak (Hrsg.): Poetry Slam. Was die Mikrofone halten. Poesie für das neue Jahrtausend. Ried: Ariel-Verlag 2000, 2003. Die aktuelle Entwicklung kann man verfolgen über die Poetry Slam-Jahrbücher, hrsg. v. Hartmut Pospiech und Tina Uebel (Berlin: Rotbuch Verlag). Für einen akustischen Eindruck empfiehlt sich der Live-Mitschnitt „Poetry Slam. German International Poetry Slam 2001", Hamburg: Hoffmann und Campe 2002 (Hörbuch). Eine wissenschaftliche Auseinandersetzung findet sich bei Stefanie Westermayr: Poetry Slam in Deutschland. Marburg: Tectum 2004. Zahlreiche Anregungen für den Unterricht gibt Petra Anders: Poetry Slam. Live-Poeten in Dichterschlachten. Ein Arbeitsbuch. Mülheim an der Ruhr: Verlag an der Ruhr 2004 (mit Multimedia-CD). Nicht zu empfehlen ist: Baumeister, Andreas/ Marcel Hartges (Hrsg.): Poetry! Slam! Texte der Pop-Fraktion. Reinbek b. Hamburg: RoRoRo 1996. Die Sammlung hat trotz des Titels mit der Poetry Slam-Bewegung nichts zu tun.

Trotz solcher Anbindungsmöglichkeiten an die Jugendkultur ist die Ge-
dichtsauswahl, wie sie in den aktuellen Sprach- und Lesebüchern für die Sekundarstufen getroffen wird, wenig zielgruppenspezifisch. An eine Phase des „Aus-
schleichens" zwischen der 5. und 7. Klasse, in der Kindergedichte in immer
geringerer Anzahl angeboten werden, schließt sich die Auseinandersetzung mit
intentionaler Erwachsenenlyrik nahtlos an. Vergleicht man Lehrwerke aus den
70er Jahren mit gegenwärtigen, so kann man kaum große Veränderungen im
Corpus feststellen. Hervorzuheben ist aber ein deutliches Bemühen der Herausgeber, zumindest für die Sekundarstufe II auch Texte aus ganz aktueller Produktion heranzuziehen (vgl. z. B. Sichtweisen. Texte. Hrsg. v. Dieter Mayer. München: bsv 2002 mit Texten aus dem „Jahrbuch der Lyrik"). Dadurch wird
bundesrepublikanische Befindlichkeit, die Jugendliche und junge Erwachsene
zumindest atmosphärisch miterleben, aufgegriffen. Nur: Es sind Befindlichkeiten
von Autoren und Autorinnen, die normalerweise schon weit weg von der Le-
bensphase der Schülerinnen und Schüler sind.

Neben der Textauswahl ist die Organisation des Lyrikunterrichts ein weiterer
Gesichtspunkt didaktischer Reflexion. Ins Kreuzfeuer der Kritik geraten sind
Einzelstunden, die sporadisch oder nach festem Stundenplan („Dienstag ist Ly-
riktag") im Deutschunterricht verankert werden (vgl. Korte 2002, 207). Die Beschäftigung mit Gedichten wird dann schnell als lästige Pflichterfüllung erlebt,
bleibt häufig völlig unsystematisch und führt weder zu einem nachhaltigen Lern-
erfolg noch zu einer Steigerung der Lesemotivation. Auf der Primarstufe wird
Lyrik gerne im Rahmen von Themenblöcken eingesetzt. Ob Jahreszeiten, Feste,
Naturerscheinungen (Wetter, Pflanzen, Tiere etc.) oder soziales Zusammenleben
– dazu passende (Kinder-)Gedichte können leicht gefunden und in den Unterricht
integriert werden. Eine solche Organisation ist sicherlich zu begrüßen, da sie dem
didaktischen Prinzip der Grundschule folgt, fächerverbindende Arrangements zu
unterbreiten. Auch eröffnet sie die Chance, neben dem kognitiven Zugang emotionale und ästhetische Sichtweisen auf unsere Welt freizulegen.[26] In der unter-
richtlichen Praxis lassen sich aber auch Defizite feststellen. So besteht vor allem
die Gefahr, den Lyrikunterricht gänzlich für außerliterarische Intentionen zu instrumentalisieren. In einer ersten Variante dient das Gedicht lediglich als moti-
vierender Impuls: Die Lehrkraft eröffnet die Stunde mit einem thematisch passenden, lyrischen Text, um nach einer kurzen Reflexionsphase zu ihrem
‚eigentlichen' Anliegen zu kommen, das jenseits des Deutschunterrichts steht.
Ein solches Verfahren ist durchaus legitim. Man muss sich nur darüber klar sein,
dass dann im Mittelpunkt Lehr-/Lernziele des Heimat- und Sachkundeunter-
richts, des Religionsunterrichts, der Gesundheitserziehung usf. stehen. Gleiches
gilt für den Einsatz von Merkversen, wie etwa gereimten Verhaltensmaximen

---

[26] Entsprechende Anregungen geben die Praxis Deutsch-Themenhefte „Herbst" (PD
97, 1989), „Wasser" (PD 130, 1995), „Feste feiern" (PD 145, 1997), „Frühling"
(PD 159, 2000) und „Winter" (PD 183, 2004).

(„Der Bär ist nicht dumm und dreht sich erst mal um." aus: Janosch: Tiger und Bär im Straßenverkehr) oder den bekannten ABC-Gedichten. Hier stehen fach- oder fachbereichsfremde methodische Erwägungen im Vordergrund. Äußerst problematisch wird es, wenn Lyrik vor allem der weltanschaulichen Erziehung dient. Auch wenn der vaterländische Deutschunterricht inzwischen überwunden ist: Versifizierte Fabeln und moralisierende Kindergedichte verführen immer noch viele Lehrkräfte dazu, gut gemeinte Ermahnungen in den Mittelpunkt ihrer Lyrikstunden zu stellen, ohne das Gedicht als ästhetisches Gebilde ernst zu nehmen. Didaktiker empfehlen heute überwiegend Lyriksequenzen, also eine Reihe von Unterrichtsstunden, in der mehrere Gedichte hinter- und nebeneinander angeboten werden (z. B. Spinner 1997, Kliewer 2002). Zumindest für die Sekundarstufen sind auch die meisten Lehrwerke entsprechend strukturiert. Angeordnet werden können die Texte nach Themen, Motiven, Formen (Untergattungen, Genres), Autoren und Strömungen bzw. Epochen, wobei Kombinationen aus zwei oder mehreren Aspekten zu bevorzugen sind.

Die methodische Ausrichtung des Lyrikunterrichts hat in der Bundesrepublik wohl die nachhaltigsten Veränderungen durchlaufen. Bis in die 1960er Jahre hinein galt als oberstes Ziel, Kinder und Jugendliche für die Trias „Inhalt – Gestalt – Gehalt" zu sensibilisieren, was dem damals führenden werkimmanenten Interpretationsansatz entsprach. Im Mittelpunkt stand der ausdrucksstarke Gedichtvortrag, der zunächst durch die Lehrkraft („Hören") und dann durch die Schüler/innen („Sprechen") zu erfolgen hatte. Noch heute spielt die Rezitation zu Recht eine wichtige Rolle im Lyrikunterricht, wenn auch umstritten ist, ob man dafür die Texte auswendig lernen muss (vgl. Hassenstein 1998, 644). Mit Beginn der 1970er Jahre verlagerte sich der Schwerpunkt von der Interpretation zur Analyse, die einerseits marxistisch-sozialgeschichtlichen Modellen und andererseits strukturalistischen Methoden folgte. Vertreter der erstgenannten Richtung bevorzugten für ihre Ziele zwei lyrische Subgenres: den (trivialen) Schlagertext, an dem sich demonstrieren ließ, wie das Unterhaltungsbedürfnis zur ideologischen Manipulation missbraucht werden kann; und die politische Lyrik, deren Kenntnis für sozialgeschichtliche Wandlungsprozesse sensibilisiert. Während der ideologiekritische Deutschunterricht nur etwa 10 Jahre eine Rolle spielte, sind strukturalistische Analysen nach wie vor Bestandteil der Curricula. Im Vordergrund stehen hier poetologische Beschreibungen, die überwiegend durch sogenannte Leitfragen – eigentlich Analyseaufträge – motiviert werden (z. B.: „Bestimme Reim, Metrum und rhetorische Figuren in dem vorliegenden Gedicht."). Gegen Ende der 70er Jahre wurde dazu eine Alternative im handlungs- und produktionsorientierten Lyrikunterricht entwickelt, der sich theoretisch vor allem durch die Rezeptionsästhetik legitimiert sah. Heute kann die Lehrkraft auf eine Vielzahl methodischer Vorschläge zurückgreifen, die alle die Eigenaktivität der Schüler/innen im Umgang mit Gedichten befördern möchten, ohne sich dabei an eine bestimmte literaturtheoretische Schule zu binden (vgl. auch Kap. 6.4). In Anlehnung an Waldmann (1999b) kann man unterscheiden:

1. *Gedichtspiele (auch zur Einführung)*

Reimspiele (z. B. bestelltes Gedicht: Sammeln von Reimwörtern, zu denen anschließend ein Gedicht geschrieben wird); Allegoriespiel: („Wenn mein Mitschüler ein Musikinstrument/eine Blume/Gesteinsart etc. wäre, dann wäre er ein..."); Metaphernspiele (z. B. Rebus für „Flaschenhals", „Häusermeer" etc.; Finden von neuen metaphorischen Zusammensetzungen) u.s.w.

Verfassen eigener Gedichte nach dem Schema der „Elfchen"[27] als Kurzgedicht aus fünf Zeilen und elf Wörtern (daher der Name) gemäß dem Schema:
1. Zeile – ein Wort; 2. Zeile – zwei Wörter; 3. Zeile – drei Wörter; 4. Zeile – vier Wörter und 5. Zeile – ein Wort.
Es gibt zahlreiche Vorschläge zu weiteren Einschränkungen, z. B.
1. Zeile – eine Farbe; 2. Zeile – etwas, das diese Farbe hat; 3. Zeile – dessen genauere Bestimmung: was es ist, wo es ist; 4. Zeile – beginnend mit „ich" und 5. Zeile – ein abschließendes Wort (vgl. Waldmann 1999b, 12).

Verfassen eigener Gedichte nach dem Schema des japanischen „Haiku"[28]: Kurzgedicht aus drei Zeilen, wovon die erste und die dritte Zeile fünf Silben, die mittlere dagegen sieben Silben umfasst. Inhaltlich werden Naturerscheinungen und -stimmungen, insbesondere in Verbindung mit den Jahreszeiten akzentuiert.

2. *Aktives und produktives Lesen – teilweise veränderter – Gedichte*
Aktives Hören und Sehen eines Gedichts
Rezitationen der Lehrkraft und/oder von Tonträger; ggf. Illustrationen oder Verfilmungen zu einem Gedicht (z. B. Walt Disneys Fassung des „Zauberlehrlings" (The Sorcerer's Apprentice) aus dem Film „Fantasia", USA 1940).

Aktives Lesen
Erprobung verschiedener Vortragsweisen, Unterstreichen von Passagen, kommentierendes Lesen, Lesen mit verteilten Rollen (v.a. bei Balladen)

Antizipierendes Lesen
Vermutungen zu Überschriften und teilweise rezipierten Gedichten

Rekonstruierendes Lesen
Wiederherstellen von zerschnittenen Gedichten, Ergänzen von weggelassenen Textteilen (z. B. End- oder Binnenreimwörter, Metaphern, Überschriften), Rekonstruktion zweier vermischter Gedichte, Wiederherstellen von Gedichten mit aufgehobener Zeilenstrukturierung („Prosafassung") etc.

---

[27] Das „Elfchen" ist ein Import aus der niederländischen Schreibdidaktik, der außerhalb der Schule kein Pendant kennt. Auch sein wörterzählendes Versmaß ist in der Lyrik singulär, da es nicht zu einer Metrisierung führt.

[28] In Japan werden Haikus seit über 500 Jahren geschrieben; deutsche Dichter und Dichterinnen haben die Form vor etwa 100 Jahren für sich entdeckt (z.B. Klabund). Begünstigt wurde die Adaption sicherlich dadurch, dass silbenzählende Versmaße auch bei uns eine lange Tradition haben (z.B. Alexandriner, Vers commun).

3. *Produktive Konkretisation literarischer Texte*
Darstellende Konkretisation
Szenische Kontextualisierung und Interpretation eines Gedichtes, Gestaltung lebender Bilder zu einem Gedicht (Standbilder), Erstellung von Text-Bild-Collagen, musikalische Darbietung

Visuelle Konkretisation
Illustrieren von Kernstellen, Umsetzen in einen Comic (bei Balladen und Erzählgedichten); Herstellen eines passendes Videoclips, Umsetzen in Visuelle Poesie (unter Verwendung der Textverarbeitung), Gestalten einer multimedialen Präsentation für PC (MS-Powerpoint).

Konkretisation des lyrischen Ichs
Schreiben einer Rollenbiografie, Verfassen von fiktiven Briefen

Gedichte vergleichen
Selbstständige Beobachtung von Besonderheiten, wobei Vergleichstexte auch von den Schüler/-innen gesucht werden. Mögliche Gesichtspunkte: Themen und Motive, poetologische Aspekte, Entstehungsgeschichte (Fassungsvergleich), historische Kontexte (z. B. Kriegsgedichte aus verschiedenen Epochen, Strömungen), literarische Qualität (Wertung).

4. *Produktive Veränderung literarischer Texte*
Parallelgedicht schreiben
Verfassen eines Gedichts nach dem Gestaltungsschema des gelesenen Textes

Veränderung der Textsorte
Umschreiben einer Ballade in ein Drama, einer Erzählung, in ein Drehbuch; Umschreiben eines Liebesgedichts in einen Schlagertext etc.

Verändern sprachlich-stilistischer Gegebenheiten
Austausch bzw. Entfernen von Wörtern (Metaphern, Vergleichen, Reimschemata) und Erprobung der dadurch veränderten Wirkung

Verändern des Aufbaus
Umstellen der Strophen

5. *Produktive Auseinandersetzung mit literarischen Texten*
Produktive literarische Erörterung
Kommentierende Gestaltung, besonders geeignet für Textverarbeitungs- und Hypertextprogramme.

Produktive Gesamtdarstellung der Auseinandersetzung mit einem Text
Erstellen einer Wandzeitung; Gestalten von Internetseiten, einer Literaturzeitung oder einer Gedichtanthologie; Erstellen eines Plakats zum Autor; Verfassen einer Empfehlung...

Nachproduktion
Verfassen von eigenen Gedichten bei Verwendung der Gattung, des Stils, der Motive des Ursprungstextes; Gegentexte verfassen (z. B. aus einem schönen Naturgedicht ein Gedicht zur Umweltzerstörung machen).

So erfrischend dieser methodische Wandel auch ist – einige Probleme und Gefahren müssen diesbezüglich angesprochen werden: Mehrfach ist darauf hingewiesen worden, dass bei vielen Vorschlägen die historische Dimension von Literatur zu kurz kommt (vgl. z. B. Korte 2002, 206). Zur Methodenvielfalt gehört auch, traditionelle Verfahren wie etwa das erschließende Unterrichtsgespräch nicht völlig zu vergessen. Wer seine Schüler/-innen ständig mit Gedichtpuzzles traktiert oder Parallelgedichte in Auftrag gibt, wird sehr schnell ähnlichen Unmut zu spüren bekommen, wie das im herkömmlichen Lyrikunterricht der Fall war und ist. Produktive Verfahren dürfen nicht als Gegensatz zu rezeptionsorientierten Methoden begriffen werden, sondern als deren Ergänzung. Gerade Anfänger missverstehen handlungs- und produktionsorientierte Kataloge als Steinbruch, aus dem sie sich nach Belieben bedienen können. Die ersten Schritte müssen aber nach wie vor in der Sach- und didaktischen Analyse bestehen, die u. a. zu einer Zieldimension für die Stunde bzw. Sequenz führen. Erst dann kann danach gefragt werden, welche Methode(n) dafür geeignet ist/sind. Vertreter des handlungs- und produktionsorientierten Unterrichts haben dies stets betont und auch unterschiedliche didaktische Intentionen mit ihren methodischen Vorschlägen verfolgt. Es können abschließend unterschieden werden:

- Konzepte, die eine systematische Einführung in die Poetologie verfolgen (z. B. Waldmann 1999b);

- Konzepte, die vorwiegend emotionale und imaginative Zugänge zum Gedicht suchen (z. B. Spinner 1997, 2003);

- Konzepte, die vor allem die Freude am Gedicht fördern wollen, und zwar auf allen Klassenstufen und in allen Schularten (z. B. Haas 1997; Schulz 1997);

- Konzepte, die vorwiegend auf das literarische Gespräch setzen (Andresen 1992);

- Konzepte, die poetologische und inhaltliche Aspekte mehr oder weniger systematisch zu verknüpfen suchen (z. B. Kliewer 2002).

4.4.3 Konzepte zur erzählenden Literatur im Unterricht

„Wer erzählt all die Geschichten?", fragt Bettina Hurrelmann (2001) in einem Aufsatz über den „Wandel unserer narrativen Umwelt" (Untertitel). Literarisches Erzählen war in der mittelalterlichen Literatur noch eine Sache gebundener Rede („Epos"), in der Renaissance „novellistische" Darstellungskunst, seit dem 18. Jahrhundert das Erfolgsmodell eines zunehmend am bürgerlichen Mittelstand ausgerichteten Literaturbetriebs („Bürgerlicher Roman") und im 20. Jahrhundert Seismograph einer sozialen und wissenschaftlichen Entwicklungsdynamik („moderner Roman", „Kurzgeschichte" und nicht zuletzt Kinder-, Jugend-, Adoleszenzroman). In der Gegenwart ist literarisches Erzählen nicht mehr auf die Printliteratur zu beschränken; Hurrelmann (ebd., 70) nennt viele „Domänen des

Erzählens", wobei der Übergang von der Mündlichkeit in die Schriftlichkeit und von alltäglicher Kunstlosigkeit in die Literatur fließender ist als man lange wahrhaben wollte: Erzählen hat einen „Sitz im Leben" (Pfeiffer 2002, 190). Das lässt heute neben dem Roman, der Erzählung und der Kurzgeschichte als den sicherlich ‚lebendigsten' epischen Untergattungen auch filmisches Erzählen in Kino und Fernsehen (vom Spielfilm bis zu TV-Werbung und Musik-Clip) sowie „Multimedia als Erzählmedium" (Heidtmann 1997) in den Blick einer Didaktik erzählender Literatur treten: Nicht nur die AV-Medien, sondern auch „living books" auf CD-Rom (vgl. Abraham/Kepser 2000a) oder die „Intros" von Abenteuer-Computerspielen erzählen Geschichten (vgl. Kepser 1999, 270–282). Selbst Edutainment-Software für Kinder kommt ohne epische Elemente nicht aus.

Vor neue Anforderungen gestellt sehen sich damit nicht nur Literaturwissenschaft und Literaturgeschichtsschreibung (vgl. Heidtmann 1997), sondern auch die Literaturdidaktik. In der Kinderliteratur weiter fortgeschritten als in der Erwachsenenliteratur ist ein Trend der Erzählstoffe und literarischen „Denkbilder" zur Überschreitung medialer Grenzen und zur Eroberung immer neuer Domänen des Erzählens, wobei das jeweilige Medium die Vorstellungstätigkeit der Rezipienten auf je eigene Weise „moduliert" (vgl. Nefzer 2000). Bettina Hurrelmann (2001, 57) äußert die Befürchtung, dass die uralte kulturschaffende und kulturtradierende Tätigkeit des Erzählens in einem „Schwall von Geschichten" verschwinde – Geschichten, die sich gegenseitig wiederholen, variieren, zitieren und miteinander um die knappe Aufmerksamkeit moderner ‚Mediennutzer' konkurrieren.

So leicht aber ist die kulturelle Praxis Erzählen unseres Erachtens nicht aus ihrer zentralen anthropologischen Tiefenfunktion zu vertreiben: Erzählen diente und dient, in welcher Bauform und welchem Medium auch immer, dem Herstellen einer „gemeinsamen Welt" (Ehlich 1983, 139f.): Indem Menschen einander Geschichten erzählt und immer wieder nacherzählt haben – geträumte, erfundene, erlebte – haben sie zu allen Zeiten Gemeinschaft gestiftet, soziale Ordnungen bekräftigt (oder in Frage gestellt), Werte gesetzt und kulturelles Gedächtnis begründet (vgl. oben, Kap. 1.2).

Einander erzählen und Erzähltes verstehen zu können, setzt freilich, wie Ehlich (1983, 140) hinzufügt, eine „minimale Gemeinsamkeit" (ebd., 140) von Erzähler und Hörer bzw. Leser immer schon voraus. Und hier liegt die Aufgabe des Literaturunterrichts, vor allem wo er sich mit erzählenden Texten – in verschiedenen Medien – befasst. Das Herstellen einer gemeinsamen Welt und einer Gemeinschaft im Akt kultureller Praxis, übrigens von der Novelle seit Boccaccios *Decamerone* (1348–53) selbst auch thematisiert, darf für Heranwachsende heute nicht dem Zufall der Sozialisation überlassen bleiben, wenn der erwähnte „Schwall" medialen Erzählens sie nicht in ihrer Mehrheit mit sich fortreißen soll. Aufgabe des Literaturunterrichts ist es daher heute mehr denn je, nicht so sehr über Bauformen literarischen Erzählens zu belehren denn in Erzählen als kulturelle Praxis einzuführen.

Das bedeutet mehr als eine Produktionsorientierung beim Erwerb literarischer Erzählkompetenz (vgl. Waldmann/Bothe 1992), obwohl es diese natürlich einschließt. Es bedeutet vor allem, *Funktionen des Erzählens* durch die Literaturgeschichte hindurch zu verfolgen, von den großen Texten des Mittelalters im Deutschunterricht (vgl. Karg 1998) über die seit André Jolles (1930) sogenannten „einfachen Formen" Märchen, Sage und Legende bis hin zum Roman des Barock, der Aufklärung und des bürgerlichen 19. Jahrhunderts und weiter in die Moderne hinein. Von der Entwicklung eines Helden zu erzählen, bedeutet für Grimmelshausen (*Simplicius Simplicissimus*) etwas anderes als für Goethe (*Wilhelm Meister*), für Gottfried Keller (*Der grüne Heinrich*) oder Patrick Süskind (*Das Parfum*): Diese Texte empfiehlt Friedel Schardt (1998) als „Entwicklungsromane für den Deutschunterricht". Und was für diese ‚Untergattung' des Romans gilt, die im Übrigen in die Jugendliteratur hinein zu verfolgen wäre (von Hesses *Unterm Rad* bis zum Adoleszenzroman der Gegenwart), das gilt ebenso für die Novelle zwischen Kleist und Martin Walser oder für die Kurzgeschichte nach dem Zweiten Weltkrieg – ganz zu schweigen von der sogenannten Migrantenliteratur des 20. Jahrhunderts, von der Kinderliteratur seit Astrid Lindgrens ersten Büchern oder vom Boom der Fantasy in den 1960er Jahren und aktuell.

Erzählende Literatur ist in besonderer Weise immer dem sozialpsychologischen, politischen, ökonomischen und wissenschaftlichen Wandel gefolgt, hat ihn begleitet, hat ihn gar vorbereiten helfen. Historische Erzähltexte sind daher, wie auch Pfeiffer (2002, 201) betont, nachdrücklich in den Unterricht einzubeziehen: Nur mit ihnen „kann die besondere Funktion der erzählenden Literatur zur Entfaltung kommen: nämlich als kulturelles Gedächtnis zu fungieren, über das sich historisches Bewusstsein konstituieren lässt."

So wichtig es ist, etwa zwischen „Erzählung" und „Novelle", zwischen Erzählerrede und Figurenrede, zwischen „erlebter Rede" und „Bewusstseinsstrom" unterscheiden zu lernen (vgl. Gerth 1990), so wenig sollte eine Didaktik der erzählenden Literatur über Bauformen und Erzählstrategien aus dem Blick verlieren, dass „Leseglück" (Bellebaum/Muth Hrsg. 1996) seit langem vorwiegend an Romane und Erzählungen geknüpft war und bis heute Heranwachsende über den (Kinder-)Roman zum Lesen finden (vgl. Pfeiffer 2002, 197). Romane, als sogenannte „Ganzschriften" erst seit den 60er Jahren des 20. Jahrhunderts in den Deutschunterricht überhaupt integriert, aber auch lange danach in Lehrplänen vernachlässigt (vgl. Wangerin 1998, 608), müssen im Zeitalter der Medienkonkurrenz ihren Platz hier verteidigen, schon weil sie strukturell dem Ziel der „Selbstaufklärung" der Lernenden (ebd., 612) mehr entgegenkommen als viele andere Formen der Literatur. Historische Formen literarischen Erzählens, wie die Novelle oder auch die Ballade, sind wichtig für das kulturelle Gedächtnis, wenn auch nicht mehr unbedingt für die kulturelle Praxis der Gegenwart. Überdies haben gerade die kürzeren Erzählformen oft eine Pionierfunktion bei der Entwicklung neuer lite-rarischer Ausdrucksformen und -intentionen gehabt – man denke an Kleists *Marquise von O*, Schnitzlers *Leutnant Gustl*, Hemingways *short stories* oder Günter Eichs *Maulwürfe*. Das letzte Beispiel zeigt im Übrigen, wie fließend die Grenze zwischen Erzählprosa und der poetischen Rede werden kann, die man als *Lyrik* zusammenfasst (vgl. das vorangegangene Kapitel).

Im Überblick lassen sich folgende Konzepte des Umgangs mit erzählender Literatur unterscheiden:

- Konzepte, die wissensorientiert in Bauformen, Strukturen, Untergattungen und Strategien des Erzählens einführen wollen; hierher gehören Genres und Formen (z. B. Schelmenroman, Entwicklungsroman, Novelle, Kurzgeschichte) ebenso wie Erzählhaltungen (auktorialer und personaler Erzähler), Formen der Rede (Erzähler- und Figurenrede) sowie der Umgang mit der „erzählten Zeit" vor allem im Roman (vgl. z. B. Gerth 1983);

- Konzepte, die eher kompetenzorientiert mit Hilfe produktiver Schreibaufgaben Verständnis für historische und moderne Formen und Möglichkeiten des Erzählens herstellen wollen (vgl. Waldmann/Bothe 1992). Wie die erstgenannten bedienen sich auch solche Konzepte konkreter Erzähltexte als Analyse- bzw. Spielmaterial;

- Konzepte, die literarisches Erzählen in kulturelle bzw. kulturhistorische Zusammenhänge einstellen und die Entwicklung von Formen, Techniken und vor allem Themen/Motive der epischen Literatur durch „Reihenbildung" erarbeiten (vgl. Geißler 1970, Wangerin 1983, Schardt 1998, Marquardt 1998);

- Konzepte, die die Grenze zwischen Kinder-, Jugend- und Erwachsenenliteratur überschreiten und den thematischen Vergleich suchen, damit weniger zugängliche Romane wie etwa Friedrich Torbergs *Der Schüler Gerber* von jugendliterarischen Romanen wie Irina Korschunows *Die Sache mit Christoph* aus erschließbar werden (vgl. Maiwald 2001);

- Konzepte, die neuere Ansätze der Literaturwissenschaft, z. B. den Dekonstruktivismus oder die Diskursanalyse, auf Texte im Unterricht vor allem der Sek. II anwenden (vgl. z. B. Spinner 1995b, Fingerhut 1996, Kammler 1997 u. 2000).

4.4.4 Konzepte zum Drama im Unterricht

Das Drama als „Textsorte" (Lucas 1987) ist vielleicht unter den großen Gattungen die für den Unterricht sperrigste. Bogdal/Kammler (2002, 181) weisen darauf hin, dass spätestens mit der Durchsetzung des Regietheaters zu Beginn des 20. Jahrhunderts die bloße Lektüre eines Dramas seiner Bedeutung als ‚kultureller Praxis Theater' nicht mehr entsprach: Ist das Inszenieren eine dem Schreiben „gleichwertige Kunstäußerung" (ebd.) und entsteht das dramatische Werk erst auf der Bühne, so kann das Lesen, Zusammenfassen und Interpretieren von Reclam-Ausgaben das Drama als Textsorte und Kunstform eigentlich nicht erfassen. Zwar lasse sich seit den 1990er Jahren ein Vordringen des Szenischen Spiels vor allem in der Sekundarstufe I beobachten, doch werde dies selten mit Dramentexten verbunden (vgl. ebd., 181f.). Insgesamt überwiege das didaktische Interesse an seinen theaterpädagogischen Aspekten (vgl. z. B. Scheller 1998, Barz 1998) bei weitem das Interesse am Drama als historisch gewachsener Gattung und als kultureller (Inszenierungs-)Praxis.

Nach 1945 bemühte man sich zwar um die Entideologisierung eines seit dem 19. Jahrhundert massiv mit moralisch-erzieherischen Erwartungen befrachteten Dramenunterrichts (vgl. Hegele 1996, 97–129) und wollte das Drama als Paradigma epochentypischer Literaturproduktion sehen (Hegele: „Historisierung"). Es entstand eine *Gattungslehre* des Dramas mit dem Ziel der Einführung in die Strukturen des Dramatischen und die Theatralität als Kunstform (vgl. Müller-Michaels 1971).

Aber gerade damit waren auch die Weichen gestellt für einen „heimlichen Kanon" (Bogdal/Kammler 2002, 182), der die sogenannten Klassiker des Theaters zwischen Lessing und Dürrenmatt umfasste, kaum jedoch um wirklich „zeitgenössische Theaterstücke" (Kammler 2003) erweitert wurde und wird.

Da sich der Dramenunterricht der Gegenwart in struktureller Hinsicht noch immer auf die historisch bewährten Begriffe *Held, Handlung, Dialog/Monolog* konzentrieren dürfte (vgl. Bogdal/Kammler 2002, 178), ist das auch kein Wunder: Neuere Stücke wie Botho Strauß' *Groß und klein* von 1978 (vgl. Bekes 2002) oder Christian Martins *Bunker* von 1995 (vgl. Barz 1995) geht man eher ausnahmsweise an. Besonders desolat ist die Lage im Bereich des Kinder- und Jugenddramas. Auch ein so viel gespieltes Stück wie Igor Bauersimas *norway.today* (2001) muss Deutsch-Lehrenden eigens nahe gebracht werden (vgl. Wehren-Zessin 2003). Zeitgenössische Stücke können dabei durchaus noch pädagogisch „wirken", wie ja überhaupt die „Erwartung einer vom Drama ausgehenden pädagogischen Wirkung nicht per se unzulässig" ist (Payrhuber 1998, 650). Aber *Belehrung* ist gerade im Dramenunterricht kein didaktisches Konzept (vgl. ebd., 651).

Die Auswahl der Stücke für den Unterricht sollte sich nach drei Kriterien richten: thematische Bedeutsamkeit, Bühnenrelevanz und Gestaltung bzw. dramaturgische Fügung (vgl. Payrhuber 1998, 653). Ihre Lektüre empfiehlt Payrhuber (ebd., 662ff.) als „aufführungsbezogene", was ein Imaginieren auf der „inneren Bühne" des Lesers einschließt. Damit werden neben den Dialogen auch die sogenannten „Nebentexte" bedeutsam, die Anweisungen für die Inszenierung und Ausstattung enthalten. Lesespiel (rein sprecherische Interpretation) und szenische Improvisation ordnen sich hier ebenso zwanglos ein wie die Anfertigung von Bühnenbildern, Kostümen, Theaterplakaten oder (fiktiven) Programmheften. Der Besuch einer realen Aufführung bzw. deren Vor- und Nachbereitung ist damit keineswegs ausgeschlossen, aber auch nicht zwingend erforderlich. Ohnehin ist in der Schule *qua Schule*, wie Harald Frommer (1995) in der Einleitung seiner Dramendidaktik *Lesen und Inszenieren* schreibt, gerade auch „eindringliches Lesen" durchaus am Platz. Lesen verliert hier seinen „Privatcharakter" und wird (begrenzt) öffentlich; andererseits sieht sich das Inszenieren, wie ja überhaupt in allen theaterpädagogischen Kontexten, gleichsam „entprofessionalisiert" (vgl. Frommer 1995, 18). Lesen als „Bedeutungen hervorbringen" und Inszenieren als

„Zeichen setzen" (ebd., 20) sollten jedenfalls zusammenwirken. Mit Herta-Elisabeth Renks dramendidaktischer Darstellung (1978) lässt sich der Zeichenbegriff, der hier gemeint ist, im Sinn der Semiotik verstehen: Nicht nur Worte auf der Bühne, sondern auch para- und nonverbale Signale der Figuren sowie Requisiten, Elemente des Bühnenbildes usw. konstituieren das Drama als Basis einer kulturellen Praxis Theater und empfehlen sich der Interpretation im Unterricht. Diese wiederum ist nicht nur rezeptiv-analytisch, sondern auch produktionsorientiert möglich und sinnvoll (vgl. Waldmann 1996).

Insgesamt lassen sich – teils mit Bogdal/Kammler (2002, 183ff.) – folgende Konzepte des Umgangs mit dem Drama unterscheiden:

- Konzepte, die die Gattung bzw. „Textsorte" Drama strukturell beschreiben und dieses Strukturwissen im Unterricht vermitteln wollen (vgl. Müller-Michaels 1971);

- Konzepte, die den Umgang mit Dramen in einen theater- bzw. *spielpädagogi*schen Rahmen stellen und weniger dramenliterarische Strukturen/Bauformen als *Aufgaben* oder semiotische Strukturen des Theaters in den Mittelpunkt stellen (vgl. Beimdick 1980, Renk 1978);

- Konzepte, die ein Verständnis des Dramatischen als Ausdrucksform und Kunst über die Produktion zu erreichen suchen, also die Inszenierung von Dramen oder Teilen davon (vgl. Scheller 1989, Waldmann 1996);

- Konzepte, die von einer schul- bzw. unterrichtsspezifischen Rezeptionssituation ausgehen und eine „aufführungsbezogene" Lektürepraxis entwickeln, in der sich Verfahren des Inszenierens (z. B. „englische Probe"[29]) und Gestaltens (z. B. Progammheftentwurf) verbinden mit Verfahren des genauen Lesens und der schriftlichen Analyse (vgl. Frommer 1995, Payrhuber 1998).

Die letztgenannten Konzepte entsprechen unseres Erachtens am ehesten dem, was der Dramenunterricht leisten sollte, wenn man von seiner Aufgabe der Einführung in die kulturelle Praxis Literatur ausgeht: Sie schließen, wie etwa Frommer (1995, 6–15) gut zeigt, strukturelle Einsichten in die Textsorte Drama nicht aus, führen aber über Belehrung hinaus in eine Teilhabe an Praktiken hinein, wie sie auch am Theater gepflegt werden, wenn man sich dort ein neues Stück erarbeiten will: Skizzen möglicher Bühnenbilder, schriftliche Erweiterung von Nebentexten, Herausgreifen einzelner Szenen bzw. Ausschnitte zur Inszenierung usw. sind eben nicht nur didaktisch-methodische Kniffe handlungs- und produktionsorientierten Unterrichts, sondern Elemente einer Kultur des Theaters, in die Lernende einzuführen sind.

---

[29] Der Text wird von den Schauspielern noch am Tisch sitzend gelesen, um in die Rolle hineinzufinden und sich eine Szene zu erschließen.

4.4.5 Konzepte zu (Spiel-)Filmen im Unterricht

„Eine Filmdidaktik gibt es nicht", konstatierte 2002 kurz und knapp der Didaktiker Peter Chr. Kern (Kern 2002, 215). Ebenso stellten ein Jahr später die Teilnehmer des internationalen Kongresses „Kino macht Schule" fest, dass der Spielfilm in deutschen Lehrplänen keinen angemessenen Platz gefunden habe – ganz im Gegensatz etwa zu Frankreich oder Großbritannien (vgl. die Initiative der Bundeszentrale für politische Bildung, http://www.bpb.de).

Tatsächlich ist eine didaktisch-methodische Grundlegung des Spielfilms in Theorie und Praxis des Deutschunterrichts nur rudimentär geleistet. Zwar sehen Bildungspläne und Curricula heute durchaus die Beschäftigung mit Kinofilm, Fernsehspiel, Fernsehfilm und Serie vor. Sie tun das aber so unverbindlich und ohne Zwang zum Leistungsnachweis, dass die meisten Schüler/-innen die deutschen Schulen verlassen, ohne je auch nur eine vertiefte Filmanalyse mitgedacht oder gestaltet zu haben (vgl. Gast 2002).

Dieser Zustand muss umso mehr erstaunen, als die Gegenwarts- und Zukunftsbedeutung des Spielfilms für Kinder und Jugendliche außer Frage steht. Schon im Vorschulalter machen sie mit Trick- und Realspielfilmen Bekanntschaft, wobei kinderliterarische Klassiker wie die Bücher von Astrid Lindgren, Paul Maar, Michael Ende und vielen andern auf diesem medialen Weg zuerst erobert werden (vgl. Heidtmann 1992, 37–52, 76–107; Abraham 2002b. Die Attraktivität des Spielfilms steigt über die gesamte Grundschulzeit hinweg an, bis sie im Jugendalter ihren Höhepunkt findet: Jugendliche und junge Erwachsene bilden das Kernpublikum des Kinos (vgl. Hickethier 2003, 266). Auch ältere Erwachsene gehen im Schnitt häufiger ins Kino als etwa ins Theater; die meisten Spielfilme rezipieren sie über das Fernsehgerät on air oder via Video bzw. DVD.

Die Zurückhaltung gegenüber dem Spielfilm könnte eine Ursache darin haben, dass sich Deutschlehrer/-innen für dieses Medium nicht zuständig fühlen. So plädiert die Deutschdidaktikerin Elisabeth Paefgen für ein eigenes Fach „Filmkunde" mit dem Argument: „Eine Integration des Films in den Deutschunterricht akzentuierte bloß die Parallelen zwischen beiden Medien und führte dazu, dass die bild- und sprachästhetischen Unterschiede übersehen würden." (Paefgen 1999b, 157). Die Autorin geht offenbar von zwei konkurrierenden „Medien" aus, wobei es sich wohl um den audiovisuellen Film einerseits und Schrifttexte andererseits handeln soll. Tatsächlich kümmert sich der Deutschunterricht aber schon lange nicht mehr nur um schriftsprachliche Medienangebote. Bilderbücher werden im Deutschunterricht der Grundschule als Text-Bild-Kombination be- und verhandelt (vgl. z. B. Kretschmer 2003). Gleiches gilt für den Comic, der bis in die Sekundarstufen immer wieder einmal Unterrichtsgegenstand ist bzw. sein sollte. Aktuelle Lese- und Sprachbücher konfrontieren ihre Leserschaft nicht mit „Bleiwüsten", sondern offerieren ein multi-mediales Ensemble aus Fotos, Illustrationen, Grafiken und schriftlichen Texten. (Dass letztere in diesem Angebot unterzugehen drohen, ist freilich kritisch anzumerken.) Mit den beliebten Texten aus der Gattungstradition der „Visuellen Poesie" kommen Mischformen zwischen ikonischer und symbolischer Repräsentation in den Literaturunterricht (vgl. Kepser 2005). Und nicht zuletzt sieht eine moderne Dramendidaktik Lesetexte nur als Vorläufer – und zwar noch nicht einmal als unbedingt notwendige –, die zum multimedialen Ereignis „Theater" führen.

Im Selbstverständnis der Medienpädagogen und Filmwissenschaftler ist es inzwischen Commonsense, den Spielfilm als (vierte) literarische Großgattung einzustufen (vgl. z. B. Faulstich 2002, 16), und sie können dafür gute Gründe angeben: So akzeptiert die Germanistik seit mehr als 20 Jahren einen Textbegriff, der audiovisuelle Medienangebote einschließt. Der Film steht in einem offenen Austauschverhältnis mit den Printmedien. Zahlreiche Spielfilme basieren auf print-literarischen Vorlagen, umgekehrt beeinflussen Kinostoffe und Filmästhetik seit 100 Jahren die schriftliche Erzählkunst. Spielfilme offerieren eine besondere Form der Narration. Diese steht auch im Vordergrund des Publikumsinteresses, anders als etwa im Falle der Oper. Zahlreiche Analyseinstrumente, die für epische und dramatische Texte entwickelt worden sind, lassen sich für eine systematische Beobachtung von Spielfilmen einsetzen: Textsortenlehre, (visuelle und auditive) Rhetorik, Erzählhaltung und -perspektive, Figurenbeschreibung und -konstellation, Figurenrede, Zeitgerüst, Erzählkomposition usf. Nicht zuletzt ist die Struktur des Handlungssystems „Film" zu dem der (schriftlichen) Literatur isomorph: Produktion – Vermittlung – Rezeption –Verarbeitung (vgl. Schmidt 1991, 12ff.; Gast 1993, 7; Gast 1996, 16; Faulstich 2002, 9–15). Längst ist klar, dass der Film die Rolle des öffentlichen Selbstverständigungsmediums übernommen hat, die das Theater von der Antike bis zum 20. Jahrhundert inne hatte. Längst ist klar, dass die symbolische Narration des geschriebenen Textes von der ikonischen der audiovisuellen Medien dominiert wird. Längst ist klar, dass über das Erzählen in bewegten Bildern eine neue Form der Weltwahrnehmung entstanden ist (vgl. Kern 1996). Schule und Deutschunterricht aber verweigern sich dieser Entwicklung nach wie vor – mit beträchtlichem Schaden für unsere gesellschaftliche Selbstverständigung und Vergewisserung. Hier von einem kulturellen Skandal zu sprechen, ist nicht zu hoch gegriffen.

In Deutschland hatte es der Spielfilm von Anfang an schwer, als Unterrichtsgegenstand ernst genommen zu werden. Kaum hatten die Bilder das Laufen gelernt, warnten Pädagogen nachdrücklich vor dem sittlich gefährdenden Einfluss des Kinos, dem die Schule erzieherisch entgegen zu wirken habe (vgl. Hickethier 1974, 22). Trotzdem wurde der Spielfilm noch während der Kaiserzeit zum verordneten Lerngegenstand – in Form des vaterländischen Propagandafilms. Eine didaktische Aufbereitung war damit jedoch nicht verbunden, ganz im Gegenteil. Vertieft nachdenken sollten die Schüler/-innen über Ästhetik und Intention dieser Filme ebenso wenig wie die nachfolgende Generation, die man mit ähnlichen Machwerken während des Nationalsozialismus indoktrinieren wollte. Anfänge einer Spielfilmdidaktik gehen auf die Arbeiterschulbewegung zurück. Ihre Vertreter empfahlen schon in den 1920er Jahren: Die Lehrkräfte sollten während der Vorführung eines Stummfilms mit den Kindern ins Gespräch kommen, wobei sie ihre eigene Meinung so weit wie möglich zurückhalten müssten (vgl. Hickethier

1974, 32). Dominierend blieb jedoch bis weit in die ersten Nachkriegsjahrzehnte die ausgrenzende Bewahrpädagogik. Zur Immunisierungstaktik mit Hilfe „guter" Literatur gesellte sich bald eine aufklärerisch-kritische, die über die Vermittlung filmtechnischer „Tricks" zur Film- und Fernsehhygiene beitragen sollte (vgl. Hickethier 1974, 44–46).

Gegen Ende der 1950er gab man dann doch den Kampf gegen die Popularität des „neuen" Mediums auf und instrumentalisierte den Spielfilm für den Literaturunterricht. Bis heute folgen bewusst oder unbewusst viele Lehrer/-innen dem Programm Robert Ulshöfers, der die „Filmerziehung" im Deutschunterricht mit drei „Begebenheiten" begründete (Ulshöfer 1958, 9–13): sachlich-literarische Begebenheiten (Einfluss des Films auf die moderne Literatur, Verbreitung von Literaturverfilmungen), pädagogische Erfordernisse (Erkennen der Gefahr der Vermassung durch technische Mittel, Immunisierung gegen schwache und künstlerisch minderwertige Produktionen) und didaktisch-methodische Überlegungen (methodische Bereicherung des Literaturunterrichts). Seitdem bekommen Schüler/-innen hin und wieder eine Literaturverfilmung als Bonbon für anstrengende Lektürearbeit. Recht goutieren dürfen sie das angebotene Süßstück freilich selten, denn hervorgehoben werden meist die (vermeintlichen) Defizite der medialen Adaption gegenüber dem Ursprungstext.

Infolge der zunehmenden Verbreitung des Fernsehens wurde in den 1970er Jahren der Kinofilm mit seinen fernsehspezifischen Varianten Fernsehspiel, Fernsehfilm und Serie unter die Massenmedien subsummiert, deren ideologische Kritik zu einem zentralen Anliegen des Deutschunterrichts erhoben wurde (vgl. z. B. das Themenheft Mediendidaktik I, Der Deutschunterricht 5, 1973). Willfried Kaller stellte 1977 ein ausführliches Curriculum für die Klassen 5 bis 11 zur Debatte, das zwei Anliegen verfolgte (vgl. Kaller 1977, 6):

- Kritische Analyse der Produkte der Massenmedien, ihrer Strukturen und Wirkungen, um Kriterien für eine *sachgerechte Wertung* zu erhalten.

- Angesichts des Einflusses der Massenmedien ist ein zweiter Bereich noch wesentlicher. Er betrifft die *Emanzipation der Schüler* im Sinne einer Loslösung von der Fremdbestimmtheit der Massenmedien.

In diesem Sinne sollten die Schüler/-innen beispielsweise herausfinden, dass die drei Hauptfiguren aus der Westernserie „Bonanza" ohne sozialen und geschichtlichen Kontext präsentiert werden. Die filmische Inszenierungstechnik zeige große Parallelen zur visuellen Dramaturgie der Werbung und mache die Wehrlosigkeit des Zuschauers gegenüber der Konsumwelt total: „Ein Sommertag in der schönen Bonanza-Welt ist kein harmloses Vergnügen." (Reiß 1977, 63). Um hinter die (unterstellten) Manipulationsmechanismen zu kommen, wurde auch immer wieder vorgeschlagen, Schüler/-innen mit der sogenannten Filmsprache vertraut zu machen: Kenntnis der Einstellungsgrößen und -längen, Einstellungsperspektiven und der Kamerabewegung. Vergleichsweise wenig beachtet wurde dagegen die Montage, obwohl sie als „Grammatik des Films" ganz wesentlich die medienspezifische Ästhetik prägt. Als neue Methode empfahlen Autoren zunehmend die eigene Filmproduktion mit Videorekorder und elektronischer Kamera, zumal mittlerweile viele Schulen solche Geräte angeschafft hatten (vgl. Denk 1973, Wagner 1977). Selber Filme zu drehen gilt bis heute als ein Königsweg der Filmdidaktik, obwohl der dazu nötige Aufwand kaum im Regelunterricht geleistet werden kann.

Unter dem Stichwort „Medienalphabetisierung" (*media literacy*) dominieren semiotisch-strukturalistisch ausgerichtete Vorschläge die didaktische Diskussion Anfang der 1980er Jahre. Dabei wird ein Bemühen deutlich, Deutschlehrende mit dem nötigen Handwerkszeug vertraut zu machen, das sie in ihrer Ausbildung nicht kennen gelernt haben (vgl. Hickethier 1981, 1983). Immer noch im Fokus des Interesses stehen Literaturverfilmungen, obwohl sie als Genre eher eine Minderheit im Programmangebot bilden (vgl. Themenheft Praxis Deutsch 57, 1983, „Verfilmte Literatur – Literarischer Film"). Jetzt wird aber der Eigenwert des Films gegenüber der literarischen Vorlage deutlicher betont und einer kulturpessimistischen Abwehrhaltung gegenüber den Bildmedien eine Absage erteilt (vgl. Blumensath/Lohr 1983, 16). Analog zur Dramendidaktik entdeckt man das Drehbuch als medialen Prätext für den Deutschunterricht (vgl. z. B. Klose 1981, Gast 1983). Dabei darf aber nicht übersehen werden, dass sich Dramentext und Drehbuch in ihrer kommunikativen Funktion grundsätzlich unterscheiden: Drehbücher sind niemals als Lesetext angelegt, weshalb sie auch selten veröffentlicht werden und nicht Gegenstand des öffentlichen Kulturdiskurses sind. Eher kann man ihre Funktion als „Spickzettel" beschreiben, der die Spielfilmproduktion organisieren hilft. Das Drehbuch bildet weder den Anfang (1. Idee/Filmskizze; 2. Exposé, 3. Treatment/Script/Filmerzählung; vgl. Gast 1993, 10), noch den Schluss der narrativen Pre-Produktion (Storyboard, vgl. Katz 1998, 49–117; insbes. 104–116). Und schließlich weichen Drehbuch und realisierter Film häufig so weit voneinander ab, dass die schriftliche Vorlage allenfalls als Dokument für die Entstehungsgeschichte taugt.

Auch in der ehemaligen DDR gab es Bemühungen, Kinder und Jugendliche zu einem vertieften Verständnis des Spielfilms heranzuführen. Federführend war hier die „Erfurter Filmschule", deren Material nach der Wende teilweise in einem Themenheft der Zeitschrift „Praxis Grundschule" (4, 1991) veröffentlicht worden ist. Interessant ist dieses Dokument nicht zuletzt deshalb, weil es zwar eine Fülle von methodischen Vorschlägen enthält (Film-Foto-Mappe, Daumenkino, szenische Inszenierung einer „Probeaufnahme", Geräuschreporter, Filmjury, Verfassen eines Drehbuchs zu „Rotkäppchen", Genre-Quartett etc), aber nicht einmal den Ansatz einer Didaktik.

Zwischen 1983 und 1992 wird es auffällig still um den Spielfilm als Gegenstand des Deutschunterrichts. Es erscheinen weder einschlägige Themenhefte, noch Monografien, obwohl dank Privatfernsehen und Videotheken Spielfilme in nie gekannter Anzahl rezipiert werden. Angestoßen durch fachwissenschaftliche Veröffentlichungen (Paech 1988, Albersmeier/Roloff 1989) ist es erneut die Literaturverfilmung, mit der sich didaktische Publikationen auseinandersetzen (medien praktisch 3, 1991, Themenheft „Literaturverfilmung"; Gast 1993–1995, Gast 1993a). Dabei wird die verbreitete Auffassung von „Literaturverfilmung" als „verfilmte Literatur" durch den Begriff der „Adaption" präzisiert, um das Genre „Literaturverfilmung" vom typischen Spielfilm nach literarischer Vorlage zu unterscheiden (vgl. ausführlich Gast 1993, 45–52). Weiterverfolgt wird auch eine semiotisch geleitete Didaktik der Bildmedien. Detlev Schnorr sieht unter Rekurs auf Umberto Eco fünf Aspekte, die bei einer Film- und Fernsehanalyse an Bildungseinrichtungen beachtet werden müssten: die Erkenntnis des Symbolcharakters des Bildes, die filmsprachliche Analyse, der filmsprachliche Aufbau, die Bildkomposition und bildunterstützende Mittel (Schnoor 1992, 170ff.). Schließlich wird auch die Fernsehserie erneut in einem Themenheft der Zeitschrift „Praxis Deutsch" (121, 1993) aufgegriffen. Der Herausgeber Horst Heidtmann legitimiert dies v.a. mit der Bedeutung der Serie für Kinder und Jugendliche, deren Rezeptionsgewohnheiten endlich ernst genommen werden sollten (Heidtmann 1993, 28f.).

Dass Medienerziehung insgesamt einen größeren Stellenwert an den Schulen bekommen muss, wird Mitte der 90er Jahre von Seiten der Politik eingefordert (Bund-Länder-Kommission 1995). Im Sinne der dort präferierten „integrierten" Medienerziehung wird der Spielfilm als eines unter mehreren Medienangeboten betrachtet, die fachübergreifend zu behandeln sind. Einflussreich ist dafür ein „Aufgabenkatalog" geworden, den Gerhard Tulodziecki in Anlehnung an einen Vorschlag von Christian Doelker formuliert hat (z. B. Tulodziecki 1997, 43f.):

1. *Erkennen und Aufarbeiten von Medieneinflüssen*, insbesondere von medienbedingten Gefühlen, z. B. Angst, von medienvermittelten Vorstellungen, z. B. irreführenden Annahmen über die Realität, sowie von medienbeeinflussten Verhaltensorientierungen, z. B. zum Verhalten in Konfliktfällen;

2. *Verstehen und Bewerten von Mediengestaltungen*, vor allem von Darstellungsformen und Gestaltungstechniken, z. B. filmischen Darstellungen mit bestimmten Kameratechniken, von Gestaltungskategorien und -absichten, z. B. dokumentarischen oder fiktionalen Darstellungen, sowie von verschiedenen Medienarten, z. B. Roman, Hörspiel, Videoclip und Computerspiel;

3. *Auswählen und Nutzen von Medienangeboten* für unterschiedliche Funktionen, z. B. zur Unterhaltung und zum Spielen, zur Information und zum Lernen, zum Problemlösen und zur Entscheidungsfindung, zur Kommunikation und zur Kunstrezeption;

4. *Gestalten und Verbreiten eigener Medienprodukte*, z. B. einer Fotodokumentation, eines Hörmagazins, einer Zeitung, eines Videofilms oder eines Computerprogramms;

5. *Analyse von Medien im gesellschaftlichen Zusammenhang und Einflussnahme*, z. B. Analyse von Comics, Vorabendserien, Videoclips, Computeranwendungen und politischen Informationen.[30]

Für den Deutschunterricht speziell forderte Jutta Wermke eine „integrierte Medienerziehung" (1997), weil sein traditioneller Gegenstandsbereich – das Buch bzw. die Buchkultur – nur noch bedingt isoliert betrachtet werden kann (Wermke 1997, 46). Bücher treten heute sowohl als „Leitmedien" als auch „Folgemedien" auf. Leitmedien sind sie, wenn beispielsweise eine Konversion vom Buch zum Film erfolgt, als Folgemedien erscheinen sie bei einer umgekehrten Produktions- und Rezeptionsreihenfolge (z. B. Buch zum Film). Im letzteren Fall sind sie nur dann angemessen zu reflektieren, wenn die Ästhetik des Ausgangsmediums berücksichtigt wird (vgl. dazu auch Faulstich 1995, 142).

Unterrichtsvorschläge zum Spielfilm, die seit Mitte der 1990er Jahre veröffentlicht worden sind, berücksichtigen in ihrer Mehrheit den Gedanken der integrierten Medienerziehung (vgl. die Themenhefte „Filmanalyse", Praxis Deutsch 140, 1996; „Klassiker des Kinder- und Jugendfilms", Praxis Deutsch 175, 2002; „Sehen, Lesen, Drehen", Deutschunterricht 6, 2002 sowie Metzger 2001 und die Beiträge in Faulstich/Lippert 1996; Landesinstitut für Schule und Weiterbildung 2000). Nach wie vor gibt es aber auch Handreichungen, die eher eine isolierte Behandlung in der Tradition der semiotisch-strukturellen Filmanalyse nahe legen (Kamp/Rüsel 1998; Hildebrand 2001). Als letzter Trend ist gegenwärtig zu beobachten, die Filmanalyse aus dem Dunstkreis der ideologiekritischen Didaktik herauszuholen, sodass Medienkritik und Mediengenuss zu komplementären Unterrichtszielen werden können. In diesem Prozess findet auch die Serie eine Neubewertung, die deren Ästhetik und psychologische Funktion für Rezipienten ernst nimmt (vgl. Beiträge in Hurrelmann/Becker 2003; Jonas/Josting 2004; Kepser/Nickel-Bacon 2004).

Trotz einer durchaus beachtlichen Anzahl von Publikationen zum Spielfilm im Deutschunterricht kann von einer systematischen Didaktik noch keine Rede sein. Selbst die viel beachtete „Typologie didaktischer Filmanalyse" von Wolfgang Gast (1996, 22f; wieder in: Deutschunterricht 6, 2002, 18f.) ist eher ein Zettelkasten für mögliche Unterrichtsprojekte. Welche Rahmenbedingungen müsste eine künftige Didaktik des Spielfilms unseres Erachtens einhalten?

---

[30] Winterhoff-Spurk (2004, 158) schlägt in Anlehnung an ein Modell von Dewe & Sander ein dreistufiges Modell der Medienkompetenz vor: *Sachkompetenz* als Fähigkeit des Individuums zur technischen Handhabung der Kommunikationstechnologie; *Selbstkompetenz* als persönlichkeitsbezogene Grundfähigkeit wie reflexive Medienrezeption, Differenzierung von Realität und Fiktion etc.; *Sozialkompetenz* als Fähigkeit zur sozial angemessenen Nutzung der Medien.

- Oberstes Ziel ist eine *Einführung in das Handlungsfeld „Spielfilm"* in seiner individuellen, sozialen und kulturellen Bedeutsamkeit. *Genussfähigkeit und Kritik* sollten dabei keine sich ausschließenden Perspektiven sein.

- Spielfilme müssen *Gegenstand des Regelunterrichts* im Fach Deutsch sein. „Neigungsgruppen" bedienen nur Schüler/-innen, die bereits für eine vertiefte Auseinandersetzung sensibilisiert sind. Das erfordert Unterrichtsmodelle, die keine Feiertagsdidaktik offerieren oder auf Schulutopien setzen, sondern auch im gegenwärtigen Schulalltag realisiert werden können.

- Eine Auseinandersetzung mit dem Spielfilm sollte in jedem Fall *integrativ ausgerichtet* sein: fachbereichsintegrativ zwischen „Sprachreflexion" (Semiotik) und „Umgang mit Texten", gattungsintegrativ zwischen Roman und Drama, fächerintegrativ zwischen Deutsch, Musik, Kunst und ggf. weiteren Fächern wie Geschichte (besonders bei Historien- und Kriegsfilmen) und dem Fremdsprachenunterricht (vgl. dazu Hildebrand 2001; Müller/Schmedemann 2001). Deutsch kommt dabei die Funktion eines Leitfaches zu.

- Zu entwickeln ist ein *Spiralcurriculum*, das den Spielfilm von der ersten. Klasse bis zum Abitur aufgreift. Angestrebt werden sollte die Behandlung von zwei Standardspielfilmen (+/–90 Minuten) pro Schuljahr, auch wenn das unter den gegebenen Umständen (Lehrpläne, Stundentafeln) sehr schwierig ist. Nur mit Ausschnitten und themenbezogenen Einheiten (Aspekte der „Mise en Scène", der Montage, des filmischen Erzählens) zu arbeiten, führt nicht zu einem Verständnis des Gesamtkunstwerks.

- Neben der Großform „Spielfilm", deren didaktischer Stellenwert mit dem der Ganzlektüre vergleichbar ist, müssen *„Kleinformen"* (Videoclip, Werbefilm, Kurzfilm, Serienfolge, Filmausschnitt) weiterhin Beachtung finden, weil sie leichter in den Unterrichtsalltag integrierbar sind.

- Es ist darauf zu drängen, dass *verbindliche Leistungskontrollen* zum Spielfilm etabliert werden (vgl. Hildebrand 2001, 270f.), darunter mindestens eine Filminterpretation, die freilich nicht auf die entsprechende Aufsatzform beschränkt sein muss. Leider ist nur so abzusichern, dass diese Aufgabe des Deutschunterrichts von allen Beteiligten ernst genommen wird.

- Bis zur Schulentlassung sollten alle Schüler/-innen mit den *wesentlichen formalen Analysekategorien* vertraut sein: Aufbau, Erzählstruktur, Einstellungsgrößen, Perspektiven, Kamera- und Objektbewegung; Beleuchtung, Mise en scène, Montage, Dialogführung, Wort-Bild-Ton-Beziehung. Dabei ist deren Funktion bzw. Wirkung wesentlich, nicht ihre isolierte Bestimmung.

- Schülerinnen und Schüler sollten sich mit dem Handlungssystem „Film" auseinandergesetzt haben, also mit den besonderen *Produktionsbedingungen* (einschließlich technischer und wirtschaftlicher Entwicklungen), *Distribution* und *Rezeption* sowie den damit zusammenhängenden kulturellen Diskursen. Auf der gymnasialen Oberstufe gehört dazu auch die Auseinandersetzung mit verschiedenen Interpretationsmethoden (biografisch, intertextuell, soziologisch, psychoanalytisch, historisch) und wichtigen Filmtheorien.

- Funktion und Ausdifferenzierung der filmischen *Textsortensystematik* sollten in angemessener Weise zum Gegenstand werden. Als Grundgenres sind anzusehen: Melodrama, Komödie, Western, Sciencefiction, fantastischer Film einschließlich Horror, Literaturverfilmung, Musikfilm und Musical, Animationsfilm, Kriegsfilm, Abenteuerfilm, Kriminalfilm und Thriller.

- Sofern nicht eine isolierte Behandlung bestimmter Aspekte intendiert ist, sollte jede Filmanalyse vom *Inhalt und von der Wirkung auf den Rezipienten* ausgehen: Was wird erzählt? Welche Gedanken, Gefühle, Bilder werden evoziert? Aspekte der formalen Gestaltung (Wie wird erzählt?) sind nachgeordnet. Dies entspricht dem von Faulstich (2002, 26) vorgeschlagenen *Grundmodell*: 1. WAS (Handlung), 2. WER (Figuren), 3. WIE (Bauformen) und 4. WOZU (Ideologie, Message).

- Methodisch sollte auch beim Umgang mit dem Spielfilm so weit wie möglich *handlungs- und produktionsorientiert* vorgegangen werden. Der Multimedia-Computer als Instrument für die Filmbetrachtung (Analyse in Kleingruppen mit der Möglichkeit von Screenshots) und Filmbearbeitung (Schnitt-Programme) wird dabei künftig eine große Rolle spielen. Ganz ohne analytisch-rezeptive Methoden wird man aber nicht auskommen. So ist das (einfache) Sequenzprotokoll eine unentbehrliche Basis für jede Handlungsanalyse (vgl. Faulstich 2002, 73–76).

- Zentral für eine Bewertungskompetenz und vertiefte Genussfähigkeit ist ein filmhistorisches Wissen. Hier liegen derzeit die größten schulischen Defizite.[31] Schüler/-innen sollten mit den wesentlichen internationalen Strömungen vertraut sein: der Stummfilmära (russischer Formalismus, deutscher Expressionismus, US-amerikanisches Drama, Trickfilm und Komödie), klassisches Hollywoodkino im Studiosystem, italienischer Neorealismus, Novelle Vague, britischer New Wave, Neuer deutscher Film, New Hollywood, Blockbuster und Dogma.

---

[31] Eines der wenigen Lehrwerke, die dazu Ansätze liefern, ist „Deutsch. Texte, Literatur, Medien", Volk und Wissen 1994ff. In den Klassen 5 bis 7 wird eine Art filmische Grundschule mit den Kinderfilmen „Ronja Räubertochter", „Pünktchen und Anton" sowie „Emil und die Detektive" durchlaufen. Zwischen der Klasse 8 und 10 stellen die Herausgeber Klassiker bzw. Kultfilme vor: „Fahrenheit 451", „Denn sie wissen nicht, was sie tun", „High Noon", „Zurück in die Zukunft", „Der Untertan", „Früchte des Zorns" und „2001 – Odyssee im Weltraum".

Bei der Auswahl von geeigneten Lang-Spielfilmen kann man sich seit kurzem an einem Kanon orientieren, der 2003 unter der Schirmherrschaft der „Bundeszentrale für politische Bildung" (www.bpb.de) erstellt worden ist. Ein Gremium aus deutschen Filmschaffenden, Filmwissenschaftlern, Kinobetreibern, Journalisten und Mitgliedern der Filmförderungskommissionen – Didaktiker waren nicht eingeladen –, einigte sich auf 35 Filme, die zukünftig an allgemeinbildenden Schulen behandelt werden sollen:

> „Nosferatu – Sinfonie des Grauens", R: Friedrich Wilhelm Murnau, D 1922; „Goldrausch", R: Charles Chaplin, USA 1925; „Panzerkreuzer Potemkin", R: Sergej M. Eisenstein, UdSSR 1925; „Emil und die Detektive", R: Gerhard Lamprecht, D 1930; „M – Eine Stadt sucht einen Mörder", R: Fritz Lang, D 1931; „Stagecoach", R: John Ford, 1939; USA; „Der Zauberer von Oz", R: Victor Fleming, USA 1939; „Laurel & Hardy – Der beleidigte Bläser", R: E. Livingston Kennedy, USA 1928; „Citizen Kane", R: Orson Welles, USA 1941; „Sein oder Nichtsein", R. Ernst Lubitsch, USA 1942; „Deutschland im Jahre Null", R: Roberto Rossellini, I/BRD1948; „Rashomon – Das Lustwäldchen", R: Akira Kurosawa, J 1950; „La Strada", R: Federico Fellini, I 1954; „Nacht und Nebel", R: Alain Resnais, F 1955; Frankreich; „Vertigo", R: Alfred Hitchcock; USA 1958; „Die Brücke", R.: Bernhard Wicki, BRD 1959; „Das Apartment", R: Billy Wilder, USA 1960; „Außer Atem", R: Jean-Luc Godard, F 1960; „Dr. Seltsam – oder wie ich lernte die Bombe zu lieben", R: Stanley Kubrick, USA 1964; „Blow up", R: Michelangelo Antonioni, GB 1966; Großbritannien. „Das Dschungelbuch", R: Wolfgang Reitherman, USA 1967; „Ich war neunzehn", R: Konrad Wolf, DDR 1969; „Der Wolfsjunge", R: François Truffaut, F 1969; „Alice in den Städten", R: Wim Wenders, BRD 1973; „Taxi Driver", R: Martin Scorcese, USA 1975; „Die Ehe der Maria Braun", Regie: Rainer Werner Fassbinder, BRD 1978; „Stalker", R: Andrej Tarkowski, UdSSR 1979; „Blade Runner", R: Ridley Scott, USA 1981; „Sans Soleil – Unsichtbare Sonne", R: Chris Marker, F 1982; „Shoah", R: Claude Lanzman, F 1985; „Ein kurzer Film über das Töten", R: Krzyszof Kieslowski, PL 1987; „Wo ist das Haus meines Freundes", R: Abbas Kiarostami, Iran 1988; „Der Eissturm", Regie: Ang Lee, USA 1997; „Das süße Jenseits", R.: Atom Egoyan; Can 1997; „Alles über meine Mutter", R. Pedro Almodovar, Spanien 1999.

Ganz offensichtlich liegen diesem Kanon einige sinnvolle Ordnungskriterien zugrunde. Vertreten sind *internationale Filme*, wenn auch ein gewisser Schwerpunkt bei deutschen Produktionen unverkennbar ist. Die Anordnung folgt *filmgeschichtlichen Prinzipien*; wesentliche Strömungen wurden berücksichtigt. Die Auswahl bestimmt haben ferner *bedeutende Regisseure* und *herausragende, stilbildende Einzelwerke*. Nahezu alle *wesentlichen Genres* sind vertreten. Und schließlich hat das Gremium darauf geachtet, dass *für jede Altersgruppe* etwas dabei ist.

Natürlich kann man im Detail kritisch sein: Kinder- und Jugendfilme sind deutlich unterrepräsentiert (vgl. dazu ausführlich Abraham 2002b); es gibt keine einzige Regisseurin; schmerzlich vermisst man als Cineast die wegweisenden Filme von Georg W. Pabst, Werner Herzog, Ingmar Bergman, Sergio Leone,

Luis Bunuel, Steven Spielberg, Robert Altmann oder David Lynch; didaktisch besonders interessante Filme wie „Lola rennt" (R. Tom Tykwer, BRD 1998) sind nicht aufgenommen worden (vgl. dazu Kepser, J. 2000; Landesinstitut für Schule und Weiterbildung 2000, Köppert 2001; Kepser, M. 2002; Hickethier 2002); unter den Genres fehlen der Musikfilm, der Abenteuerfilm, der Katastrophenfilm und ausgerechnet die Literaturverfilmung, Bei manchen Vorschlägen ist zu diskutieren, ob sie ein Genre wegweisend repräsentieren („Stagecoach" für den Western, „Stalker" für Sciencefiction, „Das Dschungelbuch" für den Animations- bzw. Zeichentrickfilm); unberücksichtigt blieben die Schwarze Serie des klassischen Hollywood ebenso wie etwa die Dogma-Filme; es gibt keine Kurzfilme im Programm; fraglich ist auch bei manchen Vorschlägen, inwiefern sie wirklich das Interesse der Schüler/-innen finden, v.a. der Nicht-Gymnasiasten. Für einen Film-Kanon gelten eben die gleichen Probleme, die schon für Literaturkanones diskutiert worden sind (vgl. Kap.2.3).

In Anlehnung an Phasenmodelle für den Literaturunterricht (vgl. Kap. 6.2), die „Typologie didaktischer Filmanalyse" von Wolfgang Gast (1996, 22f.), die Vorschläge von Jens Hildebrand (2001) und Peter Dörp (2001) kann abschließend folgendes Raster den Unterricht strukturieren helfen:

Phase/Inhalt	Methodische Hinweise
1. Begegnung Vollständige Erstrezeption, in der Regel zunächst ohne Lenkung.	Neben der ununterbrochenen Rezeption mit dem Ziel der Immersion auch verzögerte Rezeption (analytischer Zugriff, Möglichkeit zu spontanen Reaktionen auf Sequenzen, antizipierendes Sehen, erleichtertes Anlegen eines Sequenzprotokolls). Aus zeitökonomischen Gründen auch Vergabe von (arbeitsteiligen) Beobachtungsaufgaben (z. B. Hauptfiguren, auffällige Einstellungen, besondere Montageformen, Musikeinsatz, etc.).
2. Sammlung von (naiven) Ersteindrücken	„Kulturplausch"; Überprüfung der emotionalen Wirkung mit einem „semantischen Differential" (vgl. Marci-Boencke 1996); Festlegung von Untersuchungsaspekten zusammen mit der Klasse.
3. Sensibilisierung für die Makrostruktur Handlungsverlauf, Erzählstruktur, Personenkonstellation	Auseinandersetzung mit dem Sequenzplan, der entweder von Schülern/-innen oder der Lehrkraft zuvor erstellt worden ist; Erstellen von Grafiken zur Verdeutlichung paralleler Handlungsstränge und dem Verlauf der verfilmten Zeit, probeweises Umstellen von Sequenzen am Schnittcomputer; Verfassen von Steckbriefen; probeweises Verändern eines Charakters und Diskussion der Konsequenzen; Vorschläge für eine Umbesetzung mit anderen (bekannten) Schauspielern sammeln und Konsequenzen diskutieren; Verfassen eines inneren Monologs zur Figurencharakterisierung; Einsprechen eines „Voice Over" (Ich-Erzähler-Kommentar);

3. Sensibilisierung für die Makrostruktur (Fortsetzung)	Zuordnung von Screenshots, die Lehrer oder Schüler angefertigt haben; Verfassens eine Exposees, wie es dem Drehbuch zugrunde gelegen sein könnte; Verfassen einer Vorgeschichte nach den Informationen der Exposition; Gestalten eines „Bilderbuchs" bzw. Storyboards, in dem die Geschichte unter Einbezug von Screenshots nacherzählt wird; evtl. inhaltliche Korrektur der Ersteindrücke.
4. Sensibilisierung für die Mikrostruktur Analyse ausgewählter Einstellungen und Sequenzen nach Cadrage, mis-en-scène, Montageformen, Dialogführung, Musik etc.	Arbeit mit eingefrorenen Standbildern ausgeschnittenen Sequenzen, Rekonstruktion einer Szene anhand von vertauschten Szenenfotos, Weglassen des Tons zur Wirkungsanalyse von Dialogen und Musik, Nachspielen (bzw. Verändern) und ggf. Neuverfilmung von Dialogen; Neusynchronisation über die Tonspur des Schnittcomputers; Vergleich des Originals mit der synchronisierten Fassung (DVD); Auswahl neuer Filmmusik, Schreiben und Einsprechen von Dialogen zu einem Stummfilm, Aufnahme einer „Tonspur für Hörgeschädigte", in der die Bildebene verbalisiert wird; Erstellen eines genauen Einstellungsprotokolls (Zeit, Handlung, Dialog, Kamera, Geräusche/Musik).
5. Auseinandersetzung mit intertextuellen Bezügen literarische Vorlagen, Referenzfilme, Genregeschichte, musikalische Zitate, Verweise in die bildende Kunst, Bezüge zu Videospielen ...	Arbeit mit Zusatztexten, bzw. Filmen und Bildern (Mise en scène nach Vorbildern aus der Malerei!); Interlinearkommentierung durch neuen Off-Ton; (Audio-Kommentar), Zusammenschneiden von verwandtem Material und Vergleich; Verfassen einer „Synopse", bei der literarische Vorlage und filmische Umsetzung in Bezug gesetzt werden.
6. Beschäftigung mit dem Produktionskontext	Einbezug von Drehbüchern; Lesen von Sekundärliteratur (→Recherche im Internet und über CD-ROMs wie Microsofts „Cinemania"); Heranziehen von DVD-Bonusmaterial („Making off", Audio-Kommentar des Regisseurs); Auseinandersetzung mit zeitgeschichtlichen Dokumenten; Gestalten eines Hörfeatures zum Produktionskontext.
7. Beschäftigung mit dem Rezeptionskontext	Heranziehen von Kritiken (auch Kommentierung auf DVD), wissenschaftliche. Analysen, Fan-Aussagen im Internet, Buch zum Film, Remake, Begleitmedien (Trailer, Buch zum Film, Computerspiel, Hörspielfassung); Auseinandersetzung mit den eigenen Reaktionen über eine Videoaufnahme, die während der Erstrezeption gemacht wird.
8. Nachbearbeitung	Eigenproduktion eines neuen Schlusses, Verfassen eines Exposees für einen zweiten Teil, Sichtung verwandter Filme (nötigenfalls außerhalb des Unterrichts), Veränderung des Ursprungsmaterials (z. B. Neuvertonung, Umstellen von Sequenzen, Einfärben, Kürzen), Spielen einer Persiflage, Produktion eines Hörspiels unter Verwendung des Originalton-Materials; Verfassen einer eigenen Kritik, einer eigenen Filminterpretation etc.. Auch zur Lernzielkontrolle.

4.4.6 Konzepte zum Umgang mit expositorischen Texten

„Expositorische Texte" sind Texte, die in Alltag, Schule, Hochschule und Beruf der Kommunikation über Sachverhalte, Vorgänge, Vorhaben, Standpunkte, Meinungen usw. dienen – kurz: alles, was nicht „Literatur" im engeren Sinn ist. „Pragmatische Texte" hat man das auch genannt, was erst durch eine Erweiterung eines engen Literaturbegriffs vor etwa 30 Jahren in das Blickfeld des Deutschunterrichts gelangt ist. „Expositorisch" kommt aus dem Englischen (*expository* – erklärend, erläuternd) und betont noch mehr als „pragmatisch" die Funktion einer Verständigung über komplexe Zusammenhänge im Medium der Schriftsprachlichkeit. (Was Sie gerade lesen, ist ein expositorischer Text.) Die Formulierung „Sachtexte", in älteren Lehrplänen oft benutzt, wollen wir für diesen Gegenstandsbereich vermeiden, weil sie den irrigen Eindruck erweckt, es gehe hier nur um ‚objektiv' darstellende Texte. Erklären oder erläutern aber kann man alles, was es auf der Welt gibt, von der Funktionsweise eines Geräts bis zur Schuldenfalle eines Dritte-Welt-Landes. Einschlägig sind also nicht zuletzt auch Fragen und Meinungsverschiedenheiten, die sich aus unterschiedlicher Weltsicht, Weltanschauung und Grundüberzeugung ergeben.

Damit wird eine große Bandbreite an Textsorten deutlich, die es im Deutschunterricht mit zu bedenken gilt. So wenig das Fach oft zuständig ist oder sein kann für die sachliche Wissensgrundlage eines expositorischen Textes, so sehr sind die Möglichkeiten und Bedingungen sprachlicher Kommunikation darüber eben doch sprachdidaktisch einschlägig: Die Verständigung über Wissensbestände ist weitgehend sprachbasiert, und das macht den Deutschunterricht zum Leitfach des Lesens, auch der Lektüre sach- und problemorientierter „Gebrauchstexte" (wie *Praxis Deutsch* 2/1974 titelte) aller Art.

Spätestens seit der Publikation der ersten PISA-Befunde (Baumert et al. Hrsg. 2001) und ihrer Diskussion in der Fachdidaktik Deutsch (vgl. Kämper-van den Boogaart Hrsg. 2004 und Abraham/Bremerich-Vos/Frederking/Wieler Hrsg. 2003) ist offenbar, dass es nicht genügt, solche Texte gelegentlich im Unterricht heranzuziehen. Sie zu verstehen und im Sinn kritischer „Informationsverarbeitung" auszuwerten, ist anspruchsvoller und schwieriger, als Deutsch-Lehrende lange Zeit gerne geglaubt haben. Sie lösten lieber die „Interpretationsprobleme" der Literatur im engeren Sinn, als sich auf das einzulassen, was neuerdings „Lesestrategien" heißt und dem praktisch-handelnden Umgang mit expositorischen Texten zugute kommt (oder käme).

Überblickt man die jüngere Fachgeschichte seit der „Kommunikativen Wende" der 1970er Jahre, so lassen sich grob vier Konzepte des Umgangs mit derartigen Texten unterscheiden:

Im Rahmen einer dem Anspruch nach emanzipatorischen Didaktik der Massenmedien („Massenpresse als Ideologiefabrik", formulierte Jürgen Alberts 1972 im Stil der Zeit) entwickelte sich eine *(ideologie-)kritische Leselehre* (vgl. Hussong 1973), die Lernende vor allem befähigen wollte, die Intentionen gerade auch sogenannter „Sachtexte" zu durchschauen und auf die Erkenntnis der Intentionalität allen sprachlichen Handelns einen kritischen, „mündigen" Umgang mit schriftsprachlich kodierten Informationen und Appellen zu gründen. In dieselbe Zeit fällt die Entdeckung des *Sachbuches* für den Unterricht (vgl. Schütt/Stuflesser 1972). In zeitgenössischen Lehrwerken für den Deutschunterricht setzte sich ein thematisches Ordnungsprinzip durch, mit Wirkungen bis weit in die 1980er Jahre hinein (vgl. hierzu auch Kap. 5.1). Es erlaubte sowohl im engeren Sinn literarische als auch expositorische Texte zu einem Thema in einer Einheit zu präsentieren. Damit verbunden war die Hoffnung, auf der Basis eines so ermöglichten themaorientierten Wissenserwerbs die Literatur besser und kritischer lesen zu lehren. In ihrem *Kritischen Lesebuch* (1975) versammelten etwa Goette/Goette zum Thema „Deutschunterricht" neben epischen Texten von Borchert und Wondratschek nicht nur lyrische von Brecht und H. M. Enzensberger, sondern auch Auszüge aus verschiedenen Richtlinien für das Fach Deutsch seit 1938 und einen Text des Journalisten Rudolf Walter Leonhardt, der den Sinn und Unsinn von Hausaufgaben diskutierte. Zu letzterem formulierten die Autoren im Begleitbuch *Interpretationen für den kritischen Deutschunterricht* (Goette/Goette 1977, 59): „Die Schüler sollen [...] lernen, Texte kritisch zu analysieren und ihren eigenen Standpunkt begründet vertreten können (sachliche Argumentation)".

Wie das Beispiel allerdings zeigt, lag das Augenmerk in solchen Unterrichtsvorschlägen weniger auf dem Umstand der Sprachbasiertheit von Informationen, Argumenten und Meinungen als auf ihrer Ideologiehaftigkeit. Vorschläge für konkrete Spracharbeit an expositorischen Texten sucht man weithin vergeblich. Ein zweites, dominant *textanalytisches Konzept* des Umgangs mit diesem Gegenstandsbereich entwickelte sich jedoch vom Versuch aus, die in den 1970er Jahren entstehende Textlinguistik und Textpragmatik für den Unterricht fruchtbar zu machen (vgl. z. B. Beisbart et al. 1976). Unter anderem gerieten so auch „Textsorten in Zeitungen" (ebd., 82f.) in den Blick einer an sprachlicher Beschreibung und Analyse interessierten Didaktik. Dieser analytische Blick, der auf die „Erarbeitung einer Typologie von Gebrauchstexten" abzielte (Gniffke-Hubrig 1972), unterschied sich zwar wohltuend von der Ideologiefixiertheit eines an der Sprachlichkeit solcher Texte noch wenig interessierten „kritischen" Umgangs, stieß aber an Grenzen, die vor allem mit einer noch weitgehend fehlenden *schreibdidaktischen* Komponente zu tun haben.

Erkennbar wird das mit dem Siegeszug des *„handlungs- und produktionsorientierten Unterrichts"* in den 1980er Jahren, der alte Grenzzäune zwischen Literatur- und Sprachunterricht niederriss. Neben im engeren Sinne literarischen Texten, denen (auch) hier das Hauptaugenmerk galt, wurden dabei nun sogenannte Sachtexte produktionsorientiert erschlossen, und die Erarbeitung einer Textsorte (z. B. einer bestimmten journalistischen „Stilform") schloss eigene Produktionsversuche ein.

Ein viertes Konzept schließlich wird in Umrissen erst kürzlich, d.h. um die Wende zum 21. Jahrhundert, sichtbar. Der durchaus heilsame „PISA-Schock" zwingt der Deutschdidaktik nicht nur ein Nachdenken über Begriff und Anspruch von „Lesekompetenz" auf, sondern auch eine Diskussion über den Stellenwert expositorischer Texte in einem Unterricht, der seinen Auftrag der Leseförderung (vgl. Kap. 2.2) zwar erkannt, aber zu eng ausgelegt hatte. Vor allem von lernpsychologischer Seite reagierte man auf „PISA" mit eigens entwickelten Lesetraining-Programmen (vgl. kritisch Bräuer 2002), in denen ja vielfach auch expositorische Texte vorkommen (vgl. z. B. Souvignier/Küppers/Gold 2003). Demgegenüber favorisiert die Deutschdidaktik ein Konzept, das Lesen und Schreiben integriert: *themazentriertes Arbeiten* mit Alltags-, Gebrauchs- und Sachtexten, die von kognitionspsychologischen Grundeinsichten aus in vorsichtig konstruktivistischer Sicht als schriftsprachliche *Angebote* zur selbstständigen Konstruktion von Weltwissen und Erarbeitung rezeptiver wie produktiver Textkompetenz verstanden werden (ausführlicher vgl. Abraham 2003). Begriff und Konzept der „Lesestrategien" (vgl. z. B. Bade/Valtin 2003 für die Primar- und Müller 2000 für die Sekundarstufe) setzen sich durch, um eine solche Text(kompetenz)-didaktik auch praktisch zu fundieren.

5. Medien und Literaturunterricht

Alle Gegenstände des Deutschunterrichts sind Medien: Bücher, Zeitschriften, Zeitungen (Printmedien), Hefte (Handschriften), verbale und nonverbale Kommunikation, Hörspiele, Filme (audiovisuelle Medien). Daneben werden aber auch Medien benutzt, um Lehr-/Lernprozesse zu unterstützen. Die allgemeine Didaktik spricht dann von „Unterrichtsmedien", zu denen etwa Tafel, Overhead Projektor, Pinnwand, Lernplakat, Freiarbeitsmaterial, Übungshefte und nicht zuletzt die Lehrkraft selbst (personales Medium) gehören. Die Unterscheidung nach „Medien als Unterrichtsgegenstand" und „Unterrichtsmedien" erfolgt intentional. Dabei kann die Intention des Medienproduzenten durchaus eine andere sein als die der Medienrezipienten. Man nehme ein Unterrichtsvideo, das mit der Absicht gedreht wurde, Schüler/-innen das Leben eines Autors bzw. einer Autorin näher zu bringen. Von der Lehrkraft wird es aber als Exempel für die besondere Ästhetik des Dokumentarfilms eingesetzt, und schon ist aus einem Unterrichtsmedium ein Unterrichtsgegenstand geworden. Und wie steht es mit einem Spielfilm auf DVD, den die Klasse gemeinsam analysiert? Natürlich ist er ein Unterrichtsgegenstand. Das Trägermedium „DVD" unterstützt aber auch Lehr-/Lernprozesse, denn es ermöglicht z. B. eine unkomplizierte Wiederholung einzelner Sequenzen und das Anspringen vorher ausgewählter „Lesezeichen". Die Beispiele verdeutlichen, dass Medien im Fach Deutsch durchaus beides sein können: Unterrichtsmedien *und* Gegenstände des Unterrichts. Schließlich können Medien auch noch zu Instrumenten werden, mit denen wiederum Medien hergestellt werden. Dies muss mitbedacht werden, wenn im Folgenden einige typische Unterrichtsmedien näher beleuchtet werden.

5.1 Fibeln und Lesebücher

Die zweifellos wichtigsten Medien für den Literaturunterricht sind Sammlungen mit Lesetexten. Traditionell unterscheidet man *Fibeln* für den Unterricht der ersten und gelegentlich auch zweiten Klasse von den *Lesebüchern*, die danach benutzt werden. Früher ging man davon aus, dass der Anfangsunterricht einen Lese- und Schreiblehrgang zu verfolgen habe, in dem literarische Texte allenfalls den Status von Übungsmaterial besitzen. Erst mit der annähernden Beherrschung der Lesetechnik wurde den Schülern und Schülerinnen zugemutet, sich mit Literatur inhaltlich und ästhetisch auseinander zu setzen. Diese Auffassung gilt heute als überholt. Zum einen ist literarische Bildung nicht an das Beherrschen der Lesetechnik gebunden (vgl. Kap. 2.2), zum anderen bleibt das Lesenlernen wenig motivierend, wenn damit nicht von Anfang an die Gratifikationen erreicht werden, die mit dem Lesen literarischer Texte einhergehen können. Einfache epische, lyrische und dramatische Kurztexte, deren Verständnis durch Bildmaterial zusätzlich vorentlastet wird, gehören deshalb zum Bestand jedes modernen Deutschbuchs für die Anfangsklassen.

Die Trennung in „Fibel" und „Lesebuch" könnte allerdings auch mit der unterschiedlichen Reichweite beider Lehrwerke begründet werden: Erstere umfassen den gesamten Stoff des Deutschunterrichts, während sich „Lesebücher" mit „Sprachbüchern" das didaktische Feld nach Lernbereichen teilen. Aber die Verhältnisse sind komplizierter. So gibt es auch für höhere Klassen integrative Lehrwerke, die eine Zweiteilung bewusst vermeiden (Prototyp: „Lesen – Darstellen – Begreifen", Hirschgraben-Verlag 1971ff.; aktuell z. B. „Doppelklick", Cornelsen Verlag 2001). Wenn Lese- und Sprachbuch getrennt vorliegen, überschreiten sie immer wieder die Bereichsgrenzen. So übernehmen Sprachbücher heute normalerweise die gesamte Poetologie (Rhetorik, Metrik, Verslehre, Erzähltheorie, Gattungslehre etc.) sowie literatursoziologische und -geschichtliche Einführungen. Literarische Texte tauchen dort nicht nur in diesem Zusammenhang auf, sondern werden vielfach auch für grammatisch-stilistische Übungen ge-, bisweilen auch missbraucht. Umgekehrt finden sich heute in vielen Lesebüchern expositorische Texte (Berichte, Beschreibungen etc.), die zum Gegenstandsbereich der Sprachdidaktik zählen. Bislang sind Sprachbücher noch kaum daraufhin systematisch untersucht worden, wie sie ihre literaturdidaktischen Aufgaben erfüllen und welche literarischen Texte dazu verwendet werden. Dagegen gehören Lesebücher zu den gut erforschten Unterrichtsmedien (zuletzt Ehlers 2003a, b). Das hat im Wesentlichen zwei Gründe: Lehrwerke nehmen anregende und konzeptionelle Funktionen wahr, wodurch sie die kurz- und langfristige Unterrichtsplanung vieler, wenn nicht sogar der meisten Lehrkräfte entscheidend mitbestimmen (vgl. Korte 2002, 71). Wie Literaturunterricht in der Praxis aussieht, erfährt man folglich über eine Analyse der Lesebücher recht genau. Ihr Einfluss ist sogar größer einzuschätzen, als der der geltenden Curricula und Bildungspläne, die nach Umfragen von vielen Lehrerinnen und Lehrern gar nicht richtig wahrgenommen werden (ebd. 70f.). Zum zweiten sind Lesebücher kulturgeschichtlich höchst interessante Dokumente, verraten sie doch viel über Erziehungsgrundsätze und Standards der literarischen Selbstverständigung (Kanon), die in der jeweiligen Gesellschaft durchgesetzt werden sollen. Die Geschichte des Lesebuchs lässt sich grob in sechs Phasen unterteilen (vgl. Helmers 1970; Schober 1998; Ehlers 2003a, 3–8; Müller-Michaels 2003):

(1) Vor der Entwicklung eines systematischen Deutschunterrichts im 19. Jahrhundert kann man als Typen ausmachen: das *Leselern- und Arbeitsbuch* (aus dem sich später die Fibel entwickelte), das *Lesebuch als Sachbuch* wie der berühmte „Orbis sensualium pictus" des Comenius (dt. 1658), das *Lesebuch zur moralisch-religiösen Erziehung* und die sogenannten *Chrestomathien* – stilbil-

dende Mustertexte bekannter Autoren[32] –, wobei selbstverständlich Mischformen möglich und auch üblich waren.

(2) Bis in die 1950er Jahre stand das *Lesebuch im Dienst einer Morallehre* durch Beispielgeschichten (v. a. Fabeln) sowie im Dienst einer bürgerlichen, nationalistischen und schließlich auch faschistischen *Gesinnungsbildung* durch deutsche Höhenkammliteratur. Es war ein Franzose, nämlich der Germanist Robert Minder, der den deutschen Lesebüchern der Nachkriegszeit ein vernichtendes Zeugnis ausstellte. Im Vergleich zu französischen Lehrwerken seien sie antiintellektuell, apolitisch und rückwärtsgewandt (vgl. Paefgen 1999b,19). In der Tat verraten schon die Titel damals gängiger Lesebücher eine dementsprechende Ausrichtung: „Die gute Saat" (Braunschweig u. a.: Westermann 1955ff.), „Lebensgut" (Frankfurt a.M. u. a.: Diesterweg 1955ff.) oder „Die sieben Ähren" (Düsseldorf: Schwan 1950ff.).

(3) Die Diskussion darüber führte Mitte der 1960er schließlich zu einer völligen Neuorientierung, an deren Ende das *literarische Arbeitsbuch* stand. Lehrwerke wie das „Lesebuch 65" (Hannover: Schroedel 1965ff.) orientierten sich in ihrem Aufbau streng an einer literaturwissenschaftlichen Systematik. Schüler und Schülerinnen sollten von der Grundschule bis zu den Sekundarstufen ein Spiralcurriculum durchlaufen, um zu einem immer tieferen Verständnis der Gattungen (Epik, Lyrik, Dramatik) sowie ihrer Ästhetik zu gelangen. Damit war literarische Bildung nicht länger ein Privileg der Gymnasiasten, sondern ein Gut, auf das alle Schüler/-innen ein Anrecht hatten. Ein weiteres Verdienst lag darin, dass wichtige Autoren der unmittelbaren Gegenwartliteratur Einzug in die Schule halten konnten (Heinrich Böll, Max Frisch, Friedrich Dürrenmatt u. a.). Im Rückblick muss jedoch eine Didaktik, die von der Sache und nicht von den Lernenden ausgeht, als verfehlt angesehen werden. So blieben denn auch die literarischen Interessen der Schüler/-innen, die gerade in der Grundschulzeit den Inhalten und weniger formalen Aspekten gelten, vielfach auf der Strecke.

(4) Das *gesellschaftskritische Lesebuch* der 1970er Jahre versuchte demgegenüber wieder mehr den Ideengehalt literarischer Werke zu fokussieren. Absicht der Herausgeber war es, Kinder und Jugendliche für Ideologien zu sensibilisieren, damit sie emanzipierte Teilhaber an Kultur und Politik werden können. Präferiert wurden Texte mit erkennbarem Bezug zur Gegenwart der Lernenden, einschließlich der Kinder- und Jugendliteratur, der sogenannten „Trivialliteratur", Hörspiele, Comics und Texte aus den Massenmedien. Ein damals aktueller

---

[32] Im Hinblick auf die Methodengeschichte des Deutschunterrichts ist die „Chrestomathie deutscher Gedichte" von C.F.R.Vetterlein (1796; vgl. Ehlers 2003a, 4) hochinteressant. Der Autor empfiehlt dort die Nachahmung verschiedener lyrischer Formen, damit die Schüler deren Gesetzmäßigkeit kennen lernen, ein frühes Beispiel für handlungs- und produktionsorientierten Literaturunterricht.

Titel wie „Drucksachen" (Düsseldorf: Pro Schule 1973) signalisiert diesen Wechsel weg von den kanonisierten Lesestücken der bürgerlichen Hochkultur deutlich. Die dadurch bewirkte Ausweitung des Literaturbegriffs ist ein wesentliches Verdienst der gesellschaftskritischen Lesebücher. Bemängelt hat man an entsprechenden Lehrwerken für die Grundschule, dass sie nicht kindgemäß waren, die Schüler/-innen überforderten und die Vermittlung literarischer Grundkenntnisse zu kurz kam (Schober 1998, 126). Auch an den Bänden für die Sekundarstufen wurde eine unzureichende Beachtung literarischer Traditionen beklagt. Statt eine selbsttätige Erkundung anzuleiten, würden Kinder und Jugendliche mit ideologiekritischen Leitfragen gegängelt. Völlig ausgeblendet wurde vielfach die medien- und textsortenspezifische Ästhetik der populären Unterhaltungsformen. Dem Vergnügen der jungen Rezipienten an „ihren" Büchern, Zeitschriften oder Filmen begegnete man pauschal mit Misstrauen, ohne die sehr unterschiedlichen Aneignungsweisen, die bis zur außerschulischen Eigengestaltung reichen, zu würdigen. Weiterhin aufrecht erhalten wurde die problematische Trennung zwischen „guter", weil aufklärerischer Hochliteratur und „schlechten", weil bewusstseinsvernebelnden Rest-Medien (vgl. Wermke 2002b, 92).

(5) Mit dem ideologiekritischen Lesebuch eng verwandt ist eine zweite Entwicklung der 1970er Jahre, die als *kommunikationsorientiertes Lesebuch* bezeichnet werden kann (z. B. Lesen – Darstellen – Begreifen, Hirschgraben-Verlag 1971ff.). Gemäß den Grundsätzen der „kommunikativen Wende" lag hier die Zielsetzung im Erreichen einer allgemeinen literarischen Rezeptionskompetenz. Karl-Heinz Fingerhut untergliederte sie in eine „Analysekompetenz", „Sachkompetenz" und eine „Kompetenz zum Engagement" (1974, 142). Für ein entsprechendes Lehrwerk verlangte er ein Nebeneinander von „Inhalts- und Problemsequenzen", „Formalsequenzen", „motivationserzeugenden Sequenzen" und „Verfahrens- bzw. Methodensequenzen". Damit öffnete er den Weg zum pluralistisch orientierten Lesebuch ohne Lehrgangscharakter, das seit den späten 1970er Jahren den Markt dominiert.

(6) *Der letzte Stand der Lesebuchentwicklung* ist vor allem durch große Schülernähe gekennzeichnet: bewusst einfache Texte für die Grundschüler; nicht nur problemorientierte Geschichten, sondern auch fantastische und abenteuerliche Erzählungen; Texte, die besonders Migrantenkinder ansprechen. Titel wie „Leserunde" (Freiburg: Herder 1980ff.), „Kinder lesen" (Hannover: Schroedel 1986ff.), „Leseschatz" (Berlin: Cornelsen 1990ff.), „Die Bücherkiste" (Berlin: Volk und Wissen 1991ff.) oder „Bücherwurm" (Stuttgart: Klett 1997ff.) machen offenbar, dass Leseförderung zum zentralen Anliegen wird. Das wird auch optisch deutlich, denn die neuen Lehrwerke präsentieren sich bunt und reich bebildert. Verstärkt werden Romanausschnitte angeboten, die explizit oder implizit zur Lektüre des ganzen Buches anregen. Die von den Lehrplänen eingeforderte Medienerziehung wird großenteils berücksichtigt. Allerdings sind „Medientexte", die über den Bezug auf Schriftzeichen hinausgehen, noch immer keine Selbstverständlichkeit (vgl. Marci-Boehncke 2003). Fast alle Lesebücher offerie-

ren neuerdings wieder Arbeitsvorschläge. Viele davon zeigen eine deutliche Handlungs- und Produktionsorientierung, die zum wichtigsten methodischen Paradigma der Literaturdidaktik aufsteigt (exemplarisch „Unterwegs", Kletts 1992ff.; „Pusteblume", Hannover: Schroedel 1997ff.). Abteilungen mit besonderem Anregungscharakter werden dabei gerne als „Magazin" oder „Werkstatt" überschrieben (vgl. Schober 2002, 69f.). Manche Kritiker beklagen, dass die neueste Generation der Lesebücher ihren Rezipienten nur noch kleine Text-Häppchen zumutet. Auch müsse ein Verlust des literarischen Erbes befürchtet werden, da zentrale Autoren vielfach ausgeblendet bleiben (vgl. Müller-Michaels 2003, 19). Ob das eine allgemeine Tendenz ist, bleibt fraglich. Der Markt an Lesebüchern ist ungeheuer groß und deckt heute zahlreiche Interessen ab, sodass konservative Lehrerkollegien genauso fündig werden können wie experimentierfreudige. Empirische Untersuchungen haben für manche Bundesländer mehr als 25 verschiedene Reihen gezählt, die aktuell im Gebrauch waren (Killus 1998). Zwischen 1990 und 2003 konnte man allein für die erste Sekundarstufe 39 verschiedene Lehr- und Arbeitsbücher erwerben.

Lehrwerke kritisch beurteilen zu können, ist eine wichtige Kompetenz jeder Lehrkraft. Zur Überprüfung eines Lesebuchs kann folgender *Kriterienkatalog* hilfreich sein (in Anlehnung an Beisbart/Marenbach 1994, 192–194; vgl. auch Ehlers 2003b):

1. Aufbau

1.1 Gliederung
Themen bzw. Stoffe; Gattungen bzw. Textsorten, Epochen bzw. Strömungen, Medien, Lernziele bzw. Fertigkeiten oder Kompetenzen, Lernbereiche

1.2 Auswahl und Anzahl der Texte

1.2.1 Textsorten
intendierte Rezipienten: Erwachsene, Kinder und Jugendliche, Jungen und/oder Mädchen, Muttersprachler, Schüler/-innen mit Migrationshintergrund;

„Qualität": Höhenkammliteratur, Unterhaltungsliteratur, Dialekttexte, populärwissenschaftliche Texte, Fachliteratur, diskontinuierliche Texte[33];

---

[33] Diskontinuierliche Texte sind im Zusammenhang mit der PISA-Studie stärker ins Bewusstsein geraten. Darunter versteht man Diagramme, Bilder, Karten und Tabellen (Baumert et al. 2001, 80). Umstritten ist, ob auch Hypertexte – elektronische und solche in Printform (z. B. aufeinander bezogene Kommentarkästen) – dazugehören. Deutsche Schüler/-innen taten sich mit solchen Textformen besonders schwer.

Wirklichkeits- und Wahrheitsanspruch: nur fiktionale oder auch expositorische Texte;

Gattungen: epische, lyrische, dramatische Texte; Comic; Bilderbuch, (massen-)mediale Texte (z. B. Drehbuch, Zeitungsbericht, Werbung, bebildertes Sequenzprotokoll etc.);

Vollständigkeit: nur Kurzformen oder auch Ausschnitte aus Langformen.

1.2.2 Themen oder Probleme

z. B. jahreszeitliche Anordnung,

Auswahl nach Lebensbereichen und Entwicklungsaufgaben (Familie, Arbeitswelt, Schule, Dritte Welt, Mensch und Natur usw.),

ethische/moralische Probleme (z. B. „Haben und Teilen");

literaturwissenschaftliche Fragestellungen.

1.3 Auswahl der Autoren (bes. bei literarischen Texten)

ältere – neuere – neueste, kanonisierte – unbekannte;

Originaltexte – bearbeitete Texte (Kürzungen, Vereinfachungen);

Texte der Herausgeber; Texte von Autoren mit Migrationshintergrund; deutsche – fremdsprachliche (in Übersetzung) Autoren;

Texte älterer Sprach- und Kulturstände (vgl. Ehrismann/Hardt 2003), Berücksichtigung literaturgeschichtlicher Zusammenhänge

2. *Ziele (siehe auch Lehrerhandbuch)*

2.1. Didaktische Begründung

literaturwissenschaftlich, pädagogisch, gesellschaftspolitisch, sprach- und textwissenschaftlich, kommunikationstheoretisch, integrativ (Lernbereiche und/oder Fächer), handlungsorientiert

2.2 Verhältnis zwischen Zielen und Textangebot

2.3 Zusammenhang mit aktuellen Lehr- und Bildungsplänen

2.4 Weltanschauliche Tendenzen

erkennbare religiöse, politische, soziale, ökologische Ziele

3. *Soziopsychologischer Gesichtspunkt*

Berücksichtigung des sprachlichen, literarisch-kommunikativen, kognitiven, moralischen und ästhetischen Entwicklungsstandes der Schüler bei der Textauswahl

4. *Mediendidaktische Gesichtspunkte*

4.1 Vorwort für die Schüler (Intention)

4.2 Ergänzende Kommentierungen der Texte
Einführung, historische u. literaturwissenschaftliche Zusammenhänge etc.

4.3 Erschließungsfragen zu Texten:

zu allen – zu einigen; Leitfragen – Detailfragen; formal – strukturell – inhaltlich – gesellschaftskritisch; stark lenkend – kreativ – handlungsorientiert – impulsgebend; textbezogen – autorbezogen – leseinteressebezogen; für Schüler/-innen zum selbsttätigen Lernen anregend – als Planungshilfe für die Lehrkraft; Platzierung unter den Texten – am Ende einer Einheit – am Schluss des Buches – im Lehrerband.

4.4 Produktionsanregungen durch Schülertexte, Aufgaben

4.5 Design

Einband, Lesebändchen, Layout, Bildbeigaben (Fotos, Zeichnungen, Schemata etc.) und deren Funktion für das Lesebuchkonzept. Mögliches Problem: starke Lenkung der Textinterpretation durch Bilder oder Randtexte.

4.6 Weitere Hilfen für die Benutzung

4.6.1 Hilfen durch das Schriftbild

für klanggestaltendes Lesen: Flattersatz, Kurzzeilen, Sinnschrittgliederung

4.6.2 Beigaben

Autorenverzeichnis, Quellenverzeichnis, Inhaltsverzeichnis(se), Glossar, Merkseiten, Biografien, Epochenübersicht, Querverweise zwischen verschiedenen Texten

4.7 Möglichkeiten der Differenzierung

methodische Anstöße, Kontrollaufgaben, Anregungen zu Projektarbeit, Empfehlungen für weiterführende (Privat-)Lektüre

4.8 Struktur und Funktion weiterer medialer Mittel im Verbund

CDs, CD-ROMs, Internetseiten, Leseheftreihen

5. *Zielsetzung und Funktion von Schülerarbeitsheften*

z. B. Hefte für das Training der Lesefertigkeiten, nach Anspruch differenzierende Aufgabenhefte, Hefte speziell für Kinder mit Deutsch als Zweitsprache (z. B. Doppelklick, Cornelsen 2001)

6. *Aufbau (Gliederung) und Inhalt von Lehrerkommentaren*

theoretisch-didaktische Konzeption (Umfang);

praktische Hinweise: Sachhinweise (literaturwissenschaftliche Analyse), didaktische Hinweise (didaktische Analyse), methodische Hinweise, mediendidaktische Hinweise, Lernziele, Sequenzhinweise, Modellstunden, Hinweise für fachbereichs- und fächerübergreifendes Arbeiten;

weiterführende Angaben (didaktische Literatur, weitere Texthinweise); Vorschläge für Lernzielkontrollen, Lösungsvorschläge für Aufgaben; Materialien (z. B. Kopiervorlagen)

5.2   Arbeitsblätter, Ganzschriften und Lehrerhandreichungen

Lesebücher wurden und werden keineswegs immer als Grundlage des Literaturunterrichts akzeptiert. So hat Baumgärtner (1991, 40) in ihrer Geschichte lesebuchfreundliche und -skeptische Phasen ausgemacht. Als Alternativen bieten sich kopierte Arbeitsvorlagen und/oder die sogenannten Ganzschriften an.

Lehrer/-innen, die überwiegend mit *Kopien* arbeiten, können in der Textauswahl besser ihre eigenen Vorlieben und die besondere Situation der jeweilige Klasse berücksichtigen. Außerdem lassen sich so aktuellere Texte zur Diskussion stellen, denn nicht selten sind Lesebücher bis zu zehn Jahre in Gebrauch, bevor sie durch neue Lehrwerke ersetzt werden. Kopiervorlagen für den Literaturunterricht bieten zahlreiche Verlage an; auch die einschlägigen Fachzeitschriften (z. B. Praxis Deutsch) enthalten immer wieder entsprechendes Material. Der Einsatz bedarf aber stets kritischer Reflexion, denn anders als die zugelassenen Lesebücher unterliegen solche Publikationen nicht immer einer sorgfältigen Qualitätskontrolle. Nicht selten trifft man auf ungenau editierte Texte oder Arbeitsvorschläge, die einer didaktisch-methodischen Überprüfung nicht standhalten. Studierende und Referendare, die erfahrungsgemäß gerne mit Kopiervorlagen arbeiten, müssen hier ganz besonders wachsam sein.

Eigene Arbeitsblätter kann man inzwischen leicht mit Hilfe der elektronischen Textverarbeitung herstellen bzw. modifizieren. Auch dazu bieten viele Verlage entsprechende Unterstützung an, teilweise auf Diskette bzw. CD-ROM, teilweise gebührenfrei oder gebührenpflichtig im Internet (Park Körner, Klett, Cornelsen, Schroedel u. a.). Texte aus elektronischen Anthologien wie dem „Projekt Gutenberg" (http://www.gutenberg2000.de) oder den CD-ROMs aus dem Hause „Directmedia" (http://www.digitale-bibliothek.de) lassen sich leicht in die Textverarbeitung übernehmen, um dort weiter gestaltet zu werden[34]. Trotz solcher Hilfsmittel bleibt ein Literaturunterricht mit Arbeitsblättern aufwändig. Kopien belasten nicht nur das Konto der Sachaufwandsträger, sondern auch die Umwelt. Erfahrungsgemäß motivieren die mehr oder minder geordneten Ablagemappen Schüler-/innen kaum dazu, den Stoff noch einmal zu sichten. Und schließlich verführt das Arbeiten ohne Lesebuch zu einem unsystematischen Adhoc-Unterricht.

Der Einsatz von *Ganzschriften* (Ganzlektüren, Einzelschriften), also längeren Erzählungen, Novellen, Romanen und Lesedramen, hat im Deutschunterricht eine lange Tradition. Das ist nicht zuletzt ein Verdienst des Reclam-Verlags, der ab 1867 damit begann, *„Klassiker"* in preisgünstigen Ausgaben zu publizieren. Der große Erfolg ließ andere nachziehen, z. B. die Verlage Ferdinand Schöningh

---

[34] Texte aus dem Internet sind stets mit Vorsicht zu genießen. So unterliegt das „Projekt Gutenberg" keiner editorischen Kontrolle, weshalb man auch auf fehlerhaftes Material treffen kann. Editorisch unbedenklich sind dagegen die Texte der Digitalen Bibliothek auf CD-ROM, da sie auf anerkannten Werkausgaben mit ausgewiesener Seitenkonkordanz beruhen.

und Velhagen & Klaßing. Abnehmer waren neben Studierenden v.a. Gymnasiasten, die sich im Deutschunterricht der Obersekunda und Prima mit den „großen" Werken deutschsprachiger Nationalliteratur vertraut machen sollten. Die „*Schulausgaben*" enthielten nicht immer den vollständigen Originaltext. Gekürzt oder sogar eingegriffen wurde, wenn der Lektüreumfang für den Regelunterricht zu groß oder aber bestimmte Inhalte nicht opportun schienen. Fast immer enthielten sie auch einen Kommentar, der Lehrenden und Lernenden die „richtige" Lesart nahe legte. So heißt es etwa in einer Vorkriegsausgabe von Lessings Lustspiel „Minna von Barnhelm": Der Dichter wollte „durch Versöhnung des Stammeshasses zwischen Preußen und Sachsen das allgemeine deutsche Nationalgefühl gegenüber dem Franzosentum beleben und verstärken" (Funke/Schmitz-Maneng (Hrsg.): Lessings „Minna von Barnhelm". Paderborn: Ferdinand Schöningh o.J.). Hinzu kamen vielfach Erläuterungen zum Textverständnis, die z.T. in eigenen Ausgaben vertrieben wurden.

Eine massive Aufwertung erhielten die Ganzschriften um die Jahrhundertwende, als der Hamburger Lehrer und Literaturpädagoge Heinrich Wolgast beklagte „Das Kind lernt in der Schule nur Lesestücke, keine Bücher lesen." (zit. nach Franz 1998, 407). Er forderte für alle Schularten die Lektüre umfangreicher und qualitativ hochrangiger Werke, zu denen er etwa Theodor Storms „Pole Poppenspäler" oder Kleists „Michael Kohlhaas" zählte (vgl. Paefgen 1998, 12). Noch radikaler bekämpften die Reformpädagogen das Lesebuch als Grundlage des Literaturunterrichts (z. B. Wilhelm Fronemann: Der Unterricht ohne Lesebuch, 1921), denn ein echter Leser sei nur der Buchleser (vgl. Franz 1998, 407). Auch wenn sie sich damit langfristig nicht in der gängigen Schulpraxis durchsetzen konnten, so ist doch ab den 1920er Jahren die gelegentliche Buchlektüre fester Bestandteil des Deutschunterrichts an allen höheren Lehranstalten, nicht nur den Gymnasien geworden.

In der Nachkriegszeit wurde die Tradition schulischer Publikationsreihen fortgesetzt. Kommentar und Erläuterungen sind bis heute fester Bestandteil (paradigmatisch Reclams gelbe und grüne Bändchen), was sie von anderen Leseausgaben deutlich unterscheidet. Allerdings folgen sie jetzt meistenteils dem jeweiligen Stand der Editionsforschung und enthalten sich weitgehend pädagogischer Wertungen.[35] Hinzugekommen ist ein florierender Markt an *Unterrichtshilfen*

---

[35] Seit neuestem gibt es wieder Klassiker-Editionen auf dem Markt, die die unselige Tradition bearbeiteter Schulausgaben fortsetzen (Cornelsen: *einfach klassisch...*; moderne zeiten: *klassik modern ...*). „Die Höhenkammliteratur demokratisieren zu wollen", „Lust aufs Original zu machen" und „Schülernähe" sind die gängigen Argumente, mit denen die Herausgeber ihre massiven Texteingriffe legitimieren. Dass sie dabei einen Verlust an Bedeutungsvielfalt in Kauf nehmen und die formale Eleganz des Originals auf der Strecke bleibt, ist noch nicht das Schlimmste. Äußerst problematisch ist aber, die historische Dimension von Sprache und Literatur auszuradieren, denn damit wird Geschichte als zentrale Kategorie von Kultur preisgegeben.

(z. B. Oldenbourgs „Interpretationen", Kletts „Stundenblätter", Königs „Erläuterungen" aus dem Bange-Verlag, Diesterwegs „Grundlagen, Gedanken"), die in erster Linie den Lehrkräften zur Unterrichtsvorbereitung dienen sollen. Hintergrundinformationen und Modellinterpretationen bilden ihren Kern. Für die literarische Interpretationskultur sind sie schon deshalb von einem gewissen Wert, weil ihre Autoren mehrheitlich nicht nur den germanistischen Forschungsstand aufarbeiten, sondern eigene Werkdeutungen mit Blick auf die Erfahrungswelt von Schülern/-innen versuchen. Eine ganz konkrete Hilfe ist das Zusatzmaterial, das man im Unterricht begleitend einsetzen kann. In einigen Reihen finden sich sogar Planungsvorschläge (z. B. Oldenbourgs „Interpretationen"), die teilweise bis zu sehr detaillierten Verlaufsplänen reichen (Kletts „Stundenblätter"). Einfach übernehmen kann man sie aber kaum, weil Strukturierung und Methodik an die konkreten Verhältnisse der jeweiligen Klasse angepasst werden müssen. Es ist ein offenes Geheimnis, dass zur Käuferschaft der Unterrichtshilfen auch viele Schüler/-innen gehören. Sie wollen wissen, was ihre Lehrer/-innen wissen, um ihnen genau dieses Wissen in Prüfungen widerzuspiegeln – eine Strategie, die oft genug zum Erfolg führt. Mittlerweile bieten einige Verlage schmale Bändchen an, die sich in Aufmachung und Sprache speziell an die jugendliche Käuferschaft wenden (z. B. Mentors „Lektüre – Durchblick") und neben Interpretationshilfen Tipps für literaturbezogene Aufsätze bzw. Klausuren bereithalten.

Zu den „Klassikern" gesellten sich zwei weitere Typen der Ganzschrift: aktuelle *Gegenwartsepik* sowie die *Kinder- und Jugendliteratur* (KJL). Beide hatten es anfänglich sehr schwer, an den Schulen akzeptiert zu werden. Im Gegensatz zu den Klassikerausgaben kommen sie zunächst auch gar nicht als intendierte Schullektüre auf den Markt.

Die Zurückhaltung gegenüber der Gegenwartsliteratur rührte aus der Tradition der Germanistik, die bis in die 1970er Jahre nur solche Werke zu ihrem Untersuchungsgegenstand machte, deren „Wert" durch eine lange Rezeptionsgeschichte abgesichert schien. Didaktiker äußerten analog die Befürchtung, kostbare Deutschstunden mit der Lektüre von Büchern zu verschwenden, die schon bald dem Vergessen anheim fallen könnten (vgl. dazu Paefgen 1999b, 79). Die Rezeptionsgeschichte zeigt freilich ganz unterschiedliche „Vergessenskonjunkturen": Da gibt es Autoren, die zu Lebzeiten wenig beachtet wurden, dann ganz aus dem kulturellen Gedächtnis verschwanden, um Jahrzehnte später auf einmal den Klassiker-Status zu erlangen (z. B. Georg Büchner). Umgekehrt genoss schon mancher lebende Schriftsteller den Ruhm eines literarischen Genies, dessen Apotheose post mortem nicht zuletzt durch vielfachen Abdruck in Schulbüchern fortgeführt wurde, und verschwand plötzlich in den wenig aufgesuchten Archiven der Literaturgeschichte (z. B. Emanuel Geibel). Über die Zukunftsbedeutung literarischer Werke kann folglich prinzipiell nichts Genaues vorhergesagt werden. Fragt man nach der Gegenwartsbedeutung, so ist aktuelle Literatur sehr gut didaktisch zu legitimieren: Sie steht an prominenter Stelle im kulturellen Diskurs, wie er in den Feuilletons der Zeitungen bzw. Zeitschriften sowie Magazinen der Funkmedien geführt wird. Und sie greift häufig Themen und Stimmungen auf, die auch aus der unmittelbaren Erfahrungswelt der Jugendlichen stammen. Das waren dann auch entscheidende Argumente, die etwa Alfred Anderschs „Die Kirschen der Freiheit", Heinrich Bölls „Die verlorene Ehre der Katharina Blum" oder Ulrichs Plenzdorfs „Die neuen Leiden des jungen W." die Türe zu den Klassenzimmern öffnete, einschließlich rasch publizierter Unterrichtshilfen für die Lehrerhand. Heute gibt es bereits Stimmen, die vor einem erstarrten Schulkanon der Gegenwartsliteratur warnen (vgl. Kammler 2002, 172–174), obwohl auch Werke der letzten Jahrzehnte erfolgreiche Schulkarrieren gestartet haben (z. B. Patrick Süßkind „Das Parfum", Robert Schneider „Schlafes Bruder", Bernhard Schlink „Der Vorleser", Erich Hackl „Auroras Anlass").

Das didaktische Schicksal der Kinder- und Jugendliteratur zeigt große Parallelen. Wie die Gegenwartsliteratur gehörte sie nicht zum üblichen Untersuchungsfeld der Germanistik. Ihr ästhetischer Wert galt nicht nur als ungesichert, sondern sogar als zweifelhaft: Bis in die 1960er Jahre wurde sie mehrheitlich der trivialen „Konsumliteratur" zugeschlagen. Erst Anna Krüger konnte mit ihrer bahnbrechenden Arbeit „Kinder und Jugendliteratur als Klassenlektüre" (1966) einen nachhaltigen Prozess des Umdenkens einläuten. So erwies sich das Diktum der ästhetischen Minderwertigkeit in toto als nicht haltbar. Dagegen konnte sehr überzeugend nachgewiesen werden, dass KJL für die literarische Sozialisation von zentraler Bedeutung ist. Ähnlich wie im Falle der Gegenwartsliteratur ist es darüber hinaus ihre Aktualität, mit der sie bis heute didaktisch legitimiert werden kann: „Die Stärke der KJL ist [...] ihre Lebendigkeit jenseits des Kanons, ihre Leserorientierung und Aktualität. Sie ist so ‚gut', wie es ihr gelingt, die noch unausgebildete literarische Rezeptionsfähigkeit der jungen Generation und deren Leseinteressen zu erreichen und weiterzuentwickeln." (Hurrelmann 2002a, 140). Mit der beginnenden Akzeptanz der KJL gelangten Ganzschriften auch in den Deutschunterricht der Grundschulen, und es dauerte nicht lange, bis die Lehr- und Bildungspläne für 3. und 4. Klassen die Lektüre mindestens eines Kinderbuchs pro Schuljahr vorsahen. Heute werden sogar schon in der ersten und zweiten Klasse Ganzschriften gelesen, die auf die Fähigkeiten der Erstleser/-innen zugeschnitten sind.

Die Verlage haben auf das neue Marktbedürfnis reagiert und publizieren preiswerte Taschenbuchausgaben, wobei besonders beliebte Titel sogar extra für den Unterricht aufbereitet werden. (z. B. Michael Ende: Momo. Schulausgabe mit Materialien. Stuttgart: Thienemann 1993). Problematisch ist der Einsatz von Bilderbüchern, die auf Taschenbuchformat verkleinert sind. Zum einen eignen sich viele Bilderbücher ohnehin nicht als frühe Klassenlektüre, weil sie intendierte Vorlesetexte sind, die keine Rücksicht auf die Fähigkeiten von Leseanfängern/-innen nehmen. Zum anderen wird durch das Verkleinern die Schriftgröße so weit reduziert, dass Kinder den Text kaum mehr diskriminieren können. Ob sich ein Buch an der Schule durchsetzt oder nicht, das hängt nicht zuletzt davon ab, ob Unterrichtshilfen der Lehrkraft die Vorbereitung erleichtern. Deshalb sind es in erster Linie die KJL-Verlage selbst, die didaktisch-methodische Hinweise für ihre Bücher publizieren. Zieht man gegenwärtig ein Fazit, so lässt sich analog zur Gegenwartsliteratur sagen: KJL ist ein anerkanntes Unterrichtsmedium des Deutschunterrichts, wenn auch beschränkt auf die Primar- und frühe Sekundarstufe, obwohl sich viele Bücher auch an ältere Leser wenden. Seit den 1970er Jahren hat sich wie bei der Gegenwartsliteratur ein Kanon etabliert, der inzwischen auf dem Prüfstand gelandet ist. So schätzen Lehrkräfte überwiegend die problemorientierte Literatur der 1970er- und 80er Jahre, während Kinder und Jugendliche eher fantastische und abenteuerliche Bücher lesen wollen (vgl. Richter 2003 und Kap. 2.2).

Zum Einsatz der Ganzschriften wird immer wieder empfohlen, ihre Medialität im Unterricht zu reflektieren (vgl. Franz 1998, 408–410). Das fängt bei der Beobachtung an, wie Bücher ausgestattet sind (Titelblatt ggf. mit Illustration, Rückseite, Klappentext(e), Impressum, ISBN, Inhaltsverzeichnis, Vor- bzw. Nachwort, Glossar etc.). Später wird man dann auch eingehen auf ihre Entstehung (Autor/Lektor/Verleger), Herstellung (Druckverfahren) und Verbreitung (Sortimenter, Buchhandel, Werbung etc.) sowie ihren Stellenwert im Medienverbund und Kultursystem.

5.3 Audiovisuelle Unterrichtsmedien: Radio, Tonkassette, Audio-CD, Dia, Fernsehen, Video, Video-DVD

Zu den audiovisuellen Unterrichtsmedien für das Fach Deutsch gibt es bisher kaum systematische Überblicksuntersuchungen. Im Folgenden können daher nur einige Hinweise gegeben werden, die nach inhaltlichen und technischen Gesichtspunkten untergliedert sind.

5.3.1 Inhaltliche Aspekte

Als Unterrichtsgegenstände im engeren Sinne (Primärmedien) kommen Originalhörspiele für Kinder und Jugendliche, literarische Hörspiele, O-Ton-Hörspiele, Fernsehfilme einschließlich der Serien und Spielfilme in Frage. Das literarische Hörspiel konnte sich als „Theater im Kopf" schon in den 1950er Jahren seinen Platz im Deutschunterricht erobern (vgl. die Themenhefte „Der Deutschunterricht" 3, 1958; 6, 1960; 1, 1966). Sehr viel schwerer hatten es das Neue Hörspiel und das O-Ton-Hörspiel, weil sie sich vom Paradigma des Dramas emanzipierten und die ästhetischen Eigenschaften des Mediums Radio herausstellten. Ab den 1980er Jahren ließ das fachdidaktische Interesse am Hörspiel stark nach, was nicht zuletzt damit zusammenhing, dass die kulturelle Bedeutung der radiophonen Kunstformen schwand. Trotzdem gab und gibt es immer wieder Plädoyers für ein Festhalten am Hörspiel. Verwiesen wurde u. a. auf seinen hohen Stellenwert in der literarischen Szene der Nachkriegszeit, auf seine Bedeutung als medienspezifische Ausdrucksform und auf seine Nützlichkeit im Rahmen einer ästhetischen Wahrnehmungsschulung (zusammenfassend Dringenberg 1998). In den letzten Jahren ist sogar eine Neubelebung der Hörspieldidaktik festzustellen, die im Zusammenhang mit dem wachsenden Publikumsinteresse an sogenannten Hörbüchern steht (vgl. z. B. Müller 2004). Das Kinderhörspiel liegt nach wie vor hoch in der Gunst seiner Zielgruppe; seine Bedeutung im Kanon der Kindermedien ist sogar seit den 1970er Jahren erheblich gewachsen (vgl. Heidtmann 1992, 64f.) und stagniert in den letzten 15 Jahren auf hohem Niveau. Trotzdem hat es in der Fachdidaktik relativ lange gedauert, bis man seinen Stellenwert für die literarische Bildung erkannte und Kinderhörspiele zum Gegenstand der Forschung machte (vgl. Weber 1997, Wermke 1999). Ein wesentlicher Grund für dieses späte Interesse ist die Einordnung der meisten Kinderhörspiele zur seriellen Unterhaltungsliteratur, deren Ästhetik vielfach als minderwertig pauschalisiert wird. Mit einem solchen Werturteil hatte auch lange der Spiel- und Fernsehfilm als Gegenstand des Deutschunterrichts zu kämpfen, sodass sich bis heute in der Bundesrepublik keine Didaktik des Spielfilms etablieren konnte (vgl. dazu ausführlich Kap. 4.4.5).

Eine Zwitterstellung zwischen Unterrichtsgegenstand und Unterrichtsmedium nehmen *mediale Adaptionen* ein. Dazu zählen das Hörbuch mit vorgelesener Epik und Lyrik, die klassische Lesung (z. B. Gedichte von Ernst Jandl – vorgetragen vom Autor), Hörspiele nach epischen oder dramatischen Vorlagen, die verfilmte Theaterinszenierung und die Literaturverfilmung im engeren Sinne. Obwohl sie auch in ihrer medialen Ästhetik betrachtet werden können und sollten (vgl. Müller 2004), überwiegt ihr Einsatz aus eher methodischen Erwägungen (Bereicherung des print-literarischen Unterrichts). Zu erwähnen sind noch Dia-Reihen, die die Medienzentralen vor allem zum Bilderbuch anbieten. Mit ihrer Hilfe kann die Lehrkraft garantieren, dass alle Kinder Bilderbuch-Geschichten gut verfolgen können, wenn keine Klassensätze zur Verfügung stehen. Alternativ dazu bietet sich an, Bilderbuchseiten zu scannen und in ein Präsentationsprogramm wie „MS-Powerpoint" einzubinden (Urheberrechte beachten!); Laptop und Beamer ersetzen dann den Diaprojektor.

Sekundärmedien zum Literaturunterricht können sein: Hörbücher zu Lehrwerken (z. B. Deutschbuch. Hörbuch. Cornelsen Verlag 2003f.), Dichterbiografien als Hörfeature (z. B. „Heinrich Heine – Deutscher Dichter", Naxos 2000), Dokumentarfilm und Dokufiktion (z. B. „Brecht – Denken heißt verändern" BRD 1997/98), Hör- und Bildbeiträge zum literarischen Leben vergangener Epochen (z. B. „Poesie und Aufruhr, die Literatur des jungen Deutschlands", BRD 1999), Kultursendungen des Radios oder Fernsehens (z. B. „Kulturweltspiegel", ARD; „Aspekte", ZDF), Lehrfilme zu literarischen Produktionsprozessen (z. B. „Der Weg zum Leser", D 2000; „Eine Szene entsteht", D 1996), exemplarische Spielfilmanalysen („,M' von Fritz Lang", BRD 1989) und sogenannte „Making Offs", die die Entstehungsgeschichte von Spielfilmen verfolgen. Eine medienkritische Würdigung haben sie bislang selten erfahren. So stellte kürzlich Sigrid Thielking Überlegungen zu Heinrich Breloers Doku-Epos „Die Manns – ein Jahrhundertroman" vor, die auch Vorschläge für einen medienreflexiven Deutschunterricht enthalten (Thielking 2004).

Neben den Landesmedienzentralen spielen der Schulfunk und das Schulfernsehen eine Rolle bei der Produktion und Distribution von Sekundärmedien. Rundfunksendungen zur Bereicherung des Schulunterrichts wurden schon seit 1924 produziert; in der Nachkriegszeit waren sie in der Hand der West-Alliierten ein wichtiges Instrument zur „Reeducation". Schulfernsehen entwickelte sich ab 1964 zu einer festen Sparte der in der ARD zusammengeschlossenen Landes-rundfunkanstalten. Im Sinne eines „direct teaching" waren sie anfangs so konzi-piert, dass sie den personalen Unterricht der Lehrkraft zeitweise ersetzen wollten. Deshalb wurden sie auch überwiegend vormittags ausgestrahlt. Erst mit der Verbreitung konservierender Träger (Tonband, Musik- und Videokassette) ent-wickelten sie sich zu unterrichtsbegleitenden Medienangeboten. Nur die Sendun-gen des Funk- und Telekollegs (z. B. der Kurs „Literarische Moderne") sind nach wie vor als Unterrichtsvertretung angelegt, allerdings im Medienverbund (Be-gleitbücher und ergänzende VHS-Kurse bzw. Kollegtagunterricht). Mittlerweile befinden sich Schulfunk und -fernsehen auf dem Rückzug. Nur noch wenige große Rundfunkanstalten produzieren überhaupt dieses Format (BR, SWF, WDR), wobei teilweise auch Infotainment geboten wird, das ein größeres Publi-kum erschließen soll (z. B. „SWR2 Wissen"). Mediendidaktisch interessant sind Versuche, die das Internet miteinbeziehen. So kann man sich auf den Seiten des Bayerischen Rundfunks (http://www.collegeradio.de) nicht nur Schulfunksen-dungen aus dem Archiv als Audio-File herunterladen, sondern erhält dazu auch gleich Unterrichtsvorschläge und Material für die Schülerhand.

5.3.2 Technische Aspekte

Wie rasant die medientechnische Entwicklung in den letzten 30 Jahren vorange-schritten ist, kann man nirgendwo besser beobachten als in den Asservatenkam-mern der Schulen. Da stehen häufig immer noch schwere Tonbandgeräte neben tragbaren Schallplattenspielern, obwohl die Landeszentralen schon lange keine entsprechenden Medien mehr anbieten. Unter den Tonträgern für den Literatur-unterricht ist nach wie vor die *Audiokassette (MC)* am verbreitetsten – und das wird wegen der großen Bestände noch lange so bleiben. Zahlreiche Aufnahmen sind auch derzeit nicht auf dem neueren Medium *Audio-CD* publiziert, darunter viele Klassiker der Hörspielkunst. Wenn Rundfunksendungen für den Unterricht konserviert werden sollen, geht das immer noch am leichtesten mit einem Kas-settenrecorder. Allerdings kann die Audio-CD neben der besseren Klangqualität den mediendidaktischen Vorteil verbuchen, dass dort einzelne Tracks (Kapitel, Szenen) ohne Spulen einfach angesprungen werden können.

Zum Alteisen gehört mittlerweile der *16-Millimeter Filmprojektor* – vor 10 Jahren noch technischer Prüf- und Stolperstein für Referendare. Zwar werden weiterhin einige Filmspulen zu Themen des Literaturunterrichts an den Medien-zentren angeboten, grosso modo sind sie aber durch die leichter handhabbare *Vi-deokassette* verdrängt. Mit Hilfe eines entsprechenden Recorders kann man zu-dem Fernsehsendungen relativ bequem aufzeichnen. Konkurrenz bekommen hat die Videokassette durch die *Video-DVD,* deren Vorteile mit denen der Audio-CD vergleichbar sind: erheblich bessere Bild- und vor allem Tonqualität (ggf. Dolby 5.1 Raumklang) sowie großer Bedienungskomfort, weil einzelne Filmkapitel ü-ber ein Auswahlmenü direkt angesteuert werden können. Zusätzlich lassen sich am Gerät individuelle Markierungen setzen, sodass man in wenigen Schritten vorher festgelegte Ausschnitte zeigen kann[36]. Während DVD-Player bereits auf dem Weg sind, ganz selbstverständlich in das bisherige Medienorchester der Schulen integriert zu werden – nicht zuletzt deshalb, weil auch viele Laptops diese Funktion übernehmen können –, sind DVD-Recorder zur Aufzeichnung von Filmen noch relativ selten. Zu unterscheiden sind dabei Recorder, die zur Peripherie eines Computers gehören, und *stand alone*-Geräte. Soll mit dem Computer aufgenommen werden, ist zusätzlich eine TV- bzw. Video-Karte nötig. Der Vorteil einer solchen Aufzeichnung liegt darin, dass sie anschließend beliebig nachbearbeitet werden kann – mit einem gewissen zeitlichen Aufwand. Bequemer zu starten sind Aufnahmen über ein Einzelgerät. Das Chaos an konkurrierenden Formaten (+R, +RW, -R, -RW, RAM, Dual-Layer-DVD, Blue Ray, HD-DVD) zwingt allerdings in beiden Fällen dazu, dass man sich als Lehrkraft kundig machen muss, welche Medien an den Schulgeräten gelesen werden können. Als weiterer Vorteil gelten einfache Editionsmöglichkeiten (Kapitel setzen als Sprungmarke, Ausblenden von Werbung) und die problemlose Weiterverarbeitung am Computer, wenn das gewünscht ist.

Mit dem Ersatz des 16 mm-Films durch Videokassette und DVD sind freilich nicht nur Vorteile verbunden: Bezahlt wird mit erheblichen Abstrichen in der Bildästhetik, wenn ein Fernsehgerät als Ausgabemedium dient. Vor allem Kinofilme wirken hier völlig anders als auf der großen Leinwand. Abhilfe schaffen kann ein *Beamer* in Kombination mit Aktivboxen. Solche Projektoren können nicht nur an PC und Laptop, sondern an alle Geräte mit SCART- oder RGB-Ausgang (Videorecorder, DVD-Player etc.) angeschlossen werden. Die Preise für Beamer sind inzwischen so weit gefallen, dass sich jede Schule die Anschaffung leisten kann. Allerdings müssen die Folgekosten im Auge behalten werden, da die sehr teuren Projektorlampen bisweilen nur 1000 Betriebsstunden ableisten.

Auf die eigene Produktion von Hörspielen oder Spielfilmen kann hier nur in aller Kürze eingegangen werden. Vertiefende Informationen erhält man dazu von den Landesmedienzentralen, die auch entsprechende Kurse anbieten. Mikrophonaufnahmen sind heute nur noch mit älteren Kassetten- bzw. Radiorecordern möglich; derzeit besitzt kein Gerät für den Consumer-Markt einen Mikrophonanschluss. Als Alternativen bieten sich Computer bzw. Laptop oder portable *Minidisk-Recorder* an. Minidisk-Recorder sind handlicher und machen auch die besseren Aufnahmen. Als Ausgang steht aber hier meist nur der Anschluss für Kopfhörer zur Verfügung. Wenn eine ganze Klasse mithören will, müssen Aktivboxen oder eine Adapterkassette für den Radiorecorder angeschlossen werden. Um das Material weiterzuverarbeiten, kann man den Minidisk-Recorder an den Computer andocken. Schnittprogramme ersetzen heute ein ganzes Tonstudio und erlauben Hörspielproduktionen in semiprofessioneller Qualität. Die entsprechende Software gibt es teilweise sogar kostenlos (http://audacity.sourceforge.net/).

---

[36] Diese Markierungen gelten allerdings nur für das entsprechende Gerät, was bei der Vorbereitung zu bedenken ist.

Videoproduktionen sind bedeutend aufwändiger und komplexer. Erfahrungen mit einer digitalen Hörspielproduktion helfen über die ersten Klippen hinweg und sollten deshalb zuerst gesammelt werden. Unbedingt ist der Einsatz *digitaler Camcorder* zu empfehlen. Nur mit solchen Geräten sind Aufnahmen möglich, die anschließend ohne große Umwege am Computer mit der entsprechenden Software (z. B. Pinnacle Studio) geschnitten werden können – ungeschnittene Videos eignen sich höchstens zur Dokumentation.

5.4 Computermedien (Internetangebote, CD-Roms für den Literaturunterricht u.a.)

Noch vor gut 10 Jahren hätten es die meisten Didaktiker für unmöglich gehalten, dass eine Rechenmaschine wie der Computer im Literaturunterricht eine bedeutende Rolle spielen könnte. Als Multimedia-Talent hat er aber längst seinen Platz unter den Unterrichtsmedien des Faches Deutsch gefunden. Zur Systematik der Computermedien kann man verschiedene Aspekte heranziehen:
Technisch betrachtet lassen sich zunächst *Offline-Angebote* von *Online-Angeboten* unterscheiden (vgl. ausführlich Kepser 1999, 174-266). Erstere liegen heute zumeist in Form von CD-ROMs, bzw. DVDs vor, letztere sind über eine Verbindung mit dem Internet erreichbar. Dazu zählen beispielsweise Internet-Literaturzeitschriften und Online-Dichterwettbewerbe[37] oder Newsgroups, deren Teilnehmer Selbstverfasstes austauschen bzw. kommentieren[38]. Auch Mischformen existieren, z. B. Lexika auf CD-ROM, die via Internet auf den neuesten Stand gebracht werden können (z. B. Microsofts „Encarta").
Unter medienästhetischen Gesichtspunkten sind *computerunspezifische* von *computerspezifischen* Angeboten zu trennen. Als computerunspezifisch gelten solche Angebote, die ursprünglich für andere Medienkontexte konzipiert worden sind. Der Computer hat hier die Funktion eines praktischen Archivs, dessen elektronischer Verwalter blitzschnell das Gesuchte finden kann. Dazu gehören die schon erwähnten Textsammlungen der „Digitalen Bibliothek" (CD-ROM) und das „Projekt Gutenberg" oder Unterrichtshilfen, die Verlage bzw. Bildungsinstitutionen über das Internet verbreiteten (z. B. http://deutsch.zum.de). Elektronische Textarchive kann man auch zum Unterrichtsgegenstand machen, indem deren Nutzen und mediale Qualität untersucht werden. Manche sind offen für Ergänzungen, die Schüler/-innen erarbeiten und ins Netz stellen können (vgl. Kepser 2000, 11–113). Computerspezifische Angebote nutzen dagegen Möglichkeiten, die nur dieses Medium bereitstellt. Unter den Unterrichtsgegenständen des Literaturunterrichts sind das Spielgeschichten und narrative Computerspiele (vgl. Kepser 1999, 270–282, Abraham/Kepser 2000; Dolle-Weinkauf 2000; Rank

---

[37] Ein Portal dazu ist z.B.: http://www.literaturwelt.de
[38] de.etc.schreiben.prosa, de.etc.schreiben.lyrik, de.etc.schreiben.misc, alle hervorgegangen aus der ehemaligen Newsgroup de.alt.geschichten

2000; Leubner 2003), animierte visuelle Poesie und Zufallsgedichte (vgl. Kepser 1999, 55– 60; Kepser 2005) sowie Hyperfiction. Darunter versteht man die Anwendung des Hypertextprinzips auf die Literatur, sodass vernetzte Erzählwelten entstehen, die auf frei wählbaren Pfaden erkundet werden können (vgl. z. B. Kepser 1999, 282–291 sowie das Themenheft „Der Deutschunterricht" 2, 2001). Zu den Unterrichtsmedien gehört beispielsweise Präsentationssoftware wie *MS-PowerPoint*, die den Rechner in Kombination mit einem Datenprojektor (Beamer) und ggf. Boxen zur elektronischen Schiefertafel werden lässt. Die Möglichkeiten gehen dabei weit über die des Overheadprojektors hinaus, denn präsentiert werden können nicht nur Texte und Bilder, sondern auch Musik, Hörtexte, Animationen und Filme, wobei Übergänge zu anderen Medien (z. B. Audio-CD) problemlos gelegt werden können. Die neuere Lehr- und Bildungspläne sehen vor, dass nicht nur Lehrkräfte Präsentationssoftware einsetzen sollen, sondern auch Schüler/-innen, wenn sie beispielsweise Referate halten.

Lehr-/Lernkonzepte, die hinter den entsprechenden Angeboten stehen, sind ein weiteres Kriterium. Klassische Lern- und Übungssoftware, die auf den Erkenntnissen des Behaviorismus Skinnerscher Prägung beruhen, gibt es für den Literaturunterricht nicht. *Drill-and-Practice* wäre wohl auch nur für wenige Teilbereiche ein gangbares Verfahren, z. B. für das Einüben poetologischer Grundbegriffe oder den Gewinn literaturhistorischen Orientierungswissens. Aber selbst hier würde man schnell an Grenzen stoßen: Das Erkennen von rhetorischen Figuren, Erzählhaltungen, Versmaßen oder dramentechnischen Kunstgriffen kann nur eine notwendige Vorstufe zu ihrer Interpretation im jeweiligen Kontext sein. Literaturhistorische Eckdaten dürfen nicht als objektivierbare Wissensbestände missverstanden werden, wozu ein entsprechendes Programm leicht verführen könnte. Mit den klassischen Lern- und Übungsprogrammen zumindest verwandt ist ein Internetangebot, das der Leseförderung in den Klassen 1–6 dienen soll. Das kostenpflichtige Projekt „Antolin" (www.antolin.de) besteht aus einer Datenbank, die Multiple-choice-Quizfragen zu über 3000 Kinderbüchern enthält, wobei der Bestand laufend durch engagierte Lehrerinnen und Lehrer ergänzt wird. Leider gibt es aber keine funktionierende didaktische Kontrolle über deren Vorschläge, sodass Schüler/-innen auf Fragen von sehr unterschiedlicher Qualität treffen. Ob etwa das freudig erregte Meerschwein „Trudi" zu pfeifen anfängt oder durch das ganze Haus rennt, ist für das Verständnis von Peter Härtlings „Benn liebt Anna" ziemlich belanglos. Auch sind solche Quizfragen kaum geeignet, literarische Kompetenz zu fördern (vgl. Kap. 2.1.). Generelle Kritik an behavioristischen Instruktionsdesigns wird von den Vertretern einer konstruktivistischen Didaktik geübt. Sie verweisen darauf, dass solche Modelle objektivistische Wissensvermittlung betreiben und die konstruktive Initiative der Lernenden vernachlässigen. Ihr Gegenentwurf plädiert für lernerorientierte Umgebungen mit offenen Lernangeboten, die in sinnvollen Zusammenhängen zu kreativen Problemlösungen anregen (vgl. Issing 1994).

Als Paradebeispiel dafür gelten rechnergestützte Lernumgebungen, die nach dem Hypertextprinzip strukturiert sind. Darunter versteht man einen weit verzweigten und vernetzten Datenraum mit vielfältigen Informationen, der Lernende zu eigenen Erkundungen und Assoziationen anregt (vgl. Kepser 1999, 95–111). Für den Literaturunterricht sind seit Mitte der 1990er Jahre einige Programme, bzw. Programmreihen entwickelt worden, die diesem Anspruch in unterschiedlichem Grad gerecht werden. Relativ einfach gestrickt war Reclams Reihe „Klassiker auf CD-ROM", die Texte der gelben Bändchen mit einem Teil der entsprechenden Erläuterungen aus den grünen Heftchen verknüpfte, ergänzt um einige Bildbeigaben und Lesungen der jeweils wichtigsten Stellen. Der Verlag hat deren Produktion inzwischen aufgegeben. Ein deutlich höherer Vernetzungsgrad kennzeichnet die „Geschichte der deutschen Lyrik" auf drei CD-ROMs aus demselben Haus. Vorgestellt werden 54 Autoren mit knapp 100 kommentierten und interpretierten Gedichten, die man sich auch vorlesen lassen kann. Damit verknüpft sind Epochenüberblicke, ein Kulturfahrplan (synoptische Darstellung der wichtigsten Ereignisse aus Politik, Wissenschaft und Kunst), zahlreiche Bildbeigaben und ein poetologisches Lexikon. Ebenfalls aus dem Reclam-Verlag stammt das Hypertext-Informationssystem „Epochen der deutsche Literatur" von Rainer Baasner und Georg Reichert, das mittlerweile in drei Teilen auf dem Markt ist. Der Nutzer kann hier über die vier Zugänge „Überblick", „Institutionen", „Autoren" und „Textbeispiele" einen hochgradig vernetzten Informationsraum erkunden, der allerdings nur Texte und Bilder enthält. Ein vielseitigeres Medienangebot findet man auf der Scheibe „Texte. Medien – Literatur des 20. Jahrhunderts" aus dem Schroedel-Verlag (2001) und in der Reihe „Panorama der deutschen Literatur" (Cornelsen/FWU), für die Anfang 2004 zwei Publikationen vorlagen. Beide enthalten neben Bildern und Texten auch Hörbeispiele (Lesungen, Musik) und z.T. kleine Filmbeiträge. Außerdem sind sie speziell auf die Bedürfnisse des Deutschunterrichts der Sekundarstufe II abgestimmt.[39]

Schließlich ist nach der *Zielgruppe* zu fragen, denn es gibt Produkte, die in erster Linie Lehrer/-innen, und solche, die eher Schüler/-innen ansprechen. Letztere bedienen sich z. B. gerne bei den Referatsservern, wenn sie einen kleinen Vortrag oder eine schriftliche Hausarbeit vorbereiten müssen[40]. Sofern sie ihre Quellen offen legen, ist dagegen auch wenig zu sagen. Da dies aber leider nicht immer vorausgesetzt werden kann, ist die Lehrkraft bei Verdachtsmomenten gezwungen Detektiv zu spielen. Direkte Übernahmen aus einer Internetquelle kann man mit Hilfe der Suchmaschine „Google" recht leicht nachweisen.

---

[39] Einige Produktionen konnten bei den raschen technischen Veränderungen nicht mithalten und werden heute nicht mehr produziert, darunter die herausragenden Scheiben „Goethe in Weimar" (Navigo 1995) und „Thomas Mann – Rollende Sphären" (Systhema 1995). Das Design der letztgenannten Produktion wurde bei der Entwicklung der Reihe „Panorama der deutschen Literatur" (Cornelsen/FWU) übernommen.

[40] Beliebt sind z. B. http://www.schuelerweb.de und http://www.hausarbeiten.de

6. Muster, Phasen und Verfahren des Literaturunterrichts

Die Begriffe im Titel dieses Kapitels bedürfen einer Erläuterung. „Muster" sind durch didaktisches Brauchtum in der Praxis und didaktisch-methodische Fachliteratur tradierte mentale Modelle, die im Handeln und in der Reflexion von Lehrkräften die Planung von Unterricht organisieren. Hilbert Meyer (1987), der den Begriff „Inszenierungsmuster" für Unterricht eingeführt hat, verdeutlicht damit, dass es sich bei schulischer Kommunikation *immer* um eine inszenierte handelt und Muster dafür eine ähnliche Funktion erfüllen, wie Textmuster („Textsorten") sie für sprachliches Handeln im Alltag spielen: Diese erleichtern das Handeln und regeln die Erwartungen, die beide Seiten aneinander haben. „Phasen" bedeutet in diesem Zusammenhang nicht mehr als eine Hilfsvorstellung, die sich auf Planbarkeit und Beobachtbarkeit von Kommunikation im (Literatur-)Unterricht bezieht. Den Begriff „Verfahren" schließlich verwenden wir (vgl. in diesem Kapitel 6.3–6.7) in Abgrenzung zu „Methode", aber auch zu „Strategie", weil letztere Begriffe, in einer für unser Didaktikverständnis nicht zulässigen Weise, die Zielklärung als schon erledigt unterstellen und nur noch den Weg zum Ziel meinen. „Verfahren" dagegen haben, was etwa für die sogenannten „handlungsorientierten" Konzepte ausgiebig diskutiert wurde, nicht selten ihren Sinn in sich. Sie bezeichnen unterrichtliche Tätigkeiten, aus denen man Zielperspektiven gewinnen kann.

6.1 Inszenierungsmuster für Literaturunterricht: Einzelstunde, Sequenzbildung und Reihenplanung, Projektunterricht

6.1.1 Inszenierung von Literaturunterricht

In den 1990er Jahren vollzog sich eine „Alltagswende" in der Unterrichtsdidaktik, und die vorher so geschätzten „Großdidaktischen Planungsmodelle" gelten heute nicht mehr unbedingt als praxistaugliche Antworten auf Inszenierungsfragen (vgl. Kämper-van den Boogaart 2003c, 275). Deshalb sollte sich unsere Aufmerksamkeit stärker als früher auf *beobachtbare Tätigkeiten* im Literaturunterricht richten: Wer tut wann was mit einem Text, für seine Rezeption oder im Anschluss an sie?

Nicht nur Lehrende *inszenieren* hierbei, wenn sie etwa ein Gedicht zunächst selber vortragen oder eine Aufnahme einspielen, in der man den Autor seinen Text lesen hört. Auch einzelne Schüler/-innen versuchen eine Unterrichtsinszenierung zu gestalten oder wenigstens zu beeinflussen, wenn sie etwa kundtun, dass sie eine bestimmte Figur aus der Erzählung besonders lieben oder hassen.

Die *geplante Inszenierung*, wie z. B. bei der „szenischen Interpretation" (vgl. Kap. 6.4), ist eher die Ausnahme als die Regel. Auch andere, weit verbreitete Verfahren des Literaturunterrichts, wie das Verfertigen und Vortragen von Textzusammenfassungen, das Lesen mit verteilten Rollen oder das Unterstreichen von Schlüsselstellen wie z. B. Metaphern im Gedicht, sind selbstverständlich Inszenierungen; und mehr noch: Sie sind – leider – *zu selbstverständliche* Inszenierungen, deren didaktischer Sinn oder deren Problematik den Beteiligten gar nicht mehr bewusst wird.

„Inszenierung" ist der Begriff, mit dem wir den Umstand fassen wollen, dass Unterricht nach Mustern verläuft. Nicht nur die sozusagen in den Unterricht eingespielten Inhalte (z. B. Informationen über Epoche oder Autor), sondern die Muster selber prägen ganz wesentlich die Wahrnehmung eines Textes oder eines Aspekts von Literatur als kulturelle Praxis. Übernehmen Lehrkräfte solche Inszenierungsmuster, wie etwa das gelenkte Unterrichtsgespräch oder Verfahren der Textanalyse, unreflektiert aus der eigenen (hoch-)schulischen Sozialisation, so bleibt dieser Effekt der Wahrnehmungssteuerung undurchschaut, und eine ganz bestimmte kulturelle Praxis des Umgangs mit Texten wird an die nächste Generation weitergereicht.

Diese Überlegung rechtfertigt es, Inszenierungsmuster für Literaturunterricht und literarische Kommunikation in der Schule in einem eigenen Kapitel zu behandeln. Eine Systematik einschlägiger Verfahren erstellen wir dazu bewusst nicht; es genügt, wenn später existierende *Phasenmodelle* vorgestellt und diskutiert werden (vgl. Kap. 6.2). Zielgerichtete Tätigkeiten (also Verfahren) im Literaturunterricht mit Anspruch auf systematische Ordnung oder gar Vollständigkeit zu sammeln, widerspräche nicht nur unserem Verständnis von „kreativem Deutschunterricht" (Spinner 2001), sondern auch der Praxisbeobachtung, dass nicht selten die Lernenden, sofern sie die Gelegenheit bekommen, den Umgang mit einem Text ‚in die Hand nehmen' und überraschende Zugänge erproben. Zudem glauben wir, dass gerade der Unterricht im Fach Literatur von seinen eigenen Gegenständen auch lernen kann, wie man z. B. eine Geschichte erzählt, Sprachbilder für das Gemeinte findet (in Metaphern spricht) oder eine Konfrontation des Gegensätzlichen inszeniert: In aller Vorsicht gesagt und ohne eine Staigersche Literaturdidaktik wiederbeleben zu wollen (vgl. oben, Kap. 1.4), ist auch Unterricht in Maßen episch, lyrisch oder dramatisch, hat also Phasen der narrativen Vergegenwärtigung (z. B. Handlung oder Autorbiografie) neben Phasen der Nachdenklichkeit und des Beschreibens von Stimmungen sowie Phasen des Dialogs, des Streits.

6.1.2 Reichweiten von Inszenierungsmustern

Nun haben Inszenierungsmuster unterschiedliche Reichweiten: Es gibt solche für Einzelstunden, für ganze Textsequenzen und für projektorientierten Unterricht, der auch andere Lernbereiche bzw. Fächer integriert. In Grund- und Hauptschule ist ein Muster sehr verbreitet, das die „Literaturstunde" als Einzel- oder Doppelstunde im Dreischritt von *Textbegegnung, Texterarbeitung* und *Sicherung bzw. Übertragung* des Gelernten inszeniert (vgl. Kap. 6.2.1). Alternative Muster für die Inszenierung einer Stunde über einen literarischen Text hat die handlungs- und produktionsorientierte Deutschdidaktik in großer Vielfalt vorgeschlagen: ein Cluster zum Titel oder Thema des Textes entwerfen und/oder selbst einen Schreibversuch vorschalten („Antizipieren"); einen „stummen" Bildimpuls präsentieren (Cover einer Buchausgabe, Illustration zum Text, Standbild aus einer Verfilmung ...); arbeitsteilig auf der Basis häuslicher oder in Gruppenarbeit unternommener Textlektüre (ohne vorangegangenen Frontalunterricht) einzelne Figuren, Schauplätze oder Aspekte des Textes vorstellen lassen; Sprechfassungen erarbeiten und erst in den nach dem Textvortrag geforderten Begründungen auf Verständnis, Lesart und „Bedeutungen" zu sprechen kommen.

Größer wird die Reichweite einer Inszenierung, wenn ihr eine ganze *Textsequenz* zu Grunde liegt. Seit in den 1970er Jahren erste Lesebücher das Sequenzprinzip eingeführt haben, ist vielfach eine Organisation von Literaturunterricht in thematischen Reihen üblich geworden (vgl. Kap. 5.1). Dass allein in der Auswahl und Anordnung der Texte oder Textauszüge bereits die entscheidende Inszenierungsidee steckt, ggf. aber recht unreflektiert umgesetzt wird, ist der Literaturdidaktik nicht entgangen und als Problem der „didaktischen Indienstnahme von Literatur" (Dahrendorf 1974, 73) diskutiert worden. Karlheinz Fingerhut (1974) sprach von „Supertexten" und wies nach, dass diese gleichsam ihre eigene Rhetorik entwickeln, die je nach Intention (oder eben unreflektierter Gestimmtheit) der Planenden „affirmativ" oder eher „kritisch" sein werde.

Nicht nur für Alltagsthemen mit starkem alterspezifischem Gegenwartsbezug (z. B. „Liebe" in der S I) hat man das Sequenzprinzip immer wieder empfohlen und realisiert, sondern auch für den Literaturgeschichtsunterricht. Vorherrschend ist es dort, wo Alternativen zu einem chronologischen Epochenunterricht gesucht worden sind, den man auf der Basis konstruktivistischer Einsichten in die Zusammenhänge der kulturellen Praxis Literatur als untaugliche, wenn nicht gefährliche Inszenierung erkannt hatte (vgl. Nutz 1995; 1997a).

Das Abarbeiten von Sequenzbildungen, organisatorisch auch „Reihenplanungen" genannt, ist heute ein übliches Inszenierungsmuster (Beispiele vgl. Matthiessen 2003, 138f.). Bei lernbereichs- und fächerübergreifender Auslegung lässt dieses Muster eine noch größere Reichweite erkennen: Fächerübergreifendes und projektorientiertes Arbeiten mit Literatur ermöglicht Teilinszenierungen, die literarische Texte mit pragmatischen Texten und/oder mit ästhetischen Produkten aus anderen Künsten (z. B. Bilder) zusammenbringen (vgl. auch die in den Abschnitten 4.1 und 4.2 genannten Beispiele).

6.1.3 *Inszenierungsmuster in der Schule und kulturelle Praxis Literatur*

Inszenierungen von Literaturunterricht auf den genannten drei Ebenen (Einzelstunde, Sequenz, projektorientierter Unterricht) folgen Mustern, die wir aus der Lebenswelt kennen. Selbst heute so alltagsferne, scheinbar rein schulische Muster wie das laute Lesen mit verteilten Rollen oder das Rezitieren von Gedichten haben ja Wurzeln im Alltag, allerdings im Alltag einer versunkenen Welt: Sie hörten auf, in der Lebenswelt von Leser/-innen eine Rolle zu spielen, als etwa um 1800 das „stille Augenlesen" die kulturelle Praxis des lauten Lesens ablöste (vgl. Schön 1987). Die Schule hat solche Muster dagegen konserviert, auch wenn sie heute als kritikwürdig gelten und sich jedenfalls gegen eine erdrückende Konkurrenz alternativer rezeptionsästhetischer Muster behaupten müssen (vgl. die Übersicht unten).

Andere, *produktionsästhetisch* relevante Muster hingegen, die in der Lebenswelt bis heute lebendig sind (z. B. das Verfassen von Gedichten nach Mustern oder das Parodieren berühmter Werke), verschwanden mit dem Aufkommen der Genieästhetik nach 1770 aus den Schulen (vgl. hierzu auch Kap. 3) und mussten im 20. Jahrhundert für den Deutschunterricht wiederentdeckt werden. Heute ordnen sie sich ein in eine große Bandbreite sogenannter „handlungs- und produktionsorientierter Verfahren". Diese Bezeichnung ist uns aber insofern noch zu eng, als damit Verfahren der (nicht diskursiv, sondern *operativ* analytischen) Texterschließung und -interpretation gemeint sind (vgl. unten, Kap. 6.3 und 6.4). Eine unvoreingenommene Prüfung des von Deutsch-Lehrenden *in praxi* genutzten Inszenierungsrepertoires zeigt aber schnell, dass es offenbar auch Muster gibt, die etwas *anderes* inszenieren als einen solchen Prozess der Texterschließung, -erkenntnis und/oder -deutung. Was steckt beispielsweise hinter dem im ausgehenden 20. Jahrhundert aufkommenden Muster der literarischen *Fantasiereise*? Was bedeutet es, wenn sich Lernende auf ein *Rollenspiel* einlassen, indem sie als Juroren anonym „eingereichte", in Wahrheit von Schriftsteller/-innen der Gegenwart stammende Texte beurteilen und die aus ihrer Sicht besten prämieren? Oder wenn sie für die Schulöffentlichkeit einen *literarischen Abend* planen, vorbereiten und durchführen, wo den Zuhörern Sprech- und/oder Gesangsfassungen von literarischen Texten geboten werden sollen? Inszenierungen sind das offensichtlich auch, und sie sind als solche sogar leichter erkennbar als traditionelle Muster für Literarunterricht, für die mehr oder weniger gilt: „Die Besprechung orientiert sich an der thematischen Gliederung des Werkes" (Schardt 1998, 31).

Es schien uns lange Zeit zumindest für epische Texte selbstverständlich, dass „kursorisch", also kapitelweise, gelesen, besprochen und analysiert wird. Aber auch das ist eine Inszenierung – man stellt sozusagen den Fortgang der Handlung nach und inszeniert, auf einer anderen Ebene, den Schreibprozess noch einmal. Andere Möglichkeiten sind jedoch ebenfalls legitim: Einzelne Kapitel der Lektüre können durch verschiedene Gruppen arbeitsteilig zur Vorlage für eigenes Schreiben und Rollenspiele gemacht werden. Lernende schreiben Steckbriefe zu wichtigen Figuren, deren Biografien mit einer Vorgeschichte versehen werden, oder konkretisieren Schauplätze, indem sie Zeichnungen, Bilder oder Fotos anfertigen bzw. als Fundstücke präsentieren. Literaturunterricht kann auch dazu dienen, Publikationsprojekte voranzutreiben oder Veranstaltungen zu planen. Man kann natürlich fragen, ob es sich da überhaupt noch um Literaturunterricht handelt. Wir glauben und haben in den beiden ersten Kapiteln begründet, dass es in diesem Fach letztlich immer um die kulturelle Praxis Literatur geht, nicht um eine – viel engere, wissenschaftlichere, stärker spezialisierte – philologische Praxis der Textwahrnehmung, -erklärung und -auslegung. Deshalb sind für den Unterricht prinzipiell alle Muster interessant, in denen sich der Umgang mit Literatur im Alltag und im literarischen Leben der Gegenwart vollzieht, vom „Schmökern" in einem fesselnden Roman bis zur Besprechung von Neuerscheinungen in Hörfunk- oder Fernsehsendungen. Tatsächlich glauben wir, dass Inszenierungsmuster für derartige Tätigkeiten in den Literaturunterricht bereits eingegangen sind oder doch eingehen sollten. Die kulturelle Praxis Literatur ist lebendig und bringt immer wieder neue Umgangsformen hervor. Nichts spricht beispielsweise grundsätzlich dagegen, aus der Praxis des *Poetry Slam* auch ein neues Inszenierungsmuster für Literaturunterricht zu gewinnen (vgl. Kap. 4.4.2 u. Anders 2004).

Aspekte einer kulturellen Praxis Literatur	*Einige Inszenierungsmuster für Einzelstunden*	*Einige Inszenierungsmuster für Stundensequenzen*	*Einige Inszenierungsmuster für Projekt(orientierten) Unterricht*
In einer fesselnden Lektüre „schmökern"	Eine Fantasiereise machen „Konkretisieren" nach Frommer (1988a)	Ein Lesetagebuch führen (vgl. Hintz 2002)	Eine Lesenacht planen u. durchführen Portfolios zu einer literarischen Lektüre erstellen
Über ein Werk streiten, es kontrovers werten	Offene literarische Gespräche führen (vgl. Christ et al. 1995, Härle/Steinbrenner Hrsg. 2004)	Texte einer Gattung/ einer Epoche zu einem Thema vergleichen	Rezensionen planen und schreiben, ggf. veröffentlichen, z. B. im mehrsprachigen www.international studentjournal.com) An einem Wettbewerb teilnehmen, z.B. www.junge-kritiker.de
Literatur schreiben und veröffentlichen	Ein Wortfeld oder Schreibmuster als kreativen Impuls nutzen „Schreiben vor Ort"	Produktionsorientiert an einem Werk arbeiten (alternative Kapitel, Fortführungen oder Schlüsse schreiben, usw.)	Ein Publikationsprojekt in den Unterricht integrieren (z. B. Gedichtband oder Hörbuch)
Von der eigenen Lektüre erzählen, für ein Buch werben	Nacherzählen Zusammenfassen Kurzreferat halten	Mündlich oder schriftlich zu einem Text „begründet Stellung nehmen"	Einen Vorleseabend planen und durchführen

Ein Werk in ein anderes Medium transponieren, einen Medienverbund schaffen	Einen Textauszug zu einer Hörspielvorlage oder einem Drehbuch umgestalten	Einen literarischen Text für Hörfunk, Film oder Bühne inszenieren (auch z. B. „Poesievideos" nach Blumensath 1990)
Texte illustrieren	Zeichnen oder Malen zu einem gelesenen Text	Eine illustrierte Textausgabe einer Klassenlektüre „herausgeben"
Ein Werk übersetzen und einer anderen Sprache/Kultur zugänglich machen	Verschiedene Übertragungen eines Textes vergleichen	Übersetzungen ins Deutsche lesen und nach Möglichkeit auszugsweise mit dem Original vergleichen
Vorlesen	Vorlesen durch Lehrende oder Lernende als Form der Erstrezeption oder der Einstimmung	Regelmäßiges Vorlesen als Element der Lektürearbeit	An Lesewettbewerben teilnehmen „Leseversammlungen" abhalten (vgl. Bambach 1989)
Neuerscheinungen vorstellen u. diskutieren	„Jury-Spiel" (Rollenspiel)	Selbstgewählte Titel in Kurzreferat und Diskussion vorstellen	Einen literarischen Abend für die Schulöffentlichkeit vorbereiten und durchführen
Literarisches Wissen erwerben	Lehrervortrag und gelenktes Unterrichtsgespräch über Autor, Epoche, usw.	Eine Ganzschrift kursorisch erlesen (z. B. Schardt 1998) Eine Unterrichtsreihe (Sequenz) zusammenstellen und Reihenthema erarbeiten (vgl. Schubert-Felmy 2001)	Eine Epoche in einem Hypertext vorstellen (vgl. Meisch 1995 u. 1997) Einen Autor einladen und die Lesung vorbereiten (z. B. ein Leseheft erstellen, ein Interview führen)

6.2 Phasenmodelle für die Organisation von Literaturunterricht

Verschiedentlich sind Modelle entworfen worden, welche die Planung und Organisation von Literaturunterricht erleichtern sollen. Obwohl ihre Urheber dabei vor allem den Umgang mit Print-Literatur im Auge hatten, lassen sie sich mit geringfügigen Modifikationen auf alle Medien als Unterrichtsgegenstände anwenden (vgl. auch Kap. 4.4.5). Klassifizieren kann man sie grob danach, ob sie für Einzelstunden bzw. Kurz-Sequenzen konzipiert worden sind (Mikromodelle) oder eher prinzipiell Literaturunterricht strukturieren und organisieren helfen sollen (Makromodelle).

6.2.1 Mikromodelle

Alle Mikromodelle[41] basieren letztlich auf dem Gedanken, dass guter Unterricht eine zielgerichtete Verlaufsform aufweisen muss. In der allgemeinen Didaktik sind dafür verschiedene Bezeichnungen gefunden worden wie „Unterrichtsstufen", „Aneignungsschritte" oder „Artikulationsschema". Die dafür entwickelten Modelle verführen leicht dazu, jedes Unterrichtsvorhaben in eine entsprechende Form zu pressen. Trotzdem sind sie gerade für Anfänger/-innen eine große Hilfe, denn sie zwingen zur reflektierten Anordnung der Unterrichtsschritte und machen überprüfbar, ob nichts Wesentliches bei der Planung vergessen worden ist. Weit verbreitet ist eine Unterteilung, die im Wesentlichen auf Heinrich Roth (1957) zurückgeht. Sie wird hier im Folgenden beispielhaft teilweise verknüpft mit einer Unterrichtsstunde, deren Lernziel die Kenntnis der Gattung „Fabel" sein soll.

Eröffnungsphase	Begrüßung Evtl. Anschluss an zurückliegende Unterrichtssequenz oder vorangegangene Stunde durch Wiederholung, u.U. auch über mündliche Lernzielkontrolle
Motivationsphase	*Impuls[42]:* stummer, visueller Impuls (thematischer Bildimpuls); Wort- oder Satzimpuls (z. B. an der Tafel notierte These); akustischer Impuls (zum Thema passende Musik- oder Geräuscheinspielung); haptischer Impuls (z. B. in einem „Fühlsack" versteckter Gegenstand). Thematisch passendes *Spiel[43]*, auch szenisches Spiel. *Lehrer-Schüler-Gespräch zu einem aktuellen Thema*, das zum Unterrichtsthema überleitet. *Anreißen eines Problems* im Lehrer-Schüler-Gespräch *Provokation* (Behauptung der Lehrkraft, die zum Widerspruch auf Schülerseite herausfordert, z. B. hier „Stark sein heißt, stets allein zurechtzukommen.")

---

[41] Mikro- und Makromodelle sind nicht zu verwechseln mit Mikro- und Makro*strukturen* von Bildungsprozessen, wie sie in Nachfolge von Hegel formuliert worden sind (vgl. dazu Kreft 1982, 376).

[42] Manche erheben den Impuls zum sanften Königsweg des Stundeneinstiegs, weil Schüler/-innen hier die größte Freiheit besäßen, auf ein Stundenthema zu reagieren. Pragmalinguistisch betrachtet ist aber das Wort „Freundschaft" an der Tafel gleichbedeutend mit der Aufforderung: „Was fällt euch zum Thema ‚Freundschaft' ein?" Schüler und Schülerinnen kennen inzwischen das Ritual des Impulses ganz genau und reagieren darauf kaum anders, als auf die herkömmliche Fragemethode.

Erstbegegnung	Evtl. *Vorentlastung* durch Informationen, die die Erstbegegnung erleichtern oder überhaupt erst ermöglichen.
	Kennenlernen des Gegenstandes, der im Mittelpunkt des Unterrichtsgeschehens stehen soll, z. B. ein Text wie die antike „Fabel vom Löwen und der Maus".
	Verfahren der *Textdarbietung*: Lehrer- oder Schülervortrag (auch mit verteilten Sprechrollen), Audio- oder Videoeinspielung, Vorstellung des Textes am Stück oder in Teilen mit der Möglichkeit der *Antizipation* (Hypothesenbildung über den weiteren Fortgang, z.b.: mögliche Reaktionen des Löwen)
	Beiseiteräumen von Verständnishürden, z. B. Klärung von schwierigen Textstellen und/oder unbekannten Wörtern.
	Herstellung einer gemeinsamen Ausgangsbasis, z. B. über kurze Inhaltszusammenfassung durch Schüler.[44]
	Erste Diskussion.
Phase der Arbeit Erarbeitungsphase(n)/ Auseinandersetzungsphase(n)	Aufbau nach dem *induktiven Prinzip*: Gegeben sind ein oder mehrere prototypische Gegenstände, an denen die Lernenden Regelmäßigkeiten erkennen können, z. B. mehrere Fabeln, an denen man Fabeltypisches herausarbeiten kann. Allgemein bevorzugtes Vorgehen, da es die Schüler/-innen stark aktiviert und entdeckendes Lernen fördert.
	Aufbau nach dem *deduktiven Prinzip*: Gegeben werden allgemeine Kennzeichen/Regeln, die an Beispielen zu überprüften sind. Z. B. Bekanntmachung der Fabelkennzeichen über einen Lexikonartikel und Überprüfung an verschiedenen Texten. Bevorzugtes Vorgehen, wenn die selbstständige Ermittlung der Regelhaftigkeit die Schüler/-innen überfordert. Auch geeignet, um Kritikfähigkeit zu stärken, indem bewusst Beispiele herangezogen werden, die nicht die postulierte „Gesetzmäßigkeit" aufweisen, z. B. Fabeln ohne moralischen Lehrsatz (Pro- oder Epimythion).

---

[43] Die bei angehenden Lehrkräften überaus beliebten Stundeneinstiege mit „Galgenmännchen" (Wortratespiel) und „Dalli-Klick" (Bildratespiel, bei dem in mehreren Schritten immer größere Teile eines Bildes aufgedeckt werden) sind selten wirklich thematisch motiviert. Man sollte sie eher meiden.

[44] Dieser auch als „Inhaltssicherung" benannte Schritt ist nicht unproblematisch. Zum einen besteht die Gefahr von ermüdenden Frageritualen („Und was passiert dann?"). Zum anderen kann die Inhaltssicherung leicht in eine einengende Interpretation münden (vgl. Fritsche 1994, Bd.3, 220f.). ‚Gemeinsame Ausgangsbasis' darf bei der Beschäftigung mit Literatur nicht heißen ‚gemeinschaftliches Verständnis'. Deshalb auf diese Phase zu verzichten und auch das Beiseiteräumen von Verständnishürden zu vermeiden (ebd., 221), scheint uns aber übertrieben.

Ergebnissicherung	Kontinuierliches Festhalten der Ergebnisse über *dynamischen Tafel-/Overhead-Projektor (OHP)-Anschrieb* oder *statischen Tafel-/OHP-Anschrieb*, in dem Lernergebnisse summarisch festgehalten werden.
	Dynamische oder statische Übernahme der Ergebnisse ins Heft/Arbeitsblatt bzw. Verweis auf Lehrbuch.
	Beispiel: „Bei einer Fabel handelt es sich um eine kurze Erzählung, die einen allgemeinen Lehrsatz (Moral) veranschaulichen soll. Fast immer steht dieser am Schluss der Geschichte. Die Handelnden sind meistens Tierfiguren mit typischen Charaktereigenschaften (z.b. Fuchs = schlau), die sich wie Menschen benehmen."
Anwendungsphase Übungsphase	Aneignung und Vertiefung des Erarbeiteten über die *Lösung von Aufgaben*.
	Beispiel: Weiterer Fabeltext, in dem die allgemeinen Merkmale der Gattung nachzuweisen sind. Bevorzugt wird hier Einzelarbeit, um möglichst jeden Lernenden aktiv zu halten. Anschließend Ergebniskontrolle im Plenum.
Transferphase	Übertragung und ggf. Erweiterung der Arbeitsergebnisse auf einen verwandten Gegenstandsbereich. Z. B. kann die Fabel in den Kontext anderer Formen parabolischen Erzählens (Gleichnis, Parabel) gestellt werden.
	Transferphasen werden aus Zeitgründen meist als Anschluss-Unterrichtseinheit gestaltet.
Phase des Ausklangs	Nochmalige Zusammenfassung, am besten durch Schüler. Evtl. Ausblick auf weitere Stunden zum Thema.
Hausaufgabe	Weitere Übungsaufgabe(n) als Lernzielkontrolle; Transferaufgabe(n); Rechercheaufgabe(n); Aufgabe, die die nächste Unterrichtseinheit vorbereitet; Gestaltungsaufgabe(n). Z. B. eine Fortführung der Fabel vom Löwen und der Maus schreiben: Die Tiere krönen die Maus zur neuen Königin, denn sie hat sich als klug und pfiffig erwiesen.

Zurückgeführt werden solche Schemata bis hin zu Aristoteles, der jeden Erkenntnisvorgang in seiner „Nikomachischen Ethik" als Dreischritt (Ternar) von „Wahrnehmung" (erster Eindruck, Beobachtung), „Vernunft" (Erarbeitung, Durchdringung) und „Streben" (Anwendung, Prüfung) beschrieben hat (vgl. Witzenbacher 1994, 118–120). Aber auch das Inszenierungsmuster klassischer Dramen lässt sich leicht in einem solchen Schema entdecken: Exposition (Eröffnung, Motivationsphase) – Konfrontation (Begegnung mit dem Problem) – Klimax („Aha-Erlebnis" bei der Erarbeitung der Regelhaftigkeit) – Lösung (Ergebnissicherung, Ausklang), wobei nur zu hoffen ist, dass die Stunde mit einem Happyend und nicht in der Katastrophe endet.

Kritisieren kann man an einer solchen „Feiertagsdidaktik" (Hilbert Meyer) nicht nur, dass die Schüler in die Rolle von Akteuren gedrängt werden, die nach den strengen Maßgaben des Regisseurs zu funktionieren haben. Für den Literaturunterricht eignet sie sich aus prinzipiellen Erwägungen heraus nur bedingt. Wie in dieser Einführung immer wieder betont, ist die Vermittlung literaturwissenschaftlicher Konzepte kein primäres Lernziel, vor allem nicht auf der Primarstufe. Um im Beispiel zu bleiben: Das Spannende an einer Fabel wie der vom „Löwen und der Maus" ist nicht, dass man an ihr exemplarisch die Kennzeichen der Gattung „Fabel" erarbeiten kann. So sehr aufregend ist nicht einmal ihre „Moral", der zufolge der Starke bisweilen den Schwachen benötigt. Zum konstruktiven Widerspruch reizt vielmehr eine „fabelhafte" Weltordnung, in der die Positionen von Starken und Schwachen scheinbar auf ewig festgeschrieben sind. Denn daran rüttelt die Fabel mit ihrer Mahnung an die Mächtigen, den Wert der Untertanen nicht zu vergessen, keineswegs.

Mikromodelle, die speziell für den Literaturunterricht entwickelt worden sind, modifizieren die allgemeinen Artikulationsschemata, sodass sie besser zu den besonderen Anforderungen passen. Eine jahrzehntelang sehr populäre Einführung in die Kinder- und Jugendliteratur von Karl Ernst Maier (1973, 218f.; 1993, 277f.) unterscheidet die vier Phasen „Hinführung" (Aufgabe: Leselust und Lesebereitschaft wecken), „Erlesen" (Aufgabe: Bekannt werden mit dem ‚Lesegut‘), „Umgang mit dem bekannten Text" (Aufgabe: Klärung und Vertiefung des Gehalts) und „Gestaltungsversuche" (Aufgabe: Festigung und Anwendung der neuen Erfahrung, Einsatz von Aktivität und Selbsttätigkeit).

Für Jürgen Kreft sind die Vorgänge zentral, die sich zwischen Subjekt und Text abspielen. Er unterscheidet ebenfalls vier Hauptphasen (*bornierte Subjektivität, Objektivierung, Aneignung und reflektierte Subjektivität, Applikation*), die wiederum in verschiedene Subphasen zerfallen können (vgl. nächste Seite). Krefts Terminologie mag etwas seltsam erscheinen; trotzdem lohnt es sich, über sein Phasenmodell nachzudenken. So verweist die erste Phase (‚bornierte Subjektivität‘) auf eine Textbegegnung, die zunächst ohne jeden Eingriff der Lehrperson stattfinden sollte. Lehrkräfte, die gleich nach dem Erlesen Untersuchungsfragen stellen, instrumentalisieren Literatur gemäß ihren pädagogischen oder literaturwissenschaftlichen Zielsetzungen. Sie verspielen von vornherein die Chance, dass Texte für Schülerinnen und Schüler subjektiv bedeutsam werden. Als „borniert" bezeichnet Kreft die Erstbegegnung, weil sie sowohl in einer vorschnellen Ablehnung, als auch in einer zu selbstsicheren Annahme (Assimilation) des medialen Angebots enden kann. Während bei der ersten Haltung die Fremdheit des Textes als scheinbar unüberwindbares Hindernis empfunden wird, verdeckt die zweite solche Lesarten, die jenseits des eigenen Selbstverständnisses stehen. Beide Reaktionen müssen die weitere Moderation der Lehrkraft beeinflussen. Für die zweite Phase betont Kreft, dass die Fragen an den Text soweit wie möglich von den Schülern selbst kommen sollten. Jedes Klassenmitglied wird dazu aufgefordert, sein Anliegen aufzuschreiben. Im Klassengespräch können daraus dann die sogenannten ‚Leitfragen‘ formuliert werden, die die weitere Textarbeit bestimmen. Sofern Rückfragen an den Text durch persönliche Betroffenheit erschwert sind, empfiehlt Frommer (1988, 67) mit fremden Schüleräußerungen zu arbeiten. Um Verstehensbarrieren abzubauen oder subjektive Engführungen zu weiten, müssen textüberschreitende Methoden und sekundäre Texte hinzugezogen werden.

1. *Phase der bornierten Subjektivität – 'textimmanent'*

   Phase der Darbietung des Textes, der ersten Begegnung mit ihm, der Verstrickung in ihn;

   Phase der Motivation, der Assoziation, der Inkubation[45];

   Phase der Entwicklung eines (ersten) Interpretationsentwurfs.

2. *Phase der 'Objektivierung'– wahrheitsbezogen, textbezogen, texttranszendierend*

   Phase der korrigierenden Abarbeitung am Text;

   Phase der gegenseitigen Korrektur durch andere Interpreten und Interpretationen;

   Phase der Diskussion; – Hinblick auf das vom Text intendierte Problem, die „Wahrheit".

3. *Phase der Aneignung und der reflektierten Subjektivität*

   Phase der Rückwendung des Subjekts (des Rezipienten, Interpreten) auf sich selbst;

   Phase der Selbstkorrektur und neuen Selbstinterpretation;

   Phase der bewussten, aber „kontemplativen" Anwendung auf die eigene Situation und Existenz.

4. *Phase der Applikation*

   Phase der allgemeintheoretischen Applikation (Gesellschaftsanalyse, Geschichtsverständnis, literaturwissenschaftliche Bedeutung);

   Phase der praktischen Applikation (auf reale Interaktionskonflikte usw. [Rollenspiel]);

   Phase der Ausarbeitung neuer Fragestellungen (für neue Sequenzen als Konsequenz).

   (Kreft 1982, 379)

---

[45] Als ‚Inkubation' hat man die beginnende, innere Beschäftigung mit einem Text bezeichnet. Häufig wurde empfohlen, die Inkubation mit einer ‚Schweigephase' zu fördern. Gerhard Haas (1994, 19) hat darauf hingewiesen, dass eine solche erzwungene ‚Einkehr' beim Schüler leicht als Erpressung ankommen kann: Lieber irgendetwas reden, als noch länger das Schweigen aushalten müssen. Sofern man trotzdem an einer solchen Sammlungsphase festhalten will, sollte die Schweigezeit von vornherein bekannt gegeben sein und nicht länger als eine Minute dauern.

Die ‚Phase der Aneignung' zielt auf Integration der neuen Sichtweisen bzw. Erkenntnisse. Dazu soll die Lehrkraft Hilfen und Impulse geben, z. B. durch die Anleitung zu eigener Textproduktion oder zu einer Klassendiskussion.[46] Die ‚Phase der Applikation' (Anwendung) ist durch Kreft nicht eingehend dargestellt worden. Wenn es sich um ‚praktische Applikation' handelt, die z. B. in der Umformung einer Kurzgeschichte zu einem Hörspiel bestehen kann, ist ein Unterschied zur Phase der Aneignung kaum auszumachen. Sofern Gesellschaftsanalyse oder Geschichtsverständnis im Fokus stehen, gibt es erhebliche Überschneidungen zur zweiten Phase.

Joachim Fritzsche (1994, Bd.3, 213–228) folgt im Wesentlichen Kreft, glättet sein Phasenschema aber terminologisch und verbindet es mit vier Grundfragen des Literaturunterrichts:

1. Verhakung im Text	Was löst der Text in mir aus?
2. Rückfragen an den Text	Was steht da?
3. Aneignung	Was folgt aus dem verstandenen Text für mich?
4. Applikation	Was folgt aus dem verstandenen Text für uns?

In seiner Formulierung wird deutlich, dass das Vierphasen-Schema sehr gut zu unserem Grundmodell passt: Die erste und dritte Phase ist auf das Individuum bezogen und erlaubt im Handlungsfeld Literatur Individuation. Die zweite Phase steht im Spannungsverhältnis zwischen eigenem Erleben und öffentlichkeitsfähigem Verständnis. Die vierte Phase fragt nach der Bedeutung von Literatur für die Gruppe (Sozialisation) und die Gesellschaft (Enkulturation).

Ebenfalls ein Vierphasen-Schema mit unübersehbaren Bezügen zu Kreft hat Günther Waldmann (1999a) vorgelegt. Der Autor gehört zu jenen Literaturdidaktikern, die ganz wesentlich an der Entwicklung des handlungs- und produktionsorientierten Literaturunterrichts mitgewirkt haben (vgl. etwa Waldmann 1984). Darunter versteht man eine didaktisch-methodische Konzeption, die sowohl der spezifischen Eigenart literarischer Texte Rechnung trägt (Differenz zur Alltagssprache, Autoreferentialiät, Intertextualität, Ambiguität, Polyfunktionalität), als auch die pädagogische Forderung nach möglichst großer Eigenaktivität der Schüler/-innen aufgreift (vgl. auch Kap. 6.3). Auf der Basis einer kritischen Auseinandersetzung mit der Philosophie Wilhelm Diltheys und Hans-Georg Gadamers entwickelt er eine *Modellskizze literarischer Hermeneutik,* die literarisches Verstehen in vier Stufen wiedergibt (vgl. Waldmann 1999a, 26):

---

[46] Kreft orientiert sich in der Konturierung der ersten drei Phasen an Jean Piaget, der die geistige Entwicklung beschreibt als Assimilation (Versuch der Anpassung neuer Strukturen an bereits bekannte Schemata), Akkomodation (Ausprägung neuer Schemata, um neue Strukturen zu begreifen) und Integration (Verbindung neuer und alter Schemata).

1. *Sinngemäßes Lesen*: Der literarische Text wird mit Bezug auf das eigene Sinnsystem erfasst. Dazu ist auch notwendig, seine Verschiedenheit gegenüber pragmatischen Texten und der ‚realen‘ Wirklichkeit wahrzunehmen.

2. *Konkretisierung*: Der literarische Text wird imaginativ durch Bezug auf die eigene Lebenssituation, Erfahrungen und Interessen fortentwickelt. Der Leser/die Leserin eignet sich ihn mit Hilfe seiner individuellen und sozialen Fantasie subjektiv an.

3. *Intertextuelle Verortung*: Der literarische Text wird in Bezug zu ‚verwandten‘ Texten gebracht, wodurch sich einerseits inhaltliche und formale Gemeinsamkeiten zeigen, andererseits aber auch Differenzqualitäten sichtbar werden.

4. *Kontextualisierung*: Der literarische Text wird auf (textüberschreitende) geschichtliche, gesellschaftliche, kulturelle und literarische Sinnsysteme bezogen. Von dort gelangt der Rezipient zu einem ‚Gesamtverständnis‘, das seine Erfahrungswelt integriert und zu einer vertieften Auseinandersetzung führt.

Waldmann behauptet, dass alle vier Schritte beim Lesen eines literarischen Textes ablaufen, wenn auch teilweise unbewusst und individuell verschieden ausgeprägt. ‚Wirkliches‘ Verstehen sei ohne diese Prozesse nicht möglich (vgl. ebd.). Daher ist sein Konzept nicht lediglich deskriptiv, sondern normativ (s.a. Kämper-van den Boogart 2003c, 285). Abgeleitet wird daraus das folgende Phasenmodell (vgl. Waldmann 1999a, 27–38), hier ergänzt um Untersuchungsfragen, die eine unkritische Übernahme methodischer Vorschläge aus dem handlungs- und produktionsorientierten Fundus vermeiden helfen sollen (ebd. 87f.):

Vorphase: Spielhafte Einstimmung in literarische Texte
Ziel: Motivationssteigerung für die eigentliche Textbegegnung.
Untersuchungsfragen: Sind inhaltliche oder formale Schwierigkeiten zu erwarten? Welche Einstimmung bereitet am besten darauf vor? Sollen literarische Formen besprochen werden, für die spielhaft Interesse geweckt werden kann?

1. Phase: Lesen und Aufnehmen literarischer Texte
Ziele: Wecken der Leselust, mit dem Text vertraut werden, das Sinnsystem des Schülers aktivieren, den Text „merkwürdig“ machen.
Untersuchungsfragen: Text teilweise, ganz oder gar nicht zu Hause lesen lassen? Besondere Form des Einlesens nötig? Antizipierendes Lesen sinnvoll? Rekonstruierendes Lesen möglich und motivierend?

2. Phase: Konkretisierende subjektive Aneignung literarischer Texte
Ziel: Förderung der imaginativen Aneignung des Textes.
Untersuchungsfragen: Benötigen die Schüler Hilfen, um formale und inhaltliche Differenzerfahrungen zu überbrücken? Wo befinden sich im Text Leer- bzw. Unbestimmtheitsstellen, die man subjektiv konkretisieren kann? Welche Verfahren eignen sich dazu?

3. Phase: Textuelles Erarbeiten literarischer Texte
Ziele: Literarizität eines Textes verständlich machen, Aneignung literaturwissenschaftlicher Methoden und Begriffe; Aufbereiten eines Textes nach verschiedenen literarischen Merkmalen: Ort, Zeit, Figuren, Handlung, Konflikte, Sprache etc..

Untersuchungsfragen: Welche Merkmale des Textes müssen tatsächlich aufbereitet werden, um ein vertieftes Verständnis zu erreichen? Gibt es Möglichkeiten, durch handelnde Eingriffe den Merkmalen und ihrer Bedeutung für den Text auf die Spur zu kommen?

4. Phase: Textüberschreitende Auseinandersetzung mit literarischen Texten
Ziele: Verstehen von Texten in weiteren Kontexten; Erreichen eines Gesamtverständnisses, wobei dessen subjektive Bedeutsamkeit zu beachten ist.

Untersuchungsfragen: Ist eine weitere Kontextualisierung (geschichtlich, gesellschaftlich, literarisch) sinnvoll und wie kann diese erreicht werden? Wie können die Schüler ihr eigenes Weltverständnis mit dem des Textes konfrontieren und artikulieren? Welche Form der Ergebnispräsentation passt am besten zum Verlauf des Unterrichts und zum Text?

6.2.2 Makromodelle

Während die hier vorgestellten Mikromodelle von Lern- oder Verstehensprozessen im Umgang mit literarischen Texten ausgehen, um daraus Rezeptionshandlungen abzuleiten, gehen die bislang entwickelten Makromodelle umgekehrt vor: Sie fragen nach den notwendigen Handlungen, die Lern- und Verstehensprozesse initiieren. Als „kulturelles Handeln mit Texten" hat Gerhard Rupp (1987) die Kernaufgabe des Literaturunterrichts charakterisiert und folgende Systematisierung vorgeschlagen (ebd., 242):

Vor der Textrezeption
- Vorwegnehmen (Antizipieren)
- Erschließen

Während der Textrezeption
- Vergleichen
- Beobachten
- Kontextuieren
- Spielen

Nach der Textrezeption
- Verändern
- Rekonstruieren
- Montieren
- Ko-Produzieren

Rupps Vorschlag aufgreifend, beschreiben Abraham et al. (2000, 36–45) den Umgang mit literarischen Texten als Vorgang, der von inneren Handlungen zu äußeren Sprech- und Schreibanlässen führt. Dabei gehen sie davon aus, dass Texte im Deutschunterricht fremden Gedanken bzw. Vorstellungen sprachliche Gestalt geben und Angebote zur Identifikation machen können. Sie können darüber hinaus Übungsgegenstände für Textverarbeitungskompetenzen sein, aber auch als Tätigkeitsauslöser für vielfältige Sprech-, Spiel- und Schreibhandlungen wirken (vgl. Kap. 4.3).

Daraus ergibt sich folgendes Makromodell des Literaturunterrichts (vgl. Abraham et al. 2000, 38):

vor der Textrezeption	*während der Textrezeption*		*nach der Textrezeption*	
Vorwegnahme eines Themas/Motivs und/ oder seiner ästhetischen Gestaltung	*Identifikation mit dem Text*	*Ablösung vom Text*	*Imitation*	*produktive Auseinandersetzung*
z. B.:	z. B.:	z. B.:	z. B.:	z. B.:
ein Thema/Problem durch Vorausgestalten erschließen (antizipieren); eine vorweggenommene Figur durch Verkörperung oder Charakterisierung erschließen; eine Gestaltungsform in einem eigenen Text vorwegnehmen.	Szenen, Figuren usw. imaginativ ausgestalten (konkretisieren); Text mit eigenen Wahrnehmungen oder bekannten Texten verknüpfen.	im Text ausgesparte Erklärungen für geschilderte Vorgänge einbeziehen; Alternativen entwerfen; Probeweise neue Bedingungen einführen (Was wäre , wenn...?); Widerspruch zum Text artikulieren.	Sujet in ein anderes Medium transponieren (Adaption); Konstellation auf eine neue Situation anwenden (Paralleltext schreiben).	Parodien schreiben; Gegentexte schreiben; durch Schreiben oder Inszenieren verfremden.

Der Dreischritt „vor, während und nach der Textrezeption" ist dabei nicht als verkapptes Phasenmodell misszuverstehen. Zwar kann im Ausnahmefall einer Feiertagsdidaktik (Praktikumsstunde, Lehrprobe) schon mal ein Artikulationsschema entstehen, das genau diesen Aufbau widerspiegelt. Im Normalfall sind dies aber Rezeptionshandlungen, die nicht an eine bestimmte Phase gebunden sind. So kann etwa im Rahmen der Behandlung einer Ganzschrift die Stunde X mit der Formulierung eines Widerspruchs zum bisher Gelesenen beginnen, gefolgt von einer Parodie, an die sich die Auseinandersetzung mit einem klärenden Sachtext anschließt.

6.3 Verfahren der Texterschließung

Einleitend sei gesagt, dass es zwischen „Texterschließung" und „Interpretation" weder in literaturtheoretischer noch in unterrichtspraktischer Hinsicht eine scharfe Trennlinie gibt (vgl. auch Kap. 6.4.) „Interpretieren", wird es literaturwissenschaftlich gedacht, setzt zwar mehr als „Erschließen" ein souveränes Subjekt voraus, das sozusagen die Deutungshoheit über einen Text schon hat, das sich einen Überblick über Inhalt, Struktur und zu lösende Verständnisprobleme verschafft hat, das sowohl über strukturelle Einsichten zum Text als ggf. erforderliche textexterne Kenntnisse bereits verfügt. Aber literaturdidaktisch und unterrichtspraktisch ist hier eher von einem Prozess auszugehen, in dem sich texterschließende und interpretierende Tätigkeiten ergänzen und überlappen. Überdies verändern ohnehin die Vokabeln „Erschließen" und „Interpretieren" ihre Bedeutung, wenn nicht mehr vom traditionell hermeneutischen Konzept der Sinnproduktion ausgegangen wird, sondern von poststrukturalistischen und dekonstruktivistischen Konzepten für den Umgang mit Literatur (vgl. Förster 2002).

Unsere Darstellung in diesem Kapitel versucht trotz solcher Einschränkungen eine Konzentration auf Verfahrensweisen, die Lernenden helfen, sich einen Text inhaltlich, formal und/oder strukturell zu erschließen in dem Sinn, dass sie dadurch ihre Fähigkeit, sich über diesen Text mitzuteilen, merklich verbessern.

6.3.1 Inhaltssichernde Verfahren

Traditionell steht am Beginn des Unterrichts über einen Text die Sicherung des Inhalts. Damit ist gemeint, dass ein Überblick über das ‚Was' unverzichtbar ist für alle weiteren Schritte der Erschließung und Interpretation, vor allem bei längeren Texten. Nun ist zwar diese gängige Vorstellung nicht für alle Textsorten gleichermaßen einleuchtend (man denke an Hugo Balls berühmte „Karawane" und andere experimentelle Lyrik), und das Phasenmodell, das die Inhaltssicherung an den Anfang rückt, ist nicht das einzig denkbare (vgl. hierzu Kap. 6.2). Aber an irgendeinem Punkt des Unterrichts wird man in den meisten Fällen auf inhaltssichernde Verfahren zurückgreifen wollen. Mit ihnen hat der Literaturunterricht im Übrigen auch Anteil an der Entwicklung allgemeiner Lesekompetenz: Inhaltsangabe, Nacherzählung und Zusammenfassung sind nicht nur traditionelle Arbeitsformen des Deutschunterrichts und als solche auch Gegenstand der fachdidaktischen Kritik und Neukonzeption (vgl. z. B. Abraham 1994); sie sind prozessorientiert gedacht: Inhalte *wiedergeben*, Geschichten *nacherzählen*, Texte *zusammenfassen*. Damit handelt es sich um unentbehrliche Werkzeuge im Umgang mit Texten aller Art; die an ihnen geübte Kritik bezog sich dagegen auf ihren jeweiligen Status als „Aufsatzart". So enthält z. B. die sog. „Inhaltsangabe" einen Basissatz, der über den Text als Ganzes orientiert. Es schließt sich die Wiedergabe der „Handlung" bzw. Argumentation an, wobei für poetische Texte die Regeln gelten, dass Spannung *nicht* aufkommen darf, der Stil des Originals *nicht* nachgeahmt, sondern sachlich-nüchtern geschrieben werden soll (Präsenz statt Erzählvergangenheit, ggf. Verwandlung der 1. Person in die 3. Person, indirekte Rede oder Redebericht statt direkter Rede). Unklar bleibt in dieser Aufsatzart die Adressatenorientierung und damit der *Zweck* der inhaltlichen Information über einen Text. Diese Kritik wird teilweise hinfällig, wenn man sie funktional sieht: eben als Mittel der Texterschließung. Auch für die Inhaltsanalyse nach *Erschließungsfragen*, wie sie viele Lesebuchwerke ihren Texten mitgeben, gilt analog: Als Instrumente des mündlichen Sprachgebrauchs mögen sie oft kritikwürdig sein (insofern sie nicht zu elaborierten Äußerungen über den Text führen, sondern zu einsilbigen Antworten), aber als Hilfsmittel im Dienst der Inhaltssicherung sind sie nützlich, wenn nicht unverzichtbar.

6.3.2 Textnahes Lesen

„Textnahes Lesen", um dessen didaktische Modellierung sich vor allem Jürgen Belgrad und Karlheinz Fingerhut (Hrsg. 1998) sowie Elisabeth K. Paefgen (1998; 2003) verdient gemacht haben, überschreitet das inhaltsfixierte Freizeitlesen im Bewusstein eines weitergehenden lesedidaktischen Auftrags: „Textnahes Lesen gehört zu den Leseformen, die gelehrt und gelernt werden müssen" (Paefgen 2003, 191). Methodisch, als Repertoire von Verfahren, ist das Konzept noch nicht ganz befriedigend durchgearbeitet. Klar scheint aber, dass solches Lesen undenkbar ist ohne eine enge Verbindung zum Schreiben: Je genauer eine Schreibaufgabe formuliert ist, desto mehr zwingt sie zur Wiederlektüre, zur genauen Wahrnehmung und Durchdringung des Ausgangstextes (vgl. ebd., 209). Schreiben schließt hier auch *Abschreiben* und *Kommentieren* ein. Ohne die von Paefgen (ebd., 192f.) vorgeschlagene Entgegensetzung von Inhaltsinteresse (handlungs- und produktionsorientierte Verfahren) und Forminteresse (Verfahren des „textnahen Lesens") durchweg überzeugend zu finden, räumen wir ein, dass „textnahes Lesen" sich wesentlich mehr, als etwa szenische Verfahren das tun (vgl. unten, 6.3.3) auf „Vermittlung sprachästhetischer Kunst" (Paefgen 2003, 193) konzentriert und damit „Formbewusstsein" (vgl. Eggert 1993) fördert.

Deutlich wird das an Verfahren wie dem *Précis-Schreiben*, einer schulischen Aufgabe, die in deutschsprachigen Ländern im Gegensatz zum angelsächsischen Raum noch wenig verbreitet ist. Dabei sollen die Schüler/innen eine Vorlage stiltreu auf exakt 1/3 ihrer Länge (+ –10% Toleranz) verkürzen, unter Beibehaltung der Reihenfolge und wesentlicher Elemente der Handlung (poetische Texte) bzw. Argumentation (pragmatische Texte). Bisweilen wird in didaktischen Handreichungen auch noch verlangt, dass eine eigene Überschrift gefunden wird und direkte Rede in indirekte oder Redebericht umzuwandeln ist. Solches widerspricht aber unseres Erachtens der Vorgabe, den Stil des Ausgangstextes nachzuahmen. Im Précis gehen Lesen und Schreiben eine organische Verbindung ein, wie sie ähnlich eng vielleicht nur noch beim Parodieren und beim „stilistischen Varieté" (Abraham 1994, 159ff.) vorliegt: Eine Textvorlage unter Zuspitzung seiner inhaltlichen und/oder formalen Eigenheiten zu parodieren, oder den Stil eines Textes unter Beibehaltung inhaltlicher Elemente durch den eines anderen Autors bzw. einer anderen Epoche zu ersetzen, das sind für uns ebenfalls textnahe Verfahren. Sie dienen, wie der Précis, der operativen Erschließung.

Traditionell hermeneutisch begründet und als Aufsatzform nicht weniger problematisch als die „Inhaltsangabe", aber mit dem Anliegen textnahen Lesens gut zu verbinden, ist auch die „Literarische Charakteristik" (s. Kap. 6.4.2). Für sie ist eine sehr genaue Lektüre des Werkes notwendig und oft das Herstellen von Beziehungen zwischen ganz verschiedenen Textteilen. Außerdem muss die „Zusatzbedeutung", die im „Stilsinn" (Sandig 1986) stecken kann, berücksichtigt werden. Im Übrigen gibt es auch auf dieser Ebene eine Tradition der (Form-)Erschließung durch *Fragen zum Text*, die Aufbau bzw. Bauform, Gattung bzw. Genre und Stil bzw. rhetorische Mittel eines Werkes in den Blick nehmen helfen (sollen). Erfahrungen in den 1970er und 1980er Jahren mit dem Abarbeiten ganzer Fragenkataloge, die man auf der Basis einer lehrzielorientierten Unterrichtsplanung entworfen hatte, lassen aus heutiger Sicht große Vorsicht angeraten sein: „Textanalyse", ein mit der Curriculumdebatte der 1970er Jahre aufkommendes und in den 1980er Jahren seltsame Blüten treibendes Konzept des Umgangs mit Texten aller Art, sollte zu ‚objektiver' fassbaren und bewertbaren Schülerleistungen führen, verleidete aber *de facto* vielen die Literatur und reduzierte Texterschließung auf ein technizistisches Hantieren. Wenig spricht dafür, dass sich „Formbewusstsein" und „sprachästhetische" Sensibilität sozusagen additiv aus Einzelantworten auf viele Einzelfragen von selbst ergeben. Wichtig ist aber, mit vielleicht auch nur wenigen in diese Richtung zielenden Fragen, „den Blickwechsel zu üben", also die Aufmerksamkeit der Lernenden immer wieder vom Inhaltlichen abzuziehen und auf Sprachliches und vor allem Stilistisches hin zu lenken. Wie Wolfgang Menzel (1984, 19) zu Recht betonte, geht es ohnehin im Deutschunterricht nie um „Globalanalyse", sondern bescheidener um einen „Textzugriff" von „Merkmalen" aus.

6.3.3 Szenische Verfahren

„Die Inszenierung eines Textes ist eine Möglichkeit des kreativen und spielerischen Umgangs mit Literatur, bei der die Förderung von Fantasie und Interaktionsfähigkeit sowie die ästhetische Sensibilisierung im Zentrum steht." So setzt Blumensath (1992, 28) das Inszenieren sowohl auf der Ebene der Zielangaben als auch auf der Ebene der Methodik gegen einen diskursiv-analytischen (und meist das gelenkte Unterrichtsgespräch bevorzugenden) Literaturunterricht ab. Der damit verwendete Inszenierungsbegriff ist zwar enger und sozusagen theatralischer als der von uns in 6.1 eingeführte.

Mit „Inszenieren" ist dennoch auch hier nicht die produktorientierte Anstrengung einer Spiel- oder Theatergruppe in einer ‚kreativen Nische', des Schulbetriebs gemeint, sondern ein Unterrichtsprinzip, das bis hin zum „Szenischen Interpretieren" (vgl. unten, Kap. 6.4) für alle Phasen des Literaturunterrichts Möglichkeiten bietet:

Vorlesen/Vortragen

Unser Inszenierungsbegriff schließt nicht nur das Spielen einer Textvorlage ein, sondern bereits ihren Vortrag, egal ob vom Blatt oder auswendig: Dieses Handlungsmuster inszeniert Textrezeption auf ganz eigene Weise, und sehr nahe an der kulturellen Praxis des Literatur- und Kunsterlebens außerhalb von Schule und Hochschule. Einen Text zum Vortrag vorzubereiten und zu sprechen, die erarbeitete und vorgestellte Sprechfassung dann aber auch vor der Klasse zu begründen, bietet eine interessante Alternative zum üblicheren stillen Erlesen, aber auch zum mehr oder weniger gekonnten Vortrag durch die Lehrkraft, womit deren Sprechfassung eine zunächst gar nicht intendierte Autorität, eine falsche Endgültigkeit bekommt.[47] Vorlesen und Vortragen gehört ebenso wie Schreiben zu den Basistätigkeiten des Literaturunterrichts (vgl. Abraham 2002a) und bedarf – während des Lehramtsstudiums entwickelbarer – Kompetenzen (vgl. die gute Darstellung von Ockel 2000).

Standbilder bauen

Das Standbildbauen wurde vor allem von Ingo Scheller (1986; 1998) erprobt und verschiedentlich dargestellt: Ein oder mehrere Modelleure benutzen ihre Mitschüler und ggf. diverse Requisiten als Material und kreieren eine Skulpturengruppe zu einem ganzen Text oder einem Textausschnitt (living sculpture). Scheller begreift dies zu Recht als pädagogisches Inszenierungsmuster mit kreativen und reflexiven Möglichkeiten, und das bei relativer Unkompliziertheit der Durchführung. Für den Literaturunterricht kann es die Funktion erfüllen, Schlüsselstellen eines Werkes zu klären, das Verständnis für Figuren und ihre Beziehung zueinander zu vertiefen und Lesarten der Lernenden auszudrücken, die sich sprachlich-diskursiv nur schwer oder gar nicht ausdrücken ließen. Der Wert dieses Verfahrens liegt in der Einfachheit der Inszenierung (keine Dialoge, keine aufwändige Dramaturgie), die dennoch eine Inszenierung ist in dem Sinn, dass sie einen Darstellungsraum als Spiel-Raum für die Umsetzung textbezogener Vorstellungen nutzt, sinnliche Präsenz für symbolische Bedeutungen schafft und eine gute Vorgabe darstellt für Kommunikation und Reflexion: Mindestens so wichtig wie das im Standbild Dargestellte ist die von den Spielenden gelieferte Begründung und der Wert der jeweiligen Inszenierung als Katalysator literarischer Kommunikation.

Literarische Rollenspiele

In Anlehnung an das Sprachdidaktische Rollenspiel, das in den 1970er Jahren entwickelt wurde und in der Atmosphäre eines kommunikativen Deutschunterrichts schnell Karriere machte, adaptierten Hartmut Eggert und Michael Rutsch-

---

[47] Allerdings sind manche Texte so schwierig zu erlesen, dass eine Erstbegegnung in einem stockenden Schülervortrag demotivierend wirken kann. In solchen Fällen ist der Vortrag durch die Lehrkraft unumgänglich.

ky (1978) den Begriff für den schulischen und hochschulischen Umgang mit Literatur. Literaturdidaktiker wie Karl Schuster (z. B. 1994) popularisierten in den 1980er und 1990er Jahren das „Literarische Rollenspiel" als handlungsorientierte Alternative zum diskursiven Unterrichtsgespräch. Jetzt sehen wir es eher als szenische Phase in einem Literaturunterricht, der auch analytisch-diskursive Anteile hat, und wir betonen mehr als im Stadium seiner Entstehung die kognitive Herausforderung auch solcher Verfahren.

„Literarisches Rollenspiel" gilt uns heute als Sammelbegriff für alle Verfahren des Literaturunterrichts, in deren Rahmen nicht *über* ein literarisches Werk gesprochen wird, sondern *aus* einer von ihm angebotenen Perspektive geredet und agiert wird. Zur Begründung wurde immer wieder auf den Leerstellenbegriff aus der Rezeptionsästhetik verwiesen (vgl. z. B. Freudenreich/Sperth 1983, dort auch praktische Beispiele). Lernende agieren nach dieser Begründung spielend etwas aus, was in der Textvorlage entweder gar nicht oder nicht so detailliert ausgeführt ist, z. B.: die Gedanken zweier Dialogpartner beim Sprechen; einen inneren Monolog, der einen Gewissenskonflikt an einer Schlüsselstelle verbalisiert; eine Nebenhandlung oder die Perspektive, aus der eine im Text nur erwähnte Randfigur die Geschehnisse sieht; ein ethisches, pädagogisches, soziales Problem, das der Text offensichtlich anspricht und das im Unterrichtsgespräch herausgearbeitet worden ist oder noch werden soll.

Die leerstellentheoretische Begründung für solche Verfahren ist allerdings unzureichend: Zum einen wird nicht nur und nicht immer etwas „ausgefüllt" (ergänzt), weil Literarische Rollenspiele oft auch der gezielten Textveränderung dienen (z. B. dem Finden eines alternativen Schlusses). Zum andern ist der Leerstellenbegriff selbst in seinem heuristischen Wert begrenzt. Eher sollte man sagen, dass der literarische Text offene Sinnangebote macht, die vom Leser in einem Kontinuum zwischen Konkretisieren und Interpretieren angenommen oder abgelehnt werden.

Die wichtigsten methodischen Varianten des literarischen Rollenspiels dürften sein:

- ein in der Vorlage nicht (oder nicht so) enthaltener Dialog zweier Figuren, der oft die Handlung abändert oder ergänzt;

- eine Wiederholung oder Fortsetzung eines Dialogs nach *Rollentausch*;

- ein Monolog einer Figur, realisiert ggf. mit „Alter-ego-Technik", bei der ein ‚zweites Ich' hinter dem Monologisierenden steht und ihm Stichwörter gibt, dreinredet, widerspricht usw.;

- ein durch den Spielleiter mithilfe gezielter Fragen unterbrochener (geleiteter) Monolog einer Figur: „Was empfindest du jetzt, während du ...?";

- in Bezug auf alle genannten Möglichkeiten das „Stop-Verfahren", bei dem jeder Zuschauer unterbrechen darf – mit der Verpflichtung, das Spiel an dieser Stelle mit einer eigenen Variante wiederaufzunehmen.

6.3.4 Diskursive Verfahren der Texterschließung

Joachim Ringelnatz: *Liedchen*

Die Zeit vergeht.
Das Gras verwelkt.
Die Milch entsteht.
Die Kuhmagd melkt.

Die Milch verdirbt.
Die Wahrheit schweigt.
Die Kuhmagd stirbt.
Ein Geiger geigt.

Ute Andresen (1992) hat offene Gespräche von und mit Grundschulkindern dokumentiert, die sich mit Gedichten wie dem oben abgedruckten auseinander setzten, und zwar vorwiegend mit solchen der Erwachsenen-, nicht der Kinderliteratur. Wir greifen eine Gesprächspassage heraus (Andresen 1992, 72f.):

Jan:	Die Zeit vergeht. Das könnte ein Jahr sein.
Katharina:	Vielleicht, weil die Zeit schon so lange vergangen ist, da lebt keiner mehr auf dem Hof und dann verdirbt eben alles und die Kuhmagd stirbt auch noch.
Julia:	Wenn alle tot sind, dann kann keiner mehr eine Wahrheit sagen oder eine Lüge sagen.
Ute:	Dann schweigt die Wahrheit.
Jan:	Und niemand kann mehr die Kuh melken und niemand auf die Milch aufpassen.
Katharina:	Oder vielleicht ist das Leben die Wahrheit und der Tod eben nicht so wahr, sondern eher Phantasie.
Olli:	Oder dass es immer wieder von vorn anfängt, sie sterben und dann geht das Gedicht wieder von vorne an.
Julia:	Aber wieso „Liedchen"? Da oben steht ja „Liedchen".
Olli:	Vielleicht ist es ein Lied.
Jan:	Sing's halt mal!
Olli:	Ich weiß ja nicht, wie die Melodie geht.
Ute:	Mach dir eine.
Olli:	*singt.*

Der Unterschied zwischen einem solchen Gesprächsunterricht und einem traditionellen gelenkten Unterrichtsgespräch über denselben Text entspricht dem Unterschied zwischen „ich weiß die Melodie nicht" und „mach dir eine!". In beiden Fällen kann man durchaus von „Texterschließung" sprechen, und das Medium ist jeweils die Mündlichkeit. Damit aber enden die Gemeinsamkeiten.

Die Geschichte des Literaturunterrichts, wie sie in Kap. 3 skizziert worden ist, war vor allem eine Geschichte des *Redens über Literatur.* Obwohl auch Schreibaufgaben immer eine gewisse – wenn auch lange Zeit rein reproduktive – Rolle gespielt haben, kann man doch sagen, dass es vor allem Diskurse in der Mündlichkeit waren, die schulische Textwahrnehmung und Umgangsweisen lange geprägt haben. Bei wechselnden Begrifflichkeiten, die wechselnde Zielvorstellungen anzeigen, galt es doch konstant als der eigentliche Sinn von Literaturunterricht, möglichst viel Kluges, einem tieferen Textverständnis Angemessenes über den Text zu sagen, methodisch umformuliert: mit Hilfe gelenkter Unterrichtsgespräche zu entwickeln, widrigenfalls aus den Lernenden herauszufragen und an der Tafel zu fixieren, was nach der Einsicht des/der Lehrenden und, seit Mitte des 20. Jahrhunderts zunehmend wichtig, nach der Sekundärliteratur, an wesentlichen Einsichten in den Text zu gewinnen war. Deutsch-Lehrende waren damit Experten für Literatur und deren Interpretation, Kontextuierung und Einordnung, und als solche traten sie den Lernenden gegenüber. Ihre eigene Diskursfähigkeit über Texte war und ist, in diskursiven Verfahren der Texterschließung, bis heute nicht nur die *Voraussetzung* für solchen fragend-entwickelnden Literaturunterricht, sondern auch gleich das zu Vermittelnde – die *Kompetenz,* um die es geht (vgl. auch Härle/Steinbrenner Hrsg. 2004).

Es ist eine neuere Entdeckung, dass Deutsch-Lehrende auch Experten für etwas anderes sein könnten, nämlich für Kommunikation *über* und Gestaltung *von* Literatur – mit Kapitel 1 dieser Einführung gesagt: Experten für kulturelle Praxen im literarischen Feld.

Wir müssen daher die hier einschlägigen Verfahren noch einmal genauer unterscheiden: Solchen texterschließenden Diskursen, die in der Unterrichtspraxis bis heute traditionell dem Modell der Hermeneutik Schleiermachers folgen (vgl. auch Kap. 1.4), stehen andere gegenüber, die zwar ebenfalls diskursiv arbeiten, d.h. Reden und Schreiben *über* Texte als Unterrichtsgegenstände methodisieren, aber von einem anderen Konzept literarischen Verstehens ausgehen: Statt es sich hermeneutisch als Kreisbewegung vorzustellen, die spiralförmig immer weiter in das Zentrum der Textbedeutung vorstößt, folgen sie entweder eher einem Modell des Alltagsdiskurses, in den der Text mit seinen potentiellen Bedeutungen sozusagen einzuspeisen ist, was man nur in *offenen Gesprächen* machen kann; oder sie gehen überhaupt nicht mehr von Textbedeutungen, resp. Autorintentionen aus, sondern folgen einem poststrukturalistischen Modell: Zu untersuchen ist dann nicht, was der Text „bedeutet" oder welchen „Sinn" er gemäß unterstellter Autorintention „macht", sondern in welchen verschiedenen Diskursen man über ihn reden kann bzw. schon geredet hat, und wie diese Diskurse Bedeutungen hervorgebracht haben. Solche „nichthermeneutischen" Ansätze „liegen quer zu den institutionenspezifischen Lesartenproduktionen" (Förster 2002, 232), an die wir uns in der Fachgeschichte gewöhnt haben. Texte haben, nach dieser Grundauffassung, „keine Bedeutung ,von innen'" (ebd., 240). Methodisch gewendet heißt das: Man kann natürlich nach wie vor über sie reden, sollte aber den damit hervorgebrachten Diskurs nicht mehr für eine Lösung des Problems der Interpretation halten. Vielmehr folgt aus dem Bewusstsein, existierenden Diskursen lediglich einen neuen, mehr oder weniger abweichenden hinzuzufügen, dass andere Diskurse zum Vergleich heranzuziehen, auf ihre stillschweigenden Voraussetzungen hin zu befragen und metadiskursiv zu diskutieren sind. Von Kaspar H. Spinner (1995b), von Karlheinz Fingerhut (1995) und von Clemens Kammler (2000) stammen Versuche, diesen Ansatz für den Literaturunterricht mit so verschiedenen Gegenständen wie Märchen (Spinner), Kanon- (Fingerhut) und Gegenwartsliteratur (Kammler) fruchtbar zu machen. Wir ordnen deren methodische Vorschläge hier ein, weil die poststrukturalistisch und diskursanalytisch nötige „doppelte Lektüre" offensichtlich im mehr oder weniger gelenkten Unterrichtsgespräch angestrebt wird. Die Basis des Redens *über* Texte und bedeutungszuschreibende Diskurse wird verlassen, wenn schreibend versucht wird, sich ein Werk anzueignen, also sozusagen in die Denk- und Schreibweise eines Autors einzuschreiben („Pastiche"; vgl. auch Paefgen 1996).

Auch ein konstruktivistisches Modell der Bedeutungskonstruktion schließlich (vgl. Scheffer 1992;1995) führt zu nichthermeneutischen Diskursen im Literaturunterricht, dürfte jedoch, wenn man nach methodischen Folgerungen fragt, sich wieder mehr dem offenen Gesprächsunterricht annähern, in dem die „Lebensromane" der Leser/-innen (Scheffer) eine größere Rolle spielen als im poststrukturalistischen Literaturunterricht.

Ein Beispiel

Ute Andresen (1992) argumentiert in ihrem schon erwähnten Plädoyer für einen offenen Gesprächsunterricht über lyrische Texte: Kinder sind es gewöhnt, dass die Welt um sie herum nicht „kindertümlich" ist, dass sie auch im Alltag nicht alles verstehen. Kinder haben eine notwendige Fähigkeit, mit dem unverstandenen Rest zu leben, der bei jeder Interaktion für sie bleibt. Nur wer das „interpretierende Zerstückeln" (ebd., 12) von Gedichten für den einzig adäquaten Umgang mit ihnen hält, wird darin ein Problem sehen. Aber der muss sich auch Andresens Vorwurf gefallen lassen, er richte die Schüler dazu ab, „Antworten zu apportieren" (ebd., 13). Dagegen setzt Andresen ihr Konzept, das zwar nicht einen „in Ahnungen schwelgenden oder gar dumpfen Umgang mit Gedichten" propagiert, wohl aber einen Umgang mit „Zeit und Gelassenheit" (ebd., 12 f.). Wichtig sei das Vorlesen und Zuhören, gefährlich das voreilige Auf-Begriffe-Bringen, das Ein- und Zuordnen, das Festlegen allgemeiner oder objektiver Bedeutung, die ein Text habe.

Die protokollierten Gespräche umkreisen ihre Gegenstände eher, als dass sie sie frontal angehen. Die Lehrerin hält sich auffällig zurück; es sind Lern-, keine Lehr- und schon gar keine Prüfungsgespräche. Sie dienen nicht der Interpretation, sondern der Annäherung an ästhetische Erfahrungen, die allemal subjektiv sind. Andresen (ebd., 42) beobachtete an sich selbst, dass auch sie freier assoziierte und persönlichere Zugänge zu den besprochenen Texten fand, wenn sie mit den Kindern darüber sprach, die unbefangen und ohne den Anspruch auf vollständiges Verstehen herangingen. Selbst wir Erwachsene können den Anspruch nicht immer einlösen, Gedichte vollständig zu verstehen:

Jakob van Hoddis: *Weltende*

Dem Bürger fliegt vom spitzen Kopf der Hut,
In allen Lüften hallt es wie Geschrei,
Dachdecker stürzen ab und gehn entzwei
und an den Küsten – liest man – steigt die Flut.

Der Sturm ist da, die wilden Meere hupfen
An Land, um dicke Dämme zu zerdrücken.
Die meisten Menschen haben einen Schnupfen.
Die Eisenbahnen fallen von den Brücken.

Dieses Gedicht gehört zum Schulkanon. Es taucht seit langem fast überall auf, wo der Frühexpressionismus näher bestimmt wird oder Lernenden ein griffiges Beispiel für seinen Stil geboten werden muss.[48] Damit liegt uns der günstige Fall vor, dass wir sowohl über traditionelle Unterrichtsinszenierungen als auch über neuere Verfahren begründete Vermutungen anstellen können. Wo der Unterricht gängigen literaturwissenschaftlichen Darstellungen und Schulbüchern folgt, ist ein gelenktes Unterrichtsgespräch wahrscheinlich, das den Text als „Kerngedicht der expressionistischen Lyrik" erschließt.[49] Dass das Gedicht „eine neue Bildlichkeit und eine neue Art der Wahrnehmung" vermittle, wie *Thema: Sprache 10* im Lehrerhandbuch festhält,[50] dürfte im Unterrichtsgespräch in der Regel zügig erarbeitet werden. Dabei gerät allerdings leicht aus dem Blick, wie konventionell der Autor in formaler Hinsicht (Metrum, Reim, Strophenbau) arbeitet: Ausgeblendet bleibt dann wohl auch, dass es sich bei diesem „Sammelsurium kurioser Einzelbilder" um eine ausgesprochen „kabarettistisch-schnoddrige Version eines imaginären Weltuntergangs" zu handeln scheint.[51] Eher wird man geneigt sein, die Texterschließung durch einen Hinweis auf die 1912 beginnende geistige Umnachtung des Dichters „voranzutreiben": Die im Frühexpressionismus erkennbare allgemeine „Dissoziation von Ich und Welt"[52] hätte dann ihre biografische Entsprechung gefunden. Der Diskurs über das Gedicht wäre damit von einer Einordnung in seine „Epoche" fortgeschritten zu formalen und sprachlichen Beobachtungen und schließlich zu einer biografischen Kontextuierung. Aber was ist damit gewonnen?

---

[48] So in Bezug auf „Weltende" etwa J. Bauer u.a. 1972, 28 („Lernziele") und 96f. (Hinweise zum Unterricht, von Hans Kügler).

[49] So Helmut G. Hermann: Jakob van Hoddis: „Weltende". In: *Gedichte der Menschheitsdämmerung. Interpretationen expressionistischer Lyrik.* Hrsg. v. Horst Denkler. München: Fink 1971, 56–6, hier 57.

[50] Thema: Sprache 10. Neue Ausgabe, hrsg. v. D. Wunderlich/R. Steffens, Berlin: Cornelsen/Hirschgraben 1989. Vgl. Lehrerhandbuch, 32.

[51] Helmut G. Hermann: (Anm. 10, 59 bzw. 57)

[52] Thomas Kopfermann: Lyrik im Expressionismus. In: Gedichte in ihren Epochen, hrsg. v. Dietrich Steinbach, Stuttgart: Klett 1992, 80.

Das irritierende Aufeinanderstoßen globaler mit lokalen, läppischer mit katastrophalen Ereignissen wird durch einen Begriff wie „Groteske"[53] zwar elegant gefasst, aber nicht wirklich erschlossen. Und ist der Text nicht nur „skurril", wie in mehreren Darstellungen zu lesen, sondern gar „ironisch"? Gelenkte Unterrichtsgespräche, jedenfalls wo sie nicht flankiert werden von anderen texterschließenden Verfahren, zielen unweigerlich die Lesart der Lehrkraft an. Hat diese das Gedicht als typischen Epochenvertreter wahrgenommen (Hans Kügler: „das totum einer zerbrechenden Welt"[54]), so wird auch der unterrichtliche Diskurs hier abgebrochen werden: *Expressionismus – Menschheitsdämmerung – Weltende*. Diese Assoziationsbahn hat Tradition und suggeriert schnelle Erledigung eines Kanontextes. Die Hinweise zum Unterricht über „Weltende", die Johann Bauer et al. (1972, 97) gaben, enthielten die Bemerkung, das Gedicht sei „für eine Stundeneinheit zu klein". Zu klein? Das kommt auf die Verfahren an, die man zur Texterschließung nutzt, und natürlich auf die damit verbundenen Ziele (vgl. unsere Diskussion im 2. Kapitel). Aus der in diesem Kapitel vorgestellten Bandbreite an Inszenierungsmustern und texterschließenden Verfahren drängen sich auf (vgl. eingehender Abraham 2001a):

- Antizipierendes Schreiben zum Titel des Gedichts (vor seiner Rezeption); Vergleich der entstehenden Arbeiten mit van Hoddis;

- Rekonstruktion einer Fassung, bei der die verstörenden Wörter weggelassen sind:

  Dem Bürger fliegt vom _____ Kopf der Hut;
  In allen Lüften hallt es _____
  _____ stürzen ab und gehn entzwei
  und an den Küsten – liest man – steigt die Flut.

  Der Sturm ist da, die wilden Meere _____
  An Land, um dicke Dämme zu _____
  Die meisten Menschen haben _____
  Die Eisenbahnen _____ von den Brücken.

- ein „nichthermeneutischer" Diskurs, der sich statt mit der tieferen „Bedeutung" des Gedichts mit *Bedeutungszuweisungen* befasst – in der fachwissenschaftlichen und -didaktischen Sekundärliteratur, auf die hier verwiesen wurde, sowie bereits in der zeitgenössischen Rezeption (die Anthologie *Menschheitsdämmerung* wurde 1920 von Herausgeber Kurt Pinthus mit diesem Text eröffnet, was ihn in den expressionistischen Diskurs einstellte);

---

[53] Ebd., 79.
[54] In: Bauer et al. 1972, 96 f.

- eine mediale Inszenierung als „Poesie-Video", das vom filmischen Mittel der Assoziationsmontage Gebrauch macht;

- kulturhistorische Information in Gestalt eines Berichts über das Erscheinen des „Halleyschen Kometen" (19. Mai 1910);[55]

- ein offenes Gespräch, das Assoziationen der Lernenden – etwa Fernseh- oder Kinobilder über „Seebeben" („Und an den Küsten – liest man – steigt die Flut.") – hinzuzubringen erlaubt, sodass man sehen kann, was sie ausrichten.

Zu dieser letzteren Möglichkeit der Texterschließung verfügen wir über ein Rezeptionsdokument: Ute Andersen sprach mit Grundschulkindern unter anderem auch über „Weltende"[56]. Auf die Frage, wie sie sich das Weltende vorstellen, nutzen die Kinder den Gedichttext als eine Art Vorstellungspartitur. Sie ergänzen ihn und füllen seine Unbestimmtheitsstellen: ausbrechende Vulkane, Risse im Erdboden, umherfliegende Brocken, die Leute in der gerade von der Brücke stürzenden Eisenbahn, Donnern in der Luft... Die literaturgestützte gemeinsame Vorstellungstätigkeit, die sich hier abspielt, wird schließlich von einer Gesprächsteilnehmerin auf die Frage gelenkt, ob man ohne die Überschrift eigentlich auf einen *Weltuntergang* käme; sie bestreitet es. Ein anderes Mädchen fügt hinzu: „Weil das solche Sachen sind, die man jeden Tag in der Zeitung sieht." Dieser Beitrag löst eine Flut von Assoziationen bei den anderen Gesprächsteilnehmern aus: Erdbeben, Ölkatastrophen, Banküberfälle, Mord und Krieg, Erpressung und Betrug, Autounfälle, Sturmfluten und Tornados... bis jemand sagt: „Ja, aber das mit dem Schnupfen passt nicht zum Weltende, weil Schnupfen hat jeder mal."

Das ernüchtert die Kinder in ihrem Versuch, konkretisierend aufzuzählen, was noch gemeint sein könnte, wo das Gedicht lakonisch sagt: „Dachdecker stürzen ab und gehn entzwei." – „Der Sturm ist da, die wilden Meere hupfen / An Land, um dicke Dämme zu zerdrücken." – „Die Eisenbahnen fallen von den Brücken." Man mag einwenden, dies sei ein allenfalls Grundschülern angemessener Diskurs – zwar mit Textbezug, aber ohne den Anspruch auf Erfassung des eigentlichen „Gehalts". Zu entgegnen ist zweierlei: Erstens besteht der Sinn von Literaturunterricht eben nicht im Ermitteln einer unterstellten Bedeutung (auch nicht im emphatischen Sinn dieses Wortes), sondern in der Teilnahme an der kulturellen Praxis Literatur. Und zweitens gibt es – was damit zu tun hat – überhaupt keine Erschließung, die unabhängig vom Erkenntnisinteresse, der Lebenswelt und dem Vorwissen der *Erschließenden* gedacht werden könnte.

---

[55] Die Assoziation mit dem zeitgenössischen Medienereignis des Halleyschen Kometen stellte als Erster Armin Arnold her (Neue Zürcher Zeitung, 29.11.1970).

[56] Vgl. das Gesprächsprotokoll über „Weltende" bei Riedler 1979, 29–32.

Verfahren der Text-erschließung	eher rezeptionsorientiert	eher produktionsorientiert
1. „inhaltssichernd"	Lesestrategien anwenden, z. B. unterstreichen, Lücken ausfüllen; auf Fragen zum Textinhalt antworten	Lesestrategien anwenden, z. B. zusammenfassen, Zwischen-überschriften finden; den Inhalt wiedergeben, nach-erzählen
2. „textnah"	auf Fragen zu Struktur, Stil usw. antworten	Précis schreiben; stilistisch vari-ieren, Parodieren; Fragen an den Text stellen (in-terlinear oder marginal)
3. „szenisch"	Sprechfassungen erarbeiten, vortragen, begründen (vgl. Ockel 2000)	Standbild bauen: eine Schlüs-selstelle klären, Beziehungen zwischen Figuren darstellen usw.; Literarische Rollenspiele: Hal-tung und Habitus der Figuren herausarbeiten, Konflikte und Lösungen durchspielen, innere Vorgänge durch Alter-ego-Technik klären usw.
4. „diskursiv"	*Hermeneutischer Literatur-unterricht*: Lesarten diskutie-ren und vergleichen *Poststrukturalistischer Litera-turunterricht* „zweite Lektüre" und Diskursanalyse *Gesprächsunterricht*: ergeb-nisoffene Gespräche führen (nach Andresen 1992, Här-le/Steinbrenner Hrsg. 2004)	Fragen zum Text mdl. oder schriftl. beantworten; „Texterschließung" als Aufsatz-form (inhaltswiedergebende, beschreibende und erläuternde Anteile); „Pastiche" schreiben (Paefgen 1996)

6.4 Verfahren der Interpretation

Seit mehr als 40 Jahren ist in der Literaturwissenschaft von einer „Krise der In-terpretation" die Rede (vgl. auch Kap. 3.3.1), für die gleich zwei fachwissen-schaftliche Lager verantwortlich zeichnen: Von der einen Seite attackieren Lite-raturwissenschaftler/-innen, die auf Objektivität im Umgang mit Texten drängen. Die aus der Hermeneutik geborene Interpretation literarischer Texte war ihnen zu wenig durchsichtig, ja zuweilen sogar ideologieverdächtig, weil sie Vorausset-zungen und Absichten des Interpreten allzu oft im Dunkeln ließ. An ihre Stelle wurden literatursoziologische, psychologische und vor allem strukturalistische

Untersuchungen gesetzt (vgl. Kap. 1.4). Diese Wende passte gut zu Bestrebungen der 1970er Jahre, den Unterricht auf wissenschaftlich abgesicherte Füße zu stellen und für objektiv nachprüfbare Lernzielkontrollen zu sorgen: „Zeigen Sie auf, mit welchen rhetorischen Stilmitteln Danton seine Zuhörer zu überzeugen versucht." – Darüber kann man relativ problemlos Einigkeit herstellen.

Von der anderen Seite reiten Poststrukturalisten und Dekonstrukteure gegen die Interpretation Sturm. Sie werfen ihr vor, die Vieldeutigkeit literarischer Texte beschneiden zu wollen und damit Verrat an der Ästhetik zu üben, die keinem Logozentrismus, sondern der Sinnlichkeit verpflichtet sei. Vor allem moderne Literatur, wie etwa die Texte von Franz Kafka, entziehen sich jedem Versuch, ihnen einen bestimmten Sinn zuzuschreiben. Selbst Texte, über deren Deutung scheinbar Einigkeit herrscht, sind neu zu lesen, wenn man tradierte Sichtweisen konsequent in Frage stellt (vgl. Fingerhut 1996, Kammler 2000, Förster 2002). Dies wiederum kam Bestrebungen der Deutschdidaktik ab den 1980er Jahren entgegen, subjektiven Zugängen zur Literatur mehr Beachtung zu schenken.

Auch wenn man solcherart die Interpretation in die Zange genommen hat, so ist sie doch nicht wirklich ernsthaft in Gefahr. Verstehensprozesse gehören unausweichlich zum Literarischen, so wie der Leser zum Buch. Die Frage bleibt aber, welche Rolle sie im Deutschunterricht spielen sollen. Bezogen auf unser Grundmodell lässt sich die Interpretation wie folgt didaktisch verteidigen:

1. Die Vielschichtigkeit literarischer Texte kann für den Einzelnen sowohl emotionale Anmutung, als auch kognitive Herausforderung sein. Interpretieren ist daher nicht zuletzt eine Form der Problemlösung (vgl. Spinner 1989b, 20), deren Bewältigung einen besonderen, individuellen Genuss nach sich ziehen kann. Sie steht gleichrangig neben mathematisch-naturwissenschaftlichen Methoden, unsere Welt zu verstehen und zu gestalten. (Individuation)

2. Verstehensprozesse bewusst zu machen und zu reflektieren kann Vorurteile auflösen helfen, heimliche Interpretationstraditionen brechen und für die Besonderheit literarischer Texte sensibilisieren. (Individuation)

3. Literatur im Klassenverband zu lesen erfordert die Fähigkeit, die eigenen Vorstellungen vom Text anderen nahe bringen zu können. Als Gratifikation dafür winkt, über das wechselseitige Aushandeln von Verständnis neue Perspektiven auf Texte zu gewinnen. Interpretieren ist, wie Kaspar Spinner schreibt (1989b, 17), die „Verständigung übers Verständnis". (Sozialisation)

4. Fast immer findet Interpretation statt, wenn im öffentlichen Raum von literarischen Texten die Rede ist. Keine Kritik kommt ohne sie aus, denn der Kritiker legt offen oder latent sein Textverständnis als Maßstab der Beurteilung an. (Enkulturation)

5. Die Kunst der Textauslegung gehört nicht nur im Bereich des Ästhetischen zu den elementaren Kulturtechniken. Ihre Wurzeln liegen in religiösen und juristischen Diskursen. Insofern ist sie nach wie vor von erheblicher gesellschaftlicher Bedeutung. (Enkulturation)

6.4.1 Nichtschriftliche Verfahren der Interpretation

Wer sich im Kontext des Deutschunterrichts mit der Interpretation auseinandersetzt, denkt dabei vermutlich als erstes an bestimmte Schreibaufgaben. Dabei sind gerade die nichtschriftlichen Verfahren für das tägliche Unterrichtsgeschehen zentral:

Das Unterrichtsgespräch

Abgesehen von bestimmten Prüfungssituationen wird im Deutschunterricht immer gesprochen, sobald Literatur zum Lerngegenstand wird. Traditionell geschieht dies über das *gelenkte Unterrichtsgespräch*, bei dem die Lehrkraft die Schüler/-innen mit mehr oder weniger geschickten Fragen bzw. Impulsen zu einem Verstehenshorizont führt, den sie selbst in der Unterrichtsvorbereitung festgelegt hat. Natürlich kann dadurch auch ein Blick auf Texte initiiert werden, der das naive Vorverständnis der jungen Leser/-innen verändert. Interpretation aber findet hier nicht wirklich statt. Im besten Fall handelt es sich um die Übernahme einer Fremdperspektive.

Als Alternative dazu wird schon seit längerer Zeit das *literarische Gespräch* diskutiert (z. B.: Wieler 1989; Ivo 1994, 222–271; Merkelbach 1995, 1998; vgl. auch Kap. 4.2.1). Dabei kommt der Lehrkraft vor allem die Aufgabe zu, den Dialog über einen literarischen Text zu initiieren und zu moderieren. Ob darüber hinaus strukturierende und lenkende Eingriffe erlaubt sein sollen, wird kontrovers diskutiert. Um dem Ideal des herrschaftsfreien Diskurses in einer komplementären Gesprächssituation so nahe wie möglich zu kommen, plädieren einige für größte Zurückhaltung, selbst wenn das Ergebnis zuweilen als „Labern" empfunden werden mag (z. B. Merkelbach 1995, Ivo 1994, 267ff.). Dagegen kommt Johannes Werner zu dem Schluss, dass sich eine „drängende" Lehrerrolle nicht immer vermeiden lasse (Werner 1996, 202). Eigene Deutungen einzubringen hält er ebenso für legitim wie ein „turn taking" mit dem Ziel, dem Gespräch eine neue Richtung zu geben.

Szenische Verfahren

Szenische Verfahren sind bereits im Zusammenhang mit der Textanalyse vorgestellt worden (vgl. Kap. 6.3.3). Vor allem Ingo Scheller hat verdeutlicht, dass sie nicht nur zur Erschließung, sondern auch zur Interpretation literarischer Texte geeignet sind (zuletzt Scheller 2004). Das gilt besonders für Dramentexte, die ohnehin eine inszenatorische Ausdeutung provozieren. Im Gegensatz zum Schulspiel geht es aber nicht um ein Produkt, das für eine weitere Öffentlichkeit bestimmt ist, sondern um eine sinnliche Erkenntnisform für die Schüler selbst.

Als Vorteile der szenischen Interpretation gegenüber traditionellen Verfahren werden reklamiert (vgl. auch Goldberg 2003):

- Sie ist textbezogen, weil sich die Schüler/-innen intensiv mit dem Text auseinandersetzen müssen. Dabei können sie nicht nur Deutungsoffenheit erfahren, sondern ebenso Deutungsbeschränkung. Erkundet werden müssen historische, soziale und kulturelle Bedingungen der fiktionalen Welt. Figuren sind zu charakterisieren und in ihren Beziehungen zu erfassen. Handlungsalternativen können erwogen werden, um festzustellen, warum sie im Text nicht realisiert worden sind. Keineswegs erlaubt die Szenische Interpretation einen beliebigen Textumgang. Abweichungen von der Vorlage werden vielmehr bewusst eingesetzt, um sich über Differenzerfahrungen dem Ursprungstext zu nähern.

- Sie ist erfahrungsbezogen, weil Schüler/-innen ihre eigenen Lebenserfahrungen bewusst oder unbewusst in die Inszenierung einbringen.

- Sie ist handlungsbezogen, denn die Deutung erfolgt über das Gestalten und Verfremden von Bildern und Szenen. Szenische Gestaltung gehört nicht umsonst zu den wichtigsten Verfahrensweisen eines handlungs- und produktionsorientierten Literaturunterrichts: Darstellung einer Textsituation als lebendes Bild oder in Form eines pantomimischen Spiels; Führen von inneren Dialogen unter Anleitung eines Spielleiters (z. B. Was denkt eine literarische Figur über eine andere?); Auftritt von abstrakten Begriffen, die Situationen kommentieren (z. B. äußert sich der Tod über eine Sterbeszene); Darstellung eines Textes durch Puppen- oder Schattenspiel; Aufnahme einer Videoszene (vgl. Praxis Deutsch 123, 1994, 24). Dabei kann ein intensiver Körperbezug eine wichtige Alternative sein zur leibfeindlichen, rein kognitiven Durchdringung der Lerngegenstände.

- Sie ist zugleich subjekt- und gruppenbezogen, weil der Einzelne stets mit Bezug auf die Lerngruppe als Ganzes agiert.

- Ähnlich dem literarischen Gespräch verändert sich die Rolle der Lehrkraft: Sie verzichtet auf die Deutungshoheit und wird zum Katalysator, Arrangeur, Moderator und zuweilen auch Mitspieler.

Visuelle und akustische Verfahren

Im Bereich der Primarstufe sind nonverbale Verfahren seit langem akzeptierte Interpretationsmethoden: Zu einer Geschichte Szenenbilder malen, ein Portrait der Hauptfiguren gestalten oder ein Gedicht musikalisch ausdeuten – das sind für Grundschulkinder beinahe alltäglich gewordene Möglichkeiten, ihr Verständnis von literarischen Texten auszudrücken (vgl. z. B. Wicke-Bölling 1987). Als „Visuelle Gestaltungen" sind dort beispielsweise vorgeschlagen worden:

- einen Text in eine seine Aussage bezeichnende Schreib- oder Druckform übersetzen;
- Bilder zu einem Text zeichnen/malen;

- Bildcollagen zu einem Text erstellen oder
- eine Literaturzeitung herstellen (Praxis Deutsch 123, 1994, 24).

Akustische Gestaltungen können z. B. sein:

- mit verschiedenen Vortragsweisen experimentieren;
- einen Text mit Orff-Instrumenten vertonen oder
- zum Vortrag eines Textes passende Hintergrundmusik suchen (ebd.).

Zusätzlichen Rückenwind haben akustische und visuelle Verfahren mit der Entdeckung von Imaginationsfähigkeit und Vorstellungsbildung als wesentliche Voraussetzungen und Ziele literarischer Bildung bekommen (vgl. z. B. Spinner 1995a; Abraham 1999).

Auf den Sekundarstufen sind nonverbale Verfahren trotzdem eher selten anzutreffen. Das mag mit einem problematischen Bedürfnis nach Eindeutigkeit zusammenhängen, das die Sprache scheinbar eher befriedigen kann. Mit einer Zeichnung oder Musik auf einen Text antworten, heißt eben nicht, Vieldeutigkeit zu reduzieren, sondern im Gegenteil selbst ein neues Angebot zur Deutung vorzulegen. Erstaunlicherweise hat ausgerechnet die Informationstechnische Grundbildung (ITG) wesentlich dazu beigetragen, der bildnerischen Interpretation im Deutschunterricht zu ihrem Recht zu verhelfen. So gehört mittlerweile die interpretierende Gestaltung von Gedichten mit Hilfe der Textverarbeitung oder Grafikprogrammen zu den vielfach dokumentierten Unterrichtsprojekten (vgl. zusammenfassend Kepser 1999, 35f.). Auch Präsentationsprogramme wie MS-Powerpoint eignen sich hervorragend für die Produktion audiovisueller Interpretationen, zumal mit ihrer Hilfe auch Bewegung ins Bild kommen kann (vgl. Haarmann 2002; Breddin 2004).

6.4.2 Schriftliche Verfahren

Schreiben über Texte: Klassische Aufsatzdidaktik

Interpretieren findet in allen literaturbezogenen Aufsatzformen statt, sofern nicht eine bloße Beschreibung sprachlicher Merkmale verlangt wird. So ist die *Nacherzählung* nichts anderes als eine Paraphrase, in der Schüler/-innen ihr persönliches Textverständnis darlegen. Die *Inhaltsangabe* ist zwar dem Stilideal der Objektivität verpflichtet (zur Kritik vgl. Abraham 1994, 26–60). Indem Autoren und Autorinnen bestimmte Textteile besonders hervorheben, andere indes vernachlässigen, interpretieren auch sie den Ausgangstext. Zu den interpretierenden Textsorten im engeren Sinne gehören die literarische Erörterung, die literarische Charakteristik und schließlich der Interpretationsaufsatz. Sie gelten als relativ anspruchsvolle Schreibaufgaben und haben dementsprechend ihren Platz erst am Ende der Sekundarstufe I oder in der Oberstufe.

Bei der *literarischen Erörterung* handelt es sich um die Anwendung der Aufbau-, Argumentations- und Stilprinzipien, wie sie für die sogenannte Problemerörterung schulisch tradiert sind, auf literarische Fragen. Unterschieden werden textgebundene und textungebundene Aufgaben, sowie Sach-, Entscheidungs-, Wert- und Geschmacksfragen. Dementsprechend müssen Schüler/-innen bisweilen selbst bestimmen, ob sie das sogenannte steigernde oder das dialektische Verfahren anwenden. Didaktische Probleme liegen bei dieser Aufsatzart vor allem in der Aufgabenstellung, die den Schreibenden mehr oder weniger Freiheit lässt, sich persönlich zu positionieren. So verlangt etwa eine Anweisung wie „Zeigen Sie auf, welche Züge des epischen Theaters in Brechts *Mutter Courage* nachzuweisen sind" eine rein sachbezogene Auseinandersetzung unter Rekurs auf dramentheoretische Konzepte (steigerndes Verfahren). Persönlich angesprochen fühlen kann man sich dagegen durch eine Frage wie: „Stellen Sie sich vor, Sie müssten als Richter im Prozess gegen Woyzeck dessen Schuldfrage klären. Erörtern Sie den Fall und kommen Sie auf dieser Grundlage zu einem abschließenden Urteil" (dialektisches Verfahren). Eng damit zusammen hängt auch das Problem des Stilideals. Üblicherweise wird verlangt, dass sich emotionale Äußerungen – wenn überhaupt – auf Einleitung und Schluss beschränken. Dabei wäre eine mit Verve vorgebrachte Argumentation eine weitaus motivierendere Schreibaufgabe und obendrein auch noch spannender zu lesen.

Für eine *Charakteristik* sollen Schüler/-innen ein literarisches Werk so auswerten, dass zu einer oder mehreren Figuren ein komplexes, für andere nachvollziehbares (Textbeleg!) Persönlichkeitsbild entsteht. Ein typischer Aufbau, wie er in Deutsch-Lehrwerken vermittelt wird, sieht so aus:

1. Einleitung (Autor, evtl. Entstehungszeit und Entstehungsgeschichte des Werkes, sehr kurze Inhaltsangabe, Beschreibung der Rolle, die die Person im Werk spielt.)

2. Hauptteil
2.1 Äußere Merkmale (Geschlecht, Alter, Körperbau, Gesicht, Haartracht, Gestik und Mimik, Sprache, Kleidung, Beruf etc.)
2.2 Lebensgeschichtliche Folie (historischer Hintergrund, Herkunft, wichtige Lebensstationen und Erlebnisse, soziale Stellung, etc.)
2.3 Wertvorstellungen, Werthaltungen (Ideale, Vorbilder, politische und religiöse Überzeugungen, Einfluss auf das tatsächliche Verhalten)
2.4 Verhalten und Meinung der sozialen Umgebung

3. Schluss (zusammenfassende Wertung)

Die Charakteristik ist sowohl aus moralischen (statisches Menschenbild) als auch aus methodischen Gründen (oberflächlicher Subjektivismus) unter Beschuss geraten. Verteidigt hat man sie unter anderem damit, dass sie den Blick für Details schärfen kann, sensibel für die eigene außerliterarische Personenwahrnehmung macht und Menschenkenntnis fördert (vgl. Fritzsche 1994, Bd. 2, 86ff.). Das wichtigste Problem scheint uns in der schulischen Praxis zu liegen, ein Stilideal größtmöglicher Objektivität zu pflegen. Gerade Figuren bekommen im Kopf des

Rezipienten ein individuelles Eigenleben, welches für das ästhetische Erlebnis von Literatur zentral ist. Wer hat nicht schon im literarischen Gespräch mit Erstaunen festgestellt: „Ach, so hast du dir die Person vorgestellt. Für mich hat sie ganz anders ausgesehen." Besonders auffällig wird das bei Literaturverfilmungen: Das Konstrukt im Kopf will häufig so gar nicht mit dem zusammenpassen, was auf der Leinwand zu sehen ist. Als Grundlage für die literarische Charakteristik empfehlen zudem viele Lehrbücher ausgerechnet Dramentexte, obwohl die Persönlichkeit der Figuren erst auf der Bühne manifest wird. Was hat man nicht schon für viele Mütter Courage gesehen: gebrochene, selbstbewusste, biedere, stolze, aufmüpfige, egozentrische und familiensinnige. All dies aber kommt in der literarischen Charakteristik typischerweise nicht zur Sprache.

Neben der poetischen Textanalyse, der literarischen Erörterung und dem Textvergleich (siehe Kap. 6.5) gehört in vielen Bundesländern der *Interpretationsaufsatz* zu den Aufgaben, an deren Bewältigung die Reife eines Schülers/einer Schülerin bemessen wird: „Interpretieren Sie den Text." wurden die Abiturienten des Jahrgangs 2004 in Mecklenburg-Vorpommern schlicht aufgefordert (Christoph Meckel: „Auf der Felsenkuppe"). Üblicherweise wird dafür erwartet, dass die Prüflinge ihre Interpretation mit einer Textanalyse verknüpfen. Die „Fachanforderungen für die Abiturprüfung gültig ab dem Schuljahr 2004/2005" für das Land Schleswig-Holstein beschreiben die „Interpretation eines literarischen Textes" so:

> Ein literarischer Text wird erschlossen durch eine – auf Vollständigkeit zumindest angelegte – Untersuchung der ihn konstituierenden inhaltlichen, formalen und sprachlichen Elemente. Die Interpretation stellt deren Zusammenhang dar und bezieht dabei auch z. b. [sic!] literaturgeschichtliche, biografische, poetologische, motivgeschichtliche o. ä. Kontexte in die Untersuchung ein. (http://www.lernnetz-sh.de/abitur/deutsch.php, 16.8.04)

Autoren/-innen aller Lehrwerke für die gymnasiale Oberstufe bemühen sich redlich, Schüler/-innen bei der Bewältigung dieser schwierigen Aufgabe zu helfen. So wird etwa in „Sichtweisen. Methoden" (Bayerischer Schulbuchverlag 2003, 155ff.) empfohlen, nach dem genauen Durchlesen der Aufgabe diese zunächst hinter sich zu lassen, um sich auf den zugrunde liegenden Text zu konzentrieren. Jener solle mit Randnotizen assoziativ und spontan erschlossen werden, worauf vorläufige Deutungshypothesen aufgestellt werden können. Anschließend sollen als „Türöffner" Fragen an den Text gestellt und die Gestaltungsmittel untersucht sowie beschrieben werden. Dafür ist das Wissen um gattungsspezifische Gestaltungsmittel heranzuziehen. Der textimmanenten Analyse folgt die Klärung darüber hinausführender Fragen (z. B. epochengeschichtlicher Kontext, Motivzusammenhänge, Auseinandersetzung mit Thema und Problemgehalt). Die Untersuchungsergebnisse werden nach ihrer Relevanz für die Aufgabenstellung ausgewertet und ein Schreibplan in Form einer Gliederung entwickelt. Für die Niederschrift raten die Autoren/-innen, auf die Verknüpfung von Analyse und Deutung zu achten, die Gedankenentwicklung klar und übersichtlich zu halten (was auch immer das genau bedeutet), plausible Begründungen mit Textbelegen zu liefern und Fachtermini präzise zu verwenden.[57] Der Lehrkraft kommt die Aufgabe zu, die einzelnen Teilschritte mit den Schülern/-innen anhand von Mustertexten einzuüben. Nicht wenige Schüler/-innen schätzen solche Anleitung zumindest dann, wenn sie zu erlernbaren Arbeitstechniken und nachvollziehbaren Bewertungen führen. Dafür wird auch in Kauf genommen, dass u.U. ein persönlicher Bezug zum Text auf der Strecke bleibt – und damit eine der wichtigsten Gratifikationen von Literatur.

Ein teilweise alternativer Weg wird im Deutschbuch für die Oberstufe „Texte, Themen und Strukturen" (Cornelsen, aktuelle Ausgabe 1999) beschritten. Offenbar eingedenk einer Mahnung S. J. Schmidts, deskriptive (beschreibende), explanative (erklärende) und evaluative (bewertende) Aussagen bei der wissenschaftlichen Interpretation zu unterscheiden (Schmidt 1979, 290f.), untergliedern dessen Autoren/-innen die zu bewältigende Aufgabe in Einleitung – Textbeschreibung – Deutung – Wertung. Für die Deutung werden das lineare und das aspektorientierte Verfahren angeboten: Ersteres folgt schlicht dem Lesegang, Letzteres orientiert sich an inhaltlich-systematischen Gesichtspunkten und wird von den Autoren präferiert. Folgende Arbeitsschritte sollen für die Anfertigung eines aspektorientierten Interpretationsaufsatzes geübt werden (ebd., 478–480):

1. Erstes Lesen und Spontanreaktion, die auch schriftlich festgehalten wird.

2. Vorbereitende Textanalyse unter Anwendung vor allem werkimmanenter Methoden.

3. Bildung von Interpretationshypothesen.

4. Eröffnung des Interpretationsaufsatzes mit der Einleitung, in der Autor/Titel/Thema und Inhalt genannt sowie – durch die Rezeptionstheorie legitimiert – der erste Leseeindruck mitgeteilt und der Verstehenshorizont geklärt werden.

5. Kurze Textbeschreibung, mit der werkimmanent die Struktur verdeutlicht wird.

6. Geordnete Wiedergabe der werkimmanenten Textanalyse, wobei der Gedankengang immer bis zur Deutung vorangetrieben wird.

7. Kontextuierung unter Anwendung aller Methoden, die hierfür hilfreich sein können (biografisch, geistesgeschichtlich, literatursoziologisch, psychologisch etc.)

8. Wertung als Schluss des Textes

9. Textkontrolle/Textüberarbeitung

---

[57] Interessanterweise reproduzieren die Autoren damit im Wesentlichen Phasenmodelle, wie sie für den Aufbau von Literaturstunden entwickelt worden sind: naive Textbegegnung – konkretisierende subjektive Aneignung – textuelle Erarbeitung – textüberschreitende Auseinandersetzung (vgl. Kap. 6.2.1). Allerdings – und das macht einen wesentlichen Unterschied – findet im Literaturunterricht die Auseinandersetzung mit dem Text dialogisch statt (s.o.).

Eine solche Vorgehensweise scheint nicht nur fachwissenschaftlichen Ansprüchen zu genügen, sondern auch Forderungen der Fachdidaktik aufzugreifen: Die Autoren bestehen nicht auf einer Gliederung, die den Schreibprozess auf die Funktion des Ausformulierens reduziert und der heuristischen Funktion des Schreibens kaum Raum lässt. Mit der betont subjektiv gehaltenen Einleitung und der Wertung am Schluss wird außerdem emotionale Beteiligung ermöglicht. Sieht man sich aber die dazugehörigen Mustertexte an, so wird schnell deutlich, dass selbst dieser Vorschlag zu einer formalistischen Textmusterdidaktik führen kann. So beteuern die (fiktiven?) Schülerautoren in ihren Einleitungen, dass der jeweilige Text für sie fesselnd und gut nachzuvollziehen war. Gewertet wird am Schluss unter Rekurs auf die persönliche und gesellschaftliche Gegenwart stets positiv. Wer wird auch schon der Lehrkraft gegenüber zugeben, dass einem die Musil-Parabel in der ersten Auseinandersetzung reichlich fremd entgegen getreten ist? Und wer wagt nach eingehender Musteranalyse und -interpretation das Resümee zu ziehen: „Dieser Text hat mir nichts gegeben und für die heutige Gesellschaft ist er meines Erachtens ziemlich irrelevant!"

Das Problem schulischer Interpretationsaufgaben liegt vornehmlich in einer sehr merkwürdigen Kommunikationssituation: Der Schüler soll sich zu einem Text äußern, den er sich nicht ausgesucht hat. Er weiß oder geht zumindest davon aus, dass jener kulturell hochgewertet ist. Nicht nur in der Schule, aber da ganz besonders, wird man mit Sanktionen rechnen müssen, wenn dieses Urteil nicht geteilt wird. Der Adressat der Interpretation ist ein Fachmann oder eine Fachfrau, der bzw. die für sich Deutungsmacht reklamieren kann. Einigermaßen pragmatisch denkende Schüler/-innen müssen sich folglich vor allem darum bemühen, ihre eigenen Aussagen in diesem Rahmen zu halten. Tatsächlich gilt das Interesse der Lehrkräfte wohl weniger dem Text und seinen Deutungsmöglichkeiten, als dem Schüler und seiner Fähigkeit, ein bestimmtes Textmuster zu erfüllen (vgl. Fritzsche 1994, Bd. 3, 237). Unter solchen Bedingungen kann eigentlich keine authentische Textbegegnung gelingen und statt Anmutung wird Zumutung die weitaus überwiegende Schülerreaktion sein.

Diese Schwierigkeiten sind mit keiner noch so raffinierten methodischen Finte wirklich zu beheben. Allerdings gibt es durchaus Möglichkeiten, selbst unter den bisweilen sehr rigiden Vorgaben der Kultusbehörden Freiräume zu schaffen. Dazu gehört das Angebot, aus mehreren Texten einen zur Interpretation auswählen zu dürfen. Die Selektion der Lehrkraft sollte sich möglichst auf solche Texte bzw. Textausschnitte konzentrieren, die altersangemessen zu einer persönlichen Auseinandersetzung reizen und tatsächlich alternative Deutungswege zulassen. Letztere eröffnen keineswegs nur die Höhenkammliteratur, sondern auch populäre Texte einschließlich Filme des Mainstreams, wenn man ungewöhnliche Beobachterperspektiven nahe legt (z. B. der Sciencefiction-Film „Matrix" als messianische Erlösungsgeschichte). Aktuelle oder abseitige Texte unterliegen nicht einer kulturellen Deutungstradition, der sich Lehrkräfte und nachfolgend Schüler/-innen verpflichtet fühlen müssen. Das gilt auch für Zufallsgedichte aus dem Computer (vgl. Wichert 1994) oder poetische Texte, die Schüler selbst verfasst haben (vgl. Fritzsche 1994, Bd. 3, 247f.). Nicht zuletzt sind Methoden des literarischen Rollenspiels ins Auge zu fassen, um die problematische Kommunikationssituation aufzubrechen. So schlägt Abraham (1994, 109) vor, fiktive Leser und Schreiber einzuführen. Nicht ich, sondern beispielsweise ein Mädchen aus dem Jahr 2080 setzt sich mit Goethes „Zauberlehrling" auseinander. Nicht die Lehrkraft, sondern Jugendliche aus Japan sind die fiktiven Leser meiner Interpretation von Herrmann Hesses „Unterm Rad".

Schreiben zu und nach Texten: Alternativen

Die anhaltende Kritik an den tradierten Aufsatzformen hat dazu geführt, dass Alternativen gesucht und auch gefunden worden sind. Die vielleicht größte Chance darauf, die Schulkultur nachhaltig zu bereichern, hat dabei das *Essay* (vgl. z. B. Fritzsche 1994, Bd. 2, 117). Die Gründe dafür sind vielfältig: Zum einen gehört es zu den Textsorten, die auch außerschulisch gepflegt werden, und zwar im literarischen, journalistischen und wissenschaftlichen Bereich. So bevorzugen viele Kulturwissenschaftler, postmoderne Philosophen, Poststrukturalisten und Anhänger der Dekonstruktion das Essay für ihre Darlegungen. Weiterhin ist es eine international gebräuchliche Schreibart auch an Schulen und Hochschulen. US-amerikanische Studenten verfassen ihre schriftlichen Hausarbeiten vielfach in dieser Form. Sein Stilideal ist nicht die nüchterne Abhandlung, sondern ein engagiertes, gefälliges Schreiben, das die Persönlichkeit des Autors zur Geltung kommen lässt und nicht die Verwendung rhetorischen Ornats scheut. Und schließlich zeichnet sich das Essay durch einen Formenreichtum aus, der die Anpassungen an die Bedingungen schulischen Schreibens leicht macht. In der Praxis bewährt hat sich beispielsweise eine Variante der literarischen Erörterung, bei der die Schüler zwar nach wie vor eine logische Argumentationskette aufbauen, ihre Ausführungen aber persönlich gefärbt und mit rhetorischem Schmuck gestalten.

Ebenfalls durchzusetzen beginnen sich auf den Sekundarstufen Schreibarten, die *„Gestaltende Interpretation"* („Sichtweisen. Methoden." Bayerischer Schulbuchverlag 2003, 188ff.) oder auch *„Produktive Interpretation"* („Texte, Themen und Strukturen." Cornelsen 1999, 506ff.) genannt werden. Als Teilaufgaben für Klausuren und Abiturarbeiten haben sie die Funktion von Lerngegenständen (lehr- und lernbare Schreibweisen) sowie Lernzielkontrollen. Verlangt wird üblicherweise nicht nur ein gestalteter Text, sondern auch eine selbstkritische Reflexion über das eigene Vorgehen. Diese Entwicklung ist sicherlich zu begrüßen, da auf diese Weise Schreibfähigkeiten gesellschaftlich anerkannt werden, die bislang nur in unteren Klassen ihren Platz zu haben schienen (z. B. Erzählung, fiktiver Brief). Im Rahmen eines handlungs- und produktionsorientierten Literaturunterrichts sind solche Formen der Anschlusskommunikation an literarische Texte allerdings eher als Lernmedium (Schreiben zur Gewinnung von Einsichten) intendiert gewesen (vgl. Fritzsche 1994, Bd. 3, 235).

Typische Aufgaben verlangen das Schreiben

- einer passenden Vorgeschichte/eines passenden Vorspiels, womit die Voraussetzungen einer bestimmten Handlung konkretisiert werden;

- eines fiktiven Tagebuchs (Ausschnitt), mit dem innere Vorgänge und Sichtweisen einer Figur dargelegt werden;

- eines Briefes an eine Hauptperson, in dem der Verfasser sein Verständnis für deren Lage und Verhalten wiedergibt und sich ihr gegenüber auch wertend äußert;

- von Paralleltexten, in denen das Geschehen aus der Sichtweise verschiedener Beteiligter dargestellt wird;

- von Texten mit einer veränderten Erzählsituation/-haltung, sodass beispielsweise ein auktorialer Erzähler das Geschehen kommentiert;

- einer begründeten Anweisung für Bühnenbildner;

- von Texten zu einer Vorlage, in der Teile fehlen (Rekonstruktion);

- von Adaptionen, indem z. B. eine Kurzgeschichte als Drehbuch gestaltet wird;

- einer Spielfassung, für die der Ursprungstext gekürzt, modernisiert, mit einer Figur bereichert oder um eine verknappt, nach einer anderen Konzeption (z. B. episches Theater) umgearbeitet wird;

- von alternativen Schlüssen oder eines Epilogs (Nachspiel);

- von Paralleltexten, bei denen Ort und/oder Zeit geändert werden, wodurch deren Bedeutung für den Text verdeutlicht wird;

- eines fiktiven Interviews mit dem Autor;

- ganz eigener Texte zu einer Vorlage unter Beibehaltung der Form, der Konstruktion, des Schreibstils,

und vieles mehr (vgl. Waldmann 1999a; speziell zur Lyrik auch Kap. 4.4.2).

6.5 Kontrastive Verfahren

Das, was ist, ist nur in Relation zu anderem – dieser erkenntnistheoretische Lehrsatz könnte der Wahlspruch jener sein, die *Intertextualität* für das Wesentliche an Literatur halten. Dass sich Autoren auf andere Autoren beziehen, ist seit langem bekannt. Besonders offensichtlich ist das etwa bei der Parodie, aber auch in anderen Texten lassen sich Zitate und Anspielungen vielfach nachweisen. Intertextualität geht jedoch über solche intentionalen Bezugsetzungen hinaus. Geprägt wurde der Begriff unter Rekurs auf Michail M. Bachtin von Julia Kristeva. Ihrer Ansicht nach ist jeder Text Absorption und Transformation eines anderen Textes, ein Mosaik von Zitaten. Damit wird Intertextualität nicht mehr nur zu einem nachweisbaren Phänomen einiger poetischer Texte, sie ist vielmehr Kennzeichen der literarischen Sprache überhaupt. Manche Literaturtheoretiker wie z. B. Harold Bloom sehen daher gar nicht den Text als das wesentliche Phänomen, sondern die Beziehung zwischen den Texten, und zwar auch zu den persönlichen Texten des Lesers (vgl. Geisenhanslüke 2003, 102–105). In der Tat gehört das Vergleichen zu den wichtigsten Rezeptionsprozessen von Literatur: Diese Figur erinnert mich an meine Mutter, diese Situation habe ich erst vor kurzem selbst erlebt – solche und ähnliche Analogien entdecken Leserinnen und Leser ständig.

Im Deutschunterricht gehört das Vergleichen zu den zentralen Verfahren, denn erst im Kontrast verdeutlicht sich das Wesentliche und Eigentümliche. Grob unterscheiden kann man dabei intra- und intertextuelle Vergleiche (vgl. Köster/ Spinner 2002). Bei einem *intratextuellen Vergleich* untersucht man einen einzigen Text auf Differenzphänomene. Dazu gehört z. B. der Vergleich von Anfang und Schluss, von Merkmalen verschiedener Figuren bzw. Figurengruppen oder von abweichenden Erzählstrategien. Auch wenn die Entwicklung einer Figur verfolgt wird, wie das z. B. bei einer literarischen Charakteristik verlangt wird (vgl. Kap. 6.4), kann dies nur im Vergleich vor sich gehen.

In erster Linie wird man bei kontrastiven Verfahren aber an *intertextuelle Vergleiche* denken, für die zwei oder mehrere Texte miteinander in Beziehung gesetzt werden. Dies geschieht freilich nicht wahllos, sondern unter vorher festgelegten Aspekten (vgl. auch Spinner 1991), wobei auch mehrere Gesichtspunkte kombiniert werden können:

Synchroner Vergleich

Untersucht werden Texte aus etwa demselben Entstehungszeitraum oder derselben Epoche/Strömung (was nicht dasselbe ist!) ein- und desselben Autors oder verschiedener Autoren. Erkennen lassen sich dadurch formale und inhaltliche Tendenzen während einer Schaffensperiode (einzelner Autor) oder gemeinsame Bezugspunkte parallel tätiger Schriftsteller/-innen. Letzteres kann auch der kritischen Auseinandersetzung mit Epochenkonzepten dienen (vgl. Kap. 1.4).

Die Gegenüberstellung zweier oder mehrerer Fassungen (*Fassungsvergleich*) ist ein didaktisch besonders reizvolles Verfahren, weil Schüler/-innen hierbei einen Blick in die Werkstatt des Dichters werfen können. Sie entdecken, dass Literatur in den seltensten Fällen aus einem genialen Wurf heraus entsteht, sondern Ergebnis oft mühevoller Überarbeitungsprozesse ist, in die auch Dritte miteingebunden sein können (Reaktionen von Kollegen, Vorablesern oder Lektoren.). Damit wird für sie nicht zuletzt nachvollziehbar, warum der moderne Schreibunterricht den Textrevisionen mindestens genauso viel Beachtung schenkt wie dem Endprodukt (vgl. z. B. Baurmann 2002). Sofern zwischen den einzelnen Fassungen ein größeres Stück Lebensweg liegt, spielen Entwicklungsphasen des Autors eine Rolle. Den Liebeskonflikt in seinem Drama *Stella* löste der junge Johann Wolfgang Goethe mit einer Ehe zu dritt, während der Geheime Rat 25 Jahre später seine Protagonisten allesamt in den Tod schickte.

Diachroner Vergleich (historischer Vergleich)

Verglichen werden hier Texte aus weiter auseinander liegenden Entstehungszeiträumen. Besonders beliebt sind Gegenüberstellungen von Texten, die verschiedenen Epochen bzw. Strömungen zugeschrieben werden. Der Erkenntnisgewinn kann in einer reflektierten, historischen Differenzerfahrung liegen. Wie sich Liebesglück und Liebesleid in Gedichten der Anakreontik, dem Sturm und Drang und modernen Songtexten widerspiegeln, das kann für Schüler/-innen ein spannendes Unterrichtsprojekt sein. Bei diachronen Vergleichen ist allerdings die Gefahr eines lehrerzentrierten Unterrichtens besonders groß, wenn sich Lehrkräfte bemüßigt fühlen, die Schüler/-innen auf tradierte Periodisierungsschemata einzuschwören (vgl. Spinner 1991, 14).

Thematischer Vergleich und Motivvergleich

Im Fokus steht hier ein bestimmtes Thema, z. B. der Tod, oder ein Motiv, z. B. „Liebe über den Tod hinaus". Schüler/-innen können so studieren, wie unterschiedlich menschliche Erfahrungen wahrgenommen und vor allem gestaltet werden. Bewusst muss man sich sein, dass u.U. Texte mit ganz unterschiedlichen Kontexten und Intentionen zu einem „Supertext" zusammengebaut werden (vgl. oben, 6.1.2).

Plot- und Stoffvergleich

Herangezogen werden hierzu mindestens zwei Texte, von denen sich ein oder mehrere Post-Texte erkennbar auf das Erzählgerüst eines Prä-Textes beziehen. So nimmt beispielsweise Ulrich Plenzdorf in seinem Buch Die neuen Leiden des jungen W. (Post-Text) Goethes Werther (Prä-Text) wieder auf. Im Falle des Stoffvergleichs ist der Prä-Text nicht selten ein reales Ereignis, z. B. der dokumentierte Leichenfund im schwedischen Bergwerk von Falun, den Johann Peter Hebel in seiner Kalendergeschichte *Unverhofftes Wiedersehen*, aber auch E.T.A Hoffmann in der Novelle *Die Bergwerke zu Falun* verarbeitet haben. Stärker als beim thematischen Vergleich geht es hier um unterschiedliche Handlungsverläufe und deren dichterische Motivierung.

Textsortenvergleich

Ausgangsmaterial sind zwei oder mehrere Texte des gleichen Formtyps wie zwei Sonette (poetologischer Vergleich) oder zwei Texte mit gleichem Thema/Stoff/ Motiv, aber aus verschiedenen Textsorten, z. B. Zeitungsartikel und Ballade. Ermittelt werden formale Kennzeichen der jeweiligen Textsorte sowie deren kommunikative Funktion und ästhetische Eigenart. Es eignet sich etwa die Ballade hervorragend für die poetische Darstellung handlungsreicher Abläufe, während das Sonett dialektische Denkbilder unterstützen kann. Als Problem wird gesehen, dass Textsortenvergleiche leicht zum Formalismus verkommen können (vgl. Spinner 1991, 14), den Schüler/-innen einseitig kognitiv-analytisch Zugangsweisen aufgezwungen werden und man historische Aspekte vernachlässigt.

Adaptionsvergleich

Mit dem Textsortenvergleich verwandt sind Untersuchungen, bei denen der Post-Text einer anderen Gattung oder einem anderen Medium als der Prä-Text angehört (vgl. Kap. 2.4, Kap. 4.4.5 und Kap. 5). Dazu zählen also die Literaturverfilmungen, Hörspieladaptionen, Theaterfassungen, Comicadaptionen[58] oder interaktive Spielgeschichten bzw. Adventure-Games nach Print-Vorlagen (z. B. die CD-ROMs nach Bilderbüchern von Janosch; Computerspiele zur Kinderkrimiserie TKKG). Der Adaptionsvergleich eignet sich insbesondere dafür, Schüler/-innen für die unterschiedlichen ästhetischen Potenziale der verschiedenen Medien zu sensibilisieren. Die Gefahr liegt darin, ein Medium wertend gegen das andere auszuspielen, wie das früher häufig bei Filmen mit literarischen Prä-Texten geschehen ist. In der Fachliteratur findet man für das Verfahren auch den Begriff *Intermedialer Vergleich* (vgl. Köster/Spinner 2002, 11f.).

Übersetzungsvergleich

Er gehört zu den bislang kaum genutzten Verfahren des Literaturunterrichts, obwohl er sich für ein fächerübergreifendes Arbeiten hervorragend eignet (vgl. auch Kap.1.3 u. Kap. 1.5). Ihn der Fremdsprachendidaktik alleine zu überlassen, ist keineswegs sinnvoll. Hier werden häufig deutschsprachige Übersetzungen herangezogen, um deren Defizite aufzuzeigen und für eine Lektüre der fremdsprachigen Originale zu werben. Dieses Ansinnen zu diskreditieren, liegt uns fern. Die Methode erinnert allerdings an jene Literaturdidaktiker, die eine Erziehung zum Buch via Abwertung des Kinofilms versucht haben – und das ist kein Zufall. Hier wie dort geht es um eine Adaptionsproblematik, die zu beurteilen nur unter Berücksichtigung der sprachlichen, ästhetischen und im Falle der Übersetzung auch kulturellen Eigenheiten gelingen kann.

Übersetzungen sind unseres Erachtens als eigenständige Form der Interpretation und Inszenierung von Prätexten aufzufassen. Für die Deutschdidaktik interessant ist deshalb weniger die Übersetzung aus der Fremdsprache ins Deutsche, sondern der umgekehrte Fall. Schließlich ist auch an Übersetzungen aus oder in Sprachen zu denken, die im schulischen Fächerkanon fehlen, wozu nicht zuletzt zahlreiche Sprachen der Migrantenkinder zählen. Literaturunterricht unter den Bedingungen von Multikulturalität und Mehrsprachigkeit ist geradezu aufgefordert, den Übersetzungsvergleich als Verfahren zu pflegen (vgl. Wilkens/Neumann 2002, besonders S. 88). Interessant sind dafür z. B. Stoffe, die in mehreren Kulturen gleichermaßen beheimatet sind, wie etwa Märchen (vgl. Kepser, J. 2004).

---

[58] Gut gelungen sind z. B. die stimmungsvolle Umsetzung von Stevensons *Dr. Jekyll und Mr. Hyde* durch Lorenzo Mattotti und Jerry Kramski (Carlsen 2002), die von einem Schülerkollektiv gestaltete Adaption von Dürrenmatts *Der Richter und sein Henker* (Zytglogge 1996²) oder die Umsetzungen verschiedener französischer Kriminalromane durch Jacques Tardi (edition moderne).

Zielgruppenvergleich

Bei dem ebenfalls selten praktizierten Zielgruppenvergleich werden Texte untersucht, die sich offen oder latent an eine bestimmte Rezipientengruppe richten. Das ist z. B. der Fall bei den sogenannten Mädchen- vs. Jungenbüchern (vgl. Grenz 2000), über deren Kontrastierung Schüler/-innen für Genderfragen sensibilisiert werden können. Wenn in höheren Klassen Kinder- und Jugendliteratur vs. Literatur für ältere Leser herangezogen wird, z. B. ein Bilderbuchkrimi wie *Detektiv John Chatterton* von Yvan Pommaux, ein Kinderkrimi wie *Kalle Blomquist* von Astrid Lindgren und ein Detektivroman wie *Der Malters Falke* von Dashiell Hammett, dann besteht der Reiz u.U. in einer Re-Lektüre, die zu einer Reflexion der eigenen Leserbiografie führt und die Augen für ganz neue Aspekte öffnet. So ist etwa Pommaux' Bilderbuch voller intertextueller Verweise, die nur eine gebildete, erwachsene Leserschaft goutieren kann. Damit wird deutlich, dass sich Bilderbücher allgemein häufig an zwei Zielgruppen richten: an Kinder, denen sie vorgelesen werden, und an Erwachsenen, die sie vortragen (Doppeladressierung). Darüber hinaus sind poetologische Untersuchungen möglich, die im vorgestellten Beispiel zu Strukturtypen der Kriminalgeschichte führen können.

Wertender Vergleich

Hier liegt das Ziel darin, dass Schüler/-innen zu zwei oder mehreren Texten qualitativ Stellung beziehen und ihr Urteil intersubjektiv nachvollziehbar begründen. Ein kritischer Punkt ist dabei die durch die Lehrkraft vorgenommene Textauswahl, welche möglicherweise das Urteil schon vorwegnimmt. Spannender sind mitunter Fassungsvergleiche (s.o.) oder die Beurteilung unbekannter Texte einschließlich solcher aus Schülerhand (vgl. Kap. 6.4). Subjektive Formen der Wertung, die auch schon an der Grundschule praktiziert werden können, sind die begründete Auswahl eines Textes (z. B. eines Gedichts aus einer Textsammlung) oder die Suche nach einem zweiten Text, der nicht so gut gefällt wie der erste (vgl. Spinner 1991, 14).

Lebensweltlicher Vergleich

Vergleichendes Lesen heißt auch, dass Lesende einen Text mit sich selbst in Vergleich setzen dürfen. Beim lebensweltlichen Vergleich können neben der persönlichen Situation des Rezipienten aktuelle Fragestellungen des gesellschaftlichen Lebens und historische Zeugnisse Bezugspunkte sein (vgl. Köster/Spinner 2002 12f.). Viele Schüler/-innen neigen allerdings dazu, den eigenen „Lebensroman" (Bernd Scheffer) und den fremden Text vorschnell in Einklang zu bringen. Insbesondere werden historische Verwerfungen gerne auf der Ebene der eigenen lebensweltlichen Erfahrungen geglättet. Dieses Problem will Harro Müller-Michaels (1987a, 119) mit folgender Methode im Unterricht bewusst machen: Zunächst wird ein historischer Text mit einem Konfliktstoff angelesen (z. B. *Effi Briest*); anschließend diskutieren die Schüler/-innen, wie der Konflikt zur Entstehungszeit gelöst worden sein könnte und wie heute.

Texte miteinander zu vergleichen gehört auch zu den beliebtesten Verfahren der Lernzielkontrolle. Ab dem Ausgang der Sekundarstufe I bis zum Abitur wird der Gedichtvergleich den Schülern/-innen als schriftliche Prüfungsaufgabe abverlangt und muss entsprechend eingeübt werden. Weitaus seltener bilden Prosatexte oder Dramenausschnitte das Ausgangsmaterial. Typisch sind dabei Aufgaben der Form:

a) „Analysieren und interpretieren Sie Text A und vergleichen Sie ihn anschließend mit Text B." oder

b) „Vergleichen Sie Text A mit B im Hinblick auf XY und versuchen Sie anschließend eine Interpretation." oder

c) „Beschreiben Sie Aufbau und Form von Text A und Text B. Vergleichen Sie Text A mit B im Hinblick auf XY." oder

d) „Interpretieren Sie Te xt A und Text B im Vergleich."

In drei dieser vier Aufgabentypen wird der Vergleich explizit mit der Interpretation (vgl. Kap.6.4) verknüpft. Das ist in jedem Fall sinnvoll, da das bloße Benennen von Gemeinsamkeiten und Unterschieden nicht sehr interessant ist und auch zu einer gewissen Beliebigkeit verführen kann. Beim Aufgabentyp c) ist deshalb davon auszugehen, dass Schüler/-innen indirekt zu einer Deutung aufgerufen sind. Typ a) und Typ c) verlangen vorweg eine Textanalyse, was Spinner (1991, 12) zu Recht kritisiert, weil damit der Vergleich als Instrument der Texterschließung unwirksam bleibt. Bei den Typen b) und c) wird der Vergleichsfokus von der Lehrkraft vorgegeben. Das mag für Schüler/-innen eine gewisse Hilfe zur Strukturierung sein und gewährleistet überdies eine gute Vergleichbarkeit der Arbeiten. Die wichtige Leistung, zentrale Vergleichsaspekte erkennen zu können, bleibt dabei jedoch unberücksichtigt. Aufgaben vom Typ d) sind sicherlich die anspruchsvollsten. Sie belassen den Schülern und Schülerinnen aber auch die größten Freiheiten, den Vergleich für sich als Erkenntnisinstrument zu nutzen.

6.6 Verfahren zur Förderung der Lesekultur

Wie in Kapitel 2.2 dargelegt, ist die Förderung des Lesens eine zentrale Aufgabe, die umfassender Maßnahmen bedarf, und zwar über den Deutschunterricht hinaus. Im Grunde genommen geht es um die Etablierung einer Lesekultur im institutionellen Raum der Schule als Ganzes.

Zahlreiche Vorschläge sind in den letzten 20 Jahren unterbreitet worden, auf welche Weise Lesekultur innerhalb und außerhalb des Klassenzimmers gefördert werden könnte (vgl. die Themenhefte Praxis Deutsch 52, 1982; Praxis Deutsch 127, 1994 sowie Payrhuber 2001). Dazu gehören:

Kooperation mit öffentlichen Bibliotheken

Mit den Schulen der Umgebung zusammenzuarbeiten, steht meistenteils im Pflichtenheft der öffentlichen Bibliotheken. Der Bibliotheksbesuch gehört denn auch zum obligatorischen Programm zumindest der Grundschulen. Die Einführung in die Bibliotheksnutzung wird heute überwiegend in Form von Rollenspielen, Rätseln und konkreten Rechercheaufgaben gegeben, statt im trockenen Vortrag. Fast immer gehören auch Vorleserunden dazu, sodass die Räumlichkeiten nicht nur als Lagerhallen für Bücher erlebt werden.

Viele Bibliotheken organisieren außerdem Lesungen mit mehr oder minder bekannten Autoren bzw. Autorinnen, zu denen einzelne Klassen eingeladen werden. Die betroffenen Schüler und Schülerinnen sind freilich nicht immer von solchen Veranstaltungen begeistert, denn keineswegs jeder Autor ist auch ein begnadeter Rezitator. Zudem fällt es vielen Kindern schwer, sich über eine längere Zeit auf einen Monolog einzulassen. Nicht nur in Grundschulklassen sitzen häufig Schüler/-innen mit Migrationshintergrund, die noch nicht genug Deutsch verstehen, um von einer Lesung zu profitieren. Den Lehrkräften ist in jedem Fall zu empfehlen, unabhängig von der Organisation durch die Bibliothek mit den Schriftstellerinnen bzw. Schriftstellern Kontakt aufzunehmen, ihnen die Klassensituation transparent zu machen und den Ablauf abzusprechen.

Unbedingt sollten Lesungen im Deutschunterricht vor- und nachbereitet werden. Wenn Schülerinnen bereits mit einigen Texten vertraut sind, wächst ihre Motivation, an einer Lesung aktiv teilzunehmen. Ebenso ist nach einer solchen Veranstaltung bei vielen das Bedürfnis groß, im Unterricht weitere Texte zu lesen. Das sollten eigentlich Selbstverständlichkeiten sein, in der Praxis ist aber leider immer wieder Gegenteiliges zu beobachten.

Benutzung der Schulbibliothek

Die großen Bemühungen vieler Schulen, die Schulbibliothek zu einem zentralen Ort der kulturellen Begegnung zu machen, dokumentierte bis zum Jahr 2000 regelmäßig eindrucksvoll die Zeitschrift *schulbibliothek aktuell*; seit 2001 werden entsprechende Beiträge unter einer Rubrik gleichen Namens in der Zeitschrift *Beiträge Jugendliteratur und Medien* veröffentlicht. Idealerweise werden Schüler/-innen während des normalen Schulbetriebs in regelmäßigen Abständen dazu angehalten, die Räumlichkeiten der Schulbibliothek zu nutzen. Stehen deren Tore nur außerhalb der Unterrichtszeit offen, so erreicht das Angebot lediglich jene, die ohnehin schon Zugang zur Lesekultur gefunden haben.

Bei weitem nicht alle Schulbibliotheken verfügen neben Fachbüchern auch über Belletristik. Sofern die schöne Literatur vertreten ist, handelt es sich oft nur um Höhenkammtexte, die allenfalls das Interesse mancher älterer Jugendlicher finden. Kinder- und Jugendbücher, populäre Unterhaltungsliteratur, Hörspielkassetten, CD-ROMs oder Spielfilme gehören meistenteils nur dann zum Programm, wenn die Schulbibliothek gleichzeitig die Funktion einer Gemeinde- oder Stadtbibliothek erfüllt.

Aufbau einer Klassenbibliothek

Sie ist sozusagen die kleine Schwester der Schul- oder Gemeindebibliothek. Unterscheiden kann man *ständige Klassenbibliotheken* und *temporäre*. Eine *ständige Klassenbibliothek* findet man in vielen Grundschulklassen. Leider ist das Angebot zumeist von äußerst dürftiger Qualität. Ihre Substanz erhalten ständige Klassenbibliotheken überwiegend aus Bücherspenden der Eltern. So wird denn in der Schule abgeladen, was sich als Fehlkauf erwiesen hat, an den Bedürfnissen vorbei geschenkt wurde oder seine besten Jahre hinter sich hat. Abgenutzte und zerfledderte Bücher vermögen nicht zum Lesen zu verführen, selbst wenn der Inhalt spannend ist. Die *temporäre Klassenbibliothek* speist sich aus Leihgaben der Schüler/-innen. Sie bringen zu Schuljahresanfang Bücher mit, die ihnen besonders gefallen haben, und stellen diese für ein paar Monate oder gar ein Schuljahr zur Verfügung. Mit der Einrichtung einer temporären Klassenbibliothek wird üblicherweise auch deren Organisation zum Thema des Deutschunterrichts. Dazu schreiben die Schüler/-innen Karteikarten und erarbeiten sich auf diese Weise nebenbei bibliografische Grundkenntnisse. Sofern vorhanden, kann auch ein PC mit einfachem Datenbankprogramm (z. B. MS-Works) eingesetzt werden. Lernziele der Informationstechnischen Grundbildung (Umgang mit Datenbanksystemen) lassen sich so sinnvoll mit Anliegen des Deutschunterrichts verknüpfen. Wenn die Verwaltung von den Schülern selbst in die Hand genommen wird, kann die Klassenbibliothek auch zu einem Ort des sozialen Lernens werden.

Vorlesestunden

Für den Lehrer und Essayisten Daniel Pennac ist das Vorlesen der vielleicht wichtigste Schlüssel zur Leseförderung (Pennac 1994, 120ff). In den ersten beiden Klassen der Grundschule gehört es zu den selbstverständlichen Bemühungen, Kinder an literarische Texte heranzuführen, und zwar nicht zuletzt auch gerade solche, die zuhause die Vorlesekultur nicht kennen gelernt haben (vgl. Kap. 2.2.4). Bis zum Ende der vierten Klasse führen viele Lehrkräfte die Tradition regelmäßiger Vorlesestunden weiter, zumal sie von den meisten Schülern und Schülerinnen überaus geschätzt wird. Auch erreichen leider nicht alle Kinder während der Grundschulzeit eine so hohe Lesekompetenz, dass sie sich komplexere Kinderliteratur selbstständig aneignen können. Auf den Sekundarstufen wird dagegen kaum mehr vorgelesen. Pennac macht sich zu Recht dafür stark, das Vorlesen als Teil der Schulkultur beizubehalten, und zwar nicht nur im muttersprachlichen Unterricht. Es steht keineswegs in primitiver Konkurrenz zum stillen Lesen, sondern kann einen besonderen ästhetischen Genuss bieten – der Erfolg der Hörbücher beweist dies nachdrücklich.

Allerdings gehört das ausdruckvolle laute Lesen zu den Kompetenzen, die man sich erst erarbeiten muss. Von den Schülern als Fertigkeit erwartet, sind viele Lehrkräfte selbst nicht in der Lage, ihre Zuhörerschaft in den Bann zu ziehen. Leider bieten lange nicht alle Hochschulen und Studienseminare die Möglichkeit, mit Hilfe von professionellen Sprecherziehern die mündliche Ausdrucksfähigkeit zu verbessern.

Buchvorstellung und Rezensionen

Die Lehr- und Bildungspläne aller Bundesländer sehen die Buchvorstellung als obligatorische Übung vor. Von der Primarstufe bis zur Mitte der Sekundarstufe I wird dabei ein immer weiter verfeinerter Vortrag erwartet. Genauere Hinweise zur Ausgestaltung findet man in den Arbeitsbüchern: Am Anfang sollten die zentralen bibliografischen Angaben stehen (Autor, Titel, Verlag), gefolgt von Hinweisen zur Ausstattung (Taschenbuch, Hardcover, ggf. Illustrationen), zur Zielgruppe (Altersempfehlung) und zum Preis. Für höhere Jahrgänge werden die Angaben zum Autor/zur Autorin ausgebaut um Informationen aus dem Klappentext oder eigene, vertiefende Recherchen (Internet!). Gegebenenfalls soll auch auf Literaturpreise eingegangen werden, um die Qualität des Buches herauszustellen. Es folgt eine Zusammenfassung in Form eines Basissatzes („Dieses Buch handelt von den Abenteuern des Robinson Crusoe, der als Schiffsbrüchiger auf einer einsamen Insel ums Überleben kämpft") und einer Inhaltsangabe. Dabei soll aber nicht zuviel verraten werden, v.a. keinesfalls der Schluss, damit für die Zuhörer ein Leseanreiz bleibt. Die meisten Lehrbücher empfehlen, erst danach ein paar Seiten als Kostprobe vorzulesen. Professioneller ist es jedoch, die Inhaltsangabe immer wieder einmal zu unterbrechen, um den Originaltext zu Gehör zu bringen. Den Schluss bildet die Wertung: Der oder die Vortragende erklärt, was ihm/ihr an dem Buch gefallen hat und begründet kurz seine Ansicht.

Im Gegensatz zur Buchvorstellung gehört die Rezension zu den schriftlichen Verfahren. Sie hat in den Lehr- und Bildungsplänen keinen verbindlichen Stellenwert, obwohl sie durchaus eine motivierende Aufgabe sein kann, vor allem dann, wenn die Ergebnisse veröffentlicht werden (Litfaßsäule; Schülerzeitung; Internet, hier z. B. http://www.junge-kritiker.de/).

Vorlesewettbewerbe

Der Börsenverein des deutschen Buchhandels veranstaltet seit 1959 jedes Jahr für alle Klassen der Jahrgangsstufen 6 einen nationalen Vorlesewettbewerb. Unterschieden werden drei Leistungsgruppen, sodass selbst lernbehinderte Kinder eine Chance auf einen Preis haben. Auf Klassenebene suchen sich die Schüler/-innen selbst ein Buch aus, stellen es kurz vor (s.o.) und tragen daraus einen Text mit einer Lesedauer von drei bis fünf Minuten vor. Im weiteren Verlauf (Schul-, Kreis-, Bezirks-, Landes- und Bundesentscheid) kommt zum selbstbestimmten Text ein weiterer „Überraschungstext" hinzu. Selbstverständlich kann man aber auch außerhalb dieses Rahmens Vorlesewettbewerbe initiieren. Ein Schwachpunkt aller solcher Veranstaltungen ist allerdings, dass die nötige Übung größtenteils an die Elternhäuser delegiert wird.

Bücherboxen

Wenn sogenannte Ganzschriften im Unterricht behandelt werden sollen (vgl. Kap. 5.2), so steht im Mittelpunkt üblicherweise ein einziges Buch, das alle gemeinsam lesen. Ausgewählt wird es entweder von der Lehrkraft alleine oder aus einem sehr eingeschränkten Angebot von der Klasse. Dabei wird in Kauf genommen, dass nicht alle Schüler zu gerade diesem Buch Zugang finden. Abhilfe schaffen können sogenannte Bücherboxen, in denen 20 bis 30 Bücher zu einem bestimmten Thema stehen, z. B. zum Thema „Hexen". Solche Kisten kann man als Lehrkraft selbst zusammenstellen. Es gibt aber auch zahlreiche Institutionen (Bibliotheken, Kreisbildstellen, Interessengruppen verschiedenster Richtungen), die Bücherboxen zur Ausleihe anbieten. Bücherboxen können die Ganzlektüre begleiten und u.a. dazu anregen, intertextuelle Bezüge aufzudecken. Sie können aber auch das übliche kollektive Lesen eines Buches ersetzen. Dann wählen sich die Schüler/-innen nach einer gewissen Zeit des Schmökerns ein Buch aus und erarbeiten verschiedene Aspekte weitgehend selbstständig. Wenn zwei Schüler dasselbe Buch lesen wollen, müssen sie sich hinsichtlich der Lesezeit absprechen. Ansonsten entscheidet das Los. In Bücherboxen stehen normalerweise nicht nur fiktionale Texte, sodass einige das Thema primär über ein Sachbuch erschließen. Ohne literarische Begegnung bleiben aber auch sie nicht, wenn Mitschüler/-innen später ihre Lektüreerfahrung ins Plenum einbringen.

Lesetagebücher

Bei einem Lesetagebuch gestalten die Schülerinnen und Schüler je ein bis zwei Seiten zu bestimmten Textabschnitten ihrer Lektüre. Die Art der Ausgestaltung bleibt ihnen weitgehend überlassen, die Lehrkraft macht dazu lediglich Vorschläge, z. B. ein Bild malen, einen fiktiven Brief an eine Person schreiben, eine persönliche Bewertung zum Geschehen abgeben, eine wichtige Textstelle herausschreiben, passende Artikel aus der Zeitung einkleben etc. Lesetagebücher können dazu dienen, die Leseerfahrung zu intensivieren. Ihr Einsatz ist nicht auf den herkömmlichen Literaturunterricht beschränkt, sondern unterstützt auch Formen des offenen Unterrichts. So kann man beispielsweise den Auftrag geben, ein Lesetagebuch zu einem beliebigen Buch aus einer Bücherbox oder der Klassenbibliothek innerhalb eines bestimmten Zeitraums anzulegen.

Lesenächte

Wenn 30 Schülerinnen und Schüler mit Schlafsack, Brotzeit, Taschenlampe und Lieblingsbüchern bepackt zu später Stunde freiwillig ihr Klassenzimmer beziehen, dann ist eine Lesenacht angesagt. Sie werden sich gegenseitig vorlesen, der Lehrkraft oder unterstützenden Eltern beim Vorlesen oder Geschichtenerzählen zuhören und bis mindestens Mitternacht bei spärlicher Beleuchtung für sich schmökern. Die Lesenacht gehört an vielen Schulen zum festen Programm bestimmter Jahrgangsstufen und ist ein Riesenspaß für alle Beteiligten.

Projekttage rund ums Buch

Eine ganze Schule widmet sich ein oder mehrere Tage ausschließlich Aufgaben und Themen, die mit dem Buch zusammenhängen. Dazu können gehören die Organisation einer Buchausstellung; der Besuch eines Buchhändlers, eines Verlags oder einer Druckerei; das Kreieren einer Website zu einem Autor; die Herstellung von Papier; das Binden von Büchern; das Besprechen von Kassetten als Hörbücher; die Gestaltung von Plakaten zur Geschichte des Buches; das Umschreiben einer Geschichte in ein Theaterstück mit anschließender Aufführung; das Schreiben eines Büchermagazins mit Hintergrundinformationen und Tipps zu aktuellen Jugendbüchern; die Gestaltung eines Bilderbuchs; die Durchführung eines Lesemarathons; das Abhalten eines Bücherflohmarkts und vieles mehr.

Man mag sich angesichts dieses breit gestreuten Ideenfundus fragen, warum es trotzdem nicht gelungen ist, deutsche Kinder und Jugendliche in ähnlicher Weise für das Lesen zu begeistern wie beispielsweise ihre Altersgenossen aus Finnland (vgl. Baumert et al. 2001, 115). Dazu ist zu sagen: Wir wissen nicht, wie viele Leser durch solche Verfahren gewonnen werden konnten. Möglicherweise stünde Deutschland ohne diese Bemühungen im internationalen Vergleich noch schlechter da, als es das ohnehin tut. Vermutlich bleiben aber viele Maßnahmen zur Förderung der Lesekultur ohne große Nachhaltigkeit, weil es sich um singuläre Aktionen handelt. Mit einem „Tag des Lesens" und einer „Lesenacht" im Schuljahr ist es nicht getan. Lesekultur bedarf der kontinuierlichen Pflege auf allen Seiten, wenn sie Früchte tragen soll.

6.7 Verfahren und Probleme der Leistungsbewertung

6.7.1 Vorbehalte gegen Bewertung und Benotung von Äußerungen im Literaturunterricht

Im Unterschied zu anderen Lernbereichen des Deutschunterrichts gibt es für den Umgang mit Literatur keinen Konsens darüber, ob und wie Schülerleistungen bewertet werden sollen. Nur schriftliche Äußerungen über Texte, von der Inhaltswiedergabe bis zur literarischen Charakteristik (vgl. oben, 6.5), unterliegen im Rahmen des traditionellen „Aufsatzunterrichts" einer Bewertungsroutine, weil sie zur „schriftlichen Leistung" beitragen. Alle anderen Verfahren der Texterschließung und -interpretation, die wir in den Abschnitten 6.3–6.6 dargestellt haben, werden wohl in der Praxis eher selten zu Gegenständen der Leistungsmessung und Benotung. Besonders für den Bereich der „produktiven Arbeiten" hat man immer wieder eine Art Kreativitätsklausel geltend gemacht: Deren Produkte könne man nicht wie Aufsätze bewerten. Gute Ideen und subjektive Sichtweisen, die Lernende etwa im Rahmen von Parallel- oder Subtexten umsetzen, seien individuell und unvergleichbar.

Wir glauben, dass dieser Standpunkt es sich zu leicht macht, und halten auch im Interesse einer Zulassung produktiver Aufgaben als Prüfungsleistung für geboten, über Formen angemessener Leistungsbewertung bei *allen* Äußerungen im Literaturunterricht nachzudenken: Die Beteiligung an literarischen Gesprächen sollte ebenso wie das kreative Schreiben zur Literatur, die Gestaltung von Rollenspielen, Textinszenierungen, Buchvorstellungen, der Vortrag von Texten, das

Vorlesen usw. bewertet werden können. Freiräume „notenfreier" Kreativität darf und soll es durchaus geben, etwa wenn auf dem methodischen Weg über arbeitsgleiche Gruppen verschiedene Inszenierungsideen zum selben Text umgesetzt werden und zu einem Lesartenvergleich hinführen. Auch wenn Leistungen in diesem Bereich schwerer einzustufen sind als etwa beim Rechtschreiben, ist eine generelle Benotungsabstinenz weder nötig noch ratsam. Harro Müller-Michaels (1993) hat darauf hingewiesen, dass die Begründung literarischer Urteile, etwa im Rahmen von Literaturkritiken, zu unserer kulturellen Praxis gehört. Sie ist damit erstens *möglich* und zweitens ein *Ziel* von Literaturunterricht – in dem Sinn, dass „der individuell ausgebildete ästhetische Geschmack" (ebd., 338) zur Beurteilung ansteht. „Zur Gerechtigkeit in der Beurteilung gehört die Berücksichtigung kreativer Leistungen." (Müller-Michaels 1993, 346).

Wenn man neben den analytischen auch die synthetischen Fähigkeiten fördern will (vgl. ebd., 339), so wird man Kriterien brauchen, um sie zu entwickeln. An diesen können Produkte gemessen werden – immer vorausgesetzt, es ist in und noch besser *zusammen mit* der Lerngruppe thematisiert und geklärt worden, was das für Kriterien sind: Bewertet und benotet werden kann grundsätzlich alles, was vorher in für die Lernenden nachvollziehbarer Weise zur Aufgabe gestellt und was geübt wurde. Warum sollte dieser allgemeine Grundsatz nicht auch im Literaturunterricht gelten? Es *gibt* mehr oder weniger angemessene Sprechfassungen eines Gedichts, mehr oder weniger gelungene Inszenierungen einer Kurzgeschichte, mehr oder weniger passende Standbilder zu einem Drama, mehr oder weniger funktionale und themazentrierte Äußerungen im Unterrichtsgespräch über einen Text. Dass das Dafürhalten der Lehrkraft hier eine größere Rolle spielt als in einigen anderen Lernbereichen und in vielen anderen Schulfächern, sei eingeräumt. Keinesfalls muss das aber zur subjektiven Benotung und zum Abqualifizieren von „Meinungen" führen, wie mit ihren Noten unzufriedene Lernende gelegentlich behaupten. Mit Nachdruck muss man feststellen, dass es im Deutschunterricht grundsätzlich nicht um Meinungen geht, sondern immer um sprachlich-kommunikative Leistungen; was im Literaturunterricht bewertet werden kann und soll, ist allemal der mehr oder weniger angemessene, gelungene und einleuchtende Versuch sich über Literatur zu *äußern*. Äußerungen können inhaltlich missglücken, sie können aber auch sprachlich bzw. stilistisch missglücken. Sie können Text und Thema verfehlen, und sie können in dem stecken bleiben, was Jürgen Kreft „borniert Subjektivität" genannt hat, d.h. einen Text eben nicht in seiner Bedeutungsvielfalt würdigen, sondern reduzieren auf einen zufällig im eigenen „Lebensroman" wiedergefundenen Aspekt. Das gilt für schriftliche Äußerungen ebenso wie für mündliche und inszenatorische.

6.7.2 Die Problematik von Bewertungskriterien

Einen Katalog universal gültiger Kriterien für die Leistungsbewertung im Literaturunterricht werden wir hier nicht präsentieren: Starre Kriterienkataloge sind zur Lösung von Bewertungsproblemen im Literaturunterricht eher nicht zu empfeh-

len (vgl. Rupp 1998). Ein Raster, das in wirklich angemessener Weise Textquali-
täten erfassen und bewerten helfen könnte, wäre sehr komplex, wie das „Zürcher
Textanalyseraster" (dargestellt und kommentiert bei Nussbaumer 1996) zeigt,
und damit für die Alltagspraxis der Textbewertung nur bedingt geeignet. Das
Raster zeigt aber, dass man im Interesse einer nicht mehr defizit- sondern positiv
leistungsorientierten Bewertung eine Kategorie einführen sollte, die ausdrückt,
was ein Schreiber riskiert hat; im Zürcher Raster heißt diese Kategorie „sprachli-
ches/inhaltliches Wagnis" (vgl. ebd., 1009).

Zu empfehlen ist, Kriterien für die Bewertung (auch) textbasierten Schreibens aus dem jeweiligen Unterrichtskonzept heraus (und am besten zusammen
mit den Lernenden) zu entwickeln. Jede(r) Lehrende ist aufgefordert und imstan-
de, aus den eigenen Zielvorstellungen des Schreibens über Texte heraus Kriterien
zu entwickeln, um die Leistung der Lernenden angemessen zu würdigen:

- Hat man etwa beim literarischen Rollenspiel auf die Ebene para- und nonverbaler Kommunikation Wert gelegt und entsprechende Ausdrucksmöglichkeiten entwickelt, so wird man sie auch bei der Notenfindung beachten.

- Hat man beim Schreiben von Parallel- oder Gegentexten, vielleicht auch Pa-
  rodien, zu Gedichten aus dem Barock oder der Neuen Sachlichkeit Fragen der
  Form und Komposition vorher thematisiert, so wird man „das Handwerkli-
  che" dann auch an den Schülerleistungen beachten und saubere Durchführung
  positiv werten wollen. Originalität ist ja damit nicht ausgeschlossen.

- Und hat man den Charakter eines literarischen Gesprächs als gemeinsamer
  und dialogischer Annäherung an einen Text betont, so wird man nicht nur die
  scharfsinnige Bemerkung der analytisch begabten Schülerin als gut bewerten,
  sondern auch das Bemühen eines Mitschülers, durch Nachfragen und Eingehen auf andere einen Konsens herzustellen, und man wird sich überhaupt fragen, welche Beiträge zu Gespräch, Inszenierung oder Anwendung von
  Schreibverfahren konstruktiv und funktional gewesen sind und welche nicht.

Die literaturdidaktische Forschung steckt in der Frage der Leistungsmessung und
-bewertung noch in den Kinderschuhen. Bei Fritzsche (1994, Bd. 3) kommt
„Leistungsmessung" oder „-bewertung" laut Register gar nicht vor und „Lern-
(erfolgs)kontrolle" nur einmal, im Vorwort nämlich. Die Bewertung textbezogener Aufsatzarten erfolgt landläufig nach tradierten, aber nicht unproblematischen
Kriterien (zur Übersicht und Kritik vgl. Nutz 2003, 927–930). Die in der Aufsatzbewertung generell üblichen Kategorien „Inhalt", „Aufbau", „Ausdruck"
„Form" und „Sprachrichtigkeit" sowie – in der Praxis deutlich weniger verbreitet,
aber nach wie vor zu fordern – „Adressatenbezug" sind jedenfalls um eine Kategorie „Wagnis" (s.o.) und eine weitere „Bezug zum Ausgangstext" zu ergänzen.

Dieser Bezug, der das Schreiben ja erst in den Horizont einer Literaturdidaktik bringt, ist:

- inhaltswiedergebend (wobei angesichts rezeptionsästhetischer und konstruktivistischer Erkenntnisse zum Textverstehen die Fiktion der *einen richtigen Lösung* aufzugeben ist) oder

- analytisch-texterschließend (wobei Wert zu legen ist auf die *Funktionalität* vor allem formaler und stilistischer Beobachtungen am Text, sodass z. B. bloßes Aufzählen sog. „Stilmittel" ohne Einbindung in einen argumentativen Zusammenhang keine „Punkte" erbringt) oder

- interpretativ (wobei Wert zu legen ist nicht nur auf *Belege* für aufgestellte Behauptungen über Sinn und Bedeutung inhaltlicher, struktureller und formaler Beobachtungen am Text, sondern auch auf eine erkennbare eigene „Lesart" des interpretierten Textes, damit nicht schon ein unverbindliches Reihen möglicher Deutungen positiv gewertet wird (vgl. auch Kap. 6.4).

Noch nicht enthalten sind in dieser Aufzählung „poetische" Schreibversuche im Deutschunterricht. Produktive und kreative Verfahren im Literaturunterricht sind ein fast weißes Feld auf der Landkarte der Beurteilungsforschung. Neben dem schon erwähnten Aufsatz von Müller-Michaels (1993) gibt es nur wenige Beiträge, die sich explizit mit dem Problem auseinander setzen. Abraham (2001c) hält die desolate Situation für einen „Spiegel des ungeklärten Verhältnisses pädagogischer und philologischer Zielsetzungen für den Deutschunterricht": Wer den Umgang mit Literatur nach philologischen Idealen modelliert sehen möchte, wird u.U. andere Bewertungskriterien für wichtig halten (v.a. „Textangemessenheit") als der, für den auch Literaturunterricht sich einordnet in die Erziehungsaufträge *Personalisation, Sozialisation* und *Enkulturation* (vgl. unser Schema S. 13). Für eine Literaturdidaktik wie die hier vorliegende, die den Umgang mit Literatur jeder Art als Einführung in eine kulturelle Praxis versteht, ist dies die wichtigere Perspektive der Wahrnehmung von Leistungen. Mit einer eher philologisch-hermeneutischen zu verbinden ist sie in Konzepten wie denen Günter Waldmanns: Merkmale literarischer Produkte können schreibend erarbeitet werden. Harro Müller-Michaels (1993) schlug als Kriterien vor:

- Adäquanz (wenn nach literarischer Vorlage gearbeitet wird)

- Kohärenz

- stilistische Stimmigkeit

- Komposition

- episodische Ausgestaltung

- Binnenstruktur (z. B. rhetorische Mittel, Rhythmus, usw.)

6.7.3 *Drei Fragerichtungen des Bewertens*

Noch einmal sei darauf hingewiesen, dass es um *Bewertbarkeit*, nicht um durchgehende Bewertung geht: Es steht Lehrenden und Lernenden frei, sozusagen *Auszeiten* zu vereinbaren und damit bewertungsfreie *Inseln* zu schaffen. Auch muss nicht jede Bewertung zwangsläufig zu Verbalbeurteilung und weiter zur Benotung führen. *Hat* man sich aber darauf verständigt zu bewerten und zu benoten, so sind drei Fragerichtungen zu bedenken: *Prozess, Produkt* und *Funktion*:

- Man kann nach der Qualität des erstrebten *Produkts* fragen und damit nach seinem Verhältnis zu einer Gattungs- oder Genretradition. (Diese Fragerichtung nennen wir die *philologische*.)

- Man kann nach *Prozessen* bzw. Verfahren fragen, aus denen sich die Äußerung ergibt, etwa durch Fortführung oder Entfaltung verbaler oder nonverbaler Vorgaben, Ausführung bestimmter Techniken wie z. B. beim Précis. (Diese Fragerichtung nennen wir die *tätigkeitsorientierte*.)

- Man kann und sollte aber auch nach der *Funktion* einer Äußerung fragen. Denn erst das bedeutet, Lesen und Schreiben in der Schule als *situiert* zu begreifen: Wie bringt die Äußerung (die als Produkt durchaus unfertig sein kann) die *Person* zur Geltung, und wie bringt sie die *Lerngruppe* und ihr Thema voran? (Diese dritte Fragerichtung nennen wir die *pädagogische*.)

Ein erkennbarer Dissens zwischen Müller-Michaels (1993) und Haas (1999) über die Frage, wie *eng* das Netz von Urteilskriterien geknüpft werden solle, damit weder Wichtiges durchfällt noch die Lernenden drin „zappeln", rührt unseres Erachtens einfach daher, dass unterschiedliche Fragerichtungen gewählt werden: Müller-Michaels fragt dominant philologisch und braucht daher enge Maschen, Haas fragt dominant pädagogisch und empfindet sie daher als Einengung. Entschärft wird eine solche Kontroverse, wenn man die dritte Fragerichtung hinzuzieht – wie Lange (1999), der Bewertungsprobleme im Schreib- und Literaturunterricht dialogisch angeht.

Beantwortbar sind die in der folgenden *Übersicht* aufgeführten Hilfsfragen nicht alle gleich leicht. Am schnellsten kommt man zu Urteilen und Noten, wenn man – philologisch fragend – die Qualität eines Textes an einer Gattungsnorm misst. Allerdings bleibt das produktorientiert; den *Prozess* der Textentstehung hat man noch genauso wenig im Blick wie bei herkömmlicher Aufsatzbewertung. Der Prozess (als individuelles Bemühen um einen Lösungsweg) wird erst wichtig, wenn man das Augenmerk auf die Verfahren richtet: Wie werden z. B. verfügbare Materialien und Informationen für die Textherstellung tatsächlich gebraucht? Das Führen einer individuellen *Textmappe* (*portfolio*) über einen längeren Zeitraum hinweg kann dabei helfen einen Lernweg zu erkennen.[59] Und

---

[59] Das ist die Grundidee der *Portfolios* nach Bräuer (z. B. 2000) oder Winter (2003).

anders als im Kunstunterricht sollten hier nicht nur die einzelnen „Werke" bewertet werden, sondern auch der Grad, in dem ihre Abfolge und Verknüpfung einen größeren Zusammenhang sichtbar werden lässt (vgl. Winter 2003).

Kriterien zur Leistungsbewertung im Literaturunterricht	*Hilfsfragen für eine Beantwortung und Bewertung von Schüleräußerungen*
philologische Fragerichtung: PRODUKTE des Schreibens und der Textwahrnehmung	Gattung, Epochenzugehörigkeit Genre/Adressatenorientierung Struktur u. Poetizität; „Gestalt" bzw. „Stil" des fremden Textes	Hat er/sie klare Vorstellungen von Form, Struktur, Gestalt des Textes? Wie zeigt er/sie das? (Kann er/sie sich dazu äußern?) Kennt er/sie *Begriffe der Beschreibung* und Analyse von Texten?
tätigkeitsorientierte Fragerichtung: PROZESSE des Lesens/ Schreibens	*a) kognitive Prozesse*: Erschließen, Vergleichen, Deuten ... *b) interaktive Prozesse*: Literarisches Gespräch, szenische Verfahren, „Leseversammlungen" usw.	a) Kennt Leser/-in bzw. Schreiber/-in *Verfahren der Erschließung* von Texten? b) Kann die eigene Äußerung in der Lerngruppe verteidigt und/oder verbessert werden?
pädagogische Fragerichtung: FUNKTIONEN des Lernmediums „Literatur"	a) subjektorientiert: eigene Erfahrungen wiederfinden und erweitern (Selbst- u. Fremdverstehen) b) mediumorientiert: Literarische (Grund-)Bildung erwerben; Freude an Lesen und Literatur gewinnen; Wissen aus Texten gewinnen	a) Wie setzt er/sie den fremden/eigenen Text für das eigene geistige und emotionale Weiterkommen ein, wie kann man dabei helfen? b) Was trägt der Text bei zur Verständigung über Thema und Ziel(e) des Unterrichts?

6.7.4 Beurteilung und Benotung als Teil eines Dialogs zwischen Lehrenden und Lernenden

Wie auch im Schreibunterricht, so müssen wir uns im Literaturunterricht von der traditionellen Vorstellung verabschieden, Lehrenden obliege die Bewertung von Schülerleistungen als „einsame" Tätigkeit am häuslichen Schreibtisch. Wo immer möglich, sollten Urteilsakte zum konstruktiven Teil des Unterrichtsprozesses werden; auf jeden Fall sind sie aber zu *begründen*: Dieses Prinzip aus der Aufsatzbewertung steht auch Literaturlehrenden gut an. Ist die Schülerleistung ein Textprodukt, so wird auch die Lehrerreaktion sinnvoller Weise zunächst ein „konstruktiver Kommentar" sein (vgl. Rupp 1998): Vor der Bewertung und in sie mündend erfolgt die „Beantwortung". Die „Operationalisierung, was kreativ, innovativ, neu und an einem bestimmten Schülertext prämierungswürdig ist" (Rupp 1998, 72), sollte den Lernenden gegenüber so transparent wie möglich gehalten werden. Ein konstruktiver Kommentar, der idealerweise zu einer nochmaligen Bearbeitung der Schüleräußerung führt, ersetzt das Abarbeiten von Kriterienkatalogen. Äußerungen über Texte und nach Texten werden so nicht als isolierte, im Akt des „Korrigierens" zu bewertende Leistungen gesehen, sondern als „Indikatoren literarischen Lernens" (ebd., 71) sowie als Teil einer gemeinsamen, eventuell auch längerfristigen Lernanstrengung im projektorientierten Unterricht (vgl. Abraham/Launer 1999 an Beispielen aus der Hauptschule).

Das Prinzip der Rückmeldung, die noch Raum für (Selbst-)Verbesserung lässt und auf die „zweite Fassung" warten kann, gilt nun nicht nur für schriftliche Äußerungen im Literaturunterricht, sondern ebenso für die Bewertung von mündlichen Beiträgen sowie für Textinszenierungen, Rollenspiele, Standbilder und alle anderen nicht-diskursiven Verfahren der Texterschließung und Interpretation (vgl. oben, 6.4 und 6.5). Auch hier ist Geduld und zunächst wertungsenthaltsame Nachfrage, Paraphrase und Formulierung von Eindrücken (*Wie kommt das bei uns an, was ihr erarbeitet habt?*) besser als sofortige Urteilsakte (*Das war sehr gut/ nicht gut*).

Kriterienraster für einzelne Aufgabentypen und Verfahren des Literaturunterrichts, wie man sie in der methodischen Literatur gelegentlich findet, sollen also nicht nur aus Raumgründen vermieden werden. Vielmehr ist abschließend zu empfehlen, eine Beurteilungspraxis nicht als nachgängige, dem Unterricht und seinen Ergebnissen folgende zu betrachten, sondern in den Unterrichtsprozess zu integrieren. Reflexionsphasen im Literarischen Gespräch dienen diesem Ziel genauso wie (ggf. videounterstützte) Nachbesprechung von Rollenspielen, Beobachtungsbögen zu in der Lerngruppe erarbeiteten und vorgestellten Textinszenierungen oder Beurteilungsbögen zu schriftlichen Inhaltswiedergaben, die im Unterricht besprochen werden. Bewertung als mitlaufenden Prozess zu begreifen und als Aufgabe für alle zu verstehen, ist nicht zuletzt auch ein Beitrag zu einer neuen Unterrichtskultur.

7. Literaturverzeichnis

Zur besseren Orientierung ist aktuelle, allgemein-grundlegende Literatur mit ▶ hervorgehoben, zentrale Einführungen in einzelne Teilbereiche mit ➔.

Abels, Kurt: Zur Geschichte des Deutschunterrichts im Vormärz. Robert Heinrich Hiecke (1805–1861) – Leben, Werk, Wirkung. Köln, Wien: Böhlau 1986. (Kap. 3.1, 3.3)

➔Abraham, Ulf: Lesarten – Schreibarten. Formen der Wiedergabe und Besprechung literarischer Texte. Stuttgart: Klett 1994. (Kap. 4.2, 6.3, 6.4)

-: StilGestalten. Geschichte und Systematik der Rede vom Stil in der Deutschdidaktik. Tübingen: Niemeyer 1996. (Kap. 3.1, 3.3)

▶ -: Übergänge. Literatur, Sozialisation und literarisches Lernen. Opladen: Westdeutscher Verlag 1998. (Kap. 1.1, 1.4, 1.5, 2.1, 4.3)

-: Vorstellungsbildung und Literaturunterricht. In: Spinner, Kaspar H. (Hrsg.): Neue Wege im Literaturunterricht. Hannover: Schroedel 1999, 10–20. (Kap. 2.3, 6.4)

-/Kepser, Matthis: *living books* zwischen Computermedien und Buchliteratur: medientheoretische und fachdidaktische Überlegungen. In: Der Deutschunterricht 1, 2000a, 45–53. (Kap. 2.1, 4.4)

▶ -/Beisbart, Ortwin/Koß, Gerhard/Marenbach, Dieter: Praxis des Deutschunterrichts. Arbeitsfelder – Tätigkeiten – Methoden. Donauwörth: Auer 1998. 2. Aufl. 2000b. (Kap. 2.1, 4.3)

-: Bewertungsprobleme im Schreib- und Literaturunterricht als Spiegel des ungeklärten Verhältnisses pädagogischer und philologischer Zielsetzungen für den Deutschunterricht. In: Rosebrock, Cornelia/Fix, Martin (Hrsg.): Tumulte. Deutschdidaktik zwischen den Stühlen. Baltmannsweiler: Schneider 2001a, 54–70. (Kap. 6.7)

-: Das Gedicht als Partitur für Vorstellungsbildung – langsam zu spielen! Jakob van Hoddis: „Weltende" im Deutschunterricht. In: Kiefer, Klaus H./Schäfer, Armin/Schmidt-Hannisa, Hans-Walter (Hrsg.): Das Gedichtete behauptet sein Recht. Festschrift für Walter Gebhard zum 65. Geburtstag. Frankfurt a. M.: Peter Lang 2001b, 453–465. (Kap. 6.3)

-: Den Blickwechsel üben. Grammatikunterricht und Literaturunterricht. In: Mitteilungen des Deutschen Germanistenverbandes 48 (2001c), H. 1, 30–43. (Kap. 4.2, 6.3)

➔ -/Launer, Christoph (Hrsg.): Weltwissen erlesen. Literarisches Lernen im fächerüber-greifenden Unterricht. Baltmannsweiler: Schneider 2002 (Kap. 1.1, 1.2, 1.3, 1.5, 2.3, 4.1, 6.7).

-: Basiskompetenzen des Literaturunterrichts: Lesen – Schreiben – Vorlesen/Vortragen. In: Bogdal/Korte (Hrsg.) 2002, 105–119. (Kap. 6.3)

Abraham, Ulf: Kino im Klassenzimmer. Klassische Filme für Kinder und Jugendliche im Deutschunterricht. In: Praxis Deutsch 29 (2002b), H. 175, 6–18. (Kap.2.3, 4.4)

–: Lese- und Schreibstrategien im themazentrierten Deutschunterricht. Zu einer Didaktik selbstgesteuerten und zielbewussten Umgangs mit Texten. In: Abraham et al. (Hrsg.) 2003, 204–219. (Kap. 4.2, 4.4)

–/Bremerich-Vos, Albert/Frederking, Volker/Wieler, Petra (Hrsg.): Deutschunterricht und Deutschdidaktik nach PISA. Freiburg i. Br.: Fillibach 2003. (Kap. 4.2, 4.4)

Ackermann, Irmgard: Die Weimarer Klassik im Schullesebuch. In: Richter, Karl/Schönert, Jörg (Hrsg.): Klassik und Moderne. Die Weimarer Klassik als historisches Ereignis und Herausforderung im kulturgeschichtlichen Prozeß. Stuttgart 1983, 504–519. (Kap. 2.3)

Ader, Dorothea/Kress, Axel/Riemen, Alfred: Literaturunterricht linguistisch. München: Kösel 1975. (Kap. 1.4)

Albersmeier, Franz-Joseph/Roloff, Volker (Hrsg.): Literaturverfilmungen. Frankfurt a. M.: Suhrkamp 1989. (Kap. 2.4, 4.4)

Alberts, Jürgen: Massenpresse als Ideologiefabrik. Am Beispiel BILD. Frankfurt a. M.: Athenaeum Verlag 1972. (Kap. 4.4)

Albrecht, Jörn: Literarische Übersetzung. Geschichte – Theorie – Kulturelle Wirkung. Darmstadt: Wissenschaftliche Buchgesellschaft 1998. (Kap. 1.5)

Anders, Petra: Poetry Slam. Live-Poeten in Dichterschlachten. Bochum: Verlag an der Ruhr 2004. (Kap. 4.4, 6.1)

→Andresen, Ute: Versteh mich nicht so schnell. Gedichte lesen mit Kindern. Weinheim: Beltz 1992. (Kap. 4.2, 6.3)

Apel, Friedmar/Kopetzki, Annette: Literarische Übersetzung. 2., vollst. neu bearb. Aufl. Stuttgart, Weimar: Metzler 2003. (Kap. 1.3, 1.5)

Aristoteles: Poetik. Übersetzt u. herausgegeben. v. Fuhrmann, Manfred. Stuttgart: Reclam 1982. (Kap. 1.4)

Assmann, Aleida: Erinnerungsräume. Formen und Wandlungen des kulturellen Gedächtnisses. München: C.H. Beck 1999. (Kap. 1.2)

–/Assmann, Jan: Das Gestern im Heute. Medien und soziales Gedächtnis. In: Merten/Schmidt/Weischenberg (Hrsg.) 1994, 115–140. (Kap. 1.1, 1.2)

Aust, Hugo: Entwicklung des Textlesens. In: Bredel et al. (Hrsg.) 2003, Bd.1, 525–535. (Kap. 2.1)

Bade, Isolde/Valentin, Renate: Lesestrategien verbessern – Lesekompetenz fördern. In: Die Grundschule 2 (2003), 23. (Kap. 4.4)

Bambach, Heide: Erfundene Geschichten erzählen es richtig. Lesen und Leben in der Schule. Konstanz: Faude 1989. (Kap. 2.3, 6.1)

Bark, Karin: Die Inhaltsangabe. Analyse und Kritik normativer Unterrichtspraxis. In: Diskussion Deutsch 46 (1979), 135–144. (Kap. 4.2)

▶Bärnthaler, Günther/Tanzer, Ulrike (Hrsg.): Fächerübergreifender Literaturunterricht. Reflexionen und Perspektiven für die Praxis. Innsbruck, Wien: StudienVerlag 1999. (Kap. 4.1)

–: Fächerübergreifender Unterricht. Zur Notwendigkeit vertiefender Ergänzung gefächerten Unterrichts. In: Bärnthaler/Tanzer (Hrsg.) 1999, 11–21. (Kap. 4.1)

Barz, Andre: Stereotyp und darstellendes Spiel. Plädoyer für ein eher konstruktives Verhältnis. In: Der Deutschunterricht 47 (1995), H. 3, 45–57. (Kap. 4.4)

➜ -: Darstellendes Spiel. Berlin: Volk & Wissen 1998. (Kap. 4.4)

Baßler, Moritz (Hrsg.): New Historicism. Literaturgeschichte als Poetik der Kultur. Frankfurt a. M.: Fischer 1995. (Kap. 1.2)

Bauer, Johann et al.: Lyrik interpretiert. Hannover: Schroedel-Konkor. 1972. (Kap. 6.3)

Baumert, Jürgen et al. (Deutsches Pisakonsortium): PISA 2000. Basiskompetenzen von Schülerinnen und Schülern im internationalen Vergleich. Opladen: Leske + Budrich 2001. (Kap. 2.1, 2.2, 4.4, 5.1, 6.6)

Baumgärtner, Alfred C. (Hrsg.): Lesen – ein Handbuch. Lesestoff, Leser und Leseverhalten. Lesewirkung, Leseerziehung, Lesekultur. Hamburg: Verlag für Buchmarkt-Forschung 1974. (Kap. 2.1)

-: Lesebücher – zweihundert Jahre und immer im Wandel. In: Die Grundschule 1 (1991), 40–44. (Kap. 5.1)

-/Dahrendorf, Malte (Hrsg): Wozu Literatur in der Schule? Beiträge zum literarischen Unterricht. Braunschweig: Westermann 1970. (Kap. 2.1)

-/Watzke, Oswald: Wege zum Kinder- und Jugendbuch. Donauwörth: Auer 1985. (Kap. 4.4)

Baurmann, Jürgen: Schreiben – Überarbeiten – Beurteilen. Ein Arbeitsbuch zur Schreibdidaktik. (Praxis Deutsch). Seelze (Velber): Kallmeyer 2002.

Behncken, Imbke/Messner, Rudolf/Rosebrock, Cornelia/Zinnecker, Jürgen (Hrsg.): Lesen und Schreiben aus Leidenschaft. Jugendkulturelle Inszenierungen von Schriftkultur. München, Weinheim: Juventa 1997. (Kap. 1.2)

Beimdick, Walter: Theater und Schule. Grundzüge einer Theaterpädagogik. 2., erw. Aufl. München: Ehrenwirth 1980. (Kap. 4.4)

Beisbart, Ortwin/Dobnig-Jülch, Edeltraud/Eroms, Hans-Werner/Koß, Gerhard: Textlinguistik und ihre Didaktik. Donauwörth: Auer 1976. (Kap. 4.4)

Beisbart, Ortwin: Ganzheitliche Bildung und muttersprachlicher Unterricht in der Geschichte der Höheren Schule. Untersuchungen zu Fundierung und Praxis von Deutschunterricht zwischen 1750 und 1850, Frankfurt a. M.; Bern, N.Y., Paris: P. Lang 1989. (Kap. 3.2)

-: /Marenbach, Dieter/Eisenbeiß, Ulrich (Hrsg.): Leseförderung und Leseerziehung. Theorie und Praxis des Umgangs mit Büchern für junge Leser. Donauwörth: Auer 1993. (Kap. 2.2)

-/Marenbach, Dieter: Einführung in die Didaktik der deutschen Sprache und Literatur. 6. bearb. Aufl. Donauwörth: Auer 1994. (Kap. 5.1)

-: Einige Überlegungen zum Thema Sprachbewusstseinsförderung und Sprachunterricht. In: Wege und Irrwege sprachlich-grammatischer Sozialisation. Bestandsaufnahme – Reflexionen – Impulse, hrsg. v. Klotz, Peter/Peyer, Ann. Baltmannsweiler: Schneider 1999, 73–83. (Kap. 4.3)

▶ -/Marenbach, Dieter (Hrsg.): Bausteine der Deutschdidaktik. Donauwörth: Auer 2003.

Bekes, Peter: Vor der Sprechanlage. Entfremdung und Isolation in einer von Medien geprägten Welt: Groß und klein von Botho Strauß. In: Praxis Deutsch 30 (2003), H. 181, 40–45. (Kap. 4.4)

→Belgrad, Jürgen/Fingerhut, Karlheinz (Hrsg.): Textnahes Lesen. Annäherungen an Literatur im Unterricht. Baltmannsweiler: Schneider 1998. (Kap. 4.2, 6.3)

Bellebaum, Alfred/Muth, Ludwig (Hrsg.): Leseglück. Eine vergessene Erfahrung? Opladen: Westdeutscher Verlag 1996. (Kap. 4.4)

Bertelsmann Stiftung (Hrsg.): Lesen in der Schule. Perspektiven der schulischen Leseförderung. Gütersloh: Bertelsmann 1995. (Kap. 2.2)

-: (Hrsg.): Mehr als ein Buch. Leseförderung in der Sekundarstufe I. In Zusammenarbeit mit dem Landesinstitut für Schule und Weiterbildung, Soest. Bearb. v. Harmgarth , F. u. Elsholz, H. Gütersloh: Bertelsmann 1996. (Kap. 2.2)

-: Öffentliche Bibliothek und Schule – neue Formen der Partnerschaft. Zwischenbericht zum Modellprojekt. Bearb. v. Mittrowann, Andreas. Gütersloh: Bertelsmann 1997. (Kap. 2.2)

Bertschi-Kaufmann, Andrea: Kinderliteratur und literarisches Lernen. Lese- und Schreibentwicklungen im offenen Unterricht. In: Richter/Hurrelmann 1998, 199–214. (Kap. 2.3)

→ -: Lesen und Schreiben in einer Medienumgebung. Die literalen Aktivitäten von Primarschulkindern. Aarau: Sauerländer 2000. (Kap. 2.2, 2.3)

Beschlüsse der Kultusministerkonferenz: Bildungsstandards im Fach Deutsch für die Primarstufe und Klasse 9. Entwürfe v. 23.04.2004. EP: http://www.kmk.org

Beutin, Wolfgang et al.: Deutsche Literaturgeschichte von den Anfängen bis zur Gegenwart. 2. überarb. u. erw. Aufl. Stuttgart: Metzler 1984 (weitere Neuauflagen). (Kap. 1.4)

Bleckwenn, Helga: Stilarbeit. Überlegungen zum gegenwärtigen Stand ihrer Didaktik. In: Praxis Deutsch 17 (1990), H. 101, 15–20. (Kap. 3.3)

Block, Alan: Occupied Reading. Critical Foundations for an Ecological Theory. New York, London: Garland 1995. (Kap. 1.2)

Blumensath, Heinz: Literarische Bildung und Poesie-Videos. Ein fächerübergreifendes Beispiel produktiver Rezeption. In: ide (Informationen zur Deutschdidaktik) 14 (1990), H. 4, 104–119. (Kap. 6.1)

-: Ein Text und seine Inszenierung. In: Praxis Deutsch 19 (1992), H. 115, 27–29. (Kap. 6.3)

-/Lohr, Stephan: Verfilmte Literatur – literarischer Film. In: Praxis Deutsch 11 (1983), H. 57, 10–19. (Kap. 4.4)

Bogdal, Klaus-Michael: Neue Literaturtheorien in der Praxis. Textanalysen von Kafkas ‚Vor dem Gesetz' Opladen: Westdeutscher Verlag 1993. (Kap. 1.5)

- (Hrsg.): Neue Literaturtheorien. Eine Einführung. Opladen: Westdeutscher Verlag. 2., neubearb. Aufl. 1997. (Kap. 1.5)

► -/Korte, Hermann (Hrsg.): Grundzüge der Literaturdidaktik. München: dtv 2002.

-: Literaturdidaktik im Spannungsfeld von Literaturwissenschaft, Schule und Bildungs- und Lerntheorien. In: Bogdal/Korte (Hrsg.) 2002, 9–29. (Einl., Kap. 1.5, 2.3)

-/Kammler, Clemens: Dramendidaktik. In: Bogdal/Korte (Hrsg.) 2002, 177–189. (Kap. 4.4)

Bonfadelli, Heinz: Lesen im Alltag Jugendlicher – Umfang, Motivation und Modalitäten. In: Hohmann/Rubinich 1995, 51–66.

Bonfadelli, Heinz/Saxer, Ulrich: Lesen, Fernsehen und Lernen. Wie Jugendliche die Medien nutzen und ihre Folgen. Zug 1986. (Kap. 2.2)

Bonfadelli, Heinz /Fritz, Angela: Lesen im Alltag von Jugendlichen. In: Bonfadelli/Fritz/Köcher: Lesesozialisation. Bd. 2: Leseerfahrungen und Lesekarrieren. Gütersloh: Bertelsmann Stiftung 1993, 10–214. (Kap. 2.2)

Böttcher, Ingrid/Hilger, Heide: Bewegt getanzt und kreativ geschrieben. Bausteine für einen Unterricht, der Tanzen und Schreiben als kreative Ausdrucksform integriert. In: Praxis Deutsch 20 (1993), H. 119, 28–35. (Kap. 2.1)

Boueke, Dietrich: Der Literaturunterricht. Weinheim: Beltz 1971. (Kap. 3.1, 3.2)

Bourdieu, Pierre: Zur Soziologie der symbolischen Formen. Frankfurt a. M. 1994[5]. (Kap. 1.1, 2.3).

Bräuer, Christoph: Als Textdetektive der Lesekompetenz auf der Spur – Zwei Blicke auf ein Unterrichtskonzept zur Vermittlung von Lesestrategien. In: Didaktik Deutsch 7 (2002), H. 13, 17–32. (Kap. 4.4)

Bräuer, Gerd: Schreiben als reflexive Praxis. Tagebuch, Arbeitsjournal, Portfolio. Freiburg i Br.: Fillibach 2000. (Kap. 4.2, 6.7)

Braun, Barbara: Vorläufer der literarischen Sozialisation in der frühen Kindheit – eine entwicklungspsychologische Fallstudie. Frankfurt a. M.: P. Lang 1995a. (Kap. 2.2, 2.3)

-: Vermittlungshandeln und Aneignungsformen beim gemeinsamen Bilderbuchlesen von Mutter und Kind. In: Meng, Katharina/Rehbein. Jochen (Hrsg.): Kinderkommunikation. Münster: Waxmann 1995b. (Kap. 2.2, 2.3)

Breddin, Michael: Visualisierendes Interpretieren. Versuch der multimedialen Annäherung an literarische Texte. In: Deutschunterricht 57 (2004), H. 1, 28–33.

▶Bredel, Ursula/Günther, Hartmut/Klotz, Peter/Ossner, Jakob/Siebert-Ott, Gesa (Hrsg.): Didaktik der deutschen Sprache. 2 Bde. Paderborn: Schöningh, UTB 2003.

Bremerich-Vos, Albert: „Integrierter" Sprach- und Literaturunterricht der Sekundarstufe II. Am Beispiel von Botho Strauß' „Anschwellender Bocksgesang" und „Ithaka". In: Der Deutschunterricht 48 (1996), H. 6, 68–79. (Kap. 4.2)

-: Schlegel, Sonja: Zum Scheitern eines Lesestrategietrainings für SchülerInnen der Orientierungsstufe. In: Abraham et al. (Hrsg.) 2003, 409–430. (Kap. 4.4)

Brenner, Gerd.: Kreatives Schreiben. Frankfurt: Cornelsen-Scriptor 1990. (Kap. 2.1)

Bühler, Charlotte: Das Märchen und die Phantasie des Kindes. Erstdruck 1918. Hrsg. u. mit einer Einf. v. Hetzer, Hildegard. München: Barth 1958. (Kap. 1.4, 1.5)

Bühler, Charlotte: Das Seelenleben der Jugendlichen. Jena 1922. (6. erw. Auflage Stuttgart: Fischer 1967). (Kap. 2.2)

➔Büker, Petra: Literarisches Lernen in der Primar- und Orientierungsstufe. In: Bogdal/Korte (Hrsg.) 2002, 120–133. (Kap. 2.3)

Büker, Petra/Kammler, Clemens (Hrsg.): Das Fremde und das andere. Weinheim, München: Juventa 2003. (Kap. 4.4)

Bund-Länder-Kommission für Bildungsplanung und Forschungsförderung (BLK): Medienerziehung in der Schule. Orientierungsrahmen. Heft 44. Bonn 1995. Auch als EP: http://www.iid.de/schule/sonstiges/heft44.html. (Kap. 4.4)

Bünting, Klaus-Dieter/Kochan, Detlef C.: Linguistik und Deutschunterricht. Kronberg i. Ts.: Scriptor 1973. (Kap. 4.2)

Buß, Angelika: Kanonprobleme. In: Kämper-van den Boogaart (Hrsg.) 2003a, 142–152. (Kap. 2.3)

Bußmann, Hadumod (Hrsg.): Lexikon der Sprachwissenschaft. Stuttgart: Kröner 2002. (Kap. 1.3)

Chambers, Aidan: Tell me: Children, Reading & Talk. Lockwood: Thimble 1993. (Kap. 1.2)

Christ, Hannelore et al. (Hrsg.): „Ja, aber es kann doch sein .." . In der Schule literarische Gespräche führen. Frankfurt a. M.: P. Lang 1995. (Kap. 2.3, 6.1)

Dahrendorf, Malte: Zur Sequenzproblematik im Lesebuch. In: Ossner, Jakob/Fingerhut, Karlheinz (Hrsg.): Methoden der Literaturdidaktik – Methoden im Literaturunterricht. Ludwigsburg: Ludwigsburger Hochschulschriften 4/1974, 72–81. (Kap. 6.1)

–: Leseerziehung oder literarästhetische Bildung? (1969) In ders.: Literaturdidaktik im Umbruch. Aufsätze zur Literaturdidaktik; Trivialliteratur, Jugendliteratur. Düsseldorf: Bertelsmann 1975, 29–48. (Kap. 4.4)

–: Kinder- und Jugendliteratur im bürgerlichen Zeitalter. Beiträge zu ihrer Geschichte, Kritik und Didaktik. Königstein: Scriptor 1980. (Kap. 4.4)

–: Von der Lesesozialisation der Jungen im Vergleich zu der der Mädchen – oder: Ist das Lesen geschlechtsneutral? In: Hohmann/Rubinich (Hrsg.) 1995, 78–89. (Kap. 2)

– (Hrsg.): Vom Umgang mit Kinder- und Jugendliteratur. Plädoyer für einen lese- und leserorientierten Literaturunterricht. Berlin: Volk und Wissen Verlag 1996b. (Kap. 2.2, 4.4)

–: Überlegungen zur immanenten Didaktik und Pädagogik der Kinder- und Jugendliteratur. In: Richter/Hurrelmann (Hrsg.) 1998a, 11–25. (Kap. 2.2, 4.4)

–: (Hrsg.): Literatur für Einsteiger. Leseförderung durch Erstleseliteratur. Beiträge Jugendliteratur und Medien. 9. Beiheft 1998b. (Kap. 2.2)

Daniels, Celia A.: The Poet as Anthropologist. In: Dennis, Philip A./Wendell Aycock (Hrsg.): Literature and Anthropology. Lubbock: Texas Tech University Press 1989, 181–192. (Kap. 1.2)

Dehn, Mechthild: Zeit für die Schrift: Lesenlernen und Schreibenkönnen. Bochum: Kamp 1988 (Kap. 2.3)

Deinhardt, Johann Heinrich: Ästhetische Bildung. In: Schmid, Karl Adolf (Hrsg.): Encyklopädie des gesammten Erziehungs- und Unterrichtswesens. Gotha: Besser 1859; Bd. 1, 263–272. (Kap. 3.3)

Denk, Rudolf: Vom Regiebuch zum Inszenierungsversuch mit dem Videorekorder. In: Der Deutschunterricht 5, 1973, 129–142. (Kap. 4.4)

Diesterweg, Adolph: Praktischer Lehrgang für den Unterricht in der deutschen Sprache. III. Theil: Anleitung zum Verstehen der Lesestücke. Crefeld: Funcke'sche Buchhandlung 1830; zit. nach 1839 (Kap. 3.3)

Dilthey, Wilhelm: Das Erlebnis und die Dichtung. 2. erw. Aufl. Leipzig: B.G. Teubner 1907. (Kap. 1.4, 3.3, 6.2)

Doderer, Klaus: Klassische Kinder- und Jugendbücher. Weinheim: Beltz 1969. (Kap. 2.1, 4.4)

Doelker, Christian: Ein Bild ist mehr als ein Bild. Visuelle Kompetenz in der Multimedien-Gesellschaft. Stuttgart: Klett-Cotta 1997. (Kap. 1.5, 4.4)

Dolle-Weinkauff, Bernd: Comics: Geschichte einer populären Literaturform in Deutschland seit 1945. Weinheim: Beltz 1990. (Kap. 2.1)

-: Erzählung und Interaktion. Zur Aufbereitung kinderliterarischer Szenarien als PC-Software. In: Richter, Karin/Riemann, Sabine (Hrsg.).: Kinder – Literatur – „neue" Medien. Baltmannsweiler: Schneider 2000, 186–197. (Kap. 2.1, 5.4)

Dörp, Peter: Wie interpretiert man mediengerecht einen Spielfilm? Der Modellfilm „Die verlorene Ehre der Katharina Blum.
EP: http://www.erft.de/schulen/abtei-gym/unterricht-online/ Wettbewerbsbeitrag 2001. (Kap. 4.4)

Dressel, Gert: Historische Anthropologie. Eine Einführung. Wien 1996. (Kap. 1.2)

Dringenberg, Brunhilde: Das Hörspiel im Unterricht. In: Lange/Neumann/Ziesenis (Hrsg.) 1998, Bd. 2, 669–694 (Kap. 5.4)

➔Eagleton, Terry: Einführung in die Literaturtheorie. 4., erw. u. aktual. Aufl. Stuttgart, Weimar: Metzler 1997. (Kap. 1.2, 1.3)

Edmonson, Munro S.: Lore. An Introduction to the Science of Folklore and Literature. New York: Holt, Rinehart, Winston 1971. (Kap. 1.2)

Eggert, Hartmut: Was kann literarische Bildung heute heißen? In: MDG 39 (1992) H. 4, 16–25. Zit. nach d. Abdruck in: Gey, Th. (Hrsg.): Germanistentag 1992. Die deutsche Literatur im 20. Jahrhundert. Berlin 1993, 567–580. (Kap. 2.3, 6.3)

-: Literarische Bildung oder Leselust? Aufgaben des Literaturunterrichts in der Literarischen Sozialisation. In: Kämper-van den Boogart, Michael (Hrsg.): Das Literatursystem der Gegenwart und die Gegenwart der Schule. Baltmannsweiler: Schneider 1997, 45–62. (Kap. 2.3)

-/Rutschky, Michael: Literarisches Rollenspiel in der Schule. Heidelberg: Quelle und Meyer 1978. (Kap. 6.3)

➔ -/Garbe, Christine: Literarische Sozialisation. Stuttgart, Weimar: Metzler 1995. (Kap. 1.1, 1.5, 2.1, 2.2)

-/Garbe, Christine/Krüger-Fürhoff, Irmela M.: Literarische Intellektualität in der Mediengesellschaft. Empirische Vergewisserungen über Veränderungen kultureller Praktiken. München, Weinheim: Juventa 2000. (Kap. 2.3)

Ehlich, Konrad: Alltägliches Erzählen. In: Sanders, Willy/Wegenast, Klaus (Hrsg.): Erzählen für Kinder – Erzählen von Gott. Begegnung zwischen Sprachwissenschaft und Theologie. Stuttgart, Berlin, Köln, Mainz: Kohlhammer 1983, 128–165. (Kap. 4.4)

-: Funktion und Struktur schriftlicher Kommunikation. In: Günther et al. (Hrsg.) 1994, 18–41 (Kap. 1.2)

➔Ehlers, Swantje: Der Umgang mit dem Lesebuch: Analyse, Kategorien. Baltmannsweiler: Schneider 2003a. (Kap. 5.1)

-: (Hrsg.): Das Lesebuch: zur Theorie und Praxis des Lesebuchs im Deutschunterricht. Baltmannsweiler: Schneider 2003b. (Kap. 5.1)

Ehrismann, Otfrid/Hardt, Isabelle: Vom Hildebrandslied zum Eulenspiegel: Der Mittelalter-Kanon im Lesebuch. In: Ehlers (Hrsg.) 2003b, 22–53. (Kap. 5.1)

Eicher, Thomas: Leseförderung in der Hochschule? Zu den Ergebnissen einer Umfrage zum Leseverhalten von Studienanfängern des Faches Deutsch. In: MDG 42 (1995), H. 4, 50–61. (Kap. 2.2)

7. Literaturverzeichnis

Eicher, Thomas: (Hrsg.): Zwischen Leseanimation und literarischer Sozialisation. Konzepte der Lese(r)förderung. Oberhausen: Athena 1997. (Kap. 2.2)

-/Wiemann, Volker: Arbeitsbuch: Literaturwissenschaft. 2. durchges. Aufl. Paderborn u. a.: Schöningh 1997. (Kap. 1.3)

Einecke, Günther: Unterrichtsideen Textanalyse und Grammatik. Vorschläge für den integrierten Grammatikunterricht 5.-10. Schuljahr. Stuttgart: Klett 1994. (Kap. 4.2)

-: Auf die sprachliche Ebene lenken. Gesprächssteuerung, Erkenntniswege und Übungen im integrierten Grammatikunterricht. In: Zur Praxis des Grammatikunterrichts. Mit Materialien für Lehrer und Schüler, hrsg. v. Bremerich-Vos, Albert. Freiburg i Br.: Fillibach 1999, 125–191. (Kap. 4.2)

Engelmann, Susanne: Methodik des deutschen Unterrichts: eine Darstellung ihrer Ziele, Grenzen und Möglichkeiten auf jugendpsychologischer Grundlage. Leipzig: Quelle & Meyer 1926. (Kap. 1.4, 1.5, 2.2)

Erb, Andreas: LeseReisen – Lesend reisen – reisend lesen. Eine Einführung. In: Der Deutschunterricht 54 (2002), H. 4, 4–17. (Kap. 4.1)

Erlicher, Victor: Russischer Formalismus. Mit einem Geleitwort v. René Wellek. München: Hanser 1964. (Kap. 2.4)

Essen, Erika: Methodik des Deutschunterrichts. Heidelberg: Quelle und Meyer 1956. (zahlreiche Neuauflagen). (Kap. 1.4, 3.3)

→Ewers, Hans-Heino: Literatur für Kinder und Jugendliche. Eine Einführung. München: W. Fink 2000. (Kap. 2.1)

Faulstich, Werner (Hrsg.): Grundwissen Medien. 2. verb. Auflage. München: Fink (UTB) 1995, 126–145 (Kap. 4.4)

-/Lippert, Gerhard (Hrsg.): Medien in der Schule. Paderborn: Schöningh 1996. (Kap. 4.4)

→ -: Grundkurs Filmanalyse. München: Wilhelm Fink (UTB) 2002. (Kap. 1.4, 4.4)

Feierabend, Sabine/Klingler, Walter: Jugend, Information, (Multi-)Media 2000. In: Media-Perspektiven 11 (2000), 517–527. (Kap. 2.2)

Feilke, Helmut: Über sprachdidaktische Grenzen. Von „Erfindern", „Entdeckern" und „Methoden". In: Didaktik Deutsch 6 (2001), H. 10, 4–25. (Kap. 2.1)

Fingerhut, Karlheinz: Affirmative und kritische Lehrsysteme im Literaturunterricht. Beiträge zu einer Theorie lernziel- und lernbereichsorientierter Textsequenzen. Frankfurt a. M.: Diesterweg 1974. (Kap. 5.1, 6.1)

Fingerhut, Karlheinz: „Auf den Flügeln der Reflexion in der Mitte schweben". Desillusionierung und Dekonstruktion. Heines ironische Brechung der klassisch-romantischen Erlebnislyrik und eine postmoderne „doppelte" Lektüre. In: Der Deutschunterricht 47 (1995), H. 6, 40–55. (Kap. 6.3)

-: Kafka für die Schule. Berlin: Volk & Wissen 1996. (Kap. 4.4, 6.4)

-: Didaktik der Literaturgeschichte. In: Bogdal/Korte (Hrsg.) 2002, 147–165. (Kap. 1.4; 2.3)

Fischer, Eva/Merkelbach, Valentin/Reuschling, Gisela/Schindler-Schwalb, Sabine/Seeliger, Barbara: Zur Methodik epischer Langformen. In: Merkelbach 1999, 18–38. (Kap. 4.4)

→Förster, Jürgen (Hrsg.): Schulklassiker lesen in der Medienkultur. Stuttgart: Klett 2000. (Kap. 2.3)

Förster, Jürgen: Analyse und Interpretation. Hermeneutische und poststrukturalistische Tendenzen. In: Bogdal/Korte (Hrsg.) 2002, 231–246. (Kap. 6.3, 6.4)

Forytta, Claus: „Das kann ja keine autobahn sein, da sind in der mitte nie bäume." Sprachliches handeln im primarstufenunterricht. Analyse einer unterrichtssequenz. In: Diskussion Deutsch 12 (1981), H. 60, 346–355. (Kap. 4.2)

Frank, Horst Joachim: Dichtung, Sprache, Menschenbildung. Geschichte des Deutschunterrichts von den Anfängen bis 1945. München: Hanser 1973. (Kap. 3.1, 3.2, 3.3)

Franz, Kurt: Buch. In: Lange/Neumann/Ziesenis (Hrsg.)1998, Bd. 1, 399–418. (Kap. 5.2)

-/Gärtner, Hans (Hrsg.): Kinderlyrik zwischen Tradition und Moderne. Baltmannsweiler: Schneider 1996.

Frederking, Volker: „Die Welle" von Morton Rhue: ein handlungs- und produktionsorientiertes Unterrichtsmodell. In: Praxis Deutsch-Sonderheft 1995, 97–100. (Kap. 4.1)

-/Josting, Petra (Hrsg.): Medienintegration und Medienverbund im Deutschunterricht. Baltmannsweiler: Schneider 2005. (Kap. 4.4)

Freudenreich, Dorothea/Sperth, Fritz: Stundenblätter Rollenspiele im Literaturunterricht. Sekundarstufe I. Stuttgart u. a.: Klett 1983, 2. Aufl. 1990. (Kap. 6.3)

Frey, Ute: Verfilmte Figuren – Hindernisse oder Begleiter auf dem Weg zum Buch. In: Hurrelmann, Bettina/Becker, Susanne (Hrsg.): Kindermedien nutzen. Medienkompetenz als Herausforderung für Erziehung und Unterricht. Weinheim, München: Juventa 2003, 132–145. (Kap. 2.1)

Fricke, Harald: Literatur u.nd Literaturwissenschaft. Paderborn: Schöningh 1991. (Kap. 1.4)

Fritzsche, Joachim/Ivo, Hubert/Kopfermann, Thomas/Siegle, Rainer: Projekte im Deutschunterricht. Stuttgart: Klett 1992. (Kap 4.1)

►Fritzsche, Joachim: Zur Didaktik und Methodik des Deutschunterrichts. 3 Bde. Grundlagen. Stuttgart: Klett 1994. (Kap. 1.2, 2.1, 2.3, 4.2, 4.3, 6.2, 6.4)

Frommer, Harald: Lesen im Unterricht. Von der Konkretisation zur Interpretation. Hannover: Schroedel 1988. (Kap. 4.2, 6.1)

-: Lesen und inszenieren. Produktiver Umgang mit dem Drama auf der Sekundarstufe. Stuttgart: Klett 1995. (Kap. 4.2, 4.4)

Fuhrmann, Helmut: „Die Furie des Verschwindens". Literaturunterricht und Literaturtradition. Würzburg: Königshausen & Neumann 1993. (Kap. 2.3, 3.3)

Fuhrmann, Helmut : Klassiker oder Computer? Goethe-Jahrbuch 113 (1996), 259–272. (Kap. 2.3)

Gabriel, Gottfried: Über die Bedeutung der Literatur. Zur Möglichkeit ästhetischer Erkenntnis. In: ders.: Zwischen Logik und Literatur. Erkenntnisformen von Dichtung, Philosophie und Wissenschaft. Stuttgart: Metzler 1991, 2–18. (Kap. 1.2)

Gärtner, Hans: Das Kinderrätsel. In: Franz/Gärtner (Hrsg.) 1996, 89–110. (Kap. 4.4)

Gans, Rüdiger: Erfahrungen mit dem Deutschunterricht. Eine Analyse autobiographischer Zeugnisse im Zusammenhang mit der Geschichte des Bildungsbürgertums im 19. Jh.. In: Erlinger, Hans Dieter/Knobloch, Clemens (Hrsg.): Muttersprachlicher Unterricht im 19. Jahrhundert. Tübingen: Niemeyer 1991, 9–60. (Kap. 3.2)

Gansel, Carsten: Zwischen Einstiegsliteratur und literarischer Autonomie? Kinder- und Jugendliteratur und ihre Chancen im Literaturunterricht. In: Der Deutschunterricht 49 (1997), H. 3, 80–86. (Kap. 4.4)

-: Zwischen Märchen und modernen Welten. Kinder- und Jugendliteratur im Literaturunterricht. Frankfurt a. M.: P. Lang 1998 (Kap. 4.4)

➔ -: Moderne Kinder- und Jugendliteratur. Ein Praxishandbuch für den Unterricht. Berlin: Cornelsen Scriptor 1999. (Kap. 4.4)

Garbe, Christine: Einsame Lektüre oder Kommunikation? Zwei kontroverse Leitvorstellungen zu kindlichen Lektüreprozessen. In: Eicher 1997, 37–54.(Kap. 2.3)

-: Geschlechterspezifische Zugänge zum fiktionalen Lesen. In: Lesezeichen. Mitteilungen des Lesezentrums der PH Heidelberg 12 (2002), 35–52. Auch EP: http://www.ph-heidelberg.de/org/lz/download/garbe.pdf (Kap. 2.1)

Gast, Wolfgang: Die Vorstadtkrokodile. In: Praxis Deutsch 11 (1983), H. 57, 53–58. (Kap. 4.4)

-: Film und Literatur. Grundbuch. (Einführung in Begriffe und Methoden der Filmanalyse) und vier Ergänzungsbände. Frankfurt a. M.: Diesterweg 1993–95. (Kap. 2.4, 4.4)

-: (Hrsg.): Literaturverfilmung. Bamberg: C.C. Buchner 1993. (Kap. 4.4)

-: Filmanalyse. In: Praxis Deutsch 23 (1996), H. 140, 14–25. (Kap. 4.4)

-: Nachgefragt – Nachgehakt. Literaturwissen gegen Filmwissen. In: Deutschunterricht 6 (2002), 5. (Kap. 4.4)

Gebhard, Walter: Klassische Texte der literaturwissenschaftlichen Tradition als Schullektüre. In: Beisbart et al. 1993, 128–137. (Kap. 2.3)

Geisenhanslücke, Achim: Einführung in die Literaturtheorie. Darmstadt: Wissenschaftliche Buchgesellschaft 2003. (Kap. 1.1, 1.5, 6.5)

Geißler, Rolf: Prolegomena zu einer Theorie der Literaturdidaktik. Hannover: Schroedel 1970. (Kap. 3.3, 4.4)

-: Arbeit am literarischen Kanon. Paderborn: Schöningh 1981. (Kap. 2.3)

Gerhard, Ute: Literarische Reisen zwischen Selbstfindung und Selbstentäußerung. Exemplarische Blicke auf Texte von Sterne, Eichendorff und Traven. In: Der Deutschunterricht 54 (2002), 27–36. (Kap. 4.1)

Gerth, Klaus: Elemente des Erzählens. Lesen und Verstehen epischer Texte (Sekundarstufe I). Hannover: Schroedel 1983. (Kap. 4.4)

-: Erzählungen. In: Praxis Deutsch 17 (1990), H. 100, 14–19. (Kap. 4.4)

Gervinus, Georg Gottfried: Historische Schriften. Bd. II, 2., umgearb. Aufl. Leipzig: W. Engelmann 1840. (Kap. 3.2)

Giesenfeld, Günter: Ein Kurs in Trivialliteratur. In: Ide, Heinz, Bremer Kollektiv (Hrsg.): Projekt Deutsch. Bd. 5: Massenmedien und Trivialliteratur. Stuttgart: Metzler 1973, 177–227. (Kap. 1.3)

Glinz, Hans: Textanalyse und Verstehenstheorie. Bd. I:. Methodenbegründung – soziale Dimensionen – Wahrheitsfrage. Wiesbaden: Athenaion 1978. (Kap. 4.2)

-: Bd. II: Mit Texten erstrebte Erträge. 1983 (Kap. 1.2)

Gniffke-Hubrig, Christa: Textsorten. Erarbeitung einer Typologie von Gebrauchstexten in der 11. Klasse des Gymnasiums. In: Der Deutschunterricht 24 (1972), H. 1, 39–52. (Kap. 4.4)

7. Literaturverzeichnis

Goethe, Johann Wolfgang von: Noten und Abhandlungen zum besseren Verständnis des West-östlichen Diwans (1816/18). In: Völker, Ludwig (Hrsg.): Theorie der Lyrik. Arbeitstexte für den Unterricht. Stuttgart: Reclam 1986, 30–32. (Kap. 1.4)

Goette, Ernst/Goette, Jürgen-Wolfgang: Kritisches Lesebuch. Texte und Materialien für den Deutschunterricht. Rinteln: Merkur 1975. 5. Aufl. 1984. (Kap. 4.4)

-: Interpretationen für den kritischen Deutschunterricht. Rinteln: Merkur 1977. 5., überarb. u. erg. Aufl. 1983. (Kap. 4.4)

Goldberg, Hans-Peter: „In-Szene-Setzen" als Lernform. In: Praxis Schule 5–10 (2003), H. 4, 6–9.

Goleman, Daniel: Emotionale Intelligenz. München: Hanser 1996. (Kap. 2.1, 2.3)

Graf, Werner: „Literarische Pubertät". Überlegungen zu Interviews mit erwachsenen Lesern. In: Der Deutschunterricht 32 (1980), H. 5, 16–24. (Kap. 1.1)

-: Fiktionales Lesen und Lebensgeschichte. Lektürebiographien der Fernsehgeneration. In: Rosebrock 1995, 97–126. (Kap. 2.2)

→ -: Das Schicksal der Leselust. Die Darstellung der Genese der Lesemotivation in Lektüreautobiographien. In: Garbe et al.(Hrsg.) 1997, 101–124. (Kap. 2.2)

-: Literarische Sozialisation. In: Bogdal/Korte (Hrsg.) 2002, 49–60. (Kap. 1.1, 1.5, 2.2)

Greiner, Thorsten/Abraham, Ulf: Die Lehre der Literatur oder Was Literaturlehrende von ihrem Gegenstand lernen können. In: Sprache und Literatur 33 (2002), H. 1, 55–68. (Kap. 1.2).

Grenz, Dagmar (Hrsg.): Kinderliteratur – Literatur auch für Erwachsene. Zum Verhältnis von Kinderliteratur und Erwachsenenliteratur. München: Juventa 1990, 15–24. (Kap. 1.5)

-: Mädchenliteratur. In: Lange (Hrsg.) 2000, 332–358.

Groeben, Norbert/Vorderer, Peter: Dimensionen der Medienkompetenz. Deskriptive und normative Aspekte. In: Groeben/Hurrelmann (Hrsg.) 2002, 160–197. (Kap. 2.1)

→ -/Hurrelmann, Bettina (Hrsg.): Medienkompetenz. Voraussetzungen, Dimensionen, Funktionen. Weinheim, München: Juventa 2002. (Kap. 2.1)

Gross, Monika: Vorstellungen von Zeit. In: Praxis Deutsch 26 (1999), H. 154, 60–64. (Kap. 4.1)

-: Einstein's Dreams von Alan Lightman im Deutsch- und Philosophieunterricht der S II. In: Abraham/Launer (Hrsg.) 2002, 163–172. (Kap. 2.3, 4.1)

Gross, Sabine: In Defense of Canons. In: R. Bledsoe et al. (Hrsg.): Rethinking Germanistik. Canon and Culture. New York: P. Lang 1991, 105–112. (Kap. 2.3)

-: Lese-Zeichen. Kognition, Medium und Materialität im Leseprozess. Darmstadt: WB 1994. (Kap. 1.2, 1.5)

Grundke, Peter: Die Ralphs und die Jacks: Jugendprobleme im Unterricht. Ein Unterrichtsentwurf über Gruppenprozesse im Anschluß an die Lektüre von Goldings „Herr der Fliegen". In: Wangerin 1983, 49–62. (Kap. 4.1)

Günther, Friedrich Joachim: Über den deutschen Unterricht auf Gymnasien. Essen: Bädeker 1841. (Kap. 3.2)

Günther, Hartmut et al. (Hrsg.): Schrift und Schriftlichkeit: ein interdisziplinäres Handbuch. Berlin: de Gruyter 1994 ff. (Kap. 1.2)

Haarmann, Hans-Georg: Die türme stehn in glutt. Zur Arbeit mit Powerpoint-Präsentationen. In: Praxis Deutsch 29 (2002), H. 175, 52–56.

Haas, Gerhard: Kinder- und Jugendliteratur. Ein Handbuch. Stuttgart: Klett, 3. Aufl. 1984. (Kap. 4.4)

-: Wo liegt Nangilima? Astrid Lindgrens „Die Brüder Löwenherz". Zit. nach: Praxis Deutsch-Sonderheft Kinder- und Jugendliteratur im Unterricht. Velber 1995, 49–52. (Kap. 4.1)

► -: Handlungs- und produktionsorientierter Literaturunterricht. Theorie und Praxis eines ‚anderen' Literaturunterrichts für die Primar- und Sekundarstufe. Seelze: Kallmeyer' sche Verlagsbuchhandlung 1997. (Kap. 2.1, 4.3)

-: Plädoyer für eine Kinder- und Jugendliteraturdidaktik vom Geschehnisfeld und den Figuren der erzählerischen Texte aus. In: Richter/Hurrelmann (Hrsg.) 1998, 35–43. (Kap. 4.4)

-: In der Schule Leistungen bewerten, ohne pädagogische Prinzipien außer Kraft zu setzen. Bewerten und Benoten im offenen Unterricht. In: Praxis Deutsch 26 (1999), H. 155, 10–19. (Kap. 6.7)

-: Was Literatur leisten kann. In: Praxis Deutsch 30 (2003), H. 179, 63. (Rezension zu Abraham/Launer Hrsg. 2002) (Kap. 2.3)

-/Menzel, Wolfgang/Spinner, Kaspar H.: Handlungs- und produktionsorientierter Literaturunterricht. In: Praxis Deutsch 21 (1994), H. 123, 17–25. (Kap. 1.4)

Habermas, Jürgen: Zur Entwicklung der Interaktionskompetenz. Frankfurt 1975. (nicht autorisierte Mitschrift eines Vortrags). (Kap. 2.1)

➔Härle, Gerhard/Steinbrenner, Marcus (Hrsg.): Kein endgültiges Wort. Die Wiederentdeckung des Gesprächs im Literaturunterricht. Baltmannsweiler: Schneider 2004. (Kap. 6.1, 6.3)

➔Halbey, Hans Adolf: Bilderbuch: Literatur. Neun Kapitel über eine unterschätzte Literaturgattung. Weinheim: Beltz Athenäum. 1997. (Kap. 1.5)

Harmgarth, Friederike (Hrsg.): Lesegewohnheiten – Lesebarrieren. Schülerbefragung im Projekt „Öffentliche Bibliotheken und Schule – neue Formen der Partnerschaft". Gütersloh: Stiftung Bertelsmann 1997. (Kap. 2.2)

Hegele, Wolfgang: Literaturunterricht und literarisches Leben in Deutschland (1850–1990). Historische Darstellung – systematische Klärung. Würzburg: Königshausen + Neumann 1996. (Kap. 2.3, 3.3, 4.4)

Heidtmann, Horst: Kindermedien. Stuttgart: Metzler 1992. (Kap. 4.4)

-: Fernsehserien im Unterricht. In: Praxis Deutsch 20 (1993), H. 121, 26–31. (Kap. 4.4)

-: Multimedia als Erzählmedium: Die Auflösung traditioneller Erzählweisen stellt Anforderungen an Literaturwissenschaft und Literaturgeschichtsschreibung. In: Trans. Internet-Zeitschrift für Kulturwissenschaften 2/1997: EP: http://www.adis.at/arlt/institut/trans-/2Nr/haidtmann.htm. (Kap. 4.4)

Hein, Jürgen: Zur Kanonfrage im Deutschunterricht der Sekundarstufe I. In: Kowsky, Franz (Hrsg.): Die historische Dimension im Deutschunterricht. DDR-Literatur im Deutschunterricht. Tagungsberichte vom Verbandstag des Landesverbandes Westfalen/Lippe am 14.11.1986 in Münster und vom 15. Hess. Germanistentag am 6.3.1987 in Frankfurt/Hoechst. Deutscher Germanistenverband: Selbstverlag, 24–33. (Kap. 2.3)

Helmers, Hermann: Didaktik der deutschen Sprache. Stuttgart: Klett 1966 (zahlreiche Neuauflagen). (Kap. 1.4)

-: Geschichte des Lesebuchs in Grundzügen. Stuttgart: Klett 1970. (Kap. 5.1)

Hentig, Hartmut von: Jus' you wait! Beobachtungen zu William Goldings „Herr der Fliegen" (1967). Erneut in: Spielraum und Ernstfall. Gesammelte Aufsätze zu einer Pädagogik der Selbstbestimmung. Stuttgart: Klett-Cotta 1981, 107–136. (Kap. 1.2)

-: Bildung. Ein Essay. München: Hanser 1996. (Kap. 1.2, 2.3)

Herder, Johann Gottfried: Von der Ausbildung der Rede und Sprache in Kindern und Jugendlichen, (1796). Zit. nach: Herders Sämmtliche Werke, hrsg. v. Suphan, B. Berlin: Weidmannsche Buchhandlung. Bd. 30, 1889, 217–226 (= 28. Stück der „Schulreden"). (Kap. 3.1)

Heydebrand, Renate von: Probleme des Kanons – Probleme der Kanon- und Bildungspolitik. In: Janota, Johannes (Hrsg.): Germanistik, Deutschunterricht und Kulturpolitik. Vorträge des Augsburger Germanistentages 1991. Tübingen. Bd. 4, 3–22. 1993 (Kap. 2.3)

-/Winko, Simone: Arbeit am Kanon: Geschlechterdifferenz in Rezeption und Wertung von Literatur. In: Bußmann, Hadumod/Hof, Renate (Hrsg.): Genus. Stuttgart: Kröner 1995, 206–261. (Kap. 2.3)

Hickethier, Knut: Zur Tradition schulischer Beschäftigung mit Massenmedien. Ein Abriss der Geschichte deutscher Medienpädagogik. In: Schwarz, Reent (Hrsg.): Manipulation durch Massenmedien – Aufklärung durch Schule? Stuttgart: Metzler 1974, 21–52. (Kap. 4.4)

-: Filmsprache und Filmanalyse. Zu den Kategorien der filmischen Produktanalyse. In: Der Deutschunterricht 33 (1981), H. 4, 6–27. (Kap. 4.4)

-: Begriffe der Film- und Fernsehanalyse. In: Praxis Deutsch 11 (1983), H. 57, 20–23. (Kap. 4.4)

-: Drei Möglichkeiten zum Leben: „Lola rennt" (10.-13. Jahrgangsstufe). In: Deutschunterricht 55 (2002), H. 6, 13–17. (Kap. 4.4)

➔ -: Einführung in die Medienwissenschaft. Stuttgart: Metzler 2003. (Kap. 1.4)

Hiecke, Robert Heinrich: Der deutsche Unterricht auf deutschen Gymnasien. Ein pädagogischer Versuch, Leipzig: Verlag von E. Eisenach 1842. (Kap. 3.1, 3.2, 3.3)

➔Hildebrand, Jens: film. ratgeber für lehrer. Köln: Aulis Verlag Deubner 2001. (Kap. 2.3, 4.4)

Hintz, Ingrid: Das Lesetagebuch: intensiv lesen, produktiv schreiben, frei arbeiten. Bestandsaufnahme und Neubestimmung einer Methode zur Auseinandersetzung mit Kinder- und Jugendbüchern im Deutschunterricht. Baltmannsweiler: Schneider 2002. (Kap. 4.2, 6.1)

Höfner, Marion: Fächerübergreifender Unterricht bei der Aneignung literarischer Werke. In: Mitteilungen des Deutschen Germanistenverbandes 42 (1995), H. 5, 31–39.(Kap. 4.1)

Hohmann, Joachim S./Rubinich, Johann (Hrsg.): Wovon der Schüler träumt: Leseförderung im Spannungsfeld von Literaturvermittlung und Medienpädagogik. Franfurt. M. u. a.: Lang 1995.

Hurrelmann, Bettina: Kinderliteratur im sozialen Kontext. Weinheim, Basel: Beltz 1982. (Kap. 4.4)

Hurrelmann, Bettina: Kinder- und Jugendliteratur im Deutschunterricht – eine Antwort auf den Wandel der Medienkultur? In: Der Deutschunterricht 42 (1990), H. 3, 5–24. (Kap. 4.4)

➔ -: Leseförderung. In: Praxis Deutsch 21 (1994), H. 127, 17–26. (Kap. 2.2, 4.4)

- (Hrsg.): Klassiker der Kinder- und Jugendliteratur. Frankfurt a. M.: Fischer 1995. (Kap. 4.4)

-: Leseförderung – eine Daueraufgabe. In: Bertelsmann Stiftung (Hrsg.) 1996, 13–33. (Kap. 2.2)

-: Lesen als Kinderkultur und die Erwachsenen als Leselehrer. In: Rupp, Gerhard (Hrsg.): Wozu Kultur? Zur Funktion von Sprache, Literatur und Unterricht. Frankfurt a. M.: P. Lang 1997, 81–94. (Kap. 2.3)

-: Kinderliteratur – Sozialisationsliteratur? In: Richter/Hurrelmann (Hrsg.) 1998a, 45–60. (Kap. 4.4)

-: Unterhaltungsliteratur. In: Praxis Deutsch 25 (1998b), H. 150, 15–22. (Kap. 1.3)

-: Wer erzählt all die Geschichten? Gedanken zum Wandel unserer narrativen Umwelt. In: Neue Sammlung 41 (2001), H. 1, 57–72. (Kap. 4.4)

-: Kinder- und Jugendliteratur im Unterricht. In Bogdal/Korte (Hrsg.) 2002, 134–146. (Kap. 4.4, 5.2)

➔ -: Prototypische Merkmale der Lesekompetenz. In: Groeben/Hurrelmann (Hrsg.) 2002b, 275–286. (Kap. 2.3)

-: Sozialhistorische Rahmenbedingungen von Lesekompetenz sowie soziale und personale und Einflussfaktoren. In: Groeben/Hurrelmann (Hrsg.) 2002c, 123–149. (Kap. 1.3, 2.3)

-/Hammer, Michael/Nieß, Ferdinand: Lesesozialisation. Bd. 1.: Leseklima in der Familie. Gütersloh: Bertelsmann 1993. (Kap. 2.1, 2.2)

-/Richter, Karin (Hrsg.): Das Fremde in der Kinder- und Jugendliteratur. Weinheim: Juventa 1998. (Kap. 4.4)

-/Becker, Susanne (Hrsg.): Kindermedien nutzen. Medienkompetenz als Herausforderung für Erziehung und Unterricht. Weinheim, München 2003.

-/: Kindermedien als Chance zum Erweb von Medienkompetenz. In: Hurrelmann/Becker (Hrsg.) 2003, 11–25. (Kap. 2.1, 4.4)

Hussong, Martin: Zur Theorie und Praxis kritischen Lesens. Über die Möglichkeit der Veränderung der Lesehaltung. Düsseldorf: Schwann 1973 (Kap. 2.3, 4.4)

Ingendahl, Werner: Sprachreflexion statt Grammatik. Ein didaktisches Konzept für alle Schulstufen. Tübingen: Niemeyer 1999. (Kap. 4.2)

Iser, Wolfgang: Der Akt des Lesens. Theorie ästhetischer Wirkung. München: Fink, 2. durchges. Aufl. 1984. (Kap. 1.5)

-: Das Fiktive und das Imaginäre. Perspektiven literarischer Anthropologie. Frankfurt a. M.: Suhrkamp 1991. (Kap. 1.2)

Issing, Ludwig J.: Von der Mediendidaktik zur Multimedia-Didaktik. In: Unterrichtswissenschaft 3 (1994), 267–287. (Kap. 5.4)

Ivo, Hubert: Allgemeine Lernziele des Literaturunterrichts. Überarb. Fassung in: Wilkending, Gisela (Hrsg.): Literaturunterricht. München: Piper 1971, 170–205. (Kap. 2.1)

Ivo, Hubert: Projekt – das Wort für einen ‚besseren' Unterricht. Anmerkungen zu einem Fachdiskurs. In: Fritzsche et al. 1992, 118–128. (Kap. 4.1)

-/Wardetzky, Kristin (Hrsg.): aber spätere Tage sind als Zeugen am weisesten. Zur literar-ästhetischen Bildung im politischen Wandel. Festschrift für Wilfried Bürow. Berlin: Volk & Wissen 1997. (Kap. 2.3)

-: Muttersprache – Identität – Nation. Sprachliche Bildung im Spannungsfeld zwischen einheimisch und fremd. Opladen: Westdeutscher Verlag 1994. (Kap. 4.2, 6.4)

Jäger, Georg: Schule und literarische Kultur. Bd. 1: Sozialgeschichte des deutschen Unterrichts an höheren Schulen von der Spätaufklärung bis zum Vormärz. Stuttgart: Metzler 1981 (Kap. 3.2)

Jakobson, Roman: Hölderlin, Klee, Brecht. Frankfurt a. M.: Suhrkamp 1976. (Kap. 2.4)

Jehle, Cordula: Mit Quintus das antike Rom erleben. In: Praxis Schule 5–10 (1997), H. 4, 12f. (Kap. 4.1)

Jentgens, Stephanie/Barth, Susanne: Literatur zur sprachlich-literarischen Erziehung und zur Geschmacksbildung. In: Brunken, Otto u. a. (Hrsg.): Handbuch zur Kinder- und Jugendliteratur. Von 1800 bis 1850. Stuttgart, Weimar: Metzler 1998, 713–720. (Kap.1.1)

Jolles, André: Einfache Formen (1930). 2. Aufl. Halle: Niemeyer 1956. (Kap. 4.4)

Jolles, Evelyn: Wozu Übersetzungen gut sein können ... In: Praxis Deutsch 10 (1983), H. 53, 67–71. (Kap. 4.2)

Jonas, Hartmut/Josting, Petra (Hrsg.): Medien – Deutschunterricht – Ästhetik. München: kopaed 2004. (Kap. 4.4)

Jürgens, Eiko: Offener Unterricht – offene Lernsituationen. In: Praxis Schule 5–10 (1998), H. 3, 6–9. (Kap. 4.1)

Kaller, Winfried: Medienanalyse und Medienkritik in der Schule. Rahmenplan für die Klassen 5–11. In: Der Deutschunterricht 5 (1977), 5–11. (Kap. 4.4)

Kammler, Clemens: „Lieber Monsieur Süskind, danke!" Oder: Kann die Schule die Lust am Lesen fördern? In: Der Deutschunterricht 48 (1996), H. 3, 5–10. (Kap.1.3, 2.1, 2.3)

-: Vom Nutzen und Nachteil des Literaturunterrichts für das Leben. Poststrukturalistische Literaturdidaktik und Werteerziehung. In: Deutschunterricht (Berlin) 50 (1997), H. 4, 170–197. (Kap. 2.3, 4.4)

➔ - (Hrsg.): Neue Literaturtheorien und Unterrichtspraxis. Positionen und Modelle. Baltmannsweiler: Schneider 2000. (Kap. 1.4, 4.4, 6.3, 6.4)

-: Gegenwartsliteratur im Unterricht. In: Bogdal/Korte (Hrsg.) 2002, 166–176. (Kap. 2.3, 5.2)

-: Zeitgenössische Theaterstücke. In: Praxis Deutsch 30 (2003), H. 181, 6–13. (Kap. 4.4)

➔Kamp, Werner/Rüsel, Manfred: Vom Umgang mit Film. Berlin: Volk und Wissen 1998. (Kap. 4.4)

►Kämper-van den Boogaart, Michael (Hrsg.): Deutsch-Didaktik. Leitfaden für die Sekundarstufe I und II. Berlin: Cornelsen Scriptor 2003a

-: Fachdidaktik und Wissenschaft. In: ders. (Hrsg.): Deutsch-Didaktik. Leitfaden für die Sekundarstufe I und II. Berlin: Cornelsen Scriptor 2003b, 75–94. (Kap. 1.5)

Kämper-van den Boogaart, Michael: Unterrichtsplanung. In: ders. (Hrsg.): 2003c, 274–287. (Kap. 6.1, 6.2)

- (Hrsg.): Deutschunterricht nach der PISA-Studie. Reaktionen der Deutschdidaktik. Frankfurt a. M.: P. Lang 2004. (Kap. 4.4)

Karst, Theodor: Für einen fächerverbindenden Deutschunterricht interdisziplinär studieren – Erfahrungen und Vorschläge. In: Frederking, Volker (Hrsg.): Verbessern heißt Verändern. Neue Wege, Inhalte und Ziele der Ausbildung von Deutschlehrer(inne)n in Studium und Referendariat. Baltmannsweiler: Schneider 1998, 157–166. (Kap. 4.1)

-: Rheinfall und Loreley – Stationen einer Rheinreise in Texten und Bildern. Aspekte eines fächerverbindenden Unterrichts. In: Wermke (Hrsg.) 2002, Bd. 1, 102–128. (Kap. 4.1)

-/Venter, Jochen: Natur und Literatur. Fächerverbindender Unterricht in der Grundschule. Baltmannsweiler: Schneider 1994. (Kap. 4.1)

Karstädt, Otto: Dem Dichter nach. Schaffende Poesiestunden. Langensalza 1913. (Kap. 2.1)

Katz, Steven D.: Die richtige Einstellung. „Shot by shot". Zur Bildsprache des Films. Frankfurt a. M.: Zweitausendeins 1998. (Kap. 4.4)

Kepser, Jutta: „Lola rennt". Möglichkeiten zum Einsatz im DaF-Unterricht. In: Info DaF 6 (2000), 617–630. (Kap. 4.4)

→Kepser, Matthis: Massenmedium Computer. Ein Handbuch für Theorie und Praxis des Deutschunterrichts. Bad Krozingen: d-Punkt 1999. (Kap. 1.4, 2.2, 5.4)

-: Internetliteratur im Deutschunterricht. In: Thomé, Günther u. Dorothea: (Hrsg.) Computer im Deutschunterricht der Sekundarstufe. Braunschweig: Westermann 2000, 107–125. (Kap. 5.4)

-: *Und Nietzsche weinte* von Irvin D. Yalom im Deutsch- und Psychologieunterricht der S II. In: Abraham/Launer (Hrsg.) 2002a, 173–195. (Kap. 2.2, 2.3, 4.1)

-: „Stella Luna" und „Verdi" von Janell Cannon im Deutsch- und Sachunterricht der Primarstufe. In: Abraham/Launer (Hrsg.) 2002b, 82–92. (Kap. 2.2)

-: Auf den Spuren eines Zeit-Spiel-Films. Anregungen zu Lola rennt. In: Praxis Deutsch 29 (2002c), H. 175, 44–50. (Kap 4.4)

-/Nickel-Bacon, Irmgard (Hrsg.): Medienkritik im Deutschunterricht. Baltmannsweiler: Schneider 2004. (Kap. 4.4)

-: Visuelle Poesie im medialen Wandel. Gattungsgeschichtliche Untersuchung und didaktischen Konsequenzen. In: Frederking/Josting (Hrsg.) 2005, 163–190. (Kap. 4.4, 5.4)

Kern, Peter Chr.: Wie laufen sie denn ... ja, wie laufen sie denn? Eine filmische Sehschule im Deutschunterricht. In: Der Deutschunterricht 48 (1996), H. 4, 100–104. (Kap. 4.4)

-: Film. In: Bogdal/Korte (Hrsg.) 2002, 217–229. (Kap. 4.4)

Killus, Dagmar: Das Schulbuch im Deutschunterricht der Sekundarstufe I. Münster u. a.: Waxmann 1998. (Kap. 5.1)

Kittler, Friedrich A.: Aufschreibesysteme 1800–1900. München: Wilhelm Fink 1987. (Kap. 1.2).

Klicpera, Christian/Gasteiger-Klicpera, Barbara/Schabmann, Alfred: Rechtschreib-schwierigkeiten. In: Bredel, Ursula et al. (Hrsg.): Didaktik der deutschen Sprache. Bd. 1, (2003), 405–419. (Kap. 2.2)

Kliewer, Heinz-Jürgen: Lady Punk Unterm Rad. Ist die Literaturdidaktik unteilbar? In: Rank/Rosebrock 1997, 139–156. (Kap. 4.3)

-: (Hrsg.) Jugendlyrik. Ditzingen: Reclam 2000. (= Arbeitstexte für den Unterricht).

➔ -/Kliewer, Ursula: Gedichte im Unterricht. Grundschule und Orientierungsstufe. Baltmannsweiler: Schneider 2002.

Klingler, Walter/Groebel, Jo: Kinder und Medien 1990. Baden-Baden: Nomos 1994. (Kap. 2.1, 2.2)

Klose, Werner: Im Vorfeld der Spielfilmanalyse. Drehbuchlektüre im 7./8. Schuljahr. In: Der Deutschunterricht 4 (1981), 28–45. (Kap. 4.4)

Klotz, Peter: Sprachliches Handeln und grammatisches Wissen. In: Der Deutschunterricht 47 (1995), H. 4, 3–13. (Kap. 4.2)

-: beim Wort genommen. Ein didaktisches Konzept jenseits der Handlungsorientierung. In: Deutschunterricht-Berlin 50 (1997), H. 5, 226–236. (Kap. 4.2)

-: Lesetechniken – eine Grundlagenskizze. In: Bredel et al. (Hrsg.) 2003, Bd.1, 548–550. (Kap. 2.1)

Kluge, Friedrich: Etymologisches Wörterbuch der deutschen Sprache. 24. Aufl. Bearbeitet von Seebold, Elmar. Berlin, New York: de Gruyter 2002. (Kap. 2.1)

Knapp, Gerhard W.: Die Literatur des deutschen Expressionismus. München: Beck 1979. (Kap. 6.3)

Knobloch, Clemens: Sprache und Sprechtätigkeit. Sprachpsychologische Konzepte. Tübingen: Niemeyer 1994. (Kap. 4.2)

Knobloch, Jörg/Dahrendorf, Malte (Hrsg.): Offener Unterricht mit Kinder- und Jugendliteratur. Grundlagen – Praxisberichte – Materialien. Baltmannsweiler: Schneider 1999. (Kap. 4.1, 4.4)

Koberstein, Karl August: Grundriß der Geschichte der deutschen National-Litteratur zum Gebrauch auf gelehrten Schulen entworfen, Leipzig: Vogel 1827; vgl. auch: Grundriß der Geschichte der deutschen Nationalliteratur; 5. umgearb. Aufl. von Bartsch Karl, ebd., 1873. (Kap. 3.2)

Kohlberg, Lawrence: Zur kognitiven Entwicklung des Kindes. Frankfurt a. M.: Suhrkamp 1974. (Kap. 2.1)

Köller, Wilhelm: Funktionaler Grammatikunterricht. Tempus, Genus, Modus: Wozu wurde das erfunden? 3. Aufl. Hannover: Schroedel 1991. (Kap. 4.2)

Köpf, Gerhard: Literaturdidaktik und Geschichtlichkeit der Literatur. In: Praxis Deutsch 7 (1980), H. 39, 5–7.

-: LesenSchreibenLesen. In: Deutschunterricht 55 (2002), H. 1, 4–8. (Kap. 4.2)

-/Siegle, Rainer: Durchführung von Projekten. In: Fritzsche et al. (Hrsg.) 1992, 68–117. (Kap. 4.1)

Köppert, Christine: Entfalten und Entdecken. Zur Verbindung von Imagination und Explikation im Literaturunterricht. München: Vögel 1997 (Diss. Augsburg 1997). (Kap. 2.1, 2.3)

Köppert, Christine: „Ich hab auf dich gewartet, ,'ne halbe Ewigkeit". Filmzeit, verfilmte Zeit: eine Skizze zum Dechiffrierangebot in der Ausgangsstory von „Lola rennt". In: Köppert, Christine/Metzger, Klaus (Hrsg.): „Entfaltung innerer Kräfte" Blickpunkte der Deutschdidaktik. Festschrift für Kaspar Spinner anlässlich seines 60. Geburtstages. Velber: Friedrich 2001, 247–260. (Kap. 4.4)

Korte, Hermann: Historische Kanonforschung und Verfahren der Textauswahl. In: Bogdal/Korte (Hrsg.) 2002, 61–77. (Kap. 2.3; 5.1)

-: Lyrik im Unterricht. In: Bogdal/Korte (Hrsg.) 2002, 201–216. (Kap. 4.3)

Köster, Juliane: Nachbilden – auswählen – umformen. In: Praxis Deutsch 18 (1990), H. 101, 55–60. (Kap. 4.1)

-: Bernhard Schlink, Der Vorleser (Oldenbourg-Interpretationen Bd. 98). München: Oldenbourg 2000. (Kap. 4.1)

-/Spinner, Kaspar H.: Vergleichendes Lesen. In: Praxis Deutsch 30 (2002), H. 173, 6–15.

Kötter, Engelbert/Wagener, Andrea: Literaturverfilmung: Adaption oder Kreation? Berlin: Cornelsen 2002. (Kap. 4.3)

Kreft, Jürgen: Grundprobleme der Literaturdidaktik. Heidelberg: Quelle & Meyer 1977. (Kap. 1.1, 1.4, 2.3, 4.3)

-: Grundprobleme der Literaturdidaktik. 2. verb. Auflage. Quelle & Meyer 1982. (Kap. 2.1, 6.2)

→Kretschmer, Christine: Bilderbücher in der Grundschule. Berlin: Volk und Wissen/Kamp 2003. (Kap. 2.2)

Krüger, Anna: Kinder- und Jugendbücher als Klassenlektüre. Analysen und Schulversuche. Ein Beitrag zur Reform des Leseunterrichts. Berlin: Luchterhand 1963. (Kap. 2.1, 4.4, 5.2)

Krusche, Dietrich/Krechel, Rüdiger: Anspiel. Konkrete Poesie im Unterricht Deutsch als Fremdsprache. Bonn: Inter Nationes 1984. (Kap. 2.1, 2.2)

Kügler, Hans: Literatur und Kommunikation. Stuttgart: Klett 1971. (Kap. 3.3)

Kunz, Marcel: Szenische Verfahren im Literaturunterricht. In: Spinner 1995a, 55–58. (Kap. 4.2)

-: Spieltext und Textspiel. Szenische Verfahren im Literaturunterricht der S II. Seelze: Kallmeyer'sche Verlagsbuchhandlung 1997. (Kap. 2.3, 4.2)

Kußmaul, Paul: Die Herübersetzung gehört in den Deutschunterricht. Ein neuer Vorschlag. In: Der Deutschunterricht 40 (1988) H. 6, 83–92 (Kap. 1.5, 4.1)

Laas, Ernst: Der deutsche Unterricht auf Höheren Lehranstalten. Ein kritisch-organisatorischer Versuch. Berlin: Weidmann'sche Buchhandlung 1872. (Kap. 3.1, 3.2)

Ladenthin, Volker: Erziehung durch Literatur? Zur moralischen Dimension des Literaturunterrichts. Essen: Verlag Die blaue Eule 1989. (Kap. 2.3)

-: Moderne Literatur und Bildung. Zur Bestimmung des spezifischen Bildungsbeitrags moderner Literatur. Hildesheim: Olms 1991. (Kap. 2.3)

Landesinstitut für Schule und Weiterbildung Soest (Hrsg.): Film als Gegenstand fachübergreifenden und fächerverbindenden Arbeitens in der gymnasialen Oberstufe. Bönen: Verlag für Schule und Weiterbildung 2000. (Kap. 4.4)

Lange, Günther: Julie von den Wölfen: Interpretation eines Jugendbuchs im Spannungsfeld von Nähe und Distanz. In: Praxis Deutsch-Sonderheft 1995, 69–71. (Kap. 4.1)

Lange, Günter/Steffens, Wilhelm (Hrsg.): Moderne Formen des Erzählens in der Kinder- und Jugendliteratur der Gegenwart unter literarischen und didaktischen Aspekten. Würzburg: Schriftenreihe der Dt. Akademie für KJL 1995. (Kap. 4.4)

► Lange, Günter/Neumann, Karl/Ziesenis, Werner (Hrsg.): Taschenbuch des Deutschunterrichts. 2 Bde. 6. vollständig überarb. Aufl. Baltmannsweiler: Schneider 1998.

Lange, Günter: Die Laufrichtung ändern. Überlegungen zu veränderten Bewertungsverfahren im Literatur- und Schreibunterricht. In: Praxis Deutsch 29 (1999), H. 155, 58–62. (Kap. 6.7)

► -: (Hrsg.): Taschenbuch der Kinder- und Jugendliteratur. 2 Bde. Baltmannsweiler: Schneider 2000 (Kap. 4.4).

Lecke, Bodo: ‚Literarische Bildung‘: Von der Mündigkeit zur Müdigkeit? In: Der Deutschunterricht 42 (1990), H. 5, 86–91. (Kap. 2.3)

-(Hrsg.): Literaturstudium und Deutschunterricht auf neuen Wegen. Frankfurt a. M.: P. Lang 1996.

Lehmann, Rudolf: Der deutsche Unterricht. Eine Methodik für höhere Lehranstalten. Berlin. Weidmann'sche Buchhandlung 1890; 3., überarb. Aufl. 1909. (Kap. 3.2)

Lenhard, Albin: Über Literatur streiten: Das Jury-Spiel – ein Verfahren zur Leseförderung. In: Eicher 1997, 215–224. (Kap. 6.1)

Lessing, Gotthold Ephraim: Von einem besonderen Nutzen der Fabeln in den Schulen. In: ders.: Fabeln. Abhandlungen über die Fabeln. Stuttgart: Reclam 1967, 143–148. (Erstveröffentlichung 1759) (Kap. 2.4)

Leubner, Martin: „Bestehe die Abenteuer". Interaktive Spielgeschichten zwischen Geschichte und Spiel. In: Hurrelmann/Becker (Hrsg.) 2003, 194–205. (Kap. 2.1, 5.4, 5.5)

→ Lindenpütz, Dagmar: Das Kinderbuch als Medium ökologischer Bildung. Untersuchungen zur Konzeption von Natur und Umwelt in der erzählenden Kinderliteratur seit 1970. Essen: Die blaue Eule 1999. (Kap. 4.1)

-: Natur und Umwelt als Thema der Kinder- und Jugendliteratur. In: Lange (Hrsg.) 2000, Bd.2, 727–745.

Lindhoff, Lena: Einf. in die feministische Literaturtheorie. Stuttgart 1995. (Kap. 2.3)

Lucas, Lore: Textsorte: Drama. Analysen – Lernziele – Methoden. Bochum: Kamp 1987. (Kap. 4.4)

Luhmann, Niklas: Die Realität der Massenmedien. Opladen: Westdeutscher Verlag 1996[2]. (Kap. 1.1).

Maier, Karl Ernst: Jugendschriftentum. Formen, Inhalte, pädagogische Bedeutung. 7. neubearb. Aufl. Bad Heilbrunn: Klinkhardt 1973. (Kap. 6.2)

-: Jugendliteratur. Formen, Inhalte, pädagogische Bedeutung. 10. überarb. u. erw. Aufl. Bad Heilbrunn: Klinkhardt 1993. (Kap. 6.2)

Maiwald, Klaus: Literarisierung als Aneignung von Alterität. Theorie und Praxis einer literaturdidaktischen Konzeption zur Leseförderung im Sekundarstufenbereich. Diss. Universität Bamberg 1997. (Kap. 2.1)

-: Literatur lesen lernen. Begründung und Dokumentation eines literaturdidaktischen Experiments. Baltmannsweiler: Schneider 2001. (Kap. 4.4)

-: Von den Bildern kommend – zu den Bildern zurück? Neues vom Erzählen und einige lesedidaktische Folgerungen. In: Jonas/Josting (Hrsg.)2004, 233–250.

Malsch, Gabriele: Schwierigkeiten bei der Vermittlung von Lyrik (Sekundarstufe II). In: Der Deutschunterricht 39 (1987), H. 3, 23–32. (Kap. 2.3)

Marci-Boehncke, Gudrun: Medienerziehung im Lesebuch. In: Ehlers (Hrsg.) 2003, 125–143. (Kap. 5.1)

Marefka, Manfred/Nauck, Bernhard: Zwischen Literatur und Wirklichkeit. Neuwied, Berlin: Luchterhand 1972. (Kap. 2.1)

Marquardt, Doris: Erzählung, Novelle und Kurzgeschichte im Unterricht. In: Lange/Neumann/Ziesenins (Hrsg.) 1998, 579–599. (Kap. 4.4)

Matthias, Adolf: Geschichte des deutschen Unterrichts. München: Beck'sche Verlagsbuchhandlung 1907. (Kap. 3.3)

Matthiessen, Wilhelm: Umgang mit Texten in der Sekundarstufe II. In: Kämper-van den Boogaart 2003a, 117–141. (Kap. 2.1, 2.3, 4.3)

Mayrhofer, Wolfgang: Geschichte und Geschichten. Zwei Versuche des schülerzentrierten Literaturunterrichts. In: Bärnthaler/Tanzer (Hrsg.) 1999, 155–183. (Kap. 4.1)

Mead, Georg. H.: Geist, Identität und Gesellschaft. Frankfurt: Suhrkamp 1968. (Engl. Original 1934). (Kap. 2.1)

Meisch, Rainer: Deutsche Literaturgeschichte in der 1. Hälfte des 19. Jahrhunderts als Hypertext-System. In: Akademie für Lehrerfortbildung Dillingen (Hrsg.): Computer ist mehr. Multimedia + Schule. München: Manz 1995, 148–166. (Kap. 6.1)

-: Literaturgeschichte interaktiv: Hypertext und Multimedia im literaturgeschichtlichen Unterricht. In: Akademie für Lehrerfortbildung Dillingen (Hrsg.): Medien und kein Ende. Buch und Lesen in der Mediengesellschaft (Akademie-Bericht Nr. 302). 1997, 193–211. (Kap. 6.1)

Melzer, Helmut: Die Herrschaft des Beiworts. Zur stilistischen Funktion des Adjektivs in trivialen Texten. In: Praxis Deutsch 14 (1986), H. 77, 67–72. (Kap. 4.2)

Menzel, Wolfgang: Schreiben über Texte. Ein Kapitel zum Aufsatzunterricht. In: Praxis Deutsch 11 (1984), H. 65, 13–22. (Kap. 4.2, 6.3)

Merkelbach, Valentin: Zur Theorie und Didaktik des literarischen Gesprächs. In: Christ et al. 1995, 12–52. (Kap. 4.2, 6.4)

-: Über literarische Texte sprechen. In: Der Deutschunterricht 50 (1998), H. 1, 74–82. (Kap. 4.2, 6.4)

- (Hrsg.): Romane im Unterricht. Lektürevorschläge für die Primarstufe. Baltmannsweiler: Schneider 1999. (Kap. 4.4, 6.4)

- (Hrsg.): Romane im Unterricht. Lektürevorschläge für die Sekundarstufe I. Baltmannsweiler: Schneider 2000. (Kap. 4.4)

Merten, Klaus/Schmid, Siegfried J./Weischenberg, Siegfried (Hrsg.): Die Wirklichkeit der Medien. Eine Einführung in die Kommunikationswissenschaft. Opladen: Westdeutscher Verlag 1994.

Merten, Klaus: Wirkung von Kommunikation. In: Merten/Schmid/Weischenberg (Hrsg.) 1994, 291–328. (Kap. 1.1)

Messner, Rudolf/Rosebrock, Cornelia: Ein Refugium für das Unerledigte – Zum Zusammenhang von Lesen und Lebensgeschichte Jugendlicher in kultureller Sicht. In: Buttgereit, M. (Hrsg.): Lebensverlauf und Biographie. Kassel: Wiss. Zentrum für Berufs- und Hochschulforschung 1987, 155–196. (Kap. 1.2)

Metzger, Klaus: Handlungsorientierter Umgang mit Medien im Deutschunterricht. Berlin: Cornelsen Scriptor 2001. (Kap. 4.4)

Meyer, Hilbert: Unterrichts-Methoden. 2 Bde. Frankfurt a. M.: Scriptor 1987 (Kap. 6.1)

Mieth, Annemarie: Literatur und Sprache im Deutschunterricht der Reformpädagogik. Eine problemgeschichtliche Untersuchung. Frankfurt a. M.: Peter Lang 1994. (Kap. 3.3)

Monaco, James: Film verstehen. Neuausgabe. Reinbek b. Hamburg: Rowohlt 2002. (Kap. 2.4)

Montada, Leo: Die geistige Entwicklung aus der Sicht Jean Piagets. In: Oerter/Montada (Hrsg.) 1995, 518–560. (Kap. 2.1)

-: Moralische Entwicklung und moralische Sozialisation. In: Oerter/Montada (Hrsg.) 1995, 862–894. (Kap. 2.1)

Moritz, Karl Philipp: Die Signatur des Schönen. In wie fern Kunstwerke beschrieben werden können (1788); zit. n.: Schriften zur Ästhetik und Poetik. Kritische Ausgabe, hrsg. v. Schrimpf, Hans J.. Tübingen: Niemeyer 1962, 93–103. (Kap. 3.3)

Morsch, Klaus: Roman eines Schicksallosen von Imre Kertész im Deutsch- und Geschichtsunterricht der 9. Jahrgangsstufe. In: Abraham/Launer (Hrsg.) 2002, 137–152. (Kap. 4.1)

Müller, Astrid: Sachtexte lesen und verstehen. Bedeutung des Lesens und Verstehens. In: Lernchancen 13 (2000), 4–12. (Kap. 4.4)

Müller, Karla: Literatur hören und hörbar machen. In: Praxis Deutsch 31 (2004), H. 185, 6–13. (Kap. 2.4, 5.3)

-/Schmedemann, Uwe: Paul Austers „Smoke". Fächerverbindender Unterricht Deutsch-Englisch. Stuttgart: Klett 2001. (Kap. 4.4)

Müller-Michaels, Harro: Dramatische Werke im Deutschunterricht. Stuttgart: Klett 1971. 2. Aufl. 1975. (Kap. 4.4)

Müller-Michaels, Harro: Deutschkurse, Modell und Erprobung angewandter Germanistik in der gymnasialen Oberstufe. Frankfurt a. M.: Scriptor 1987a. (Kap. 6.5)

-: Literaturgeschichte. Aspekte und Ziele eines literaturhistorischen Unterrichts. In: Seifert, Walter (Hrsg.): Literatur und Medien in Wissenschaft und Unterricht. Festschrift Albrecht Weber. Köln: Böhlau 1987b, 1–8. (Kap. 1.4)

-: Noten für Kreativität? Zum Problem der Beurteilung produktiver Arbeiten im Literaturunterricht. In: Deutschunterricht 46 (1993), H. 7/8, 338–348. (Kap. 6.7)

-: Kanon der Irritationen. Varianten literarischer Identitätsbildung. In: Deutschunterricht (Berlin) 47 (1994), H. 10, 462–471. (Kap. 2.3)

-: Literatur zum Zwecke der Bildung. Aspekte einer Literaturdidaktik als angewandter Germanistik. In: Lecke Hrsg. 1996, 35–50. (Kap. 2.3)

-: Kanon – Denkbilder für das Gespräch zwischen Generationen und Kulturen. In: Ivo/Wardetzky (Hrsg.) 1997, 117–123. (Kap. 2.3)

-: Literarische Anthropologie in didaktischer Absicht. In: Deutschunterricht 52 (1999), H. 3, 164–174. (Kap. 1.1, 2.1, 6.7).

-: Geschichte der Literaturdidaktik und des Literaturunterrichts. In: Bogdal/Korte (Hrsg.) 2002, 30–48. (Kap. 2.3)

-: Konzepte und Kanon in Lesebüchern nach 1945. In: Ehlers 2003, 6–21. (Kap. 5.1)

Muth, Ludwig: Leseglück als Flow-Erlebnis. Ein Deutungsversuch. In: Bellebaum/ Muth (Hrsg.)1996, 57–81. (Kap. 4.4)

Näff, Anton: Grammatik und Textinterpretation – am Beispiel von „Homo Faber". In: Der Deutschunterricht 48 (1996), H. 6, 44–60. (Kap. 4.2)

→Nefzer, Ina: Lesen und Vorstellungsbildung in multimedialen Kontexten. Zur Ausdifferenzierung von Medienverbundangeboten am Beispiel kinderliterarischer Klassiker. In: Jahrbuch der Kinder- und Jugendliteraturforschung (1999/2000), 67–78. (Kap. 1.2, 4.4)

Neubaur, Caroline: Übergänge. Spiel und Realität in der Psychoanalyse Donald W. Winnicotts. Frankfurt a. M.: Athenäum 1987. (Kap. 1.2)

Neuland, Eva: Sprachbewusstsein und Sprachreflexion innerhalb und außerhalb der Schule. Zur Einführung in die Themenstellung. In: Der Deutschunterricht 44 (1992), H. 4, 3–14. (Kap. 4.2)

Nickel-Bacon, Irmgard: Vom Spiel der Fiktionen mit Realitäten. In: Praxis Deutsch 30 (2003), H. 180, 4–12. (Kap. 2.3)

-: Mediengenuss und Medienkritik: Zur Integration von emotionalen und kognitiven Verarbeitungsstrategien am Beispiel von „Harry Potter". In: Kepser/Nickel-Bacon (Hrsg.) 2004, 146–168. (Kap.1.1)

Nöth, Winfried: Handbuch der Semiotik. 2. vollst. bearb. u. erw. Aufl. Stuttgart, Weimar: Metzler 2000. (Kap.1.3, 2.4)

Nußbaum, Regina: Grammatikunterricht im integrativen Deutschunterricht. In: Wege des Lernens im Deutschunterricht, hrsg. v. ders., Braunschweig: Westermann 2000, 176–187. (Kap. 4.2)

Nussbaumer, Markus: Lernerorientierte Textanalyse – Eine Hilfe zum Textverfassen? In: Feilke, Helmuth/Portmann, Paul R. (Hrsg.): Schreiben im Umbruch. Schreibforschung und schulisches Schreiben. Stuttgart: Klett 1996, 96–112. (Kap. 6.7)

Nutz, Maximilian: Literaturgeschichte als entdeckendes Lernen. Möglichkeiten der Verknüpfung von epochengeschichtlicher und thematisch-problemorientierter Literaturbetrachtung am Beispiel der Großstadt im modernen Erzählen. In: Literatur für Leser 1995, H. 2, 89–99. (Kap. 2.3, 6.1)

-: Historisches Verstehen durch Literaturgeschichte? Plädoyer für eine reflektierte Erinnerungsarbeit. In: Didaktik Deutsch (2) 1997, H. 2, 35–53. (Kap. 2.3, 6.1)

-: Literaturgeschichte? – Differenzerfahrung und kulturelles Gedächtnis. In: Spinner (Hrsg.): Neue Wege im Literaturunterricht. Hannover: Schroedel 1999, 21–32. (Kap. 2.3)

-: Beurteilung sprachlicher Leistungen. In: Bredel et al. (Hrsg.) 2003, 924–937. (Kap. 6.7)

Ockel, Eberhard: Vorlesen als Aufgabe und Gegenstand des Deutschunterrichts. Baltmannsweiler: Schneider 2000. (Kap. 6.3)

Oerter, Rolf/Montada, Leo (Hrsg.): Entwicklungspsychologie. 3. vollst. überarb. Aufl. Weinheim: PsychologieVerlagsUnion 1995.

O'Sullivan, Emer: Kinderliterarische Komparatistik. Heidelberg: Winter 2000. (Kap. 1.5, 4.4)

Ong, Walter J.: Oralität und Literalität. Die Technologisierung des Wortes. Wiesbaden: Westdeutscher Verlag 1987. (Kap.1.1)

Paech, Joachim: Literatur und Film. Stuttgart: Metzler 1988. (2. überarb. Auflage 1997) (Kap. 2.4, 4.4)

Paefgen, Elisabeth K.: Ästhetische Arbeit im Literaturunterricht. Plädoyer für eine sachliche Didaktik des Lesens und Schreibens. In: Der Deutschunterricht 45 (1993), H. 4, 48–60.

-: Schreiben und Lesen. Ästhetisches Arbeiten und Literarisches Lernen. Opladen: Westdeutscher Verlag 1996. (Kap. 4.1, 4.2)

-: Textnahes Lesen. Sechs Thesen aus didaktischer Perspektive. In: Belgrad/ Fingerhut (Hrsg.) 1998, 14–23. (Kap. 2.1, 5.2, 6.3)

-: Der „Echtermeyer" (1836–1981) – eine Gedichtanthologie für den Gebrauch in höheren Schulen. Darstellung und Auswertung seiner Geschichte im Literatur- und kulturhistorischen Kontext. Frankfurt a. M.: Peter Lang 1999a, 1–22. (Kap. 3)

▶ -: Einführung in die Literaturdidaktik. Stuttgart: Metzler 1999b. (Kap. 1.1, 1.2, 1.3, 1.5, 2.1, 2.3, 4.2, 5.1, 5.2)

-: Textnahes Lesen und Rezeptionsdidaktik. In: Kämper-van den Boogaart 2003a, 191–209. (Kap. 6.3)

Paule, Gabriela: Der Zahlenteufel von Hans Magnus Enzensberger im Deutsch- und Mathematikunterricht der Orientierungsstufe. In: Abraham/Launer (Hrsg.) 2002, 106–114. (Kap. 4.1)

Payrhuber, Franz-Josef: Dramen im Unterricht. In: Lange/Neumann/Ziesenis (Hrsg.) 1998, 647–668. (Kap. 4.4)

-: „Heute haben wir ein Gedicht durchgenommen..." Anmerkungen zum Gedichtunterricht der Grundschule. In: Blattmann, Ekkehard/Frederking, Volker (Hrsg.): Literatur und Medien. Baltmannsweiler: Schneider 2000, 17–41. (= Deutschunterricht konkret. Bd 1.) (Kap. 4.4)

-: Leseförderung im Lebensraum „Schule". Einige Anregungen für die Praxis. In: Deutschunterricht 54 (2001), H. 2, 26–30. (Kap. 6.6.)

Pennac, Daniel: Wie ein Roman. Köln: Kiepenheuer & Witsch 1994. (Kap. 2.1, 2.3)

Paetzold, Bettina/Erler, Luis (Hrsg.): Bilderbücher im Blickpunkt verschiedener Wissenschaften und Fächer. Bamberg: Nostheide 1990. (Kap. 1.5)

Plieninger, Konrad u. a.: Die Französische Revolution 1793/94. Arbeitsmaterialien Deutsch /Fächerverbindender Unterricht. Stuttgart u. a.: Klett 1993. (Kap. 4.1)

Popp, Kristina: Goethe: Vorbild oder Denkbild? Goetherezeption im Deutschunterricht des späten 19. Jahrhunderts und im aktuellen Literaturunterricht. Diss. Universität Bamberg 2003. (Kap. 3.2)

Postman, Neil: Wir amüsieren uns zu Tode. Frankfurt a. M.: Fischer 1985. (Kap. 1.3)

Pschibul, Manfred: Mündlicher Sprachgebrauch. Verstehen und Anwenden gesprochener Sprache. Donauwörth: Auer 1980 (Kap. 4.2)

Rademacher, Gerhard: Kinder- und Jugendliteratur = ästhetischer Mehrwert oder Restwert? Zum ‚Gebrauch' von KJL und Literatur überhaupt. In: Fischer, Helmut (Hrsg.): Umgang mit Kinderliteratur. Essener Beiträge zur Jugend- und Volksliteratur Bd. 4. Essen: Institut für Jugend- und Volksliteratur der Universität-GH 1995, 54–70. (Kap. 4.4)

Rank, Bernhard: Wege zur Grammatik und zum Erzählen. Grundlagen einer spracherwerbsorientierten Deutschdidaktik. Baltmannsweiler: Schneider 1995. (Kap. 4.2)

Rank, Bernhard/Rosebrock, Cornelia (Hrsg.): Kinderliteratur, literarische Sozialisation und Schule. Weinheim: Dt. Studienverlag 1997.

Rank, Bernhard: Formen und Veränderungen des Erzählens in Bearbeitungen kinderliterarischer Szenarien auf CD-ROM. In: Richter, Karin/Riemann, Sabine (Hrsg.): Kinder – Literatur – „neue" Medien. Baltmannsweiler: Schneider 2000, 198–216. (Kap. 2.1, 2.4, 4.2, 5.4)

Raumer, Rudolf von: Der Unterricht im Deutschen. In: Raumer, Karl v.: Geschichte der Pädagogik vom Wiederaufblühen klassischer Studien bis auf unsere Zeit III. Theil, 2. Abtheilung, Stuttgart: Liesching 1852, 15–151. (Kap. 3.3)

➔Reger, Harald: Kinderlyrik in der Grundschule. Literaturwissenschaftliche Grundlegung. Schülerorientierte Didaktik. Baltmannsweiler: Schneider 1994.[2] (Kap. 4.4)

Reinhard, Angelika: Die Karriere des „Robinson Crusoe" vom literarischen zum pädagogischen Helden. Eine literaturwissenschaftliche Untersuchung des „Robinson" Defoes und der „Robinson"-Adaptionen von Campe und Forster. Frankfurt a. M.: P. Lang 1994. (Kap. 1.2)

Reiß, Gunter: „Ein Sommertag in der schönen Bonanza-Welt". Fernsehanalyse im Deutschunterricht am Beispiel der Serien-Vorspanns. In: Der Deutschunterricht 29 (1977), H. 4, 54–65. (Kap. 4.4)

Renk, Herta-Elisabeth: Dramatische Texte im Unterricht. Materialien und Kursmodelle für die Sekundarstufe I und II. Stuttgart: Klett 1978. (Kap. 4.4)

Richter, Karin/Hurrelmann, Bettina (Hrsg.): Kinderliteratur im Unterricht. Theorien und Modelle zur Kinder- und Jugendliteratur im pädagogisch-didaktischen Kontext. Weinheim, München: Juventa 1998. (Kap. 4.4)

Richter, Karin: Die Entwicklung von Lesemotivation und der Literaturunterricht in der Grundschule. In: Hurrelmann, Bettina/Becker, Susanne (Hrsg.): Kindermedien nutzen. Medienkompetenz als Herausforderung für Erziehung und Unterricht. Weinheim, München: Juventa 2003, 115–131. (Kap. 2.1, 2.2, 5.2)

Riedel, Wolfgang: „Homo Natura". Literarische Anthropologie um 1900. Berlin, New York: de Gruyter 1996. (Kap. 1.2)

Riedler, Rudolf: Kinder, Dichter, Interpreten: 10 Minuten Lyrik. München: Oldenbourg 1979. (Kap. 6.3)

➔Rösch, Heidi: Bilderbücher zum interkulturellen Lernen. Baltmannsweiler: Schneider 1997. (Kap. 2.2)

-: Entschlüsselungsversuche. Kinder- und Jugendliteratur und ihre Didaktik im globalen Diskurs. Baltmannsweiler: Schneider 2000. (Kap. 1.2, 4.4)

Röhring, Hans-Helmut: Wie ein Buch entsteht. 3. akt. Aufl. Darmstadt: Wiss. Buchgesellschaft 1987. (Kap. 1.5)

Rosenberg, Rainer: Epochen. In: Brackert, Helmut/Stückrath, Jörn (Hrsg.): Literaturwissenschaft. Ein Grundkurs. Reinbek: Rowohlt 1992, 269–280. (Kap. 1.4)

Rosebrock, Cornelia (Hrsg.): Lesen im Medienzeitalter. München, Weinheim: Juventa 1995. (Kap. 4.4)

-: Kinderliteratur im Kanonisierungsprozeß. Eine Problemskizze. In: Richter/Hurrelmann (Hrsg.) 1998, 89–108. (Kap. 2.3, 4.4)

-: Lesesozialisation und Leseförderung – literarisches Leben in der Schule. In: Kämper-van den Boogart (Hrsg.) 2003a, 153–174. (Kap 1.1, 1.5, 2.1, 2.2)

Roth, Heinrich: Pädagogische Psychologie des Lehrens und Lernens. Hannover: Schroedel 1957. (18. Auflage 1983) (Kap. 6.2)

Rudloff, Holger: Produktionsästhetik und Produktionsdidaktik. Kunsttheoretische Voraussetzungen literarischer Produktion. Opladen: Westdeutscher Verlag 1991. (Kap. 2.1)

Rudolph, Günter/Menzel, Wolfgang: Was sind die wichtigsten Informationen? Sachtexte erarbeiten. In: Praxis Deutsch 28 (2001), H. 164, 40–47. (Kap. 4.4)

Runge, Gabriele: Lesesozialisation und Schule. Würzburg: Königshausen + Neumann 1997. (Kap. 4.4)

Rupp, Gerhard: Kulturelles Handeln mit Texten. Fallstudien aus dem Schulalltag. Paderborn: Schöningh 1987. (Kap. 6.2)

-: Schülertextbeurteilung in der Literaturdidaktik. Der konstruktive Kommentar als Lösung des Bewertungsdilemmas. Teil I in: Deutschunterricht-Berlin 51 (1998), H. 2, 71–79. - Teil II ebd., H. 3, 136–144. (Kap. 6.7)

Rutschky, Michael: Die Krise der Interpretation. Probleme der ästhetischen Erfahrung in der Schule. In: Der Deutschunterricht 29 (1977), H. 2, 63–82. (Kap. 3.3, 4.2)

Sahr, Michael: Von Anderland nach Wunderland. Phantastische Kinderbücher im Unterricht der Grundschule. Baltmannsweiler: Schneider 1990. (Kap. 4.4)

-: Zur Wirkung literarischer Texte. In: Beisbart et al. 1993, 19–28.

Sahr, Michael: Wieviel Wahrheit brauchen Kinder? Elisabeth Reuters realistische Bilderbuchgeschichte „Judith und Lisa". In: Praxis Deutsch. Sonderheft Kinder- u. Jugendliteratur. Seelze: Friedrich 1995, 44-48. (Kap. 4.1)

-: Kinder Bücher Verfilmungen. Der literarische Kinderfilm im Unterricht. Kallmünz: Verlag M. Laßleben 1997. (Kap. 4.4)

➔ -: Leseförderung durch Kinderliteratur. Märchen, Bilder- und Kinderbücher im Unterricht der Grundschule. Baltmannsweiler: Schneider 2000. (Kap. 4.4)

-/Schlund, Angela: Das Bilderbuch in der Grundschule. Regensburg: Wolf 1992. (Kap. 2.2)

Sandig, Barbara: Stilistik der deutschen Sprache. Berlin: de Gruyter 1986. (Kap. 6.3)

Saxer, Ulrich: Lese(r)forschung – Lese(r)förderung. In: Fritz, Angela (Hrsg.): Lesen im Medienumfeld. Gütersloh: Verlag Bertelsmann Stiftung 1991, 99–134. (Kap. 2.2)

Schacherreiter, Christian: Die Zeit im Erzähltext. Poetologische Grundlagen für den Literaturunterricht in der Sekundarstufe. In: ide (Informationen zur Deutschdidaktik) 24 (2000), H. 3, 67–76. (Kap. 4.2)

Schardt, Friedel: Wertorientierung durch Literatur? Entwicklungsromane im Deutschunterricht. Stuttgart: Klett 1998. (Kap. 4.4, 6.1)

➔Schau, Albrecht: Szenisches Interpretieren. Ein literaturdidaktisches Handbuch. Stuttgart: Klett 1996. (Kap. 2.3)

Scheerer-Neumann, Gerheid: Entwicklung der basalen Lesefähigkeit. In: Bredel et al. (Hrsg.) 2003, Bd.1, 513–524. (Kap. 2.1)

Scheffer, Bernd: Interpretation und Lebensroman. Frankfurt a. M.: Suhrkamp 1992. (Kap. 6.3)

-: Klischees und Routinen der Interpretation. Vorschläge für eine veränderte Literaturdidaktik. In: Der Deutschunterricht 47 (1995), H. 3, 74–83. (Kap. 4.2, 6.3)

Scheller, Ingo: Szenische Improvisation mit Standbildern. In: Praxis Deutsch 14 (1986), H. 76, 60–65. (Kap. 6.3)

-: Wir machen unsere Inszenierungen selber. Univ. Oldenburg: Zentrum für pädagogische Berufspraxis 1989. 2 Bde. (Kap. 4.4)

-: Szenische Interpretation. Basisartikel zum Themenheft In: Praxis Deutsch 24 (1996), H. 136, 22–32.

-: Szenisches Spiel. Ein Handbuch für die pädagogische Praxis. Berlin: Cornelsen 1998. (Kap. 4.4, 6.3)

➔ -: Szenische Interpretation. Velber: Kallmeyer 2004. (Kap. 6.4)

Schenda, Rudolf: Volk ohne Buch: Studien zur Sozialgeschichte der populären Lesestoffe 177. München : Dtv 1977. (Kap. 2.2)

Scherner, Maximilian: Grammatik und Textualität. In: Bredel et al. (Hrsg.) 2003, 476–486. (Kap. 2.4)

Schindler, Frank: Verbundsysteme: Integrativer Deutschunterricht und fächerübergreifendes Lernen. In: Bogdal/Korte (Hrsg.) 2002, 272–285. (Kap. 4.1)

Schleiermacher, Friedrich Daniel Ernst: Hermeneutik und Kritik, hrsg. u. eingel. v. Frank, M. Frankfurt a. M.: Suhrkamp 1977 (entspricht Bd. 7 der I. Abteilung der Sämmtlichen Werke, hrsg. v. Lücke F. Berlin 1838). (Kap. 1.4, 3.3)

Schmidt, Siegfried J.: ‚Bekämpfen Sie das hässliche Laster der Interpretation! Bekämpfen Sie das noch hässlichere Laster der richtigen Interpretation!‘, (Hans Magnus Enzensberger). In: Amsterdamer Beiträge zur neueren Germanistik 8 (1979), 279–309.

-: Die Selbstorganisation des Sozialsystems Literatur im 18. Jahrhundert. Frankfurt a. M.: Suhrkamp 1989. (Kap. 1.1)

-: Grundriss der empirischen Literaturwissenschaft. Frankfurt a. M.: Suhrkamp 1991. (Kap. 4.4)

-: Kognitive Autonomie und soziale Orientierung. Konstruktivistische Bemerkungen zum Zusammenhang von Kognition, Kommunikation, Medien und Kultur. Frankfurt a. M.: Suhrkamp 1994. (Kap. 1.4)

Schmitz, Ursula: Das Bilderbuch in der Erziehung: ein Ratgeber für Erzieher/innen, Unterrichtende und alle, die Kinder und Bilderbücher lieben. 2. durchges. u. erw. Aufl. Donauwörth: Auer 1997. (Kap. 2.1, 2.2)

Schneider, Jost: Einführung in die moderne Literaturwissenschaft. Bielefeld: Aisthesis 1998. (Kap. 1.3)

Schnoor, Detlev: Sehen lernen in der Fernsehgesellschaft. Opladen: Leske und Budrich 1992. (Kap. 4.4)

► Schober, Otto (Hrsg.): Deutschunterricht für die Grundschule. Bad Heilbrunn: Klinkhardt 1998. (Kap. 4.3, 5.1)

► - (Hrsg.): Deutschunterricht für die Sekundarstufe I. Bad Heilbrunn: Klinkhardt 2002. (Kap. 4.3, 5.1)

Schön, Erich: Der Verlust der Sinnlichkeit oder Die Verwandlungen des Lesers. Mentalitätswandel um 1800. Stuttgart: Klett-Cotta 1987. (Kap. 2.1, 3.3, 6.1)

-: Die Entwicklung literarischer Rezeptionskompetenz. In: Siegener Periodikum zur Internationalen Literaturwissenschaft 9 (1990), H. 2, 229–276. (Kap. 1.1)

Schön, Erich: Veränderungen der literarischen Rezeptionskompetenz Jugendlicher im aktuellen Medienverbund. In: Lange, Günter/Steffens, Wilhelm (Hrsg.): Moderne Formen des Erzählens in der Kinder- und Jugendliteratur der Gegenwart unter literarischen und didaktischen Aspekten. Würzburg: Königshausen & Neumann 1995, 99–127. (Kap. 2.1)

-: Kinder und Jugendliche im aktuellen Medienverbund. In: Lange 2000, 921–941. (Kap. 4.4)

Schönau, Walter: Einführung in die psychoanalytische Literaturwissenschaft. Stuttgart: Metzler 1991. (Kap. 1.5)

Schubert-Felmy, Barbara: Wege der Imagination – Lesewege. Augsburg: Wißner 2001, zugl. Diss. Augsburg 2001. (Kap. 6.1)

-: Umgang mit Texten in der Sekundarstufe I. In: Kämper-van den Boogaart (Hrsg.) 2003a, 95–116. (Kap. 2.1, 4.3)

Schulz, Gudrun: Umgang mit Gedichten. Berlin: Cornelsen 1997. (Kap. 4.4)

Schuster, Karl: Das Spiel und die dramatischen Formen im Deutschunterricht. Baltmannsweiler: Schneider 1994. (Kap. 6.3)

-: Das personal-kreative Schreiben im Deutschunterricht. Baltmannsweiler: Schneider 1997[2] (Kap. 2.1)

Schütt, Artur/Stuflesser, Brigitte: Das Sachbuch im Unterricht. Düsseldorf: Schwann 1972. (Kap. 4.4)

Schütz, Erhard/Wegmann, Thomas: Literatur und Medien. In: Arnold, Heinz Ludwig/Detering, Heinrich (Hrsg.): Grundzüge des Literaturwissenschaft. München: dtv 1996, 52–78. (Kap. 1.2, 4.1)

Segebrecht, Wulf (Hrsg.): Was sollen Germanisten lesen? Berlin: E. Schmidt 1993. 2. erw. u. überarb. Aufl. 2000. (Kap. 2.3)

Selbmann, Rolf: Hermeneutik. Kafka als Hermeneutiker. In: Jahrhaus, Oliver/Neuhaus, Stefan (Hrsg.): Kafkas „Urteil" und die Literaturtheorie. Stuttgart: Reclam 2002, 36–58. (Kap. 1.4)

Sennlaub, Gerhard: Spaß beim Schreiben oder Aufsatzerziehung? Stuttgart: Kohlhammer 1980. (Kap. 2.1)

Sodian, Beate: Entwicklung bereichsspezifischen Wissens. In: Oerter/Montada (Hrsg.) 1995, 621–653. (Kap. 2.1)

Souvignier, Elmar/Küppers, Judith/Gold, Andreas: Wir werden Textdetektive: Beschreibung eines Trainingsprogramms zur Förderung des Leseverstehens. In: Didaktik Deutsch 8 (2003), H. 14, 21–37. (Kap. 4.4)

Spinner, Kaspar H. (Hrsg.): Zeichen, Text, Sinn. Zur Semiotik literarischen Verstehens. Göttingen: Vandenhoeck 1977. (Kap. 2.4)

-: Interpretieren im Deutschunterricht. In: Praxis Deutsch 15 (1987), H. 81, 17–23. (Kap. 4.2)

-: Der Kern literarischer Bildung. In: Bildung. Die Menschen stärken, die Sachen klären. Friedrich Jahresheft IV (1988), 34–35. (Kap. 4.1)

-: Fremdverstehen und historisches Verstehen als Ergebnis kognitiver Entwicklung. In: Der Deutschunterricht 41 (1989a) 4, 19–23 (Kap. 1.1, 2.3).

-: Textanalyse im Unterricht. In: Praxis Deutsch 17 (1989b), H. 98, 17–23. (Kap. 6.4)

Spinner, Kaspar H : Gedichtvergleich im Unterricht. In: Praxis Deutsch 19 (1991), H. 105, 11–15. (Kap. 6.5)

-: Schreiben zu Bilderbüchern. In: Praxis Deutsch 19 (1992), H. 113, 17–20. (Kap. 4.2)

-: Kreatives Schreiben. In: Praxis Deutsch 20 (1993a), H. 119, 17–23. (Kap. 2.1)

-: Entwicklung des literarischen Verstehens. In: Beisbart et al. (Hrsg.) 1993, 55–64. (Kap. 2.3)

-: Neue und alte Bilder von Lernenden. Deutschdidaktik im Zeichen der kognitiven Wende. In: Beiträge zur Lehrerbildung 2 (1994), 146–158. (Kap. 2.1)

- (Hrsg.): Imaginative und emotionale Lernprozesse im Deutschunterricht. Frankfurt a. M.: P. Lang 1995a. (Kap. 6.4)

-: Poststrukturale Lektüre im Unterricht – am Beispiel der Grimmschen Märchen. In: Der Deutschunterricht 47 (1995b), H. 6, 9–18. (Kap. 6.3)

➜ -: Umgang mit Lyrik in der Sekundarstufe I. 2. vollst. überarb. Aufl. Baltmannsweiler: Schneider 1995c. (4. überarb. Neuauflage 2003). (Kap. 4.4)

-: Thesen zur ästhetischen Bildung im Literaturunterricht heute. In: Der Deutschunterricht 6 (1998), 46–54. (Kap.1.1).

-: Lese- und literaturdidaktische Konzepte. In: Franzmann, Bodo et al.: Handbuch Lesen. Herausgegeben im Auftrag der Stiftung Lesen und der Deutschen Literaturkonferenz. München: Saur 1999, 593–601. (Kap. 1.1)

-: Kreativer Deutschunterricht. Identität – Imagination – Kognition. Seelze: Kallmeyer 2001. (Kap. 6.1)

-: Lesekompetenz nach PISA und Literaturunterricht. In: Abraham et al. (hrsg.) 2003, 238–248. (Kap. 4.1)

Spitta, Gudrun: Schreibkonferenzen – ein Weg vom spontanen Schreiben zum bewussten Verfassen von Texten in Klasse 3 und 4. Frankfurt a. M: Cornelsen-Scriptor 1992. (Kap. 2.1)

Staiger, Emil: Grundbegriffe der Poetik. 2. erw. Aufl. Zürich: Atlantis-Verlag 1951. (Kap. 1.4)

Steenblock, Volker: Von der Notwendigkeit literarischer Bildung. Zur Aktualität von ‚Klassikern'. In: Didaktik Deutsch 2 (1997), H. 2, 53–68. (Kap. 2.3)

➜ Steinig, Wolfgang/Huneke, Hans-Werner: Sprachdidaktik Deutsch. Eine Einführung. Berlin: Erich Schmidt 2002. 2. Aufl. 2003 (Einl.; Kap. 1.4, 1.5, 2.4)

Steinlein, Rüdiger: Die domestizierte Phantasie. Studien zur Kinderliteratur, Kinderlektüre und Literaturpädagogik des 18. und frühen 19. Jahrhunderts. Heidelberg: Winter 1987. (Kap. 1.2)

Stiftung Lesen (Hrsg.): Buch und Lesen in Kindheit und Jugend. Ein kommentiertes Auswahlverzeichnis von Literatur und Modellen zur Leseförderung. Weinheim: Beltz 1992. (Kap. 2.2)

-: Lesen. Grundlagen, Ideen, Modelle zur Leseförderung. 4. überarb. Aufl. Mainz: Stiftung Lesen1995. (Kap. 2.2)

Sturm, Hertha: Der gestreßte Zuschauer: Folgerungen für eine rezipientenorientierte Dramaturgie. In: Grewe-Partsch, Marianne (Hrsg.). Stuttgart: Klett-Cotta 2000. (Kap. 2.2)

Sumara, Dennis J.: Private Readings in Public. Schooling the Literary Imagination. N.Y. u. a.: P. Lang 1996. (Kap. 1.2, 2.1, 2.3)

Sutter, Tilmann/Charlton, Michael: Medienkompetenz – einige Anmerkungen zum Kompetenzbegriff. In: Groeben, Norbert/Hurrelmann, Bettina (Hrsg.): Medienkompetenz. Voraussetzungen, Dimensionen, Funktionen. Weinheim, München: Juventa 2002, 129–147. (Kap. 2.1, 2.3)

Taege, Friedrich: Konzepte eines deutschen Literaturunterrichts im Vormärz. Frankfurt a. M.: Peter Lang 1992 (Kap. 3.2, 3.3)

Tabbert, Reinbert: Phantastische Kinder- und Jugendliteratur. In: Lange 2000, 187–200. (Kap. 4.4)

Teichert, Falk: Meister Joachims Geheimnis von Sigrid Heuck in Deutsch, Geschichte und Kunst für die 8. Jahrgangsstufe. In: Abraham/Launer (Hrsg.) 2002, 128–136. (Kap. 4.1)

Tgahrt, Reinhard (Hrsg.): Weltliteratur. Die Lust am Übersetzen im Jahrhundert Goethes. Marbach: Deutsche Schillergesellschaft 1982. (= Marbacher Kataloge 37). (Kap. 1.3)

Thagard, Paul: Kognitionswissenschaft. Ein Lehrbuch. Stuttgart: Klett-Cotta 1999. (Kap. 2.2)

→Thiele, Jens (Hrsg): Das Bilderbuch: Ästhetik – Theorie – Analyse – Didaktik – Rezeption. Oldenburg : Isensee 2000. (Kap. 2.2)

Thielking, Sigrid: Ein Familienleben wird besichtigt. Überlegungen zu Heinrich Breloers Doku-Epos DIE MANNS – Ein Jahrhundertroman. In: Kepser/Nickel-Bacon (Hrsg.) 2004, 102–114. (Kap. 5.3)

Tulodziecki, Gerhard.: Medienerziehung als Aufgabe des Deutschunterrichts. In: Erlinger, Hans-Dieter: Neue Medien. Edutainment. Medienkompetenz. Deutschunterricht im Wandel. München: KoPäd 1997, 39–51. (Kap. 4.4)

Ulich, Michaela/Ulich, Dieter: Literarische Sozialisation: Wie kann das Lesen von Geschichten zur Persönlichkeitsentwicklung beitragen? In: Zeitschrift für Pädagogik 40 (1995), H. 5, 821–834. (Kap. 2.1)

Ulshöfer, Robert: Methodik des Deutschunterrichts. 3 Bde. Stuttgart: Klett ab 1952. (Zahlreiche Neuauflagen). (Kap. 1.4)

-: Welchen Raum können Filmerziehung und Hörspielarbeit im Deutschunterricht der Gymnasien beanspruchen. In: Der Deutschunterricht 3 (1958), 8–13. (Kap. 4.4)

Vogt, Jochen: Einladung zur Literaturwissenschaft. München: Fink 2001[2]. (Kap. 1.4)

Wackernagel, Philipp: Der Unterricht in der Muttersprache, Stuttgart: Liesching 1842 (= Deutsches Lesebuch, 4. Teil: „für Lehrer"). (Kap. 3.3)

Wackernagel, Wilhelm: Geschichte der deutschen Litteratur. Basel: B. Schwabe 1849. 2., von Martin, E. ergänzte Auflage ebd. 1894. (Kap. 3.1)

Wagner, Günter: Selbstgedrehte Filme als Arbeitsmittel im Deutschunterricht. In: Der Deutschunterricht 5 (1977), 32–39. (Kap. 4.4).

Waldmann, Günter: Grundzüge von Theorie und Praxis eines produktionsorientierten Literaturunterrichts. In: Hopster, Norbert (Hrsg.): Handbuch „Deutsch". Paderborn: Schöningh (1984), 98–141. (Kap. 6.2)

→ -/Bothe, Karin: Erzählen. Eine Einführung in kreatives Schreiben und produktives Verstehen v. trad. u. mod. Erzählformen. Stuttgart: Klett 1992. (Kap. 2.1, 4.4)

➜Waldmann, Günter: Produktiver Umgang mit dem Drama. Baltmannsweiler: Schneider 1996. (Kap. 4.4)

▶ -: Produktiver Umgang mit Literatur im Unterricht. 2. korr. Aufl. Baltmannsweiler: Schneider 1999a. (Kap. 4.4, 6.2, 6.4)

➜ -: Produktiver Umgang mit Lyrik. 6. korr. Aufl. Baltmannsweiler: Schneider 1999b. (Kap. 4.4)

Wangerin, Wolfgang: (Hrsg.): Jugend, Literatur und Identität. Anregungen für den Deutschunterricht in den Sekundarstufen I und II. Braunschweig: Pedersen 1983. (Kap. 4.4)

-: Lesen, um sich selbst auf die Spur zu kommen. Vorschläge für einen Oberstufenkurs zum Thema Jugend und Identität. Ebd., 225–255. (Kap. 4.4)

-: Romane im Unterricht. In: Lange/Neumann/Ziesenis (Hrsg.) 1998, 600–620. (Kap. 4.4)

Wardetzky, Kristin: Märchen – Lesarten von Kindern. Eine empirische Studie. Frankfurt a. M.: P. Lang 1992.

Weber, Wibke: Strukturtypen des Hörspiels, erläutert am Kinderhörspiel des öffentlich-rechtlichen Rundfunks seit 1970. Frankfurt a. M.: P. Lang 1997.

Wegmann, Nikolaus: Gute Bücher. Zum technischen Medium Literarischer Bildung. In: Koenen, Ralph (Hrsg.): Wege zur Kultur. Perspektiven für einen integrativen Deutschunterricht. Frankfurt a. M. u. a.: P. Lang 1998, 369–383 (Kap. 1.2, 1,5; 2.3)

Wehren-Zessin, Heike: If you are thinking about suicide ... norway.today von Igor Bauersima. In: Praxis Deutsch 30 (2003), H. 181, 51–58. (Kap. 4.4)

Weid, Klaus: Klassikrezeption im Literaturunterricht. Eine didaktische Untersuchung in entwicklungstheoretischer Sicht. Frankfurt a. M.:, Bern, N.Y., Paris: P. Lang 1987. (Kap. 2.2)

Weidemann, Bernd: Multicodierung und Multimodalität im Lernprozess. In: Issing, Ludwig J./Klimsa, Paul (Hrsg.): Information und Lernen mit Multimedia. Weinheim: Psychologie Verlags Union 1995, 65–84.

Weiler, Stephan: Computernutzung und Fernsehkonsum von Kindern. In: Media Perspektiven 1 (1997), 43–52. (Kap. 2.2)

Welcker, Friedrich Gottlieb: Über einen wichtigen Gegenstand des Unterrichts in Gymnasien. Gießen: Programm des Pädagogiums 1810 (Druck 1811); zit. nach: Kleine Schriften V, Elberfeld: Friedrichs 1867, 258–277. (Kap. 3.3)

Wermke, Jutta : ‚Hab a Talent, sei a Genie!‘ Kreativität als paradoxe Aufgabe. 2 Bde. Weinheim: Deutscher Studienverlag 1989. (Kap. 2.3)

➜ -: Integrierte Medienerziehung im Fachunterricht. Schwerpunkt Deutsch. München: KoPäd 1997. (Kap. 4.3, 4.4)

-: Kinderhörkassetten zwischen Film und Literatur. In: Deutschunterricht 52 (1999), H. 5; 371–379. (Kap. 2.4)

-: Wege durch Europa. Reisen und Reiseliteratur im fächerübergreifenden Unterricht. Baltmannsweiler: Schneider 2002a. Bd. I: Sekundarstufe I. Bd. II: Sekundarstufe II. (Kap. 4.1)

-: Literatur- und Medienunterricht. In: Bogdal /Korte (Hrsg.): 2002b, 91–104. (Kap. 4.2)

Werner, Johannes: Literatur im Unterrichtsgespräch – Die Struktur des literaturrezipierenden Diskurses. München: Vögel 1996 (Diss. Augsburg). (Kap. 4.2)

Wichert, Adalbert: Lyrik aus dem Computer. In: Praxis Deutsch 21 (1994), H. 128, 94–112.

Wicke-Bölling, Ilona: Lyrik-Interpretation durch Zeichnen. In: Praxis Deutsch 15 (1987), H. 81, 40–42.

➔Wieler, Petra: Sprachliches Handeln im Literaturunterricht als didaktisches Problem. Bern u. a.: P. Lang 1989 (Diss. Aachen). (Kap. 2.3, 6.4)

-: Vorlesen in der Familie. Fallstudien zur literarisch-kulturellen Sozialisation von Vierjährigen. Weinheim, München: Juventa 1997. (Kap. 2.1, 2.2)

-: Scripts und Interaktionsmuster als Einflussgrößen bei der Medienrezeption im Grundschulalter. Perspektiven einer integrierten Medienerziehung. In: Jonas/Josting (Hrsg.) 2004, 263–277. (Kap. 2.2)

Wierlacher, Alois/Bogner, Andrea (Hrsg.): Handbuch interkulturelle Germanistik. Stuttgart, Weimar: Metzler 2003. (Kap. 1.5)

Wilkending, Gisela: Literaturpädagogik in der Kaiserzeit. München, Wien, Zürich: Schöningh 1982. (Kap. 3.2)

Wilkens, Gabriela S./Neumann, Ursula: Multikulturalität und Mehrsprachigkeit als Lernbedingungen im Deutschunterricht. In: Bogdal/Korte (Hrsg.) 2002, 78–90. (Kap. 1.3, 1.5)

Winnicott, Donald W.: Vom Spiel zur Kreativität. Stuttgart: Klett-Cotta 1979 (Orig. 1971). (Kap. 1.2)

Winter, Felix: Person – Prozess – Produkt. Das Portfolio und der Zusammenhang der Aufgaben. In: Friedrich-Jahresheft XXI (2003): Aufgaben, 78–81. (Kap. 4.2, 6.7)

Winterhoff-Spurk, Peter: Medienpsychologie. 2. erw. Auflage. Stuttgart: Kohlhammer 2004. (Kap. 1.1, 2.2, 4.4)

Wintersteiner, Werner: Von Einbrechern und Liebhabern. Literatur im Klassenzimmer. In: Aspetsberger, Friedbert/Wintersteiner, Werner (Hrsg.): Spielräume der Gegenwartsliteratur. Dichterstube – Messehalle – Klassenzimmer. Wien: StudienVerlag 1999, 61–77. (Kap. 5.1)

Wirth, Corinna/Scharfenberg, Franz-Josef: Die Geschichte von der kleinen Gans, die nicht schnell genug war von Hanna Johansen im fächerverbindenden Unterricht der Primar- und Orientierungsstufe. In: Abraham/Launer (Hrsg.) 2002, 93–105. (Kap. 4.1)

Witzenbacher, Kurt: Praxis der Unterrichtsplanung. Unterrichtsvorbereitung und Gestaltung. München: Oldenbourg 1994. (Kap. 6.2)

Wolgast, Heinrich: Das Elend unserer Jugendliteratur. Ein Beitrag zur künstlerischen Erziehung der Jugend. Hamburg: Selbstverlag 1910. (Kap. 2.1, 3.3)

Zima, Peter V. (Hrsg.): Literatur intermedial. Musik – Malerei – Photographie – Film. Darmstadt: WB 1995. (Kap. 1.5)

Zymner, Rüdiger: Kanon zwischen Wunsch und Wirklichkeit. In: MDG 43 (1996), H. 3, 9–14. (Kap. 2.3)

WOLFGANG STEINIG / HANS-WERNER HUNEKE

Sprachdidaktik Deutsch
Eine Einführung

❡ Diese Einführung wendet sich an Studierende des Faches Deutsch. Darüber hinaus können auch praktizierende Deutschlehrer anhand der Lektüre ihre didaktischen und methodischen Positionen am aktuellen fachlichen Diskussionsstand überprüfen.

Folgende Themen werden u. a. behandelt: Geschichte der Sprachdidaktik, mündliche und schriftliche Kommunikation im Unterricht, Erwerb der geschriebenen Sprache, Rechtschreibunterricht, Reflexion über Sprache, Lesen und Umgang mit Medien, Mehrsprachigkeit im Deutschunterricht sowie Unterrichtsvorbereitung und -planung. Lektüreempfehlungen zu den einzelnen Kapiteln erleichtern die Weiterarbeit. Der Serviceteil am Schluss des Bandes gibt Auskunft über nützliche Arbeitsmaterialien. In einem Glossar werden die zentralen Fachbegriffe erläutert.

„Endlich eine sprachdidaktische Einführung, die hohes Reflexionsniveau nicht als Widerspruch zur Praxisnähe sieht!"
Informationen zur Deutschdidaktik

2., überarbeitete und erweiterte Auflage 2003, 272 Seiten, € (D) 17,80/ sfr. 31,–, ISBN 3 503 06185 1 (Grundlagen der Germanistik, Band 38)

Bestellen Sie im Internet:
www.ESV.info/3-503-06185-1

HANS-WERNER HUNEKE /
WOLFGANG STEINIG

Deutsch als Fremdsprache
Eine Einführung

3., überarb. und erw. Aufl. 2002, 270 S., € (D) 16,80/sfr. 29,–, ISBN 3 503 06135 5 (Grundlagen der Germanistik, Band 34)

Bestellen Sie im Internet:
www.ESV.info/3-503-06135-5

ERICH SCHMIDT VERLAG
E-Mail: Philologie@ESVmedien.de
www.ESV.info

Postf. 30 42 40 • 10724 Berlin
Fax 030 / 25 00 85 305

WERNER HÜLLEN

Kleine Geschichte des Fremdsprachenlernens

2005, ca. 180 S., ca. € (D) 19,95,
ISBN 3 503 07946 7

Bestellen Sie im Internet:
www.ESV.info/3-503-07946-7

❚ Das Lernen einer Fremdsprache
war in Europa schon immer von großer Bedeutung. Ohne Kenntnis des
Lateinischen und später der unterschiedlichen Nationalsprachen kamen
die Menschen, die an der Kultur des
Kontinents teilnehmen wollten, nicht
aus. Von entsprechender Bedeutung
war das Lehren einer Fremdsprache.
Selbst die Sprachwissenschaften,
die sich in Grammatiken, Rhetoriken
und Wörterbüchern niedergeschlagen
haben, sind weitgehend aus einem
didaktischen Impuls entstanden.

Das Buch ist gleichermaßen für die
Studentinnen und Studenten des
einschlägigen Philologiestudiums
wie für die Fortbildung der Fremd-
sprachenlehrerinnen und -lehrer
in den altsprachlichen wie den neu-
sprachlichen Unterrichtsfächern interessant. Es kann als Textgrundlage
für ein- oder zweisemestrige Seminare
dienen und mit Hilfe der angeführten
weiteren Literatur zum Ausgangspunkt individueller Studien werden.

WOLFGANG GEHRING

Englische Fachdidaktik
Eine Einführung

2., überarb. Aufl. 2004, 240 S.,
€ (D) 19,95/sfr.34,–, ISBN 3 503 06196 7
(Grundlagen der Anglistik
und Amerikanistik, Band 20)

Bestellen Sie im Internet:
www.ESV.info/3-503-06196-7

❚ Das Buch bietet eine umfassende Einführung in die englische Fachdidaktik.
Aus theoretischer wie aus unterrichtspraktischer Perspektive werden Fragen
der Sprachaneignung, unterschiedliche
Lehrverfahren, der Umgang mit literarischen Texten sowie Modelle der Unterrichtsplanung und der Testkonzeption
behandelt. Dabei geht es u. a. auch um
die verschiedenen Formen des Sprach-
erwerbs oder um die Möglichkeiten
einer handlungsorientierten Englisch-
methodik.

Die Einführung ermöglicht nicht nur
Studierenden oder Lehramtskandidaten
einen schnellen Zugriff auf aktuelle
Informationen über die wichtigsten As-
pekte der Fremdsprachenvermittlung.
Auch erfahrenen Lehrkräften liefert der
Band neue Impulse für eine reflektierte
Unterrichtsgestaltung im Fach Englisch.

ERICH SCHMIDT VERLAG
E-Mail: Philologie@ESVmedien.de
www.ESV.info

Postf. 30 42 40 • 10724 Berlin
Fax 030 / 25 00 85 305